文献编纂与“大一统”观念：《大清一统志》研究

Document Compilation and Great Unification Concept：
Research of Da Qing Yi Tong Zhi

王大文　著

方志出版社
Publishing House of Local Records

图书在版编目（CIP）数据

文献编纂与“大一统”观念：《大清一统志》研究/王大文著．—北京：方志出版社，2016.12

ISBN 978－7－5144－2238－2

Ⅰ.①文… Ⅱ.①王… Ⅲ.①地理志－中国－清代②《大清一统志》－研究 Ⅳ.①K928.649

中国版本图书馆 CIP 数据核字（2016）第 290629 号

文献编纂与“大一统”观念：《大清一统志》研究

著　　者：王大文
责任编辑：何明忠

出 版 人：冀祥德
出 版 者：方志出版社
地址　北京市朝阳区潘家园东里 9 号（国家方志馆 4 层）
邮编　100021
网址　http：//www. fzph. org
发　　行：方志出版社发行中心
电话　（010）67110500
经　　销：各地新华书店
排　　版：北京宝蕾元科技发展有限责任公司
印　　刷：北京京都六环印刷厂

开　　本：700×1000　1/16
印　　张：24.75
字　　数：424 千字
版　　次：2016 年 12 月第 1 版　2016 年 12 月第 1 次印刷

ISBN　978－7－5144－2238－2　定价：90.00 元

第五批《中国社会科学博士后文库》编委会及编辑部成员名单

序　言

博士后制度在我国落地生根已逾30年，已经成为国家人才体系建设中的重要一环。30多年来，博士后制度对推动我国人事人才体制机制改革、促进科技创新和经济社会发展发挥了重要的作用，也培养了一批国家急需的高层次创新型人才。

自1986年1月开始招收第一名博士后研究人员起，截至目前，国家已累计招收14万余名博士后研究人员，已经出站的博士后大多成为各领域的科研骨干和学术带头人。这其中，已有50余位博士后当选两院院士；众多博士后入选各类人才计划，其中，国家百千万人才工程年入选率达34.36%，国家杰出青年科学基金入选率平均达21.04%，教育部“长江学者”入选率平均达10%左右。

2015年底，国务院办公厅出台《关于改革完善博士后制度的意见》，要求各地各部门各设站单位按照党中央、国务院决策部署，牢固树立并切实贯彻创新、协调、绿色、开放、共享的发展理念，深入实施创新驱动发展战略和人才优先发展战略，完善体制机制，健全服务体系，推动博士后事业科学发展。这为我国博士后事业的进一步发展指明了方向，也为哲学社会科学领域博士后工作提出了新的研究方向。

习近平总书记在2016年5月17日全国哲学社会科学工作座谈会上发表重要讲话指出：一个国家的发展水平，既取决于自然科学发展水平，也取决于哲学社会科学发展水平。一个没有发达的自然科学的国家不可能走在世界前列，一个没有繁荣的哲学社会科学的国家也不可能走在世界前列。坚持和发展中国特色社会主义，需要不断在实践和理论上进行探索、用发展着的理论指导发展着的实践。在这个过程中，哲学社会科学具有不可替代的重要地位，哲学社会科学工作者具有不可替代的重要作用。这是党和国家领导人对包括哲学社会科学博士后在内的所有哲学社会科学领域的研究者、工作者提出的殷切希望！

中国社会科学院是中央直属的国家哲学社会科学研究机构，在哲学社会科学博士后工作领域处于领军地位。为充分调动哲学社会科学博士后研究人员科研创新积极性，展示哲学社会科学领域博士后优秀成果，提高我国哲学社会科学发展整体水平，中国社会科学院和全国博士后管理委员会于2012年联合推出了《中国社会科学博士后文库》（以下简称《文库》），每年在全国范围内择优出版博士后成果。经过多年的发展，《文库》已经成为集中、系统、全面反映我国哲学社会科学博士后优秀成果的高端学术平台，学术影响力和社会影响力逐年提高。

下一步，做好哲学社会科学博士后工作，做好《文库》工作，要认真学习领会习近平总书记系列重要讲话精神，自觉肩负起新的时代使命，锐意创新、发奋进取。为此，需做到：

第一，始终坚持马克思主义的指导地位。哲学社会科学研究离不开正确的世界观、方法论的指导。习近平总书记深刻指出：坚持以马克思主义为指导，是当代中国哲学社会科学区别于其他哲学社会科学的根本标志，必须旗帜鲜明加以坚持。马克思主义揭示了事物的本质、内在联系及发展规律，是“伟大的认识工具”，是人们观察世界、分析问题的有力思想武器。马克思主义尽管诞生在一个半多世纪之前，但在当今时代，马克思主义与新的时代实践结合起来，愈来愈显示出更加强大的生命力。哲学社会科学博士后研究人员应该更加自觉坚持马克思主义在科研工作中的指导地位，继续推进马克思主义中国化、时代化、大众化，继续发展21世纪马克思主义、当代中国马克思主义。要继续把《文库》建设成为马克思主义中国化最新理论成果的宣传、展示、交流的平台，为中国特色社会主义建设提供强有力的理论支撑。

第二，逐步树立智库意识和品牌意识。哲学社会科学肩负着回答时代命题、规划未来道路的使命。当前中央对哲学社会科学愈发重视，尤其是提出要发挥哲学社会科学在治国理政、提高改革决策水平、推进国家治理体系和治理能力现代化中的作用。从2015年开始，中央已启动了国家高端智库的建设，这对哲学社会科学博士后工作提出了更高的针对性要求，也为哲学社会科学博士后研究提供了更为广阔的应用空间。《文库》依托中国社会科学院，面向全国哲学社会科学领域博士后科研流动站、工作站的博士后征集优秀成果，入选出版的著作也代表了哲学社会科学博士后最高的学术研究水平。因此，要善于把中国社会科学院服务党和国家决策的大智库功能与《文库》的小智库功能结合起来，进而以智库意识推动品牌意识建设，最终树立《文库》的智库意识和品牌意识。

第三，积极推动中国特色哲学社会科学学术体系和话语体系建设。改革开放30多年来，我国在经济建设、政治建设、文化建设、社会建设、生态文明建设和党的建设各个领域都取得了举世瞩目的成就，比历史上任何时期都更接近中华民族伟大复兴的目标。但正如习近平总书记所指出的那样：在解读中国实践、构建中国理论上，我们应该最有发言权，但实际上我国哲学社会科学在国际上的声音还比较小，还处于有理说不出、说了传不开的境地。这里问题的实质，就是中国特色、中国特质的哲学社会科学学术体系和话语体系的缺失和建设问题。具有中国特色、中国特质的学术体系和话语体系必然是由具有中国特色、中国特质的概念、范畴和学科等组成。这一切不是凭空想象得来的，而是在中国化的马克思主义指导下，在参考我们民族特质、历史智慧的基础上再创造出来的。在这一过程中，积极吸纳儒、释、道、墨、名、法、农、杂、兵等各家学说的精髓，无疑是保存中国特色、中国特质的重要保证。换言之，不能站在历史、文化虚无主义立场搞研究。要通过《文库》积极引导哲学社会科学博士后研究人员：一方面，要积极吸收古今中外各种学术资源，坚持古为今用、洋为中用。另一方面，要以中国自己的实践为研究定位，围绕中国自己的问题，坚持问题导向，努力探索具备中国特色、中国特质的概念、范畴与理论体系，在体现继承性和民族性，体现原创性和时代性，体现系统性和专业性方面，不断加强和深化中国特色学术体系和话语体系建设。

新形势下，我国哲学社会科学地位更加重要、任务更加繁重。衷心希望广大哲学社会科学博士后工作者和博士后们，以《文库》系列著作的出版为契机，以习近平总书记在全国哲学社会科学座谈会上的讲话为根本遵循，将自身的研究工作与时代的需求结合起来，将自身的研究工作与国家和人民的召唤结合起来，以深厚的学识修养赢得尊重，以高尚的人格魅力引领风气，在为祖国、为人民立德立功立言中，在实现中华民族伟大复兴中国梦征程中，成就自我、实现价值。

是为序。

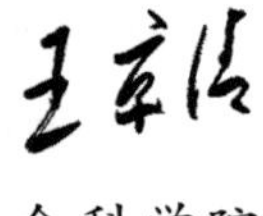

中国社会科学院副院长

中国社会科学院博士后管理委员会主任

2016 年 12 月 1 日

摘 要

《大清一统志》是清代官修地理总志，共成书三部。在学界关于《大清一统志》研究成果基础上，本书利用中国第一历史档案馆藏档案、台北历史语言研究所藏内阁大库档案、台北故宫博物院藏档案及已经出版的相关清代档案、文集、传记等文献，考辨、梳理三部《大清一统志》纂修过程中的历史细节、编修者群体以及志书刊刻等内容，并分析三部志书的类目、内容特点、材料来源、版本差异等，总结《大清一统志》在成书之后的流传与影响。同时，考察大清一统志馆、方略馆、国史馆在纂修《大清一统志》过程中的作为，并纠正已有认识的讹误。

作为继承元、明《一统志》编纂传统的《大清一统志》，它编纂的具体过程更能体现它在清代前中期清朝建立大一统王朝过程中的价值、角色和思想内涵。这也是本书致力于《大清一统志》编纂过程研究的原因所在。自从中国官方修史制度逐渐成熟之后，大多数的新王朝均十分重视本朝官修史书对于巩固统治的积极作用。因为它们是新王朝知识书写的一个途径，能够建立有利于本朝统治的新的历史记忆。“国家认同”研究取向和“新清史”在国内学界的影响已有多年，学者们的评价观点不一。在这样学术背景下，本书突破传统的文献研究方法，综合运用历史文献学、历史地理学、政治史、思想史、书籍史等多重研究框架诠释《大清一统志》，力争实现文献考证与政治社会、思想文化研究的有机融合，透视《大清一统志》与清前中期政治、社会思想的关系，并对“国家认同”研究取向和“新清史”某些观点提出笔者的看法。

《大清一统志》记录了清代前中期京师、各直省、藩部和朝贡诸国的自然地理、政区变迁、人文风俗等历史。三部《大清一统志》编修过程大致如下：

第一部：康雍乾初修《大清一统志》，356卷。康熙二十五年四月，清廷设立一统志馆，负责具体工作，至乾隆五年十一月编成书稿。直至乾隆十六年，武英殿修书处才将初修《大清一统志》刊刻成书。初修《大清一统志》前后共耗时65年，期间一统志馆与内阁、翰林院等中央机构广泛合作，并征集方志、档册、舆图等文献用于修志。初修《大清一统志》耗时较长的原因之一即是一统志馆缺乏规范的管理。康熙五十四年前后一统志馆曾暂停工作。至乾隆十五年二月前后，大清一统志馆才完成使命，退出历史舞台。徐乾学、顾祖禹、阎若璩、韩菼、蒋廷锡、任兰枝、齐召南等至少有390余人曾参与初修《大清一统志》的工作。

第二部：乾隆续修《大清一统志》，424卷。目前可知40余人参与该部志书的纂修，其中有和珅、吴省兰、钱大昕等。乾隆二十九年至乾隆五十年年底期间，方略馆承担续修《大清一统志》的具体工作。乾隆五十五年，续修《大清一统志》由武英殿修书处刊刻成书。续修《大清一统志》是乾隆朝众多官修典籍的一种，书成之后，方略馆将其抄入《四库全书》。

第三部：嘉道重修《大清一统志》，560卷。目前可知有700余人先后参与纂修工作，如黄爵滋、曾国藩、潘锡恩等。国史馆负责重修《大清一统志》的具体工作。在嘉庆十六年至道光二十二年的31年间，国史馆编成书稿。之后又用4年时间进行校对、订正，重修工作方告全部结束。重修《大清一统志》最终并未刊刻。

本书总结了《大清一统志》在康熙至道光不同历史时期的编修过程所体现的政治意涵的差异性与共性，注重在《大清一统志》纂修的契机下清代中央和地方关系建立的过程及其变化。《大清一统志》对于清代方志事业的影响十分深远，本书从（地方）政治史的角度探寻方志编修过程中的权力与利益的纠葛。本书还探讨了《大清一统志》的地理空间观念与清代初期的明代影像等思想内涵。笔者还从东亚视野探索《大清一统志》在清初东亚秩序形成过程中的影响。

《大清一统志》可以看作是清代政治的一个缩影，它的成书与刊刻牵动了清朝中央和地方的多种力量。从康熙十一年大学士卫周祚提议纂修《大清一统志》，到宣统二年清末民政部提议续修《一统新志》，《大清一统志》的命运伴随着清朝国运的兴衰而沉浮。

康熙二十五年，康熙帝任命明珠等13人担任一统志馆的名誉总裁官或副总裁官，实际负责领导工作的是陈廷敬和徐乾学。学者们指出："昆山三徐"（徐乾学、徐元文、徐秉义）在康熙朝的仕途沉浮，既和他们与明珠、余国柱、李光地等人的党派关系有关，也和康熙朝的满汉关系、南党与北党的党争相关联。包括徐乾学、韩菼等在内的康熙朝参与《大清一统志》纂修工作的编修人员姓名竟然全部未收入初修《大清一统志》所附乾隆八年职名录。徐乾学等人的开创之功湮没于历史，其原因值得回味。

以上是初修《大清一统志》纂修过程中的一些政治现象。乾隆续修《大清一统志》中也可发现一二。如因和清初名臣鄂尔泰等交恶，原刑部尚书张照的事迹被方略馆排除在《大清一统志》内容之外。乾隆帝颁发谕旨要求将张照事迹载入志书中。嘉道重修《大清一统志》最能反映清代国运盛衰的则是该部志书只有进呈写本，未交武英殿修书处刊刻。道光二十二年十二月，国史馆进呈《大清一统志》时，鸦片战争已经爆发，清朝面临"千古未有之大变局"，国势动荡不安，大一统也就无从谈起。道光二十六年，重修《一统志》校对完成后，国史馆仅抄写副本。从此，嘉道《大清一统志》的正本、副本便深藏清宫，直至清朝灭亡后才被清史馆人员发现。

晚清民国年间，《大清一统志》的重印和续修也反映了近代中国的兴衰荣辱。光绪十年至二十年间，上海蜚英馆等多个书局计划重印《大清一统志》，此时清朝的局势更加衰败。特别是光绪二十年中日甲午战争的爆发，清廷的战败激发了中华民族的民族救亡运动和爱国高潮。光绪二十三年，杭州竹简斋书局成功重印《大清一统志》500卷。后来，上海宝善斋书局又应时局变化再次重印《大清一统志》500卷。此时的《大清一统志》已经成为时务新书，各地学堂纷纷购买作为教学材料。

1912年，中华民国成立。但是，新政权并未彻底改变中国落后挨打的局面。日本发动侵华战争。张元济等从保护民族文化的角度积极响应抗日救亡运动，成立“文献保存同志会”。在1932年“一·二八事变”中，上海商务印书馆遭到日本侵略军毁灭性的定点轰炸。但是，张元济和商务印书馆毅然克服重重困难，最终将嘉道重修《大清一统志》影印出版，这也是该书的第一次出版。某种程度上，这起到了激励民众的民族意识与爱国热情的作用，也是渴望建立统一富强国家愿望的反映。行政院和各省政府对商务印书馆重印《大清一统志》大力支持。1936年，著名方志学家童振藻呼吁民国政府编纂《一统志》希望能对抗日救亡运动有所帮助。但是，随着战争的不断升级，国内政局不断恶化，童振藻的提议未能得到实施。1948年，国民政府已经接近失败的边缘。国史馆再次提议编修民国《一统志》。

作为一部官修典籍，《大清一统志》的命运折射出清代、民国年间中国历史的进程。

关键词:《大清一统志》；文献编纂；大一统；典籍命运

Abstract

Three sets of *Da Qing Yi Tong Zhi*（大清一统志）are official gazetteers（Chinese: *geographic zongzhi*, 地理总志）, compiled by Central Compilation Agencies. On the basis of previous researches, this book makes use of the historical recordes of Qing Dynasty, including archives of the First Historical Archives of China, Institute of History and Philology, Academia Sinica, the Palace Museum in Taipei, published archives, collections, biographies and etc. This book focuses on the compilation and publication process of *Da Qing Yi Tong Zhi*, including their authors, analyses their categories, contents and editions, and compares their differences and characteristics. This book also investigates *Da Qing Yi Tong Zhi Agency*（*Da Qing Yi Tong Zhi Guan*, 大清一统志馆）, *Fang Lue Agency*（*Fang Lue Guan*, 方略馆）and *National History Institute's*（国史馆）contributions to *Da Qing Yi Tong Zhi*, and attempts to correct the errors of previous works.

Da Qing Yi Tong Zhi succeeded the tradition of *Yi Tong Zhi*（一统志）in Yuan and Ming Dynasties. Their compilation progress demons - trates the three gazetteers' role in the establishment of the great united regime in the early Qing Dynasty. This is the reason why the author focuses on the compilation process. Since the system of official historical records had matured, new dynasties valued its important to safeguard the new dynasty as these new official historical works could reset people's attitude towards the new regime. National identity study and the New Qing History have influenced domestic academics for a long time. Scholars are at odds. This book uses the research methods of historical philology, historical geography, political history, intellectual history and history of books to reinterpret *Da Qing Yi Tong Zhi*, revealing the political, social and intellectualelements in three gazetteers, deciphering the relations among " nation ", society and individual. It concludes remarks and responses to some theory or concepts put forward by authors of National identity study or the New Qing History.

Da Qing Yi Tong Zhi recorded the Capital, provinces, borderland areas and overseas countries' geographic scene. The compilation processes of three sets of *Da Qing Yi Tong Zhi* went as follows.

The first edition: 356 volume, compiled in Kangxi, Yongzheng and Qianlong periods. In the fourth lunar month 1686, *Yi Tong Zhi Agency*, the gazetteers agency was set up in the Capital. This agency was in charge of compilation of *Da Qing Yi Tong Zhi*. The manuscript was compiled in the fifth lunar month in 1740. *Wu Ying Dian Xiu Shu Chu* (武英殿修书处), the printing house printed the book in 1751. During 65 years, *Yi Tong Zhi Agency* cooperated with *Nei Ge*, *Han Lin Yuan* and other Central agencies. *Yi Tong Zhi Agency* collected local chronicles, documents, maps and other local literatures. *Yi Tong Zhi Agency* took a long time to compile due to poor management, and it was once suspended during 1715. In the second month in 1750, the mission was completed and the agency was shut down forever. At least 390 people took part in the book compilation, such as Xu Qianxue (徐乾学), Gu Zuyu (顾祖禹), Yan Ruoqu (阎若璩), Han Tan (韩菼), Jiang Tingxi (蒋廷锡), Ren Lanzhi (任兰枝), and Qi Zhaonan (齐召南).

The second edition: 424 volume, compiled in Qianlong period. At least 40 people worked for this book, including He Shen (和珅), Wu Shenglan (吴省兰), and Qian Daxin (钱大昕). From 1764 to the end of 1785, *Fang Lue Guan* was the agency in charge of compilation. *Wu Ying Dian Xiu Shu Chu* printed the second edition in 1790. When the compilation finished, *Fang Lue Guan* copied the book into *SI KU QUAN SHU*.

The third edition: 560 volume, compiled in Jiaqing and Daoguang periods. At least 700 people took part in compilation, including Huang Juezi（黄爵滋）, Zeng Guofan（曾国藩）, and Pan Xi'en（潘锡恩）. From 1811 to 1842, *the National History Institute* was the agency in charge of compilation. They spent four years to proofread the manuscript. The third edition was not published in the end.

This book summarizes political significance of three sets of *Da Qing Yi Tong Zhi* from Kangxi period to Daoguang period, explores the relationship between the Central and the local government. *Da Qing Yi Tong Zhi* influenced local chronicles extensively. This book studies the power and interest in the process of local chronicles compilation. This book analyzes *Da Qing Yi Tong Zhi's* role in the reconstruction of order of East Asia in the early Qing Dynasty. This book also studies *Da Qing Yi Tong Zhi* geographical space conception and Ming Dynasty impact on the early Qing Dynasty.

Da Qing Yi Tong Zhi is an epitome of politics in Qing Dynasty, as multiple social and political relationships was involved in the compilation and the publishing process. Wei Zhouzuo（卫周祚）proposed to compile *Da Qing Yi Tong Zhi* in 1672. Ministry of Civil Affairs of Qing regime proposed to continue the compilation of *Yi Tong Xin Zhi*（一统新志）in 1910. The fate of *Da Qing Yi Tong Zhi* is barometer of prosperity and decline of Qing Dynasty.

In 1686, Emperor Kangxi appointed 13 ministers including Ming Zhu（明珠）as honorary *Chief Zongcai*（总裁官）or *Vice-Zongcai*（副总裁官）. Chen Tingjing（陈廷敬）and Xu Qianxue actually were in charge of *Yi Tong Zhi Agency*. Three Xu from Kunshan（昆山三徐）includes Xu QianXue, Xu Yuanwen（徐元文）and Xu Bingyi（徐秉义）. Scholars pointed out that the ups and downs of their official careers were because of their relationships with Ming Zhu,

Yu Guozhu（余国柱）and Li Guangdi（李光地）, the relationship between Manchu and Han people, and the relationship between the Southern Party and the Northern Party. These authors including Xu Qianxue and Han Tan working for the Agency in Kangxi period were strangely forgotten by the list of authors reported in 1743.

In the former paragraphs I analyzed political elements of the first edition of *Da Qing Yi Tong Zhi*. We also find political influence on the second edition. Because of bad relationships with E Ertai（鄂尔泰）, the former ministry of Justice Zhang Zhao（张照）was excluded from the second edition book at first. Emperor Qianlong ordered the authors working in the *Fang Lue Guan* to supplement Zhang Zhao's achievement.

The third edition of *Da Qing Yi Tong Zhi* was not printed, as in the 12th lunar month 1842, the First Opium War occurred, and the Qing Dynasty declined. She was not the great unification regime any more. After proofreading the book in 1846, it was mislaid in the Palace until the Qing Dynasty perished.

During Late Qing Dynasty and ROC period, the recompilation reflected China's history in the last century. From 1884 to 1894, *Fei Ying Guan*（蜚英馆）and some other book stores in Shanghai planned to reprint *Da Qing Yi Tong Zhi*, when the Qing regime was declining. After the Sino-Japanese War of 1894, the Qing Dynasty's defeat had inspired the Chinese patriotic and national salvation movement. In 1897, *Zhu Jian Zhai*（竹简斋）in Hangzhou reprinted 500 volume of *Da Qing Yi Tong Zhi*. *Bao Shan Zhai*（宝善斋）in Shanghai reprinted it again. *Da Qing Yi Tong Zhi* became modern book, and lots of school chose it as teaching materials.

Republic of China was founded in 1912. However, the new government did not make the country thriving and powerful. After Japanese invasion in China, Zhang Yuanji（张元济）united others to found *Document Preservation Committee*（文献保存同志会）to protect national culture relics and resist Japanese invasion. During *the January 28th Incident* in 1932, Commercial Press suffered precision bomb devastatingly. But Zhang Yuanji and Commercial Press overcame many difficulties, published photocopy of the third edition of *Da Qing Yi Tong Zhi* for the first time. This action of publishing encouraged people's nationalism and patriotism, reflected the aspiration of a new unified and prosperous country. The Executive Yuan and local governments both backed up Commercial Press and bought lots of the third edition of *Da Qing Yi Tong Zhi*. In 1936, the famous expert at local chronicles Tong Zhenzao (童振藻) advised the central government to compile *Yi Tong Zhi* (一统志), which was helpful to the Counter-Japanese War. With the deterioration of the domestic battlefield, Tong's suggestion was only on the table. The KMT government was on the edge of its downfall in 1948. With this background, *the National History Institute* still suggested to compile *Yi Tong Zhi*.

As a piece of official compilation, the fate of *Da Qing Yi Tong Zhi* reflected the historical process of modern China.

Key Words: *Da Qing Yi Tong Zhi*; Document Compilation; the Great Unification; Fate of books

目　录

Contents

绪论：缘起·学术史·研究框架

一 问题意识的形成

《大清一统志》[①] 是清代官修地理总志，它的纂修历经康、雍、乾、嘉、道五朝，成书三部。其中，初修志共356卷，始修于康熙二十五年四月，成书于乾隆五年十一月。续修志有424卷，始修于乾隆二十九年，成书于乾隆五十年。重修志共560卷，始修于嘉庆十六年，进呈于道光二十二年十二月。《大清一统志》记录了清代京师、各直省、藩部和朝贡诸国的自然地理、政区变迁、人文风俗等历史面貌，内容涉及政区、户口、职官、风俗、书院、津梁、寺庙、名宦、人物、列女和土产等多个方面，是了解清代前中期历史的一座“桥梁”。但是，目前三部《大清一统志》的编纂过程、完成时间、编修人员群体、成书卷数等基本问题没有得到比较圆满地回答，这是本书研究的缘起之一。

本书之所以聚焦于《大清一统志》的研究，更主要还在于深层次的思想背景。“国家与社会”分析框架传入中国已有些时日，学界对其态度

① 若无特殊说明，书中《一统志》即指《大清一统志》。为节省篇幅和遵循目前学术论著行文规范，引用、参考各类文献的版本信息只在第一次出现时标明，版本不同者另注。引用前辈学术成果时姓名后均不加教授、先生等称呼，但这丝毫不影响笔者对前辈学者的尊敬之情。

褒贬不一。[①] 国家认同、民族认同与文化认同的研究在国内史学、哲学、文学等领域的兴起历时不短，影响较大。这些“认同”话题的研究实际上也是受西方政治学的影响，从而对自身历史做出的一种非自主、非源发

---

① 国家与社会，这两者具体包含了哪些内容，这是一个超宏观的问题，很难给出一个令人满意的答案。笔者在拜读了一些论著后得出：它的核心问题是讨论如何处理国家与社会两者的秩序问题，以及两者的地位问题（即国家高于社会，还是社会高于国家。一直以来，中西方关于国家与社会的分析框架均认为二者是二元对立的模式）。较早的有张静主编：《国家与社会》，杭州：浙江人民出版社，1998 年。张静在编者前言中提到：“国家与社会”虽然是西方政治社会学的核心问题之一。但是近些年来，学界开始逐渐将其引入中国问题研究中，作为一种分析模式，它的影响在逐渐扩大。该书内容涉及政治学、历史学、社会学、文化人类学和法学等多个学科。梁治平在《清代的习惯法：社会与国家》一书中指出：在某种意义上，“家”与“国”可以比之于“社会”与“国家”，然而其关系却远非分别对立。事实上，这个出自儒家经典的著名公式更多暗示了家与国在构造原则上的共同性。若以“公”“私”观念为了解国家与社会关系的透视点，则所能见到的恰好不是不同领域之间的截然分立，而是一种彼此渗透、互相转换的复杂关系。官—民概念在范围上更具涵括性，在边界上更具确定性，用它来描述国家与社会的关系，似乎也更加恰当。不过，我们不要忘记，官—民范畴与国—家、公—私范畴具有概念上的对应性，以至我们在使用其中任何一对概念时，都不能不考虑和吸收其他相应概念所具有的意义。这三对基本概念或范畴，分别指涉传统上国家与社会关系的不同侧面，因此应当综合地予以考虑。详见梁治平著：《清代的习惯法：社会与国家》导言，北京：中国政法大学出版社，1996 年。邓正来则从“市民社会”角度讨论国家与社会理论分析框架，虽然也涉及近代中国的问题，但更多的是一种政治学和社会学视角的研究，详见邓正来著：《国家与社会：中国市民社会研究》，北京：北京大学出版社，2008 年。同样研究视角的还有邓正来、[美] 杰弗里·亚历山大主编：《国家与市民社会：一种社会理论的研究路径》，上海：上海人民出版社，2006 年。“国家与市民社会”理论的最新总结性成果请参看邓正来主编：《国家与市民社会：中国视角》，上海：格致出版社，2011 年。该书综合了政治学、社会学、历史学等多学科的思考成果。黄宗智对于国家与社会理论的二元对立情况提出不同看法，主张从国家与社会之间的“第三领域”来思考中国问题，这是一种“价值中立”的范畴，可以摆脱目的论。“第三领域”在清代比较具体特殊，并且是半正式的。这种“第三领域”在晚清、民国则经历了重大变化。详见黄宗智主编：《中国研究的范式问题讨论》，第 260 ~ 285 页，北京：社会科学文献出版社，2003 年。关于国家与社会分析框架在史学研究的应用还可以参看邓京力的评论，《“国家与社会”分析框架在中国史领域的应用》，《史学月刊》2004 年第 12 期。朱英则结合一些研究论著具体分析了近代中国研究领域中“社会与国家”理论分析框架的运用情况和整体性特征。详见朱英：《近代中国的“社会与国家”：研究回顾与思考》，《江苏社会科学》2006 年第 4 期。近年，张小也谈到以往研究中“国家与社会”分析模式，撰文指出：“对于国家—社会分析框架的使用必须视具体情况而定，一方面要认识到典章制度对于中国传统社会的重要性，另一方面要了解其他分析框架的重要性。”既要重视“从区域出发去理解整体历史”，又要充分认识地方成为国家过程中的多元性。详见《历史人类学：如何走得更远》，《清华大学学报》（哲学社会科学版）2010 年第 1 期。笔者案，在学习了上述研究成果后认为有两种思维方式或研究路径是不妥的：第一，一谈到“国家与社会”分析理论就条件反射式地只想到“市民社会”；第二，一谈到“国家与社会”分析框架在史学研究领域的应用只想到社会史研究。

性的“思考”。近些年来海外“新清史”研究推动了中国学界开始重新认识、评价清朝的历史，“国家”“社会”“国家认同”等一系列关联性问题再度成为中国学者研究清史的焦点之一，相关研究成果也较为丰富。[①]海内外研究者关于清朝历史的整体认识、评价等问题可谓是意见纷呈，但是其中某些观点具有错误的倾向。每一时代的思想文化自有其时代的风气与热点，学术研究亦是如此，即托马斯·库恩所谓的“范式”。从20世纪初期起，中国史学的发展受国外历史学、社会学、政治学等人文社会科学理论的影响略见雏形。在经历了一百余年的侵染后，今天的中国史学与（西方）人文社会科学理论之间的关系俨然已经难解难分。这一方面推动了中国史学的“发展”，经历了多次范式的转换。中国史学界在经历了一百余年的成长后依旧缺乏本土的学术理论框架来推动史学研究，这使得中国史学研究存在“虚假的繁荣”现象。[②] 此类研究往往缺乏思想的自主性和必要的理论检讨，使得产出的成果不能恰当或准确地反映中国的过去，有时容易混淆视听，有时甚至是对中国历史本身及“本土的”中国史学等人文社会科学研究成果的消解。[③] 以上是笔者对中国史学发展的粗线条的印象。本书的撰写是基于对一段时期内当代中国的思想状况、学界的相关成果[④]、清代历史本身和笔者的学习体验等交织

① 详见刘凤云、刘文鹏主编：《清朝的国家认同：“新清史”研究与争鸣》，北京：中国人民大学出版社，2010年。刘凤云等编：《清代政治与国家认同》，北京：社会科学文献出版社，2012年。

② 刘东在为《阅读中国书系》作序时指出：“我们如此大规模地引进当代汉学，究竟最终对中国文化是福是祸?”刘东用了“忧心忡忡”一词。详见黄宗智主编：《中国研究的范式问题讨论》书前序言。实际上中西文化的这种情况，在明清之际、在晚清，中国知识分子都曾思考过、忧虑过。今天，历史再次给当代学人出了一道同样难解的问题。如张小也指出：“近代以来，随着西方社会科学概念和体系的引入，历史学越来越理论化，抽象化，既丧失了传统，又找不到新的定位，在其他学科的大举进攻下显得无还手之力”，详见《历史人类学：如何走得更远》，第100页。

③ 按，这种对于本土历史或史学的消解也不是普遍的、绝对的。虽然每个时期都有一些学者对史学研究中人文社会科学理论运用问题作过反思，但这并没有成功阻止消解现象的持续。笔者的写作框架初成于2013年3月5日，后又进行了修改，并阅读了黄进兴《后现代主义与史学研究》一书（北京：生活·读书·新知三联书店，2008年），该书对史学研究中后现代主义的不良倾向有较深入的反思，这与笔者所思有一定契合。特别是该书的两篇序言、第一章、第七章和两篇附录，其他章节对于笔者的思考亦多有帮助。

④ 若以中国的国家认同或民族认同等类似关键词在网络数据库搜索，可以发现一大批研究论文甚至著作。这也反映了当前学术理论的桎梏。

式、反复地思考的结果。[①] 这种思考或许并不成熟，而且很难精确地排定哪个方面是第一位的。《大清一统志》编纂过程起始于17世纪80年代，完成于19世纪40年代，几乎贯穿于清代前中期的历史时段。《大清一统志》是中央官修地理总志，在某种意义上可看作清代前中期的“国志”，内容宏富，几乎具备了探讨“国家”问题的主要方面。本书即以《大清一统志》为研究的主要对象，在考辨、梳理《大清一统志》文献问题的基础上，结合清代前中期中央官修的其他典籍，探析《大清一统志》的知识书写及其思想世界，试图勾勒出《大清一统志》中大一统王朝历史图像的某些画面，并探索政治史视野下国家、社会与个人三者的关系在清代前中期的历史变动与意义[②]，以求在史学界关注的“国家认同”理论视角和“新清史”等方面做出一些反思与探索。

二　学术史回顾

《大清一统志》的纂修过程跨越时间长，卷帙浩繁，内容十分丰富。《大清一统志》自成书以后即深藏清宫，即使颁发督抚，刻本亦十分稀少，坊间罕见。后虽受到洪亮吉、章学诚等学者的关注，但在20世纪70年代之前这段时期内，学者们对该书并无深入研究，这部分历史亦将作为本书的研究对象，故不作回顾。20世纪80年代前后，学者们才逐渐开始《大清一统志》的研究[③]。此处以研究主题和发表时间先后作为分类依据，对已有成果作三个方面的总结[④]。

---

① “新清史”对于清朝历史的再评价，对于满族的重新认识，引起了中国学界的警惕。但是，在另一方面，却出现了为了反驳而反驳，误将国家认同等问题引入魏晋时期甚至更久远，似乎想给人一种“现代中国的国家形成也是渊源久远”的结论。

② 按，以上所述是本文写作的理论背景。它还存有深刻的历史背景：中国历代王朝在建立的早期、中期、晚期等不同阶段中的个人及其形成的某种社会与中央政权三者之间的关系都存在着悄然的变化和激烈的转折，这种变迁也反映了王朝的兴衰。

③ 按，谭其骧主编《中国历史地图集》第八册编制以《嘉庆重修一统志》为主要资料，但不是一般意义上的研究论著，故不属于本文的学术史范围。华林甫《十年来中国历史地理文献研究的主要成就》一文探讨了2001—2010年地理志书、古地图、山川地理著作等文献研究取得的主要成绩，其中关于《大清一统志》的研究仅回顾了张艳玲、华林甫、侯德仁、牛润珍等几位学者的相关文章，稍显简略。详见《中国历史地理论丛》2011年第3期。

④ 按，三个方面的分类仅根据其主题而定，有的论著讨论涉及面较广，拟根据其主要观点划入某类，不再重复总结。

（一）关于《大清一统志》纂修、体例、版本等文献学视角的研究

《辞海》“大清一统志”条目概述：“清代官修地理总志，初次于乾隆八年成书，三百四十二卷；第二次，乾隆四十九年成书，五百卷；第三次，道光二十二年成书，五百六十卷。”① 严耕望《〈读史方舆纪要〉与〈嘉庆一统志〉》一文结合《唐代交通图考》的研究，以具体例证详细考辨比较了两部书在历史地名、军事地理学史记载方面各自的优劣。②

杨正泰较早地对《嘉庆重修一统志》进行了研究③，作者简要回顾了三部《一统志》成书：“康熙二十五年，清政府下令编纂《一统志》。久而未成。雍正即位后又重加修纂。历时十余年，至乾隆八年告竣，共356卷。这次编修，名为弘昼、蒋廷锡负责，实际由陈廷敬、徐乾学领其事，顾祖禹、阎若璩、齐召南等著名地理学者参与。二修始于乾隆二十九年，成于四十九年，五百卷。三修工作由穆彰阿、李佐贤、潘锡恩等主持，对续修的《一统志》作了较大的改动，始于嘉庆十六年，至道光二十二年克成。”④ 重点分析了《嘉庆重修一统志》在体例、内容等方面的优点：①“增补门类、充实内容”。②“完善体例”。③“正讹补脱”。认为它是“历代官修《一统志》中最好的一部”，并同《明一统志》进行比较，总结出《嘉庆志》四个方面的长处：①取材的时间断限，《嘉庆志》保存清代全盛时的许多资料。②记述沿革上，《嘉庆志》内容翔实、互相参证。③在类目和内容上，《嘉庆志》更为丰富、细致。④在表现形式上，

---

① 谭其骧主编：《辞海》（地理分册·历史地理），第294页，上海：上海辞书出版社，1978年。谭其骧主编：《中国历史大辞典·历史地理卷》，第51页，上海：上海辞书出版社，1996年，表述同前。

② 严耕望：《严耕望史学论文集》下册，第1519～1532页，上海：上海古籍出版社，2009年。该文原载《汉学研究通讯》第四卷第二号、《汉学研究》第三卷第二期《方志学国际研讨会论文专号》第一册，1985年。

③ 《中国历史地理要籍介绍》，第244～256页，成都：四川人民出版社，1987年。杨正泰：《〈嘉庆重修一统志〉初探》（《古籍整理与研究》1989年第4期）和赵荣、杨正泰：《中国地理学史（清代）》（第35～41页，北京：商务印书馆，1998年）与前文观点相同。靳生禾：《中国历史地理文献概论》（第284～289页，太原：山西人民出版社，1987年）、杨光华主编：《中国历史地理文献导读》（第258～267页，重庆：西南师范大学出版社，2006年）等对嘉庆《一统志》的书名、卷数、撰人、内容、体例、价值等作了同杨文内容相近的梳理。

④ 长期以来，杨正泰和前述《辞海》（历史地理分册）观点为学界研究《大清一统志》的相关论著沿袭。

《嘉庆志》图、表、志结合。最后指出《嘉庆重修一统志》因卷帙浩繁、纂修者水平不一导致了一些记载错误。

戴柏俊提出清代最早提出纂修《一统志》在康熙八年，最晚为同治六年，认为旧有的康熙十一年与道光年间说不准确，并考辨出在康熙三十三年前后《大清一统志》已经修成，只是未刊刻而已。① 阎光亮《〈大清一统志〉的纂辑》② 一文首先指出了清代纂修《一统志》的四个目的，进而简要梳理了三部《一统志》的成书过程：康熙二十四年，正式下令纂修《大清一统志》，而非康熙十一年，并正式设《一统志》局于苏州洞庭山。雍正时期是《一统志》第一次成书的关键时期。乾隆八年，清廷第一次纂成《一统志》，共356卷，乾隆九年开始刊行。乾隆二十九年续修《一统志》工作正式展开，乾隆四十九年《大清一统志》第二次成书，乾隆五十四年正式呈上，共424卷。嘉庆十六年开始第三次续修《一统志》，至道光二十二年，由国史馆总裁穆彰阿负责全书定稿并正式上呈。全书共562卷（含目录2卷），书未刊行。最后指出学界在《一统志》修纂时间表述标准不一、第二部卷数方面存在的误识。

杜瑜在《舆地图籍：〈异域录〉与〈大清一统志〉》一书③中简要地分析了三修《大清一统志》的原因，梳理了三部《一统志》的成书过程及其历史贡献。作者总结：第一次纂修从康熙二十五年开始，至乾隆八年完成，共342卷，编修时间长达57年，但志的内容不全，体例也不完善。第二次修于乾隆二十九年，成于乾隆四十九年，共500卷，习惯称“续志”，修的匆忙粗疏。第三次修于嘉庆十六年，历时31年，于道光二十二年完成，共560卷，因其所辑资料以嘉庆二十五年为断，故称之为《嘉庆重修一统志》。《大清一统志》集历代总志之大成，不但内容丰富翔实，而且是中国历来版图最为辽阔，反映疆域最全面、最稳定的全国总志。④

---

① 戴柏俊：《清代皇帝诏修〈大清一统志〉的最早及最晚时间》，《天津史志》1992年第1期。

② 阎光亮：《〈大清一统志〉的纂辑》，《辽宁教育学院学报》1994年第2期。

③ 杜瑜：《舆地图籍：〈异域录〉与〈大清一统志〉》，第182～197页，沈阳：辽海出版社，1997年。

④ 另有杜瑜编著：《中华文明史话·地理学史话》，第163～166页，北京：中国大百科全书出版社，2003年，相关内容与《舆地图籍》一书相近。杜瑜：《地理学史话》，第159页，北京：社会科学文献出版社，2011年。按，该书观点为杜氏最新观点。

秦丽娜、季秋华提出天津图书馆藏康熙本《大清一统志》是清朝入关后编纂最早的一部全国性方志，是目前海内所藏篇幅最多、版本最早的一部孤本方志。《大清一统志》初修于康熙十一年，后因故中断。康熙二十四年第二次敕令修志，二十五年正式设立《大清一统志》馆，正式开始纂修，徐乾学负责其事，徐逝世后韩菼接任。康熙四十三年，韩去世后，修纂工作中止。康熙年间《一统志》未得成书，至乾隆五年十一月告竣。作者并介绍了天津图书馆藏十三册康熙本《大清一统志》版本特征，河南、湖北两个统部的内容及其自然、人文地理方面的史料价值，为学者研究《一统志》提供了重要线索。①

陈蔚松从一统志馆切入分析了元、明、清三代的修志成就以及《一统志》对明清地方志发展的推动作用。其中，清代《一统志》初修于康熙二十四年，至乾隆八年纂成342卷。续修于乾隆二十九年，乾隆四十九年纂成500卷。嘉庆十六年再次重修，道光二十二年完成最后定本，共560卷。清代中央的一统志馆和省、府、州、县各级修志机构推动方志事业发展至历史的最高峰。② 张艳玲则分别梳理了三部《大清一统志》的纂修过程：第一次纂修始于康熙二十五年，成书于乾隆九年（乾隆五年十一月告竣，八年开始刊印，一说乾隆八年刻印成书），称康熙《大清一统志》，共356卷。第二次纂修始于乾隆二十九年，成于乾隆四十九年，共424卷，称乾隆《大清一统志》。第三次纂修始于嘉庆十六年，成于道光二十二年，称《嘉庆重修一统志》，共560卷等。文章从凡例、总目、目录、正文四方面总结三部《一统志》的结构基本相似，差别不大。三部《一统志》的体例主要受徐乾学所撰体例的影响。内容上，三部《一统志》不断增加：乾隆、嘉庆《一统志》增加了“行宫”一门，《嘉庆重修一统志》增加了《皇舆全图》和“税课”门类，并呈现“厚今薄古，厚近薄远”“隐恶扬善，有所不言”“只重结果”“内容真实简洁”等特征。通志等地方志和前代地理典籍、中央政府征集的材料等是《一统志》的材料来源。另外，总结了元、明、清《一统志》的四个关系和特征，概括了纂修、研究

① 秦丽娜、季秋华：《弥足珍贵的康熙本〈大清一统志〉》，《图书馆建设》2001年第6期。

② 陈蔚松：《元明清一统志馆及其修志成就》，《华中师范大学学报》（人文社会科学版）2002年第3期。

《大清一统志》的三点意义：有利于增强民族自豪感、国家认同感和祖国的统一，保存了丰富的历史资料，它是历史地理工作者的重要工具书。[①]

牛润珍、张慧《〈大清一统志〉纂修考述》[②]，总体回顾了三部《一统志》编纂缘起、纂修过程：康熙二十四年，开始纂修《大清一统志》。康熙二十五年，内阁组建一统志馆；二十四年以前，由礼部负责督催各省纂修《通志》。开馆之后，徐乾学主要负责《一统志》的纂修。二十六、二十七年整理资料，并着手撰写初稿。康熙三十三年，韩菼主持《一统志》纂修；康熙四十三年，韩去世后，纂修工作基本搁置。雍正三年，内阁重开一统志馆，蒋廷锡为总裁，陈惪华为副总裁。雍正十一年，方苞为总裁，陈惪华仍为副总裁。至乾隆五年十一月成书，乾隆八年十一月刻成，九年刊行，是为康熙《大清一统志》。乾隆《钦定大清一统志》始修于乾隆二十九年十一月，由方略馆负责。成书于四十九年，五十四年正式进呈，共500卷。乾隆《一统志》较康熙《一统志》有四个方面的改善。嘉庆十六年再次开始重修，成书于道光二十二年十二月，共560卷，称为嘉庆《重修大清一统志》，共有包括9名提调兼总纂官、30名总纂、纂修官等在内的68人为其纂修做出了贡献。文章最后总结了《一统志》纂修的五条经验教训。

杜锡建从《一统志》编修的动机、皇帝对《一统志》编纂的干预、《一统志》收集与采用资料和组织机构四个方面比较分析了元、明、清三代在《一统志》修纂方面的异同。作者认为：清《一统志》开始修于康熙十一年，把它作为奠定和加强合法统治的重要的强有力的文化支撑点。清朝皇帝（特别是乾隆帝）对于《一统志》纂修的干预也达到了极点。清朝纂修《一统志》资料是以地方编纂志书的形式直接向朝廷提供，最初由翰林院负责征集。康熙二十五年，设立一统志馆总理事务，设有33

① 张艳玲：《三部〈大清一统志〉的比较研究》，中国社会科学院2003届硕士学位论文，该文删节后同名发表于中华文史网：http：//www. historychina. net/magazinefree/html/10/114/content/97. shtml，搜索于2012年4月6日。

② 牛润珍、张慧：《〈大清一统志〉纂修考述》，《清史研究》2008年第1期，另见《清史论丛》2005年。张慧：《清〈一统志〉纂修研究》，中国人民大学2007届硕士学位论文。该论文除论述三部《一统志》纂修过程外，还对比分析三部《一统志》之间的沿革与改进，比较清《一统志》与明《一统志》在取材时间、地理沿革、体例内容和表达形式方面的异同，并总结了清《一统志》纂修对当今方志工作的借鉴意义。

个专职岗位。乾隆年间改一统志馆为方略馆，负责续修工作。清《一统志》的体例对清代方志成书影响很大。①

如果将以上学者划归为从整体上研究《大清一统志》纂修、体例等问题。微观研究则以华林甫三篇论文最具代表性②。作者以中国第一历史档案馆所藏国史馆档案为主要依据，爬梳了《嘉庆重修一统志》陕西、贵州两个统部编纂过程中地方衙门同国史馆之间互动、纂修官校对志书等纂修的具体情况。国史馆在编纂陕西统部过程中多次要求陕西地方官移送行政区划、列女、学校等《一统志》编修所需资料，直至道光十六年、十七年才先后完成陕西统部的志稿，进呈道光帝。道光二十二年年底全书进呈后，国史馆再派员检校陕西统部稿本。贵州统部方面，嘉庆十八年至道光五年前后，国史馆多次行文礼部、兵部、贵州地方官咨取档案图籍，以为编修贵州统部提供材料。道光七年二月，贵州统部志稿完成，由托津、曹振镛等进呈。在全书进呈之后，国史馆派张继灏等校对贵州统部，纠正讹误。作者还依据“国史馆全宗编纂类第五号”的30余件档案整理出《嘉庆重修一统志》十八个统部各自的完成时间：如定稿较早的福建统部部分志书于道光七年三月二十五日由托津进呈，定稿较晚的江苏统部部分志书由穆彰阿进呈于道光二十年十一月、十二月等等，发掘了学界之前罕知的《嘉庆重修一统志》成书的部分历史细节。

（二）关于《大清一统志》具体内容的研究

薛宗正《读〈大清一统志〉》以乾隆续修《一统志》为研究对象，从三个角度分别阐述该部《一统志》的内容特点，第一部分首先简要回顾《一统志》的主要内容，认为该志结构“大体上继承了我国历代正史《地理志》的纂修传统而又有新的补充，总的来说，是书分部得法，名实相符”。体例上，“同历代纂修的地方志相仿佛，较前代纂修的大型全国

① 杜锡建：《元、明、清〈一统志〉比较研究》，《中国地方志》2009年第7期。

② 分别为华林甫：《〈嘉庆重修一统志〉陕西统部的编纂过程》，收入复旦大学历史地理研究中心编《面向新世纪的中国历史地理学——2000年国际中国历史地理学术讨论会论文集》，济南：齐鲁书社，2001年。华林甫：《档案所见〈嘉庆重修一统志〉贵州统部的编纂过程》，见方铁主编《西南边疆民族研究》（一），昆明：云南大学出版社，2001年。华林甫：《〈嘉庆重修一统志〉各统部的成书时间》，见《历史地理》第20辑，上海：上海人民出版社，2004年。

性地方志《元和郡县志》《太平寰宇记》《大明一统志》等内容更为丰富，记载更为具体、翔实，其中保存了大量有关历史、地理、民俗等方面的有价值史料。”第二部分重点梳理了《一统志》新疆部分的篇幅、行政机构、城堡、屯田、户口、新疆下辖府州县的地理位置、沿革、人口、屯兵等情况。第三部分则叙述了《一统志》朝贡诸国部分记载的优缺点，指出由于《大清一统志》是封建时代的地理著作，不可避免地存在着内容的讹误、缺陷等不足之处。① 嘉道重修《一统志》是清代第三部《一统志》，它的内容之一是记录各府州的学校分布、数量和额定学员等情况。② 王会均以雍正初修本、乾隆续修本、嘉庆重修本《一统志·琼州府》为主要研究对象，首先分别考察了三部《一统志》存佚情况、敕修始末、修者事略、志书内容、体例特征、刊刻年代等六方面问题，梳理了三部《一统志》琼州府部分的内容，指出其重要的文献价值。再依据四部分类法总结出琼州府部分征引的典籍文献，比较三部《一统志》琼州府部分记载的异同，指明清代《一统志》与元、明《一统志》的联系。③ 侯德仁梳理了续修《一统志》中西域新疆统部的主要内容和编纂方式，西域新疆统部记载了新疆地区的建置沿革、山川形胜、古迹等七个方面内容，彰显大一统之盛。作者还分析了该统部内容同《西域图志》的关系，对比了乾隆本与嘉庆本西域新疆统部记载的差异，肯定了乾隆本的首创之功，指出嘉庆本的内容更为丰富。④

华林甫较早地从地名学角度专门分析了《嘉庆一统志》的地名学成

① 薛宗正：《读〈大清一统志〉》，新疆维吾尔自治区图书馆《图书评介》编辑部：《图书评介》1980年第2期，第30～34页。

② 《〈嘉庆重修一统志〉学校门辑略》，《山西教育史志研究》1994年第1期，第92～101页。

③ 王会均：《大清〈一统志·琼州府〉研究》（上、下），《台湾“中央图书馆”台湾分馆馆刊》，第3卷第2、3期（1996年12月、1997年3月）。作者新著《海南方志研究》卷2《一统志与琼州》论述了元、明、清《一统志》中琼州地区的自然、人文地理历史，其中清代部分内容与前两篇文章相同，台北：文史哲出版社，2012年。按，文章亦有不足之处：如初修志版本沿袭乾隆九年武英殿刻本旧说，康熙朝的编修者未做讨论等。续修志编者仅论和珅一人，未涉及乾隆五十五年刻本，续修《一统志》成书时间表述亦互相矛盾：上篇第89页言乾隆四十九年成书，上篇第101页又言乾隆五十年十二月始告竣。

④ 侯德仁：《〈大清一统志〉之西域新疆统部的纂修及其学术价值》，《中国地方志》2006年第12期。作者在《清代西北边疆史地学》（北京：群言出版社，2006年）一书第三章亦论述了相同问题，同时从篇幅、具体内容两方面论证张穆《蒙古游牧记》并非抄袭《嘉庆重修一统志》而成，认为章梫对于《蒙古游牧记》的评价有失真实。

就，通过随机抽样的方式考察了该志记载地名总数、地名渊源解释两方面的成果。作者认为：无论从地名记载量、地名渊源解释数量还是地名释名率上看，《嘉庆一统志》均居历代地理总志之冠。单从地名渊源解释数量而言，《嘉庆一统志》突破了一万大关，在地名学史上具有重要意义。作者另从地名考证角度：举出《嘉庆一统志》在地名通名、地名用字、地名读音、同名异地辨析、水体地名的源流、地名典籍考证等六个方面的成绩，并指出《嘉庆一统志》难免地存在一些错误。[①] 荆敏《〈大清一统志〉满语地名试析》[②] 简要分析了《一统志》中满语地名呈现出具体直观以及游牧狩猎化词汇为主的命名特点，分布较不均衡：黑龙江地区67个、辽宁地区47个、吉林地区454个，这主要是因为汉族文化在三个地区的影响程度不同。文章通过分析满语地名的特征来认识满族社会文化发展的轨迹。罗盛吉、吴雪娟以台湾"故宫博物院"藏《黑龙江流域图》为研究对象，结合黑龙江将军衙门满文档案分析确定该图为黑龙江将军衙门为康熙《大清一统志》提供的底图资料。[③] 吴雪娟还从黑龙江将军衙门满文档案中发现康熙三十年、三十四年和四十八年至五十年间的三份满文档案是黑龙江将军衙门应一统志馆要求而移送的文档和舆图。[④]

张鑫敏、侯杨方《〈大清一统志〉中"原额人丁"的来源——以江南为例》[⑤] 一文辨析了三部《一统志》中江南地区"原额人丁"的来源及其建构过程，指出《一统志》中"原额人丁"记载存在含义不清、标准不一及数字不确的特征。张鑫敏另以江苏左、右布政使司为考察对象，认为《一统志》中"滋生男妇大小"是民数汇报与人丁编审的人工产物，

---

① 详见华林甫：《中国地名学源流》，第307～318页，北京：人民出版社，2010年。

② 荆敏：《〈大清一统志〉满语地名试析》，《东北史地》2007年第6期。

③ 罗盛吉、吴雪娟：《康熙〈大清一统志·黑龙江图〉考释》，《满语研究》2009年第1期。吴氏另有同名文章发表于《中国地方志》2009年第11期；孙喆：《从两幅地图看18世纪初期清人对黑龙江流域的认识》（《中国地方志》2006年第6期）以及卢雪燕：《院藏康熙满文本〈黑龙江流域图〉考介》（《故宫文物月刊》第225期，2001年12月）亦论述了同类问题，值得参考。

④ 吴雪娟：《康熙年间三份〈大清一统志〉黑龙江分省资料》，《东北史地》2005年第5期，第53～57页。

⑤ 张鑫敏、侯杨方：《〈大清一统志〉中"原额人丁"的来源——以江南为例》《清史研究》2010年第1期。另有张鑫敏：《江南"人丁"与"男妇"——基于〈大清一统志〉的一项实证研究》，复旦大学2010届硕士学位论文，该文内容同前文相近。

并指出因编纂者盲从，不了解上述两种制度而导致《一统志》人口记载数字的缺陷。[①]

成于众手的《大清一统志》难免存在讹误之处。李大海指出了商务印书馆影印本卷251与卷258关于甘肃统部平凉府下庄浪县并入隆德县时间记载抵牾或因书匠误抄而成，“乾隆二十二年添设庄浪乡学”亦属记载讹误。[②] 另外还辨析卷226《陕西统部·文职官》西安府条下县丞“均驻县城”应添改为“雍正八年，移临潼县丞驻关山镇”。[③] 学舟辨析了同书卷244陕西同州府二《关隘》“永乐镇”条下巡司裁改的年代史事舛误。[④]

（三）关于《大清一统志》与清代方志关系的研究

乔治忠认为初修本《一统志》在方志学的理论发展、地方官及学者参与修志活动与康雍时期修志事业的兴起等方面均起到了积极的推动作用，是清代方志学长盛不衰的重要原因。[⑤] 巴兆祥从康熙至道光年间修志数量、方志的体例与编纂方法及学者修志等方面阐发编修《大清一统志》对清代地方志的积极影响。[⑥] 研究清代地方志或方志学（史）的论著均略有涉及《大清一统志》，但内容观点并无突破，故不复述。

此外，李德龙从清代知识分子的经世思想层面简述了清代统治者为巩固统治而修《一统志》同知识分子的治世思想趋同，章学诚即是代表之一。[⑦] 管见所及，学界对于《大清一统志》的相关研究成果见前文笔者的

---

① 张鑫敏：《〈大清一统志〉中“滋生男妇大小”考——以江苏为例》，《中国经济史研究》2012年第3期。

② 李大海：《嘉庆〈重修大清一统志〉辨误一则》，《中国历史地理论丛》2005年第4期。

③ 李大海：《清嘉庆〈重修一统志〉辨误一则》，《陕西师范大学学报》（哲学社会科学版）2006年第1期。

④ 学舟：《嘉庆重修〈大清一统志〉勘误一则》，《中国历史地理论丛》2007年第4期。

⑤ 乔治忠：《〈大清一统志〉的初修与方志学的兴起》，《齐鲁学刊》1997年第1期。另见乔治忠：《中国史学史》，第266~270页，北京：中国人民大学出版社，2011年。按，其他史学史、文化史著作亦有论及《大清一统志》，如向燕南等：《中国史学史》第五卷（第262~265页，上海：上海人民出版社，2006年）和赵云田主编：《中国文化通史·清前期卷》，（第264~265页，北京：北京师范大学出版社，2009年）等，该类著作并非对《大清一统志》的专门研究，故不作梳理。

⑥ 巴兆祥：《论〈大清一统志〉的编修对清代地方志的影响》，《宁夏社会科学》2004年第3期。另见巴兆祥著《方志学新论》（第111~135页，上海：学林出版社，2004年）。

⑦ 李德龙：《〈大清一统志〉的编修与知识分子的经世》，《考试周刊》2009年第8期。

回顾、总结，目前尚无研究《大清一统志》的专著。

目前，海外学者以《大清一统志》作为研究主题的成果极少，仅见两篇。[①] 日本学者船越昭生讨论了《大清一统志》中的俄罗斯记事有关问题：①康熙时代关于俄罗斯地理的知识；②《大清一统志》编目与记事的概要；③《大清一统志》有关境域、建置沿革、生活习俗、山川和物产的记载；④《大清一统志》的俄罗斯记事与《异域录》。主要论述了《一统志》体例、内容编排的特点，并以《一统志》记载俄罗斯地理知识为对象，分析其知识来源。[②] 韩国学者裴祐晟以《盛京志》和《大清一统志》（笔者按，两书分别为乾隆《盛京通志》与续修《大清一统志》）为主要分析对象，结合韩国学者长期关注的土门江、白头山问题，从朝鲜后期地理文献中考察苏下江、速平江、愁滨江历史记录，认为这两部地理志书对朝鲜独立形成的满洲地理知识有一个重新解释的过程，进而指出朝鲜学者对于中朝边界的问题上解释上存在的现象。[③] 两位外国学者注意从《大清一统志》的知识来源、对当时人地理知识形成的规范性作用等角度研究该志书，这是他们同中国学者研究路径的最大区别，尽管两位在《一统志》的某些基本问题上并未认识清楚。

（四）已有论著的成绩与不足

前人的学术成果是笔者开展研究的基础和出发点之一。前述中国学者的相关观点可以概括为以下三个方面：

其一，三部《大清一统志》纂修过程的一些时间节点已大致清楚：康熙二十五年第一次始修、乾隆二十九年开始第二次续修、嘉庆十六年启动第三次重修[④]等。对徐乾学、韩菼、阎若璩等部分纂修者的研究比较清楚地反映了《一统志》纂修过程的部分情况，并梳理、总结了同元、明

---

① 按，在日本从事研究的承志对于几幅清代舆图的研究和《大清一统志》亦有关系，但不是以《一统志》为研究主题。

② ［日］船越昭生：《日本锁国时期康熙图的地理学史研究》第六章，东京：日本法政大学出版局，1986 年，第 269 ~ 303 页。此章节内容的翻译承蒙纪元同学热心相助。作者另有《〈大清一统志〉的沙俄记事》，《东方学报》36 号（京都），1964 年 10 月。

③ 详见［韩］裴祐晟：《清代满洲相关文献与朝鲜后期对满洲地理的认识》，《东北亚历史杂志》2008 年冬季号第 5 卷第 2 期。

④ 但个别论著认识仍有讹误，如［美］余定国著，姜道章译：《中国地图学史》（北京大学出版社，2006 年）第 227 页认为嘉庆《重修大清一统志》于嘉庆二十五年（1820）始修。当误。

《一统志》的关系。华林甫对于重修《大清一统志》两个统部成书过程和各个统部成书进呈时间的研究，有利于深化对重修《一统志》的认识。

其二，《大清一统志》的体例、内容特点等文献价值：目前相关研究普遍认为嘉庆《重修大清一统志》价值最高、质量最好。

其三，《大清一统志》与清代地方志、清朝统治的部分思想文化特征之间的关联，以乔治忠、巴兆祥两位学者的观点为代表。

已有成果的借鉴将在本书探究相关问题时再作深入探讨。目前，关于《大清一统志》的研究成果存在以下不足：

一是现有论著存在的具体问题可以略举几例：第一，目前的研究均是对《一统志》纂修过程个别时间节点的研究，且这些节点的研究存在一些错误论断。初修《一统志》编修者的研究大多局限于徐乾学及其领衔的苏州志局。参与第一部《大清一统志》的三百余位编修者各自角色或贡献如何？大清一统志馆是如何运行的？康熙朝一统志馆在初修《大清一统志》编修过程中做了哪些工作等均未有比较清楚的认识。第二，初修《大清一统志》的编纂工作在康熙四十三年之后停止了吗？第三，为何说乾隆续修《大清一统志》成书于乾隆四十九年？五百卷之说源自何处？有哪些人参与了续修《一统志》的编修工作？另外，对三部《大清一统志》纂修者的参与情况、具体分工、纂修成果缺乏整体性认识，且过分褒扬总裁、总纂官、部分知名学者而忽视其他纂修官贡献的观点长期存在。

二是现有论著仅简要探讨了《大清一统志》同元明《一统志》等书之间的继承性联系，未能深度剖析《大清一统志》与其时代前后的其他地理总志文献之间的关联，未将三部《大清一统志》作为一个连贯的文化现象从整体上研究它们的思想文化内涵。

三是现有论著一般多从宏观层面探讨《大清一统志》对清代地方志发展的积极影响，以及地方志作为清《一统志》取材来源。已有研究未能从清《一统志》与地方志在内容、体例等方面双向互动及影响，忽视了清《一统志》对于地方社会的影响。另外，已有方志学（史）论著均将《大清一统志》归入方志类，混淆了地理总志与方志的区别。[①] 前引薛

---

① 除了前引秦丽娜、薛宗正文章外，笔者阅读多种方志学（史）相关论著，无一例外地将总志与方志混淆了，此不一一罗列。谭其骧:《长水集·续编》，第 283 ~ 287 页《地方志与总志》一文，北京：人民出版社，2011 年；邹逸麟:《对〈方志百科全书〉“方志”条释义的几点意见》，《浙江学刊》2013 年第 1 期。这两篇文章对于总志与方志的区别已有比较精辟分析，可供参考，此不赘言。

宗正文则误将《大清一统志》地理总志的体例混淆于正史地理志的体例，实际上二者在体例上差别较大，这也是需要引起注意的。

四是已有研究未能准确定位《大清一统志》的历史地位，如目前普遍认为嘉庆重修《大清一统志》是质量、价值最高的一部，或可重新认识。

五是已有论著多将清前期的思想文化、政治统治作为《大清一统志》的纂修背景，忽视了该志书的思想世界。除了“大一统”观念，它的思想世界有何其他内容？另外，在研究清代“大一统”思想、疆域形成等问题时，往往直接将《大清一统志》作为例证，研究时多引用《嘉庆重修一统志》，初修志与续修志关注度极低，且缺乏必要的分析。

综合已有论著来看，研究《大清一统志》的已有成果多是宏观研究（思想文化视角），与微观分析（文献特征问题）相脱节，二者未能很好地融合。造成以上不足的原因，主要有以下两点：第一，清《一统志》纂修时间长、卷数多，原始纂修档案或被毁弃，或未整理出版，且分藏于多地，利用难度较大，故已有成果很少利用这些《一统志》纂修的档案。第二，已有成果缺乏对清《一统志》史料的去粗取精之过程，即使有部分学者注意到清《一统志》史事记载方面的缺陷，但未能引起其他研究者充分注意。以上是笔者对《大清一统志》相关研究论著的总结、回顾，挂一漏万，或所难免，敬请大家不吝赐教。在前辈学人研究的基础上，本书拟作出一些探索和突破。

三　研究对象与相关概念的界定

（一）研究对象

本书研究对象为三部《大清一统志》。文章整体研究三部志书的编纂过程、编纂机构、编修者群体、编纂方法等，系统研究《大清一统志》的刊刻、版本流传与价值评价等问题。关于《大清一统志》具体内容，分析京师、盛京统部、江苏统部以及外藩蒙古统部等内容特征、时空观念。在研究《一统志》编纂问题和具体内容的基础上，本书从“大一统”观念的角度挖掘三部《一统志》的思想内涵，并注重总结《一统志》在传统中国与近代中国历史变迁中的命运历程。

（二）相关概念

1. 清前中期[①]

文章拟将《大清一统志》纂修的起止时期——康熙至道光年间[②]称为清代前中期，这是基于学界常用清代分期法和此一时期清朝国家政治社会的原始型态[③]而划分。原始型态强调一种未被外来力量深度侵染下的国家政治社会的运行模式或体系，也更关注清朝历史本身在中国传统政治运行模式中的变化过程。笔者认为清朝在未被近代西方文明（大规模或全面）深层侵染之前在整体上仍然属于自变型态。笔者部分赞同学界对明清历史转型研究的成果，因为明清时期的转型并未从结构上消解清前中期国家的自我型态。这和学界已有的“清前期”的定义是不矛盾的，因为各自研究领域的重心不同，即如不能将政治史意义上的“清前期”完全照搬于清代经济史、社会史等其他领域的研究一样。

2. 国家与社会

目前我们所熟知并经常使用的“国家”和“社会”两个概念属于西方近代民族国家等理论体系或其衍生概念，已有一些学者对此类问题做了批评性总结[④]。中国文献的国家、社会的如何定义？首先看一些权

① 按，中国史研究中的历史阶段论的研究曾经是史学研究的一朵金花，时期划分至今仍是史学研究存在较大争议的难题之一。

② 研究《大清一统志》刊刻、流传等问题时需涉及晚清、民国时期相关内容，特此说明。

③ 按，在不同的文化价值观和历史观的研究者看来，“传统”“古典性”等词汇有时体现了两种截然对立的价值型态。在没有想到一个贴切的词语之前，笔者拟用“原始型态”来强调清代前中期中国的历史性。

④ 如牟发松：《汉唐历史变迁中的社会与国家》（上海：上海人民出版社，2011 年）即以国家、社会为题，在绪论、第二编、后论等多处讨论、反思相关问题。包伟民将其之前发表的多篇论文重新整理为《传统国家与社会 960—1279 年》一书，北京：商务印书馆，2009 年。刘小萌亦在其书中用“国家”作为关键词之一，见《满族从部落到国家的发展》，北京：中国社会科学出版社，2007 年（此为第三版，1995 年出第一版）。许纪霖曾于 2012 年 10 月 15 日在华东师范大学思勉人文高等研究院做了题为“国家，意味着什么?”的学术报告，对相关问题亦多有阐发，等等。上述基本属于史学界对“国家”问题的探讨。政治学、社会学、法学、民族学等领域的讨论则更为热烈，如马戎：《现代国家观念的出现和国家形态的演进》，《西南民族大学学报》（人文社会科学版）2012 年第 2 期；赵真：《没有国家的国家理论——读〈社会学与法学的国家概念〉》，《政法论坛》2012 年第 3 期；袁娥：《民族认同与国家认同研究述评》，《民族研究》2011 年第 5 期，等等。虽然学者们研究角度或具体问题不同，但都共同指向“国家”这一重要而宏大的问题。这类论著（列出的和没列出的）对笔者的思考有较多帮助，虽然其观点不一定全部赞同。

威性辞典、字书的解释。《中国大百科全书》“国家”条目：“国家，state，经济上占统治地位的阶级对被统治阶级进行政治统治的工具。它拥有政治权力（公共权力）以及构成这种权力的武装力量、监狱、强制机关等物质附属物。国家就是以这种政治权力为核心所组成的政治机构。词源：‘国家’是天下、邦国、家室的总称。秦汉以后实行中央集权制，把皇帝统治的范围，通称国家。有时也把皇帝直接称为国家。在西方，古希腊称‘城邦’（polis）；古罗马称‘共和国’（republive），其原意是由罗马城延伸到整个意大利和其他各省的居民，是地域广泛的意思。在中世纪称‘王国’（rignum）和市民社会（civitas）。到16世纪，N. 马基雅维利在《君主论》中第一次广泛使用‘国家’表示在政治上组织起来的社会。此后‘国家’一词开始流行通用。”[①]《辞海》对“国家”解释如下：“①国家是阶级的统治机关（《列宁选集》第3卷第114页）。掌握在经济上占统治地位的阶级手中。包括国家立法机关、行政机关、审判机关、检察机关、军队、警察、监狱等，是统治阶级行使权力的工具。国家不按血缘关系，而按地区划分和组织它的国民；②世界上各个有疆域、人民、独立地位和主权的不同地区的政治实体；③中国古代诸侯称国，大夫称家；④指皇帝。”[②]《辞源》：“国家：①阶级压迫的工具，指实施统治的组织。古代诸侯称国，大夫称家。也以国家为国之通称；②公家；③帝王。”[③]《汉语大辞典》中“国家”有如下意义：“①统治阶级实施阶级压迫和实施统治的组织。古代诸侯的封地称国，大夫的封地称家。也以国家为国的通称；②公家、朝廷；③皇帝；④诸侯、卿大夫所受封地上的城邑；⑤京城、首都。”[④]“社会”一词有如下解释：“社会是人类生活的共同体。马克思主义认为，社会在本质上是生产关系的总和，只有具体的社会，没有抽象的社会。具体的社会是指处于特定区域和时期，享有共同文化并以物质生产活动为基础

---

① 《中国大百科全书》总编委会编：《中国大百科全书》（第二版），第8册，第437页，北京：中国大百科全书出版社，2009年。该条目还指出：“从政治学有史以来的两千多年，国家有许多种定义，争论不断。V. I. 列宁说：‘几乎目前所有各种政治争论、分歧和意见，都是围绕着国家这一概念的’（《列宁选集》第4卷，第53页）”。

② 夏征农、陈至立主编：《辞海》（第六版），第668页，上海：上海辞书出版社，2010年。

③ 商务印书馆编辑部等编：《辞源》（修订本），第630页，北京：商务印书馆，2009年。

④ 《汉语大辞典》编纂处编：《汉语大辞典》，第1713页，上海：上海辞书出版社，2007年。

的人类生活的共同体。在中国古籍，‘社会’一词最早出现在《旧唐书·玄宗上》(本纪第八)，意为村民集会。在西方，society 指伙伴的意思。日本学者将其译为‘社会’，后被中国学者沿用，中文‘社会’一词开始具有现代通用的含义。”① 社会亦指“旧时乡村学塾逢春、秋祀社之日或其他节日举行的集会”。② 社会还指“①古时社日，里社举行的赛会。后泛指节日演艺集会；②志趣相同者结合的团体。”③ 有学者认为社会有集市之意。④ 近年出版的《政治学辞典》关于“国家”概念的解释同前引《辞海》相同⑤。

上述六部辞书对“国家”与“社会”的定义兼具古今、中外的特点，也并非是纯粹的本土性解释，且概念的内容亦是处于动态变化中。另外，王健文曾指出国家的广义、狭义定义，并简要检讨西方国家界说对于古代中国“国家”概念理解的“阻碍”。作者从天人关系、德的古典义、国君一体、国家的政治社会结构和正当性基础等角度对古代中国“国家”概念做出阐释⑥。作者虽以战国至西汉为主要研究时段，但其研究对本书的写作亦有较多帮助。笔者学习借鉴了政治学、社会学、法学、历史学等多领域对于“国家”“社会”的概念及内涵的研究，但是本书仍然难以给出清前中期的“国家是什么?”“清代前中期的社会具体是什么样的?”等问题的答案，难以概括出完美并被大家广泛接受的词汇。目前，本书中“国家”既指康熙至道光时期的皇帝，也是指生活在清朝疆域版图上的臣民以及清前中期的政治制度与政治权威的整体型态。“社会”既指此一时段清朝统治下的京师、各直省、藩部等地方社会，也指代《大清一统志》等志书纂修者构成的群体社会。需要强调的是，文章所用“国家”“社会”的概念并不指涉其近代性。至于清前中期的国家与社会的历史形态如何？它们在清代思想史中是何种内涵？应该用何种概念来界定？则是本书将要探索的内容。

---

① 《中国大百科全书》总编委会编:《中国大百科全书》(第二版)，第 19 册，第 373 页。

② 夏征农、陈至立主编:《辞海》(第六版)，第 1648 页。

③ 商务印书馆编辑部等编:《辞源》(修订本)，第 2471 页。

④ 许少峰编:《近代汉语大词典》，北京：中华书局，2008 年，第 1653 页：“《阅微草堂笔记》卷十二：一日，值吴桥社会，以所作对联、匾额往售，至晚，得数金”。

⑤ 王邦佐等编写:《政治学辞典》，第 361 页，上海：上海辞书出版社，2009 年。

⑥ 详见王健文:《奉天承运：古代中国的“国家”概念及其正当性基础》，台北：东大图书公司，1995 年。

四 研究的文献基础

史学研究中“新”史料的发掘对于某一领域或课题的推进具有十分关键的意义。一般而言，新史料有两层含义：一是前人未知或未利用的材料，这类新材料往往能带动相关研究取得重大突破。二是前人利用了但利用率较低的材料，这类材料若被后来者重新解读，也可以在相关研究课题做出别样的精彩。笔者克服困难大力挖掘两种新材料，希望将《大清一统志》的研究推进一步。下面分为未出版（可利用）和已出版两类，以相关机构为线索分别叙述本书撰写的文献基础。

未出版史料方面，笔者主要查阅利用了中国第一历史档案馆（以下简称一史馆）、国家图书馆、国家清史编纂委员会、人民大学图书馆、傅斯年图书馆、台北“故宫博物院”等①馆藏的多个版本《大清一统志》及相关档案。

三部《大清一统志》的纂修档案文献原本是按类保存且集中存放的。随着清末民国以来北京政治局势的变迁，紫禁城存放的大批清宫档案流落至多个保管机构。一史馆藏有一大批《大清一统志》方面的档案资料。乾隆续修《一统志》档案属于方略馆档案下的一个分支，现主要藏于一史馆军机处卷宗内。目前，一史馆所藏方略馆档案约有10200件（册），主要是方略馆所修各种方略稿本和书籍，共6065册，还有各衙门给方略馆的咨文和移会等。方略馆档案上迄乾隆三十一年，下至宣统元年。这批档案中肯定包含了与《大清一统志》相关的原始资料。

通过《清军机处档案目录》，我们可以发现关于方略馆档案的线索，如留馆档（1册）、方略馆文移档（9册）、方略馆留京日记档（3册）、方略馆同人履历册（11册）、方略馆随手登记档（1册）、供事履历册（1册）、方略馆大库考勤簿（1册）、方略馆行文档（14册）、方略馆议叙底册（5册）、方略馆同人到馆考勤簿（1册）、方略馆收文簿（1册）等。另外，还有军机处文移档（2册）、报销进书档（3册）、来文档（2册）、值班档（1册）、内收文簿（30册）收文簿（19册）、俸册档（2册）、

① 笔者也利用了北京大学图书馆、台北“国家图书馆”、哈佛大学图书馆等机构馆藏资源或网络资料，因资料数量不多，不作专门介绍。

各衙门文书簿（14 册）、随手登销档（2 册）、汉档议叙底册（9 册）等。[①] 这些档案对于我们认识、研究方略馆续修《一统志》的编纂过程、编修者任职时间、方略馆纂修《一统志》的馆务运行等具体问题均有重要帮助。

嘉道重修《一统志》档案主要在国史馆档案内，现亦主要藏于一史馆，该卷宗档案共有 42600 余件，内容包括国史馆编纂的纪、传、表、志等稿本、草本和各项章程凡例等，以及国史馆为编修工作而从各方面征集而来的资料。[②] 由于众所周知的原因，方略馆和国史馆档案，目前均不对研究者开放阅览。笔者通过检阅内阁吏科与户科、军机处汉文录副奏折与汉文朱批奏折等类档案，再剔除重复内容，目前查得一史馆藏《大清一统志》相关档案文献与实际存有的档案资料数量相比较而言仅是冰山一角。

一史馆和故宫博物院还藏有部分《总管内务府·武英殿修书处档案》，据悉故宫博物院朱赛虹正在进行此类档案的整理出版、研究工作，在该套档案出版后或可有一些新发现。[③] 另外，民国时期，北京大学研究院文史部藏有清《一统志》稿和一统志馆职名册[④]，笔者在北京大学图书馆仅发现了志稿，职名册并未得见。

故宫博物院原是清代档案收藏最多的机构，后因机构变迁，现今故宫博物院所藏清代官修典籍，特别是《大清一统志》的相关档案极少。目前，故宫博物院藏有三部《大清一统志》的刻本、底稿本和抄本等[⑤]，但由于条件限制，这批资料尚无法利用。笔者曾翻阅民国年间在故宫博物院工作的专家学者文集、日记等部分材料，希望能找到《大清一统志》的某些线索。他们是卢弼、陶湘、傅增湘、袁同礼、陈垣、洪有丰、刘国钧、朱希祖、朱师辙、张允亮、庄蕴宽、许宝衡、沈兼士、

---

① 详见故宫博物院文献馆编:《清军机处档案目录》，北京：故宫博物院印刷所，1934 年。

② 详见邹爱莲:《中国第一历史档案馆所存清代档案基本情况调查报告》。

③ 另据朱赛虹:《北京故宫的清宫档案收藏及其整理研究概况》，《清代档案整理与馆际合作——第三届清代档案国际学术研讨会论文集》，第 37 ~ 52 页，台北：“故宫博物院”，2007 年。据朱老师该文可知北京故宫博物院所藏《大清一统志》相关原始档案较少且不集中。《清宫武英殿修书处档案》（故宫出版社，2014 年版）收录档案中并无和《大清一统志》纂修、刊刻等直接相关的史料。

④ 方甦生等编:《清内阁库贮旧档辑刊》1 册，第 28 页，北平故宫博物院文献馆，1935 年。

⑤ 详见本书第四章第一节的相关研究。

余嘉锡、赵万里等，但收获不多。另外，检阅民国时期故宫博物院整理成果的再版文献，偶有收获，详见本书引用。总体上看，民国时期故宫博物院的学者及其相关论著对于《大清一统志》的关注相对较少，并未进行深入研究。

另外，根据罗福颐整理，以下档案对于《大清一统志》等官修书籍的研究、清代政治史研究等均有重要意义，可惜目前亦没有条件利用。它们是：①计籍目录：典籍厅卯簿、典籍厅公费底册、典籍厅日记档、典籍厅考勤档、典籍厅签到簿、典籍厅关支康熙五十二年春夏二季俸银底册。②内阁杂档·各书馆档：康熙三十八年正月至十二月、康熙四十年正月至十二月、康熙四十九年四月至五十三年六月、雍正十一年二月至十二月，一统志馆行移档；乾隆二年二月至三年十二月、乾隆十四年二月至十二月，报销档。③内阁杂档·各书馆档：乾隆九年十二月至十年十月，桌饭档；嘉庆二十五年十一月至十二月，桌饭档。④内阁杂档·各书馆档：康熙三十八年十月至三十九年七月，公费档；雍正元年三月至十年四月，公费档；雍正年间，供事官履历档；雍正十一年十二月至十二年九月，桌饭档。⑤内阁杂档·各书馆档：康熙二十七年四月至七月，纸档。⑥内阁杂档·各书馆档：嘉庆某年间，议叙供事官履历档；道光某年，离馆纂修等官档；雍正某年，收掌等官履历档；康熙五年四月至十二月，纂修明史、翻译明朝实录官员供给银两档。⑦内阁杂档·典籍厅：嘉庆二十五年，销照档；道光八年、十九、二十四等年，销照档；道光八年，执照档；乾隆四十二年七月至十二月，南厅挂号档；嘉庆十八年正月至十二月，南厅差皂档。[①] 可惜的是，笔者经过多方查询目前尚未发现该批档案的馆藏之处。

初修《大清一统志》的档案原本亦存放在内阁大库档案中，现主要藏于台北“中央研究院”历史语言研究所。史语所收藏的这批明清内阁大库档案包括：①内阁收贮的档案：题奏、制诰、史书、录书、黄册等；②内阁本身的档案：包括典籍厅、满本房、汉本房、汉票签处等十二房处；③修书各馆档案，尤其是大清一统志馆；④科举档案：试题册科举考卷等；⑤沈阳旧档。[②] 其中翰林院典簿厅档案中有专门记载一统志馆纂修官人事调

---

① 以上七种详见罗福颐编：《大库史料目录己编》，旅顺库籍整理处编印，1935 年。

② 详见刘铮云：《旧档案、新材料——“中研院”史语所藏内阁大库档案现况》，《新史学》（台北）第 9 卷第 3 期，第 135～162 页。

用的档案，分别记“统字九号”“统字十三号”“统字廿号”等[①]。据史语所明清档案工作室研究人员介绍，明清内阁大库档案共有 31 万余件，目前已经整理出 28 万余件，其中约 23 万件档案可通过傅斯年图书馆相关数据库入口或在台湾地区使用互联网均可申请免费全文阅览（目前仅有台湾地区网络地址可以申请使用），已经整理出的每件档案均有唯一的身份识别号——登录号，部分未完成数字化的档案还可以根据档案保存情况申请调阅原件。笔者于 2013 年 9 月至 10 月间在史语所傅斯年图书馆和明清档案工作室集中查询、收集、利用内阁大库档案[②]，通过数据库阅览和调阅部分档案原件，获得一批全新的《大清一统志》档案资料，为本书的撰写奠定了扎实的基础。

台北“故宫博物院”现亦藏有较多清代档案、官修文献。[③] 和本书关联度较高的是军机处档案和清代人物传包传稿，这两类均已经建成数据库，可检索目录或阅览档案的影像资料。另外，该院图书文献馆还藏有初修《大清一统志》的清代原刻本，笔者此次亦利用了其中保存较为完好的一些卷册。

出版史料方面，主要利用《清代起居注册·康熙朝》《康熙朝满文朱批奏折汇编》《清代诗文集汇编》《续修四库全书》《景印文渊阁四库全书》和民国报刊资料等清代以来文献，详见书后参考文献。

五　研究方法与创新点

学术研究，贵在有新见。本书撰写力求贯彻“文献的基础，历史的眼光，思想的深度”这一研究理念[④]，试图勾勒出《大清一统志》中的清前中期复杂历史某些画面。“史无定法”意指在史学研究中不拘泥于现有理论或方法的束缚，力争实现灵活、恰当地运用。本书研究方法可以概括为以下方面。

---

① 详见内阁大库档案，登录号：098607、098604、098603 等。

② 笔者此次还得见该馆藏初修《大清一统志》的清前期刻本，共 10 余册。

③ 可参考国家清史编纂委员会撰：《台北“故宫博物院”和台北“中央研究院”藏清代档案概况》一文。

④ 按，黄爱平曾多次强调该理念对于文献学研究的重要性，这一教诲对于本书写作的整体思考与框架构建启发颇多。

第一，以历史文献学的研究方法为基础，梳理、考辨《大清一统志》文献学的基本问题，从而为文献的深层解读提供可靠依据。

第二，结合历史地理学、政治史、书籍史的研究方法，考察、分析《大清一统志》文本的相关历史背景问题，从而为理解《大清一统志》的思想内涵奠定基础。

第三，以思想史研究方法作为分析工具，诠释《大清一统志》的思想问题在清前中期复杂历史中角色、地位。

这里需要强调的是，本书所借用的书籍史分析模式源于西方学术界，这似乎和本文开头所强调的问题有冲突。实际上，笔者并不反对运用（外来或本土的）理论来研究中国历史（文献），只是不赞同照搬照套某一理论、概念或其结论。任何理论都只是一种视角、一种方法，在进行文献研究时可以尝试运用多种理论，因为历史本身就是一个复杂的过程。本书的任何一种研究方法的应用都是建立在文献研究的基础上，研究过程中文献与理论融合是一项难度极大的工作，笔者将尽力体会、运用。

窃以为本书的创新主要体现在以下三个方面。

一是利用近十年来新公布的清宫档案、内阁大库档案等，并提高早年公布的清宫档案文献的解读效率，关于《大清一统志》具体编纂过程的再研究：如初修《一统志》在康熙四十三年至雍正三年间的纂修过程、康熙朝三百余位纂修者群体梳理、乾隆续修本成书于乾隆五十年的历史情况的“还原”等；考辨三部《一统志》刊印或缮写过程、版本以及评价等相关问题。

二是搜集《大清一统志》编修者的文集、笔记等资料，探求编修者对相关问题的看法，以及他们的思想、意见在《大清一统志》中的反映、变化。

三是运用历史文献学、历史地理学、政治史、思想史、书籍史等多重研究框架诠释《大清一统志》，力争实现文献考证与政治社会、思想文化研究的有机融合，透视《大清一统志》与清前中期政治、社会的关系，呈现《大清一统志》中的“国家”，理解个人与社会在其中的历史情境。

引言：地理总志与元、明《一统志》
——《大清一统志》纂修的历史渊源

中国典籍编纂的历史十分悠久，有“河图洛书”“三坟”“五典”等说法。有学者认为我国典籍编纂“源于夏代”，史书记载较早的编纂者则是孔子等人。① 另有学者认为我国的早期典籍产生于商代中后期，正式典籍则产生于春秋前期。② 两种说法都反映了中国典籍编修史的源远流长。中国地理典籍的编写也具有十分久远的历史传统，如《禹贡》《山海经》等。地理总志则最迟肇始于魏晋时期，两卷以上的地理总志约有一二百种。现存并为学界常用的仅有《元和郡县图志》《太平寰宇记》《大清一统志》等十来种，③ 皆是唐宋以来的作品。中国方志的编修传统同样悠久④，隋代以后则进一步确立了官修志书制度。隋文帝开皇十三年五月，“诏人间有撰集国史、臧否人物者，皆令禁绝”，国史的纂修权收归中央。⑤ 隋炀帝又令撰《区宇图志》，这是中国第一部官修地理总志。⑥ 此后，各朝官修志书制度日趋完善，唐、五代要求地方定期编造图经报送中央。北宋时期沿袭唐、五代编修图经的制度，自建国之始便重视各地图经的编修。宋太祖“开宝四年正月戊午，命知制诰卢多逊、扈蒙等重修天下图经”⑦。宋徽宗大观元年，为编修《九域志》，朝廷下令设置九域图志

---

① 曹之：《中国古籍编撰史》，第 7 ~ 32 页，武汉：武汉大学出版社，2006 年。

② 李致忠等：《中国典籍史》，第 14 ~ 20 页，上海：上海人民出版社，2004 年。

③ 郭声波：《唐宋地理总志从地记到胜览的演变》，《四川大学学报》（哲学社会科学版）2000 年第 6 期，第 85 页。

④ 目前方志学界对于中国方志的起源时期依旧是见仁见智，各执一说，此处不作探讨。

⑤ 魏徵等撰：《隋书》卷 2，第 1 册，第 38 页，中华书局，1973 年。

⑥ 魏徵等撰：《隋书》卷 77，第 6 册，第 1757 页。另可参考王培华：《隋代〈区宇图志〉的编纂问题——兼论隋炀帝对地理学的贡献》，《中国历史地理论丛》2009 年第 3 期。

⑦ 王应麟编撰：《玉海》卷 14，第 1 册，第 271 页，扬州：广陵书社，2003 年。

局，此为国家设局修志之始。有学者认为：宋代四大地理典籍《太平寰宇记》《元丰九域志》《舆地广记》《舆地纪胜》的出现成为元、明、清三代“一统志”的蓝图。① 隋唐时期形成的官方修志制度改变了地方志以私撰为主的局面，官修方志逐渐占据中国方志史的主要地位。② 这种官修方志制度也被元、明、清三朝继承下来。③

在经历了唐末两宋的分裂割据之后，元世祖最终建立了疆域空前辽阔的大一统王朝，这也催生了元代地理总志的发展。相比《大元混一方舆胜览》而言④，《大元大一统志》⑤ 是更为有名的元代地理总志。后者开创了元、明、清舆地典籍史上编纂《一统志》的先河，同时也是对唐宋地理总志的继承与发展，《大元大一统志》所记路、州、县等地方行政区域的部分内容即来自唐《元和郡县图志》，宋《太平寰宇记》《舆地纪胜》等前代地理总志。明替元而兴，朱元璋曾四次下令编纂全国性地理总志，但此时还未有明《一统志》之说。天顺五年，《大明一统志》成书，明代《一统志》的编修者遵循和发展了《大元大一统志》许多体例和编修规范。⑥ 明清鼎革，满族人建立了中国历史上又一个大一统王朝——清朝。前人常说“清承明制”，纂修《一统志》的传统也一并被继承。⑦《大清一统志》的纂修自然受到前代《一统志》等地理总志的影响。随着清朝在中原地区统治的加强和统治秩序的不断稳固，《大清一统志》的纂修开始进入统治集团的议事日程。

清代为何三修《大清一统志》，每部《一统志》成书过程如何，各自

① 林天蔚：《地方文献研究与分论》，第 17 ~ 20 页，北京：北京图书馆出版社，2006 年。

② 张英聘：《明代南直隶方志研究》，第 155 页。

③ 具体可参考前引文仓修良：《方志学通论》、张英聘：《明代南直隶方志研究》以及黄苇等：《方志学》（上海：复旦大学出版社，1993 年）。

④ 详见刘应李原编，詹有亮改编，郭声波整理：《大元混一方舆胜览》，成都：四川大学出版社，2003 年。郭声波：《〈大元混一方舆胜览〉作者及版本考》，《暨南史学》第 2 辑，广州：暨南大学出版社，2003 年。郭声波：《〈大元混一方舆胜览〉的价值与缺陷》，《中国历史地理论丛》2005 年第 20 卷第 1 辑。《〈大元混一方舆胜览〉研究二题》，《九州》第 4 辑，北京：商务印书馆，2007 年。

⑤ 该书目前只存残本，分别为：金毓黻《辽海丛书》本、郑振铎《玄览堂丛书》本、赵万里辑本。

⑥ 具体过程可参考张英聘：《论〈大明一统志〉的编修》，《史学史研究》2004 年第 4 期。

⑦ 关于元明清三代《一统志》编修上的承接，可参考陈蔚松：《元明清一统志馆及其修志成就》与杜锡建：《元、明、清〈一统志〉比较研究》两篇文章。但笔者在一些方面持保留意见，如元明两代是否设置了一统志馆、明太祖是否开始编纂《明一统志》等问题。

的内容有何特点？哪些人员参与了纂修过程？它们是由哪些机构负责纂修的？三部《大清一统志》的版本及流传情况如何？《大清一统志》在清代地理典籍史上产生了什么影响？《大清一统志》的思想世界有何内涵？它与清代前中期的政治社会有何关联？晚清以来《一统志》的命运如何？《大清一统志》能否反映或代表清代前中期国家的内涵及其全貌？等等。这些问题将是本书一一深入探究的对象。

第一章 《大清一统志》的纂修过程

第一节 康雍乾初修《大清一统志》纂修研究

本节拟在前辈学者研究成果的基础上，集中探讨康雍乾初修《一统志》纂修过程的一些尚未解决的问题[①]，揭开初修志的神秘面纱，这有利于认识清楚清代《一统志》成书的源流，并为下文的论述奠定基础。

一 纂修的直接动因与筹备

初修《大清一统志》纂修的准备工作不是在很短时间内快速完成，它的筹备工作前后约用十四年的时间。康熙十一年七月初一日，大学士卫周祚最早提出纂修《大清一统志》："各省《通志》宜修，如天下山川、形势、户口、丁徭、地亩、钱粮、风俗、人物、疆域、险要，宜汇集成帙，名曰《通志》，诚一代之文献也。"卫周祚指出当时多数省份未修志书，这不足以体现康熙帝"兴隆盛治"。他借抚臣贾汉复进呈河南、陕西《通志》的契机，"请敕下直省各督抚，聘集宿儒名贤，接古续今，纂辑成书"，最后由翰林院汇辑为《大清

---

① 按，本节充分利用内阁大库档案和新出版史料，重新研究初修志的纂修过程，纠讹补缺。已有成果以较近的两篇专门性研究论文为代表：详见张艳玲：《三部〈大清一统志〉的比较研究》(2003 年)，牛润珍、张慧：《〈大清一统志〉纂修考述》(2008 年)。此两篇文章对于初修志纂修过程的研究均以点为主，仅简要梳理了康熙二十五年前后开始纂修时情况、康熙二十九年徐乾学返乡修志、雍正三年蒋廷锡续修、乾隆五年完成。他们仅利用了《清实录》、乾隆、嘉庆两朝上谕档和起居注部分材料。

一统志》。[①] 这是康熙年间纂修《大清一统志》的直接原因。康熙帝随即“下明诏，敕郡邑有司纂修乘牒，以昭车书一统之盛”[②]。康熙十二年十二月，吴三桂等起兵反对清朝统治，“三藩之乱”开始，“从前用兵之际，各省所修《通志》稍觉延迟。”[③] 这直接影响了《一统志》纂修的筹备，[④] 但筹备工作并未中断，部分地区仍遵旨修志。康熙十二年，万云、迟龙宾等纂成康熙《青州府博兴县志》8 卷[⑤]。康熙二十一年，山西巡抚穆尔赛主持修成康熙《山西通志》32 卷，“我皇上御宇之十有一年，允相臣卫曲沃请，征各省志书，备《一统志》参考。”[⑥] 据巴兆祥统计，康熙十一年至十二年，各地纂成的省志、府志、州志、县志约为 261 部。[⑦]

在平定三藩之后，南方地区的统治秩序开始逐渐恢复。清廷再次提出纂修《大清一统志》。康熙二十二年四月十二日，大学士明珠等上奏重提编修《一统志》事宜：

> 至于各省纂修《通志》送部，前奉圣谕极当。《一统志》关系典制，自应催令速修。……今兵事既息，俟各省修完送到之日，应即行纂修《一统志》书。上曰：是。纂修《会典》之处，著依议。各省所修《通志》作何察催及应修《一统志》事宜，著礼部确议具奏。[⑧]

《大清一统志》的筹备工作得到了最高统治者的重新指示。康熙二十

---

① 见乾隆《镇江府志》卷首，宪牌，《中国地方志集成·江苏府县志辑》第 27 册，第 22 页，南京：江苏古籍出版社，1991 年。卫周祚奏疏的处理过程可参考牛润珍、张慧：《〈大清一统志〉纂修考述》一文。

② 熊登修，孟振祖纂：康熙《武昌县志》卷首张皋谟序。该志康熙十二年成书，十三年刊印。另卷首熊登序：“近奉通饬之纶音，仰遵纂造之宪檄”。以上均见国家图书馆分馆编：《清代孤本方志选》第 1 辑第 23 册，北京：线装书局，2001 年。

③ 康熙二十二年四月十二日，大学士明珠等奏折，见邹爱莲主编：《清代起居注册·康熙朝》第 14 册，中华书局，2009 年。

④ 详见巴兆祥：《论〈大清一统志〉的编修对清代地方志的影响》，第 67 页。

⑤ 国家图书馆分馆编：《清代孤本方志选》第 1 辑第 5 册。

⑥ 穆尔赛等修，刘梅、温敞纂：康熙《山西通志》卷首刘梅序，《中国地方志集成·省志辑》，南京：凤凰出版社，2011 年。

⑦ 详见巴兆祥：《论〈大清一统志〉的编修对清代地方志的影响》，第 67 页。

⑧ 邹爱莲主编：《清代起居注册·康熙朝》第 14 册，北京：中华书局，2009 年。

二年七月，施琅率军占领台湾，清朝恢复了对台湾地区的统治，这又进一步推动了《一统志》筹备工作。同年八月初三日，康熙帝在阅看靳辅所呈黄河图时提出地方政府绘图进呈的要求："其各省地图，应行文该地方官绘图送兵部，以备披览。至塞外地名，或为汉语所有，或为汉语所无，应察明编入《一统志》内"[①]，康熙帝已经对继续编修《一统志》的筹备工作做出明确指导。

康熙二十三年一月三十日，监察御史严曾榘条奏："《会典》《一统志》宜催儹告成。礼部议覆：各部院《会典》现在纂辑，《通志》各省间有送到者，应无容议。上曰：观《通志》序文，文词不协者甚多。《一统志》乃一代典制，必须修改允当为宜。大学士明珠、李霨、王熙奏曰：皇上所谕极是。臣等阅看序文词句甚觉粗鄙。上曰：尔等识之。纂修《一统志》时，务必修改允当。"[②]

"《一统志》乃一代典制"，可见康熙帝对于《大清一统志》的评价较高。此时从康熙帝到朝廷大臣均已将《一统志》的编修事务纳入工作日程。康熙二十四年十二月初四日，礼部奏请设立《一统志》纂修处，请拨给饭桌银两，并奏请交与内阁。[③] 但是，清廷此时尚未正式开馆纂修《大清一统志》。

作为清代首次纂修《一统志》的活动，它的筹备工作最初主要是从各省《通志》的编撰入手，前述的卫周祚和明珠等人多次论及地方《通志》对于纂修《一统志》的重要性。贾汉复于顺康年间曾任河南、陕西巡抚，先后开设志局聘请人员修成《河南通志》50 卷、《陕西通志》50 卷[④]，并进呈朝廷。这两部《通志》成为各地为筹备《一统志》纂修《通志》的样板：各地督抚"详查山川、形势、户口、丁徭、地亩、钱粮、风俗、人物、疆圉、险要，照河南、陕西《通志》款式纂辑成书，到部之日，送翰林院汇为《大清一统志》"[⑤]。《大清一统志》纂修的筹备工作即起始于各地《通志》等方志的编纂、进呈。康熙二十一

① 《清实录》第 5 册，第 137 页，北京：中华书局，1985 年。

② 邹爱莲主编：《清代起居注册 · 康熙朝》第 16 册。

③ 邹爱莲主编：《清代起居注册 · 康熙朝》第 19 册。

④ 《河南通志》成书于顺治十七年，《陕西通志》成书于康熙六年，见中国科学院北京天文台编：《中国地方志联合目录》，第 555、161 页，北京：中华书局，1985 年。

⑤ 乾隆《镇江府志》卷首，宪牌，《中国地方志集成 · 江苏府县志辑》第 27 册，第 22 页。

年至二十四年间，各地纂成10种通志，194种府、州、县志[①]。

二　开馆与编修：初修《大清一统志》的六个阶段

康熙二十五年正月，江南道御史严鲁榘再次上疏论及《一统志》编修事宜：

> 近礼部奉命开馆纂修《一统志》书。适台湾、金门、厦门等处已属内地，设立郡县文武官员，请敕礼部增入《通志》之内。又，广东添设花山县治，《通志》所未载，亦请照例增修。疏入。下部议行。[②]

这时，康熙二十四年十二月礼部商议开馆修志的信息已经传播开来。关于《大清一统志》开始编修的时间，从清人到当代学者有一些不同观点：①康熙二十年，敕撰《大清一统志》。[③] ②《大清一统志》开馆编纂始于康熙二十三年。[④] ③康熙二十四年，敕撰《大清一统志》。[⑤] ④康熙二十六年，天子命廷臣纂修《大清一统志》，而以刑部尚书昆山徐公为总裁。[⑥] ⑤清代诏修《一统志》共有三次。第一次，康熙二十五年开始，乾隆八年成书，徐乾学等主修，342卷。[⑦] 可谓众说纷纭。一般认为，开馆修书的标志是总裁、副总裁、纂修官等人员的正式任命。康熙二十五年四月十三日《起居注册》记录了康熙帝任命大清一统志馆编修人员的情况：

> 明珠等又奏曰：纂修《一统志》副总裁，臣等公同推举原任左都御史徐元文，学士徐乾学、韩菼、张英，詹事郭棻，侍读学士高士

---

① 详见巴兆祥：《论〈大清一统志〉的编修对清代地方志的影响》，第68页。按，以国家图书馆出版社新出版一系列馆藏地方志丛书为据，清代修志的实际数量要多于《中国地方志联合目录》的统计数字。

② 《清实录》第5册，第314页。

③ 《（嘉庆朝）大清会典》，《近代中国史料丛刊三编》第638册，第2552~2556页。

④ 《大清一统志》薛子瑜跋文，道光二十九年阳湖薛子瑜活字印本。

⑤ 《（嘉庆朝）大清会典事例》，《近代中国史料丛刊三编》第693册，第2419页。

⑥ 裘琏：《纂修书局同人题名私记辛未》，《清代诗文集汇编》第164册，第640~641页，上海：上海古籍出版社，2010年。

⑦ 汪前进主编：《中国古代科学技术史纲：地学卷》，第19页，沈阳：辽宁教育出版社，1998年。

奇，庶子曹禾，祭酒翁叔元，共八员。

上曰：韩菼、翁叔元不必举派，余俱著充副总裁。

明珠等又奏曰：此内专委何人？

上曰：著陈廷敬、徐乾学专理。①

康熙二十五年四月，一统志馆正式成立，清朝第一次编修《一统志》的工作正式开始。笔者认为：从康熙十一年至康熙二十五年四月前，清廷和各地相关工作都只是《一统志》编纂的筹备阶段。上述五种不同时间开始纂修的说法忽视了一统志馆的角色，并不确切。关于大清一统志馆设立的具体过程，详见本书第二章第一节。

一统志馆成立之后，陈廷敬、徐乾学等领导彭孙遹、黄士埙等二十余人在各省进呈《通志》的基础上，利用清宫所藏史地书籍，正式拉开了《大清一统志》编修工作的大幕。初修《一统志》究竟是如何成书的？它有哪些不为人知的历史细节？笔者根据所掌握“新”材料，以每个时期总裁官的任职时间为划分依据，首次将初修《一统志》的纂修过程分为六个阶段，拟将该志书纂修过程作一细致考辨。本节只论述一统志馆修志过程，馆中纂修人员的研究详见本书第二章第二节。

表 1－1　　初修《大清一统志》纂修进程

起止时间	实际领修者	工作地点
第一阶段（1686—1689）	陈廷敬、徐乾学	大清一统志馆（碧山堂）
第二阶段（1690—1694）	徐乾学	太湖洞庭东山→嘉善→昆山
第三阶段（1694—1704）	韩菼等	大清一统志馆
第四阶段（1705—1724）	王顼龄等	大清一统志馆
第五阶段（1725—1732）	蒋廷锡等	大清一统志馆
第六阶段（1733—1740）	任兰枝等	大清一统志馆

（一）第一阶段（康熙二十五年四月—康熙二十八年）

在大清一统志馆成立后，康熙帝于二十五年五月庚寅下谕旨给一统志馆总裁官勒德洪等，对《大清一统志》纂修提出了总体性工作要求：

① 邹爱莲主编：《清代起居注册·康熙朝》第 20 册。

特命卿等为总裁官，其董率纂修官恪勤乃事，务求采搜宏博，体例精详。阨塞山川，风土人物，指掌可治，书地成图。万几之余，朕将亲览……以永我国家无疆之历服，有攸赖焉。①

康熙帝设馆纂修《大清一统志》是为其统治服务，希望清朝一直统治中国。一统志馆成立后，修志的第一步工作是制定凡例，“然以健庵一心力勤考据，发凡起例”②，可见这个工作主要由徐乾学负责。在与馆中纂修官们商讨之后，徐乾学拟定凡例22类，有分野、部辖、图经、建置沿革、城池、形势、里至、议论、设官、户口、田赋、风俗、山川、古迹、旧都宫阙、考订、陵墓祠庙、桥梁、土产、人物、人物二（名宦）、仙释等。③

笔者爬梳大量史料，仅在内阁大库档案中发现一条关于一统志馆开馆初期纂修工作的档案。康熙二十八年十二月十六日，户部河南司移覆内阁典籍厅河南省提交档册事宜：

户部河南司为移覆事。准四川司付称，内阁典籍厅手本内开纂修《一统志》书，务要地方明确，方行纂入。所有各省衙所自顺治年起及康熙年间改作州县地方，星速查明，备造清册等因前来。查豫省顺治元年起至康熙二十八年止，并无改作州县□，因而无册可造，相应移覆。烦为查照施行。④

囿于官方档案资料的湮没和私人文献的缺载，一统志馆第一阶段的详细运行情况暂时无法得知。有学者认为：陈廷敬担任《明史》总裁官，其主要精力集中于《明史》纂修，《一统志》纂修主要由徐乾学掌管。⑤实际情况并非如此。徐乾学于康熙二十一年充《明史》总裁官，二十四年，入值南书房，擢内阁学士，充《大清会典》副总裁。徐乾学与陈廷

① 《清实录》第5册，第342～343页。

② 陈廷敬：《与徐少宗伯论一统志书》，《清代诗文集汇编》第153册，第404页。

③ 徐乾学：《大清一统志凡例》，《憺园文集》卷35，《清代诗文集汇编》第124册，第715～721页。

④ 台北“中研院”历史语言研究所藏内阁大库档案（以下简称“内阁大库档案”），登录号：206029。

⑤ 见牛润珍、张慧：《〈大清一统志〉纂修考述》，第138页。

敬一样也是身兼多职。康熙帝命陈廷敬、徐乾学专理一统志馆馆务，陈廷敬确实参与了《一统志》的纂修工作。因相关档案散佚、稀见，我们现在难以知晓陈廷敬在一统志馆中所做的全部工作。但是，根据他写给徐乾学的一封长信，可知陈廷敬对初修《一统志》的贡献。该书札主要讨论《一统志》保定府、江西省等地志书稿本的问题，陈廷敬在一统志馆成立的初期也是有所作为的。①

陈廷敬在信札中首先强调了纂修质量上乘的《一统志》保定府部分对于全志编纂的重要性，"《一统志》保定一府，盖全志之权舆，百六十府之律度绳矩，创始者难为功微，吾健庵奠任此事也。"② 在夸赞徐乾学后，陈廷敬便切入正题，提出自己对《一统志》纂修的一些主张。

第一，强调作为全国性志书，《一统志》编纂时必须要把握好博与约的关系，而这又体现在叙事对象和叙事手法的运用上：

> 谨按今志之作，合天下舆地人物而备载一书，不患事少，但虑文多，顾文既多矣，而犹未免乎挂漏之虞，是知事贵博而文取约也。盖不博不足以备事，不约则不足以载。③

第二，再以建置沿革、山川、关梁、名宦、人物等为例阐述收入《一统志》内容的标准问题，户口、田赋两类应以当时新编赋役全书为材料来源，而不是简单沿袭前代或仅编写至国初：

> 博如所编建置沿革，博以全史，而约之行墨之间，此昔所无而本之独擅者也。山川则录其雄峻，关梁则有系于要害，此昔之所无者。而一切咏歌之辞、风人之言，可以备采听而资兴观者，概置弗录。则昔之所有而失之滥，今之所无而病其太略者也。户口、田赋昔之所略，今详焉，而或竟仍前代，或断至国初，似应以新编赋役全书为准也。名宦、人物则三不朽之业，卓卓可考者，以某事得称廉能，以某事某书而得名，孝悌、文学若都无事实，而但曰政声卓然，曰读书乐

① 陈廷敬：《与徐少宗伯论一统志书》，《清代诗文集汇编》第153册，第404～410页。
② 陈廷敬：《与徐少宗伯论一统志书》，《清代诗文集汇编》第153册，第404页。
③ 陈廷敬：《与徐少宗伯论一统志书》，《清代诗文集汇编》第153册，第405页。

道，非所以褒前劝后也。名宦既有美政可纪，虽其人为贤者，或以他故不得有所施设，亦不必载。盖既录之曰名宦，而事迹不著者，则名与实戾矣。且贤者何患不传，而予之以无实之名耶？①

第三，论及志与史的区别、编写原则，并再次强调《一统志》中人物、名宦的编写方法和注意事项：

又志与史略相似，而与史有异者。史所重在人事，而地理郡国其附见者也。推此而论，志与史，各有详略之可言矣。宗工巨卿，史所详者，志不必更详，片长轶事，史不及载者，志不可不载。其法与史相经纬，又不与史相雷同，乃为得耳。事取博矣，文取约矣。而所贵者书法则宜古而不宜今，宜雅而不宜俗。……南昌人物不书字，保定书或不书，宜酌也。旧志人物一府合载，故于人名不分注曰某邑人。今志则逐县分记，不待详志而始知，可以不仍前例也，南昌志得之分繁之例。

名宦最难，盖古之郡国非今之郡国。如豫章一郡几尽江西之地，汉时豫章太守自当繁于江西布政司之后，不当专入南昌府，然此犹易定者也。他如一郡而跨两省（如会稽郡今分江南、浙江），一省而杂数郡（如山东、江南），一郡而包罗几府（如豫章郡），几郡而并成一郡（如江南淮安郡），则两汉牧守不知将何编置，始得允惬，此当熟论者也。今之督抚、藩臬、盐察、学政、驿传、粮储、提督、总镇，自当列于各布政司之后，一省而有两巡抚、两布按，虽分地而治，亦当与统辖全省者同例，虽驻扎别府（如江苏巡抚、布政驻苏州，湖南巡抚、布按驻长沙），而不得系于所驻之府，重体统也。惟分巡守道及总镇辖一二府者则随其所驻之地而系之。北直巡抚不系于顺天而系于保定者，所以让尊也。他省初不得以为例，至北直督学亦当系于保定也。②

第四，指出纂修《大清一统志》时不能只知因袭前代志书，需要根据清朝当时历史做出一定的变通：

① 陈廷敬：《与徐少宗伯论一统志书》，《清代诗文集汇编》第153册，第405页。
② 陈廷敬：《与徐少宗伯论一统志书》，《清代诗文集汇编》第153册，第405页。

> 又，志前朝事与志当代事自别，志当代则其辞严重，故明人书诸帝曰某陵、某庙，书上书报可曰特蒙施行，书奄人曰逆瑾、逆珰，其体法宜。尔今志中或一二仍其文，而诸稿尤所宜悉易者。[①]

最后，陈廷敬还列出《大清一统志》书稿中需要修改的条目，以供一统志馆参考，“诸所欲商榷者已识浮签于上，而江西省未经论定者亦并开具如左，以俟采择焉”。初步统计，陈廷敬共列出50余个条目，此举三例。如：①“南台御史条，南台御史不如改南京御史，盖恐疑谓明时实有此官号耳。”②“安州条，按如意元年析河间地置武兴县，后改唐兴（见唐地理志），此安州建置之始，似不可略。”③“杨忠愍条，忠愍刑于市，非死狱中。”

除此件信札外，陈廷敬与《一统志》纂修者徐乾学、姜宸英等有诗文唱和往来，《送徐健庵尚书归吴门》《书局与健庵》《悼姜西溟》等[②]，记述陈廷敬与诸位同馆修书、同朝为官之谊。

康熙二十八年，徐乾学因都察院左副都御史许三礼弹劾而疏请回乡，连上三折乞归后，康熙帝同意其休致回籍。学界一般认为，徐乾学这次自陈辞职是他与明珠、李光地等人交恶的结果，本书第五章第一节将探讨此问题。在《乞归第三疏》中徐乾学谈道：“至于《一统志》，考究略有端绪，臣今方寸瞀乱，不能复事丹铅。皇上若放臣还里，既远危机，复得闲暇，愿比古人书局自随之义，屏迹编摩，庶得及早竣事。”[③] 康熙二十八年十一月己未，“管理修书总裁事务、原任刑部尚书徐乾学请假省墓，并请以奉旨校雠之御选古文、会典、《明史》、《一统志》诸书带归编辑。允之。”[④]《一统志》第一阶段的纂修工作因徐乾学被劾还乡而结束。从前引文陈廷敬《与徐少宗伯论一统志书》可知，在这一阶段，保定府、江西统志稿已经开始纂修[⑤]。河南一统志稿也已初步完成。[⑥]

---

① 陈廷敬：《与徐少宗伯论一统志书》，《清代诗文集汇编》第153册，第405~406页。

② 详见陈廷敬：《午亭文编》，《清代诗文集汇编》第153册，第44、45、150、175、186页。

③ 徐乾学：《乞归第三疏》，《清代诗文集汇编》第124册，第387页。

④ 《清实录》第5册，第573~574页。

⑤ 另见阎若璩：《潜邱札记》：“按《一统志》在京师辄进呈者为保定府”，《清代诗文集汇编》第141册，第102页。

⑥ 刘献廷：“余在都门为昆山定河南一统志稿，遇古今之沿革迁徙盘错处，每得善长一语，涣然冰释，非此无从问津矣”，见《广阳杂记》第2册，第180~181页，北京：中华书局，1985年。

（二）第二阶段（康熙二十九年—康熙三十三年）

康熙二十九年春，徐乾学携带一统志馆第一阶段纂辑成果等文献资料从京城返回苏州，设《大清一统志》书局于太湖洞庭东山。徐乾学离京之时向康熙帝题请调拨姜宸英、黄虞稷随同协助书局工作：“臣向来从事书史，不敢师心自用，必博访旧闻遗献，冀逭愆尤自。兹僻居山野，见闻渐稀，加以精力就衰，更需一二相助。现在纂修《一统志》《明史》七品俸臣姜宸英、臣黄虞稷学问渊博，文笔雅健，并以寒士蒙恩俾与纂修。在馆十年，尚未授职，分辑《一统志》已有成绪，若得随往襄助，一如在馆供职，庶编辑易成。”① 回乡之后，徐乾学又延请一批文人名士加入书局，顾士行、秦□、唐孙华、吴暻、陶元淳、沈佳、吕澄、裘琏等人参与《一统志》的编修，另有“供事之员、善书之士及奔走使令之役复三四十人”②，苏州志局的规模较为可观。后来徐乾学迁书局至嘉善，再迁回昆山：“洞庭山中颇嚣杂，乃避居嘉善，已又栖息郡西华山之凰村而病作。”③

徐乾学虽将《一统志》带回家乡纂修，但这一阶段的纂修并不是完全自主的私人修志，因为“其所修《一统志》陆续缴送，俟馆阁诸臣详定汇呈御览”④。苏州志局需要同京城的纂修官保持联系，还与京城一统志馆进行合作：“本朝功德隆盛，声教遐讫，幅员之广，亘古所无。外藩各国，例宜备载。今自朝鲜、琉球、安南等国，尚易考究。惟盛京边外，所辖地方，及奉贡诸部，凡沿革、风俗、山川、物产，无有故牍可稽，乞敕在馆诸臣撰成草稿，寄付与臣，一体编入。”⑤《一统志》一些具体内容的编修须由京城方面作决定：“《一统志》例载本朝人物，凡朝廷恩恤大臣及德行卓绝者，理应采录。但臣愚昧浅见，不敢轻为出入，应俟在馆诸臣公同酌定。”⑥ 据内阁大库档案记载：康熙三十年二月初六日，迈图补《一统志》副总裁。⑦ 从上述材料看，北京的大清一统志馆在康熙二十九

---

① 徐乾学:《备陈修书事宜疏》,《清代诗文集汇编》第124册，第388页。

② 裘琏:《纂修书局同人题名私记辛未》,《清代诗文集汇编》第164册，第641页。

③ 引自韩菼撰徐乾学行状，见《国朝耆献类征初编》卷57，天津图书馆历史文献部编:《三十三种清代人物传记资料汇编》第11册，第495页，济南：齐鲁书社，2009年。

④ 徐乾学:《备陈修书事宜疏》,《清代诗文集汇编》第124册，第388页。

⑤ 徐乾学:《备陈修书事宜疏》,《清代诗文集汇编》第124册，第388页。

⑥ 徐乾学:《备陈修书事宜疏》,《清代诗文集汇编》第124册，第388～389页。

⑦《文献丛编》第13册，第4109页，香港：蝠池书院出版有限公司，2005年。

年至三十三年间并未裁撤，一统志馆仍然负责处理《大清一统志》的一些工作，如仇兆鳌在康熙二十九年即在京参与编修《一统志》："二十九年庚午，五十三岁，与修《一统志》书。暇日与馆中知己邀吾乡万季野先生……同讲经术，浃旬一举（《尚友堂自编年谱》二十九年条）。"① 有学者即认为：徐乾学等在东山志局修《一统志》只是官方修史活动整个进程的一个特殊环节而已。②

苏州志局纂修《大清一统志》虽然受京城的遥控，但毕竟志局不在京城，苏州志局的纂修工作相对而言具有一定的自主性。纂修者多是当时的著名学者，精通舆地之学，他们认真编纂，相互交流，研究纂修过程中遇到的问题，为《一统志》的编纂史留下了一段佳话，此处举阎若璩《潜邱札记》的相关记载为例。

《宋史·韩世忠列传》条："昔在昆山辑《大清一统志》，至镇江府得旧本《三山志》，载龙王庙，北宋时在银山上，非金山也。"③

《大清一统志》条："大清河在历城县北，自齐河县流入。又东北入济阳县界……"④ 简述该河流经地区，考察其由汉至宋时期清河的演变。

为了确定羊流店与晋人羊叔子的关系，阎若璩详细辨析《晋书》《元和志》记载的优劣，认为《一统志》应将羊叔子归于新泰地区人物下。⑤《潜邱札记》中"志局"一名，指代一统志书局。⑥ 阎若璩曾与志局同事讨论《一统志》体例，解释"四至""八到"的含义，并论"关隘"一类在《一统志》中的重要性等问题。

"按，局中诸公曾问以何谓四至，何谓八到。多笑而不答，反以诘余。余曰：东至某地若干里，南至某地若干里，西至某地若干里，北至某地若干里，谓之四至。东南到某地若干里，西南到某地若干里，西北到某地若干里，东北到某地若干里，此谓之八到。惟杜氏《通典》系刻本，宛然可考。若《元和郡国志》《太平寰宇记》缮写本多伪，或原有不

① 方祖猷主编：《万斯同全集》第 8 册，第 483 页，宁波：宁波出版社，2013 年。
② 乔治忠：《中国官方史学与私家史学》，第 47 页，北京：北京图书馆出版社，2008 年。
③ 阎若璩：《潜邱札记》，《清代诗文集汇编》第 141 册，第 50 ~ 51 页。
④ 阎若璩：《潜邱札记》，《清代诗文集汇编》第 141 册，第 53 页。
⑤ 阎若璩：《潜邱札记》，《清代诗文集汇编》第 141 册，第 89 ~ 90 页。
⑥ 阎若璩：《潜邱札记》，《清代诗文集汇编》第 141 册，第 89 ~ 90、99 页。

备者矣。……按《一统志》有关隘一项，下载至某铺，或某集某镇，在县东若干里，又若干里为某铺，又若干里为某铺达某县界，最有益。或病其碎，且名不雅驯者。”阎若璩还举例说明南宋绍兴三十一年宋金之战中关隘地名的重要性，且与黄仪讨论山西、山东、湖广名称的由来。[①]

阎若璩还与书局同事讨论黄河入海海道、郡县制等问题：

> 局中复有为新论者，以河自直沽入海，不得远至碣石之旁，从《汉志》，不从《天官书》。
>
> 余告徐司寇健庵曰：郡县始自秦，作舆地表，自当以秦县名之可考者实之，不独以郡。曰：子能知秦四十郡所治之县乎？曰：虽不能尽知，要可考者……
>
> 注《纲目》地名者，乃一明人。按，《一统志》注之者，《一统志》无寿河，故云未详。……至新修统志，淮安府山川载寿河，引《十国纪年》，凡两部书可谓远胜明人。此今日顾景范、黄子鸿饶为之事。[②]

江南重赋问题，自明以来即多有探讨，在《一统志》纂修过程中，身处吴地的阎若璩等人亦考论前代田赋问题：“……汉武帝之横征，危而不至亡，只在田赋不加。明思宗之勤朴，卒无补于危亡，则在屡加田赋。此诚古今治乱之大关。具以淮扬两府折田之数告徐司寇健庵，令纂入《一统志》中。公曰：是吾心也。因记之。”[③]

另一位纂修官著名学者姜宸英在《湛园未定稿》亦记录了《一统志》纂修过程中的一些心得，分别写成《一统志江防总论》《一统志海防总论》《一统志日本贡市入寇始末》三篇文章。[④] 可见，纂修官们在编修《大清一统志》的同时从事一些研究性的工作，一定程度上也保证了康熙朝纂修《一统志》的质量。

徐乾学是初修《大清一统志》前两个阶段纂修过程中的最重要人物，他为《一统志》的纂修做出了重要贡献：担任专职副总裁官、拟定凡例、自费设立志局于洞庭山、招纳纂修人才等。第二阶段的纂修工作则因为徐

---

① 阎若璩：《潜邱札记》，《清代诗文集汇编》第 141 册，第 99 页。

② 阎若璩：《潜邱札记》，《清代诗文集汇编》第 141 册，第 101、109、191 页。

③ 阎若璩：《潜邱札记》，《清代诗文集汇编》第 141 册，第 113 ~ 114 页。

④ 详见姜宸英：《湛园未定稿》，《清代诗文集汇编》第 107 册，第 51 ~ 63 页。

乾学的去世而又一次暂停。康熙三十三年七月十七日，徐乾学去世，年六十四岁。[①] 徐乾学“病中口占疏谢恩，进呈续完一统志书若干卷”[②]，在去世之前将已经修成的山东、直隶、山西、江南四处《一统志》稿本进呈康熙帝。“庚午冬，徐司寇命校《山西一统志》”[③]，康熙二十九年冬，阎若璩即开始校对山西一统志稿本。

> 礼部仪制清吏司为感戴高厚，恭缴敕书并进《一统志》稿本，仰祈睿览事……冀此余生以笔墨面效，奉命撰述《一统志》，将次脱稿，奉馆中移文取回书籍，臣前所领《一统志》总裁官敕书例应具本恭缴。除山东志已经进呈外，兹将直隶、山西、江南三处稿本装潢成帙，共计二十套，特呈御览……康熙三十年十月二十日奏。十二月初一日奉旨该衙门察收，别省志书纂成者亦著送馆。[④]

徐乾学去世之时，《大清一统志》除完成了直隶、山西、江南和山东四处统志稿本外，另有陕西、河南两省志稿亦已完成，“辛缵修陕西统志，余问以连昌宫故迹，亦不辨也。查之《通志》《西安府志》皆不见，余意其或在东京，更检河南统志，亦不见。问之景范，云在陕州，而《方舆纪要》不载，当必不谬耳。”[⑤] 苏州志局在拥有京城一统志馆的支持配合、传是楼的丰富藏书、一批著名舆地学学者参与以及《明史·地理志》稿本等优越条件下，纂修进度较快，康熙二十五年至三十三年的九年时间内，徐乾学等一共修成“各省志书三百五十一本，缴送到馆”[⑥]。前引文徐乾学在遗疏所言“将次脱稿”，则说明他们在九年时间内基本完成了之前所拟订的纂修计划。但可以肯定的是，苏州志局编修出的稿本中并不包括外藩各部和朝贡诸国，前引文徐乾学等曾述及外藩各部与朝贡诸国部分编纂的困难。据乾隆初年的另一位《大清一统志》纂修官齐召南

---

① 引自韩菼撰徐乾学行状，见《国朝耆献类征初编》卷57，《三十三种清代人物传记资料汇编》第11册，第498页。按，前人对徐乾学去世月份表述各有不同，此从韩菼之说。

② 引自韩菼撰徐乾学行状，《三十三种清代人物传记资料汇编》第11册，第495页。

③ 阎若璩著，黄怀信、吕翊欣校点：《尚书古文疏证》下册，第443页，上海：上海古籍出版社，2010年。

④ 姜亚沙、经莉、陈湛绮主编：《内阁大库奏档》第2册，第1~8页，北京：全国图书馆文献缩微复制中心，2010年。

⑤ 刘献廷：《广阳杂记》第2册，第195~196页。

⑥ 内阁大库档案，登录号：186223。

记载：“总裁阿侍郎新自外藩奉使还朝，是日适至馆。……外藩书从前徐昆山、韩长洲二本俱未及撰述。后吾师王艮斋侍御创稿，又以艰归。至是志书次第告成，惟此书阙如，总裁始以见属也。”[①] 总裁阿侍郎指阿克敦，王艮斋即是王峻。齐召南在王峻稿本基础上完成外藩志书的稿本。据此可断定，徐乾学等所修的《大清一统志》稿本并非全本。

康熙三十三年七月后，韩菼接替徐乾学任《大清一统志》总裁官，曾作《被命修一统志先师司寇公完书也感而有作》诗四首[②]，怀念其师徐乾学，回忆此前的修志过程。今全录于此，以作为对第一、二阶段徐乾学领导《一统志》纂修工作的一个总结。

澹荡江湖玉局随，苦心作者调谁知。户庭直欲包山海，义例频烦托寓卮。穷尽异书多逸事，得来妙解析群疑。最怜乐善通怀处，尝许门人赞一辞。

相羊橘社领兰台，雀舫琴尊未拟回。蜡迹过时成驿置，寓公到处即蓬莱。无端忧患频抽卷，不尽恩私誓费才。笔墨未干臣便草，遗书敢待所忠来（遗疏上所修书）。

青螺一点故依然，幸舍荒烟客可怜。万里张骞曾凿孔，九州邹衍欲谈天。人从生草原轻散，笔到山川不易笺。惟有无情芳草绿，犹铺书带旧堂前。

踏红重到碧山堂，叹息音容未渺茫。佳句壁间枯落墨，小松阶下惨成行。少孙敢附龙门末，后郑常依马帐旁。犹是旧游风月地，孤灯夜雨照凄凉。

笔者按，碧山堂是徐乾学在京居所，位于绳匠胡同。[③] 万斯同曾言：“己巳之冬，玉峰司寇徐公乞假旋里，以所总裁《一统志》自随。维时锡山顾景范、鸳湖徐敬可、淮阴阎百诗、吴兴胡朏明、虞山黄子鸿皆馆于家，预闻斯事。而慈水姜西溟、金陵黄俞邰则固奉命纂修者，咸将从公而南。余与宛陵梅定九辈久与诸子交，而惜其离也。集于碧山堂而饯之。”[④]

① 齐召南：《志馆修外藩属国书呈同馆诸公得占字》，《清代诗文集汇编》第300册，第315页。

② 韩菼：《有怀堂诗稿》，《清代诗文集汇编》第147册，第37页。

③ 邓之诚：《五石斋小品》，第239、241页，北京：北京出版社，1998年。后更名为菜市口胡同，即今菜市口大街所在地的一部分。

④ 万斯同：《黄子鸿六十寿序》，见方祖猷主编：《万斯同全集》第8册，第307页。

据万斯同与韩菼所作诗文可证明，碧山堂是康熙二十五至二十八年间大清一统志馆的所在地。[①] 据学者研究：徐乾学《大清一统志》书局设立在东山席家埠头之桔庄，为里人翁天浩所筑，中有社西草堂和敞云楼等建筑。康熙三十八年四月初四日康熙帝巡幸苏州，曾到志局所在的东山桔庄游览。[②] 此或可作为一说。

（三）第三阶段（康熙三十三年某月—康熙四十三年）

徐乾学领书局于洞庭山时，韩菼感怀师友之谊，常助徐乾学等讨论、编纂《一统志》。[③] 康熙三十三年七月二十一日，伊桑阿等汇报各处纂修典籍的进度，奏请添派人手，以便速成。此时，徐乾学已经去世，便由韩菼接任总裁，继续《大清一统志》的纂修，编修工作相应移至京师进行。

> 伊桑阿等奏曰：现有纂修四馆，一系三朝国史，一系《典训》，一系《一统志》，一系《明史》。臣等皆虚叨总裁之任，因各有所办之事，未能成书。臣等愚见：徐乾学、王鸿绪、高士奇、韩菼皆系文学素优，伊等且又空闲，若一人各将一书交与纂修，则书可速成。[④]

韩菼，字元少，别字慕庐，江南长洲人。应顺天乡试，徐乾学拔之遗卷中。康熙十二年，会试、殿试皆第一，授编修。十八年乞假归，二十三年起故官。二十六年再假归，筑室洞庭西山，点勘诸经，著述旁逮诸史，居八年。三十四年七月，召至京城充《一统志》总裁。越二月，擢礼部右侍郎兼翰林院掌院学士。三十八年调吏部右侍郎。三十九年充经筵讲官，擢礼部尚书，教习庶吉士，仍著兼掌院学士如故。四十一年十二月疏言："今臣掌院事、供奉，一切文字记注与教习庶吉士外，臣所领《平定朔漠》《政治典训》《一统志》并律例各馆，必以分身部务，编辑稽迟。如蒙圣度包容，不以臣不才，专待罪翰林，臣当一心纂述，竭尽微劳，以

---

① 赵洛即认为徐乾学所领书局在碧山堂修书，《京华何处碧山堂》，原载《北京晚报》1993 年 9 月 20 日，见氏著《京城六记》，第 78 ~ 80 页，北京：文津出版社，2007 年。

② 杨维忠编著：《东山名彦：苏州东山历代人物传》，第 204 ~ 205 页，苏州：古吴轩出版社，2007 年。

③ 引自朱彝尊撰韩菼墓志铭，见《国朝耆献类征初编》卷 58，《三十三种清代人物传记资料汇编》第 11 册，第 514 页。

④ "国立故宫博物院"藏：《清代起居注册 · 康熙朝》第 5 册，第 2755 ~ 2758 页，台北：联经出版事业公司，2009 年。

少答知遇。”得旨:著照旧供职,不必以衰病求解部务,并赐“笃志经学,润色鸿业”匾额。四十二年十二月,以病求免。四十三年四月,再疏乞解任,上仍慰留。八月卒于官,年六十有八。[①]

同韩菼一同回京编修《一统志》的还有徐秉义、高士奇、王鸿绪等。康熙三十三年十一月十六日,大学士伊桑阿等奏曰:“徐秉义系现任,韩菼系候补之员,伊等应给俸禄。又,高士奇、王鸿绪皆宽恩取进在馆修书,似应照伊等原品给俸。徐秉义官品虽小,既在一统志馆,应授为副总裁。上颔之。”[②] 康熙三十三年六月前后,陆棻任一统志馆总裁。[③]

韩菼主持《一统志》纂修期间编成的《一统志》稿本俗称“韩本”,其中康熙三十四年至三十八年间共修成“各省志书一百八十三本”[④],这是雍正三年二月二十二日一统志馆总裁蒋廷锡在回顾康熙朝修志成果的总结。据前引文韩菼传记载,韩菼在康熙四十一年仍担任一统志馆总裁,直至卒于官任。康熙三十八至四十三年间韩菼主持的一统志馆纂成《一统志》稿本的数量尚待考证。

(四)第四阶段(康熙四十四年—雍正二年)

康熙四十三年八月,韩菼去世之后,《大清一统志》的编修工作依然在进行,并未停止。[⑤] 康熙四十六年前后,温达充大清一统志馆总裁官。[⑥] 康熙五十一年五月十五日,武英殿总监造和素[⑦]、李国屏[⑧]上奏,欲将装订的《一统志》一部四函三十二卷和《新经说》一部一卷进呈康熙帝,

---

① 详见《国朝耆献类征初编》卷58,《三十三种清代人物传记资料汇编》第11册,第513~520页。

② “国立故宫博物院”藏:《清代起居注册·康熙朝》第6册,第2973~2974页。

③ 《国朝耆献类征初编》卷59。

④ 内阁大库档案,登录号:186223。

⑤ 有学者误认为韩菼去世后一统志馆即“基本搁置”“再也没有引起朝廷的重视”,详见牛润珍、张慧《〈大清一统志〉纂修考述》(第139页)、张艳玲《三部〈大清一统志〉比较研究》、王记录《清代史馆与清代政治》(第59页,北京:人民出版社,2009年)等。

⑥ 《清史稿》卷267、《国朝耆献类征初编》卷12。

⑦ 和素(1652—1718),满洲镶黄旗人,精通满、汉文,被誉为清代最富有才能的满族翻译家。康熙四十一年,和素兼任翻书房总管;五十一年,官至武英殿总监造、翻书房总管,内阁侍读学士。曾翻译《资治通鉴纲目》《孝经》等,主编康熙《御制清文鉴》,监刻《佩文韵府》等。详见张兆平:《康熙朝著名满文翻译家和素》,《故宫博物院院刊》2013年第4期。

⑧ 时任苏州织造李煦的叔叔,详见朱批奏折,档号:04—01—30—0006—008,缩微号:04—01—30—001—1041,一史馆藏。

康熙帝朱批：皆带来。若有陆续装完者，亦带来。[①] 另据清三朝国史馆题稿档记载：康熙五十一年十月二十日奏今为中堂松、王题为补授三朝国史及《政治典训》《一统志》《明史》馆监修大总裁事，本日奉旨：著授之。[②] 康熙五十二年九月十五日，兵部武库清吏司移会内阁一统志馆，将兵部书办钱廷勋移送一统志馆充任供事，以顶补兵部书办戴经铨选之后的空缺。[③]

康熙五十四年，一统志馆曾暂停纂修。当时的国史馆曾为抄写本馆所修书籍而向一统志馆借调人员："查得先年方略馆所纂书成，原系借一统志馆贡监生抄写竣事。今一统志、明史馆暂停修纂，恳请照例方略馆之例，将一统志、明史馆贡监生员内善书者选拔十六名借赴本馆速行抄写。"[④] 一统志馆仍继续存在，馆内人事变动以及与其他修书各馆合作事务照旧进行。康熙五十四年一月，内阁一统志馆支付正月十八日起至三十期间纂修人员开支费用，为提调官翰林院检讨觉罗逢泰、纂修收掌官刘保住等、誊录监生沈永誉等、供事官陈之涵等、看守会典馆供事官高士凤、纸匠严德等通共支钱八十二千四百文。[⑤] 同年五月，一统志馆又为馆内纂修人员支付钱粮八十二千四百文。[⑥] 康熙五十四年，大学士嵩祝等奏请将喀尔喀、厄鲁特、呼呼脑儿、唐古忒之班禅、达赖喇嘛、哈密等处添入《一统志》。[⑦] 一统志馆旨意官李唐琮病故后，翰林院典簿厅于康熙五十七年四月六日将旨意官李福京移送顶补。[⑧]

康熙六十年七月间，"内阁一统志馆移会内称，本馆现今编纂西海、西藏等处志书"。[⑨]《大清一统志》的纂修工作继续进行中。直到康熙六十一年，一统志馆仍有人事方面的调动。该年十一月，内阁大学士马齐等奏：

---

① 中国第一历史档案馆编译：《康熙朝满文朱批奏折全译》，第784、789页，北京：中国社会科学出版社，1996年。

② 《文献丛编》第13册，第4111页。

③ 内阁大库档案，登录号：142751。

④ 内阁大库档案，登录号：150482。

⑤ 内阁大库档案，登录号：294016。

⑥ 内阁大库档案，登录号：294017。

⑦ 内阁大库档案，登录号：186223。

⑧ 内阁大库档案，登录号：142746。

⑨ 内阁大库档案，登录号：142750。

查得大学士俱于各修书处兼管总裁、监修。《省方盛典》馆业奉特旨，著马齐、王掞、王鸿绪总裁不必另令大臣兼管外，请将大学士王顼龄补授三朝国史、《政治典训》、一统志馆总裁、明史馆监修，俟命下照例给予敕书。[①]

康熙六十一年前后，白潢任一统志馆总裁。[②] 康熙五十年前后，康熙朝出现约十年之久的修史废弛时期。[③] 这一阶段的修志成果可能极少，并未取得较大进展。因为雍正三年二月间，一统志馆总裁蒋廷锡在总结前朝修志成果时仅提及徐乾学和韩菼等修统志稿本，并未言及康熙三十八年后纂修统志稿本的数量。

（五）第五阶段（雍正三年—雍正十年）

雍正帝继位后，于雍正三年二月二十二日任命蒋廷锡、吴士玉为《大清一统志》总裁官，负责编修事宜[④]。蒋廷锡等计划在徐乾学、韩菼等纂修志稿的基础上开展工作：“若将二书去其太繁，增其未备、错讹之处，再加查改，即成全书。”并将康熙五十四年间嵩祝等人提议纳入实际编修进程中。[⑤] 该年三月，一统志馆重新开始《大清一统志》的纂修工作。[⑥] 在了解一统志馆的运行情况后，蒋廷锡等首先需要解决的问题便是如何在前朝已经修成的《一统志》稿本基础上继续编纂。其中之一便是如何取舍“徐本”（指徐乾学领衔所修《一统志》）和“韩本”。纂修官们进行了讨论，意见不一。其中杨椿指出：

馆中旧时志稿，徐本太繁，韩本太简，何者为优？建置沿革、山川、形势、关隘、古迹、名宦、人物、土产宜如何志？近时地理之书

---

① 满汉合璧奏折，档号：04—01—38—0001—022，缩微号：04—01—38—001—0038，一史馆藏。

② 《国朝耆献类征初编》卷15、台北“故宫博物院”图书文献馆大清国史人物列传及史馆档传包传稿全文影像资料库（以下简称“史馆档传包传稿”）文献编号：701007081、历史语言研究所“明清档案人名权威资料库”（以下简称“明清人名资料库”）权威号：000582。

③ 乔治忠：《中国官方史学与私家史学》，第77～78页。

④ 雍正六年十一月，又开馆纂修康熙朝久已废辍的《大清一统志》。详见乔治忠：《中国官方史学与私家史学》，第78页，按，此处时间叙述有误。

⑤ 内阁大库档案，登录号：186223。

⑥ 按，一统志馆在馆务废弛后重新开始纂修工作与一统志馆在闭馆或撤馆后重新开馆是两种不同说法，需要区别，笔者此处赞同前一种说法。

孰胜？无锡顾祖禹《方舆纪要》何如？……郡县迭更，地名改易，乡都分裂，陵谷变迁，以本朝之人志本朝之地，尚多乖舛，况其在数百年、数千年以前者乎。[①]

杨椿举例直隶彰义门说明《方舆纪要》的讹误之处，并指出《一统志》编纂时应该参考的资料范围：

椿往在明史馆，见徐公所撰地理志，建置沿革亦繁，请于总裁朱公曰：志为《明史》之志，宜纪明一代之事，宋元前可不必。朱公深以为然。今《一统志》虽与史志不同，然奉敕为本朝作，则前代事见于古书者，仿《元和郡县图志》，仅书其大概。关于本朝者，内则稽之实录、起居注、方略、会典、部院八旗档案，外考之史册及府州县所咨送，下逮名人文集、传记。详而不冗，简而不漏为宜。[②]

在具体内容的编写方面，杨椿提出了自己的编写原则，同时还说明山川、关隘、古迹、土产、名宦、人物等记载、收录的方法与标准：

山川志其现在，古名不可考者，不必过为探索。川流原委，如渭于华阴县东入河，洛于汜水县满家沟入河，既叙之于渭、洛，复宜叙之于大河，诸水入渭、洛者亦然。一府一州一县之水，虽非渭、洛可比，然于府州县中号为巨流者仿此，小水不宜叠见，则以所入之水汇于受纳之水之下。大水支流，宜详某处分某处合某处自入于海，或自入于大河，某处仍与经流同入于海，或同入于大河。迁徙不常者，历叙其迁徙之地。[③]

天顺间纂修《一统志》，史官聚讼，为名人所讥。今闻有以徐本户口、田赋为多事，韩本删之为是者。是《禹贡》《职方》不若《天顺一统志》之为当矣。[④]

蒋廷锡新任总裁后将徐、韩两种稿本以新的编纂方法进行重修。从后

① 杨椿：《孟邻堂文钞》，《清代诗文集汇编》第238册，第19页。
② 杨椿：《孟邻堂文钞》，《清代诗文集汇编》第238册，第20页。
③ 杨椿：《孟邻堂文钞》，《清代诗文集汇编》第238册，第20页。
④ 杨椿：《孟邻堂文钞》，《清代诗文集汇编》第238册，第21页。

来任兰枝等奏请增添户口、田赋、职官三类编入《一统志》的情况看，蒋廷锡等以“韩本”作为主要的底本，在其基础上进行续修。

雍正六年，蒋廷锡等将《大清一统志》条例分为十八类，继又添星野一类。① 这是《一统志》体例的第二次调整。第一次调整是韩菼任总裁官之后对“徐本”所持纂修体例的改变：“臣等先将直隶志书两部对校，徐乾学所修之书前列图像、图说，后载户口、田赋及山川、古迹、城池、关隘等类，颇为详明。韩菼所修之书删繁就简，增入学校、寺观、卫所、驿递等类，所载名宦、人物亦各有异同。”② 雍正六年，蒋廷锡等将直隶志书正本进呈，八年将山东志书正本进呈，并将盛京、河南、广东、贵州、云南诸省正本缮写成书。其余各省草本已经修完。③ 雍正八年，蒋廷锡等进呈山东省统（按，原文为“通”字，应为“统”）志面奉谕旨：嗣后俟书完时一并进呈。④ 所以，在雍正八年至乾隆元年之间，一统志馆未再进呈《一统志》书稿。

（六）第六阶段（雍正十一年—乾隆五年十一月）

雍正十年七月十五日，蒋廷锡病故。⑤ 雍正十一年，吴士玉病卒。⑥ 蒋廷锡、吴士玉去世之后留下了总裁官员缺。雍正十一年四月，吏部左侍郎任兰枝、礼部右侍郎邓钟岳被任命为《大清一统志》总裁官。⑦ 雍正十一年八月，新任总裁官邓钟岳因事降调，方苞奉旨充一统志馆总裁。⑧ 雍正十二年特旨调取在籍守制翰林院侍读学士陈悳华为副总裁，与任兰枝等一同督率在馆诸臣纂修《一统志》。⑨

雍正十三年十一月，总裁官任兰枝等奏：“今草稿皆已完”，但是因

① 内阁户科题本，档号：02—01—04—13001—031，缩微号：02—01—04—07—027—3236，一史馆藏。

② 内阁大库档案，登录号：186223。

③ 朱批奏折：档号：04—01—38—0002—015，缩微号：04—01—38—001—0171，一史馆藏。

④ 内阁户科题本，档号：02—01—04—13001—031，缩微号：02—01—04—07—027—3236，一史馆藏。

⑤ 中国第一历史档案馆编：《雍正朝内阁六科史书·吏科》第69册，第559～560页，桂林：广西师范大学出版社，2002年。

⑥ 详见《国朝耆献类征初编》卷68，《三十三种清代人物传记资料汇编》第12册，第42页。

⑦ 《清实录》第8册，第697页。

⑧ 中国第一历史档案馆编：《雍正朝内阁六科史书·吏科》第79册，第172～174页。内阁大库档案，登录号：186180。

⑨ 内阁户科题本，档号：02—01—04—13001—031，缩微号：02—01—04—07—027—3236，一史馆藏。

为盛京等七省通志“久未进呈”，需要删改，江南等四省志稿尚未送馆，《一统志》草稿的修改工作便无法开展。[①] 雍正年间，《一统志》的纂修进展如下：

原任大学士蒋廷锡于雍正六年将直隶志书正本进呈，八年将山东志书正本进呈，并将盛京、河南、广东、贵州、云南诸省正本缮写成书。其余各省草本俱已修完。后经总裁任兰枝等以志书内尚缺户口、田赋、职官三类，奏请增修，奉旨允准。随将直隶、山东二省统志发出，一并增修。复经该馆酌定划一条例一百零一则，详细修纂。今直隶、江西正本已经写完，盛京副本亦经写完，现在缮写正本。河南、山西二省现今校对缮写副本。[②]

乾隆帝继位之后，《大清一统志》的纂修指导方针又一次变化。雍正十三年十一月，任兰枝等奏请改变《一统志》进呈办法：拟将已经完成《一统志》诸省志书缮写完成即分别进呈，而非等全书完成后一起进呈：

臣等愚见，以此书卷帙繁多，又通志未到诸省，必俟书到日查明改定，若一并进呈，恐稽时日，应否将见在已完诸省陆续缮写进呈御览，以便一面校刻，庶馆务亦得早竣。为此请旨伏候圣裁等因。[③]

雍正十三年十一月十五日，奉谕旨：“著照任兰枝等所请行，其现在已完诸省著陆续缮写进呈。”[④]

总裁任兰枝等还对《大清一统志》体例做出新的调整，以《一统志》书内缺少户口、田赋、职官三类，奏请增修，奉旨允准。随将直隶、山东二省统志发出，一并增修。复经一统志馆商讨拟定 101 条条例，详细纂修。[⑤]《大清一统志》的体例经历了第三次变化调整。

① 内阁大库档案，登录号：186229。

② 乾隆元年六月十六日，《大学士鄂尔泰奏为遵旨传令各馆速将所修各书敬谨纂辑缮写进呈事》，朱批奏折：档号：04—01—38—0002—015，缩微号：04—01—38—001—0171，一史馆藏。

③ 内阁户科题本，档号：02—01—04—13001—031，缩微号：02—01—04—07—027—3236，一史馆藏。

④ 《雍正朝汉文谕旨汇编》第 2 册，第 358 页。

⑤ 朱批奏折：档号：04—01—38—0002—015，缩微号：04—01—38—001—0171，一史馆藏。

乾隆帝还加强了对各馆修书工作的监督管理，其中也包括大清一统志馆。雍正十三年十一月十五日，“总理事务王大臣奉上谕，各馆修书，关系本朝典礼考订，固不可草率，而办理亦不可稽迟。”在强调各馆所修书籍重要性的同时，乾隆帝还指责各馆馆务陋弊：“各馆中竟有修至十余年而未成书者，即云移查档案，动经时日，然亦何至如许之久。”①

乾隆元年六月十六日，大学士鄂尔泰遵旨上奏汇报各馆修书情况，要求各馆敬谨纂辑，速将各书缮写进呈。② 乾隆元年十月初三日，总裁官任兰枝、方苞、陈惪华奏报：“（一统志）现今草稿皆已完具。但各省通志未经全到。因于雍正十三年十一月十五日具奏请旨，应否将已到通志省分纂就之书陆续缮写，进呈御览，以便一面刊刻。本日奉旨：著照任兰枝等所请行。其现在已完诸省陆续缮写进呈。”同时将纂成的直隶稿本 24 册、江西稿本 18 册缮录进呈，恭请乾隆帝睿览训定。③ 乾隆元年十二月二十四日，任兰枝等将盛京稿本 7 册、河南稿本 24 册、山西稿本 20 册缮录进呈。④ 乾隆三年二月，任兰枝等纂成的陕西稿本 18 册、甘肃稿本 12 册、福建稿本 12 册、广东稿本 15 册缮录进呈乾隆帝。⑤

至乾隆五年十一月，《大清一统志》全书书稿告成。该年十一月初一日，一统志馆总裁、户部尚书陈惪华等奏：“臣馆稿本俱已全行告竣，理合声明。谨奏。”⑥ “所有盛京正本、刷印本现在大内未经发出。京师、江南、山西、山东四省刷印本已经校对完讫。河南、陕西、甘肃、浙江、江西、湖南七省刷印本现在陆续校对。四川、福建、广东、广西、云南、贵州六省宋字本现在陆续刊刻。外藩蒙古等处、朝贡诸国志书现在陆续送武英殿缮写宋字。”⑦

初修《大清一统志》经历康熙、雍正、乾隆三朝，约 54 年才完成初稿。其中，康熙朝有四个阶段，第一阶段，制定凡例，开始编修江

---

① 朱批奏折：档号：04—01—38—0002—015，缩微号：04—01—38—001—0171，一史馆藏。

② 朱批奏折：档号：04—01—38—0002—015，缩微号：04—01—38—001—0171，一史馆藏。

③ 内阁大库档案，登录号：019531。另见内阁户科题本，满汉合璧，档号：02—01—04—13410—025，缩微号：02—01—04—07—090—1458，一史馆藏。

④ 内阁大库档案，登录号：019529。

⑤ 内阁大库档案，登录号：186147。

⑥ 内阁大库档案，登录号：024454。

⑦ 朱批奏折，档号：04—01—38—0023—002，缩微号：04—01—38—002—0022，一史馆藏。

西、保定地区统志稿本。第二阶段，在前期基础上，修成志书包括江南、山东、山西、直隶、河南、陕西等省份，前两个阶段修成稿本共351本。徐乾学等人虽未完成全部志书稿本，但为其后一统志馆纂修工作奠定了重要的基础。第三阶段，在“徐本”基础上，韩菼等改变编纂方法，至少成书183本。第四阶段，这一阶段是一统志馆史上比较沉闷的时期，成果似较少，可能和一统志馆中缺少一位强有力并积极负责的总裁官有密切关系。雍正年间，蒋廷锡等接任总裁，在徐本、韩本基础上，重新厘定体例，继续编修。任兰枝等接管一统志馆后在蒋廷锡等纂修基础上，终将356卷本《大清一统志》修成，成为清代典籍史上第一部《一统志》。但距其刊刻成书，尚有很多工作需要完成。乾隆十年，任兰枝休致后，一统志馆便由陈悳华领导刻印工作，并由陈悳华领衔将《大清一统志》进呈乾隆帝。初修《大清一统志》刻印过程详见本书第四章第一节。

第二节　乾隆续修《大清一统志》纂修考补

乾隆二十九年十一月，乾隆帝颁发上谕批准曹学闵奏请续修《大清一统志》之议，方略馆负责续修事宜。长期以来，学界认为：乾隆续修《大清一统志》成书于乾隆四十九年，共500卷。[①] 根据所见档案文献和前辈研究成果，本节梳理《一统志》的续修过程，认为续修《大清一统志》实际成书乾隆五十年年底，共有424卷（及目录2卷）。同时分析已有讹说流传的原因。

---

① 谭其骧主编：《辞海》（地理分册·历史地理），上海：上海辞书出版社，1978年。杨正泰：《中国历史地理要籍介绍》，成都：四川人民出版社，1987年。《中国方志大辞典》编辑委员会编：《中国方志大辞典》，杭州：浙江人民出版社，1988年。谭其骧主编：《中国历史大辞典·历史地理卷》，上海：上海辞书出版社，1996年。万依主编：《故宫辞典》，上海：文汇出版社，1996年。张艳玲《三部〈大清一统志〉的比较研究》（2003年），http：//www. historychina. net/magazinefree/html/10/114/content/97. shtml（中华文史网，检索于2012年4月6日）。牛润珍、张慧：《〈大清一统志〉纂修考述》。等等。以上论著均认为该志书成于乾隆四十九年。除张艳玲外，其余诸位认为该志书有500卷。

一 《大清一统志》续修的直接动因

《大清一统志》续修的直接原因是乾隆二十九年十月二十日御史曹学闵奏请纂修《大清一统志》，乾隆帝谕令军机大臣议奏此事，[①] 该奏折具体内容稍后再论。在曹学闵奏呈后，十一月初一日，乾隆帝又发上谕一道，朱笔兼清字重述经军机大臣议覆的曹学闵奏修《一统志》议稿。[②] 十一月初二日，曹学闵奏请乾隆帝著派总裁修《一统志》。[③] 十一月初三日，曹学闵奏请修《一统志》即令方略馆纂辑，乾隆帝再发上谕著军机大臣详议。[④] 君臣间多次商讨续修《一统志》事宜，重视程度可见一斑。十一月二十一日，军机大臣傅恒等在经过多次商议之后汇总奏陈乾隆帝。[⑤]

曹学闵奏陈乾隆续修《大清一统志》的直接原因可以概括为以下三点：第一，平定准噶尔及回部后，“特命将军大臣分部驻守，一切制度章程，与内地省份无异。”[⑥] 清朝的实际统治区域进一步扩大，乾隆帝即命纂修《西域图志》、编绘舆图，《一统志》亦应将新入版图的地区编入志书，以彰显清朝“一统无外之盛”。[⑦] 第二，乾隆五年成书的《一统志》已经不能准确地反映乾隆五年以后的行政区划变迁情况：“查《一统志》自成书以后，迄今又二十余年，各省府厅州县添设裁并，多有不同，亦应查照新定之制，逐一刊改。”[⑧] 第三，前志“考稽失实，与凡挂漏冗复者，谅均在所不免，亟应重加纂辑，以成全书”[⑨]。

军机大臣们经商讨后由傅恒等奏报：①方略馆正在纂修的《西域图志》囊括了西域新疆地区的分野、疆域、风俗、山川等内容，“请即将

① 中国第一历史档案馆编：《乾隆朝军机处随手登记档》第16册，第343～344页，桂林：广西师范大学出版社，2000年。
② 中国第一历史档案馆编：《乾隆朝军机处随手登记档》第16册，第358页。
③ 中国第一历史档案馆编：《乾隆朝军机处随手登记档》第16册，第358页。
④ 中国第一历史档案馆编：《乾隆朝军机处随手登记档》第16册，第359页。
⑤ 《清实录》第17册，第1044～1046页。
⑥ 《清实录》第17册，第1044页。
⑦ 《清实录》第17册，第1044页。
⑧ 《清实录》第17册，第1044页。
⑨ 内阁大库档案：登录号：102360。

《一统志》所应载者，按类择取，增入志末，以成全书。”[①] ②甘肃安西、靖逆二厅、朝贡诸国内的叶尔钦、哈密、吐鲁番等处内容，《一统志》与《西域图志》两书互见，增纂《一统志》时，“应于各该处发明申说，其从前已经载入处，俱请毋庸删减，以致更换全书。”[②] ③方略馆现在编纂《西域图志》《西域同文志》《平定准噶尔方略》诸书，须等前书告成，再续修《一统志》。[③] ④曹学闵所奏刊改各省地方行政变化的提议“过于烦琐”，军机大臣否定了此条提议。[④] 针对曹学闵奏折和军机大臣议覆，乾隆帝颁发谕旨：“第念《一统志》自纂修竣事以来，迄今又二十余载，不独郡邑增汰，沿革随时，理宜一一汇订”，并指出初修《一统志》体例的瑕疵：顺天人物门收录清朝诸王，“于事理更属纰缪”。乾隆帝要求方略馆根据目前已纂成书籍，并以《西域图志》及《同文志》诸书为蓝本，依据凡例开始纂辑，并照《续文献通考》例，随缮随进，恭呈钦定。[⑤]

根据乾隆帝指示，军机处再次奏覆《大清一统志》续修安排事宜：①将顺天府所载诸王及八旗大臣等撤出，均载入《八旗通志》。各省功业显著诸王纂入各省名宦内。②各地府厅州县的添设裁并，其管辖下所有山川、田赋、人物各门，悉照现在添并各处，一一记载。③新设安西府及哈密、巴里坤、乌鲁木齐设有道、府、州、县、提督、总兵等官，应即附入甘肃省内。伊犁、叶尔羌、和阗等处现有总管将军及办事大臣驻扎者，与内地无殊，应将西域新疆另纂在甘肃之后。④哈萨克、布噜特、巴达克山、爱乌罕等部，俱照外藩属国之例编辑，统俟《平定准噶尔方略》及《西域图志》《同文志》等书告成后，查照《一统志》凡例，详悉考订厘正，缮写进呈。得旨允行。[⑥]

乾隆朝续修《大清一统志》的纂修是在康雍乾初修《一统志》基础上开展工作，因而它的筹备工作相对较少。最终续修《大清一统志》的工作由方略馆承担，根据清廷现藏志书、档案等文献资料开始编修。

---

① 《清实录》第 17 册，第 1044 页。

② 《清实录》第 17 册，第 1044 页。

③ 《清实录》第 17 册，第 1044 ~ 1045 页。

④ 《清实录》第 17 册，第 1045 页。

⑤ 此处所引皆为乾隆帝谕旨内容，详见《清实录》第 17 册，第 1045 页。

⑥ 《清实录》第 17 册，第 1045 ~ 1046 页。

二　方略馆纂修《一统志》过程考

为何将续修《一统志》工作交由方略馆负责呢?在乾隆二十九年之前,方略馆的前身已纂有《平定三逆方略》《平定朔漠方略》等多部方略。在乾隆朝,方略馆纂修方略最多,共有11部。[①] 乾隆二十二年七月,军机大臣傅恒等奏请由方略馆负责《皇舆全图》的部分绘制工作,拟派军机处行走之顺天府府丞申甫、内阁侍读额尔景额及内务府六库郎中永和在方略馆内负责绘制新定伊犁等处及从前云、贵、川、广改土归流并各省郡县分设改建之处等地舆图,以为《皇舆全图》作准备。[②] 方略馆拥有纂修史地典籍的丰富经验,乾隆帝或许对大清一统志馆漫长的修志过程仍有印象,因而不愿重开新的修志机构。方略馆还负责《西域图志》的纂修。《一统志》的续修工作亦因增纂西域新疆部分而开始。所以,方略馆最终负责续修《大清一统志》。

最初,傅恒等在调派人员至方略馆纂修《一统志》时认为:“今就已成之书厘核增补,自毋庸照从前之数更派多人”[③]。笔者按,原来方略馆的人员配置情况如下:“现在方略馆之提调、收掌等官,均系臣于军机处满汉司员内选员兼管,平时办理一切,尚无贻误。向不给与公费、桌饭。”可见,方略馆在开始纂修《一统志》时仅选派馆中兼职人员从事编修工作,且不付薪资。当时方略馆额设纂修官三员,誊录、供事各十四员,其余皆是“自备资斧帮办之人”。[④] 后来因《大清一统志》卷帙浩繁,傅恒等奏请在方略馆原有人员基础上“添设纂修官八缺,誊录添设十二缺,供事添设十缺,并添纸匠一名,俱照例给予桌饭公费。以便通融分辨。则该员等办书,行走可以稍为从容而感激皇仁,自必益加奋勉”[⑤]。方略馆已经逐渐意识到《大清一统志》纂修工作的难度。《一统志》编修所需纸张等“照例行文户部咨取,统归于方略馆年底一并核销”[⑥]。乾隆

---

① 姚继荣:《清代方略研究》,第83页,北京:西苑出版社,2006年。
② 内阁大库档案,登录号:177892。
③ 内阁大库档案,登录号:102360。
④ 内阁大库档案,登录号:102360。
⑤ 内阁大库档案,登录号:102360。
⑥ 内阁大库档案,登录号:102360。

二十九年《一统志》开始编修时办公场所并不在方略馆内，因为“现在方略馆房屋无多，并请交与内务府，于附近方略馆处所酌拨房屋数间，以为堆贮书籍及编纂抄录之地”[①]。但这并不能说明方略馆一直在馆外进行续修工作。在编修材料准备方面，傅恒等总结经验，制定更细致的实施办法：“所有应行咨取各省志书及行查事件，不得照从前各馆陋习，笼统咨取，以致辗转稽延。臣等将应查之项，俱逐一指明开写清单，并按其道里之远近，定以限期，务令依限核到，以便编纂。其各部院衙门档案，亦并随时行文各该处咨查。”[②] 在编纂方法上，方略馆要求纂修官在现有稿本基础上“分省分门”进行“酌改订正”，纂修官各自分辑某一部分，并派军机处行走的大理寺少卿申甫担任总纂，负责协调管理《一统志》纂修，但申甫并无桌饭银两。[③] 傅恒等要求方略馆在“应用书籍、档案各处送到后，即严立课程，令纂修各官赶紧修改，陆续缮录进呈”。[④] 因目前一史馆藏方略馆档案不开放阅览，本节仅就目前发现史料梳理乾隆朝续修《大清一统志》的过程，难免存在一些缺漏。

若根据傅恒等奏折中陈述的情况，在一番细致筹备工作之后，续修《大清一统志》理应较快成书。但是，实际情况并非如此。乾隆四十二年三月，军机大臣奏陈当时《大清一统志》仍在纂修中，尚未成书，应派专员负责督催修书工作，并统交稽查钦奉上谕事件处稽查。最终钦派袁守侗、和珅督办《大清一统志》纂修事宜。[⑤] 这是因为各馆修书种类较多且速度较慢，乾隆帝才加强对各馆修书工作的管理，以督促各馆提高工作效率。

乾隆四十二年五六月间，方略馆行文盛京将军衙门，要求该将军将所辖地区一应事宜按例编册送馆：

> 查本处现在钦遵谕旨赶办《一统志》，所有盛京地方管辖之兴京、奉天、锦州各所属府州县应直事宜，业经行文在案，且前次文内本经详细。应再行文册各志书到即查送，并将各处设立文武官员、兵

---

① 内阁大库档案，登录号：102360。
② 内阁大库档案，登录号：102360。
③ 内阁大库档案，登录号：102360。
④ 内阁大库档案，登录号：102360。
⑤ 《清实录》第21册，第800～801页。

丁数目、驻扎地方及户口、田赋、何年修建城垣、学宫、桥梁、堤堰水利各工程，并旌表节烈妇女、乡贤、名宦详细分晰，造具清册，呈送本处以凭查办。再，各地方官有无裁减以及移驻缘由一并分晰，于册内注明。此系奉旨督催查办之事，务须遵限查明，限文到一月内速送勿延。①

方略馆及军机处为纂修《大清一统志》搜集材料，一再行文地方督催各地造送档册，但各地往往拖延时日或所送档册内容粗略。下文乾隆四十七年和珅等奏折即可证明。

乾隆四十三年三月初一日，稽查钦奉上谕事件处大臣汇报新管理制度下各馆修书进展。“遵查现在纂辑应进各书共十四种，自上年四月内遵旨将各书俱立有限期，同译书房应进之书分为九卯，间日进书，一次并将排定卯期，知照稽查上谕处，以备查核。如有误卯不进者，即由该处查参在案。”② 据此可知，在去年三月奏查各馆修书情况后，四月即由稽查钦奉上谕事件处制定了修书考核制度。“兹查上年五月初八日起至本年二月二十九日止，内惟皇上谒陵途次及遇年节暂为停止不进外，余俱按卯呈进，统计十四卯，共书三百四十余卷，谨将各书轮进卯期及卷数详悉开单粘签呈览。”③ 乾隆帝十分关心各馆在修书籍，检查也勤。负责稽查的军机大臣们和各馆纂修人员自然不敢怠慢从事。“再查各书内如《临清纪略》《蒙古源流》《通鉴辑览》三书已于限内办完。《明史》及《明纪纲目》《国子监志》《日下旧闻考》等书，臣等现在赶办，可以如限进完。”但仍有一些书籍难以按期完成，“至《金川方略》、《大清一统志》、元辽史、《西域图志》、《音韵述微》、《热河志》等书卷帙较多，势难按限完竣，合无仰恳皇上恩予展限。臣等仍督同各纂修等上紧纂辑轮进，以期如限办完。谨将各书毋庸展限及酌定应展期限开单呈阅。”乾隆四十三年三月壬戌，乾隆帝下旨：“各处应进之书，止须按卯分进，转不必立定期限。如

① 《咨呈为编修一统志移送所需文档事》，录副奏折，档号：03—0659—055，缩微号：045—1336，国家清史编纂委员会数据库。

② 中国第一历史档案馆编：《乾隆朝上谕档》第 8 册，第 943 ~ 944 页，北京：档案出版社，1998 年。

③ 中国第一历史档案馆编：《乾隆朝上谕档》第 8 册，第 943 ~ 944 页。

届期迟误，即奏明参处”。[1] 此时的乾隆帝仍然希望《一统志》能按时编成。在乾隆帝的亲自督促和纂修人员的努力下，包括《大清一统志》在内各馆书籍的编修速度明显加快。“再查未定卯期以前每年进呈之书最多不过九十余卷，兹自上年四月定卯以后迄今几及一年，已进过三百四十余卷。”[2]

乾隆四十四年六月十三日，奉旨添派曹文埴阅办《大清一统志》。[3] 乾隆四十七年二月十七日，负责管理《一统志》纂修的和珅、曹文埴奏：

> 伏查《一统志》自乾隆二十九年开馆以来，已阅一十九年，陆续进过十五省，共二百八十余卷。尚有江苏、安徽、江西、浙江四省及外藩一门，臣等现在督率总纂、编修吴省兰等上紧赶办，约计乾隆四十九年可以全数完竣。臣等查从前进过各省志书，节年以来，不特人物事实逐渐加增，即疆域建置、户口滋生、职官学校之裁改添设，前后多有不同。且如直隶、山东、山西诸省，以成书在前，恭遇近年来我皇上省方问俗，行庆盛典，尚未恭载。向来馆例纂办各书，皆俟全部完竣再行划一办理，另缮正本进呈。但《一统志》卷帙既繁，门类亦多，若俟全书告成始行增改，未免有稽时日。

方略馆在十九年时间内只完成 280 余卷，平均每年只编写不足 15 卷，可见速度之慢。据和珅的奏折可知目前馆中遇到的问题较多，特别是各省进呈志书、档册难以满足《一统志》编修需求。和珅等希望将各省人物事迹缺漏者查明补写，同时要求各省将乾隆二十九年至乾隆四十六年期间地方行政区划调整的材料汇送方略馆：

> 臣等拟分列条款，一并行文各省，自乾隆二十九年至四十六年，凡添设、裁并之府厅州县，及户口、职官有新编新改之处，概令详悉造册。直隶、山东、山西、河南限文到半年以内，江南、浙江、江

① 《清实录》第 22 册，第 59 页。
② 中国第一历史档案馆编：《乾隆朝上谕档》第 8 册，第 943 ~ 944 页。
③ 中国第一历史档案馆编：《乾隆朝上谕档》第 9 册，第 717 页。

西、湖广、陕西限文到八个月以内，甘肃、福建、两广、四川、云南、贵州限文到一年以内，俱详晰造册送馆，交原派总纂、编修吴省兰悉心补辑，划一办理。

此时，《大清一统志》仍有续纂增添的内容，特别是乾隆帝巡幸各地的事迹："至盛京为丰镐始基，直隶、山东、江苏、浙江五省各有河工海塘要务，皆廑圣心眷注，清跸时巡，应于成书时，再办划一，庶不致或有挂漏。"各地名宦、乡贤均是《一统志》纂修时须特别注意之处，需要搜集新材料，补纂完备。和珅等要求各地在半年到一年之间将所需档册造送到方略馆。因为纂修工作的繁多，方略馆新派编修汪如藻、修撰戴衢亨协助纂修：

其人物一门，原定凡例时议以曾经入祀贤良、名宦、乡贤诸祠者，始准登载。臣等拟再加采录，凡潜德幽光，足资矜式，及学问事迹与张照相似者，夹签声明，恭候钦定。若文望可称，而品诣卑琐，或始终易辙，甚至悖曾负恩，如沈德潜之流，仍不予载入，亦附签声明。庶于搜采之中，仍寓甄别之意。至办理改补纂辑划一事宜，头绪繁多，应仍责成总纂、编修吴省兰详细核办，但限期较紧，拟添派编修汪如藻、修撰戴衢亨协同纂辑，以冀克期集事，臻于完备。至现在未经进呈各卷，仍令各纂修等按卯轮进，不得逾限。①

同时，方略馆一并将各地需要进呈材料列出详细清单，要求各地照例办理呈送到馆：

一、府、厅、州、县自乾隆三十二年后添设裁并者，详查建置情形。疆域四至八到，及文武职官员，及户口、田赋正额、学校、书院，并山川、关隘、寺观、陵墓、古迹、人物、列女，现隶境内者悉造册送馆，按其入学额数一并附载。

一、户口、田赋自乾隆三十二年后有重经编审及升科岁则者，并

① 以上三处引用材料见中国第一历史档案馆编：《纂修四库全书档案》下册，第1465～1467页，上海：上海古籍出版社，1997年。

令积叙简明节略送馆改正。

一、自乾隆三十二年后，名胜古迹曾蒙圣驾临章，及获赐楹额者，俱造册送馆。其祠庙、寺观有获旨重建、重修、赐名者，兼查明造册。

一、名宦、乡贤自乾隆三十二年得题准入祠者，俱查该员爵官事迹，节略开造送馆，不得笼统，详看登答录载笔无详。其曾奉旨褒嘉及入祠乡贤、昭忠祠者上一并办理。

一、自乾隆三十二年后，旌表孝子、烈女二造册送馆，彼此便补辑。

一、府、厅、州、县所属地方有学问人品堪为矜式……不可致令湮没……开造切实事迹送馆备采。①

乾隆四十七年正月、二月间，关于《一统志》未收入原任刑部尚书张照事，乾隆帝颁发谕旨要求将张照官秩出处、事迹一并载入《一统志》和《松江府志》，其他各省志书有似此情形者，一并照此办理。②

乾隆四十七年六月二十六日，军机大臣奏报各馆纂修拟定各书完竣日期：《大清一统志》已进过297卷，未进约60卷，计期于四十八年十二月完竣。③ 乾隆四十七年十月初五日，《大清一统志》原限四十八年十二月内完竣，自定限后进过五次，共计6卷。④ 乾隆四十八年二月初二，《大清一统志》原限四十八年十二月内完竣，自上年十月后进过7卷，连前共进过310卷，未进44卷。⑤ 从这三份奏折中所汇报进呈《一统志》卷数可知方略馆这一阶段的修书工作进展依旧缓慢。且照此三份奏折计算，当时续修《大清一统志》总卷数仅有360卷左右。

为了保证《大清一统志》纂修内容的可靠性，在编纂过程中遇到一些档案或典籍难以解释的舆地问题时，方略馆有时行文地方官通过实地考察来解决难题。乾隆四十二年十一月二十日，纂修官查得《一统志》

① 以上五条见和珅、曹文埴：《奏报纂办一统志及添派续修事》，录副奏折，档号：03—1154—001，缩微号：082—1344，国家清史编纂委员会数据库。

② 详见内阁大库档案，登录号：102369。《乾隆朝上谕档》第11册，第29页。《清实录》第23册，第405～406页。按，张照一例是研究《一统志》时经常讨论的对象，此处不作展开。

③ 中国第一历史档案馆编：《乾隆朝上谕档》第11册，第130页。

④ 中国第一历史档案馆编：《乾隆朝上谕档》第11册，第395页。

⑤ 中国第一历史档案馆编：《乾隆朝上谕档》第11册，第569页。

内汉阳府命名与水北曰阳本义不符之处，“谨遵旨详悉考证，另拟按语驳正恭呈御览，俟发下后即拟将此案添入汉阳府沿革条例下，以正前讹而昭传信。奉旨允行。”[①] 乾隆四十七年七月十四日，方略馆查得《大清一统志》内甘肃之归德所，自明至清朝俱称归德所，惟元朝曾称贵德州。便将《一统志》内归德所遵旨改为贵德所，其西宁县属归德所县丞，并归德营游击，均交吏、兵二部，改为贵德，并将《一统志》及图内粘签进呈。[②] 乾隆四十八年八月二十五日，军机大臣等将《一统志》及《热河志》所载有关朝阳县各条贴签奏呈御览：“遵查朝阳县为辽兴中府地，三座塔即朝阳县属之，龙城故地。朝阳洞亦名槐树洞，在县属之古槐山。谨将《一统志》暨《热河志》所载各条粘签恭呈御览。其灵感寺塔碑一并抄出进呈。”[③] 乾隆四十九年六月初四日，军机大臣遵旨将《一统志》内伊犁户口交方略馆纂修详查更正，“兹据该纂修等将伊犁移驻满洲锡伯、索伦、察哈尔并种地回户及绿营兵丁详晰登载改正，谨将原志粘签进呈。”[④] 当然，方略馆纂修官们如此细密地考证《一统志》纂修过程中出现的问题，固然可以保证志书编纂的质量，但同时编纂进度自然受到影响，难以按照预定计划完成《一统志》全书的纂修工作。《大清一统志》“自乾隆四十九年纂定后，即交武英殿刊刻。嗣因刻成之后，字画间有舛误，即经方略馆雠校多次，往返抽改”[⑤]。方略馆将第二部《大清一统志》的刻本校对完毕后，它负责纂修《一统志》的工作才称得上全部结束。

三　成书时间考

长期以来，学者们大多认为续修《一统志》成书于乾隆四十九年，以讹传讹。据笔者研究：它的实际成书时间为乾隆五十年。仅一年之差，

---

① 中国第一历史档案馆编:《乾隆朝上谕档》第 8 册，第 829 页。

② 中国第一历史档案馆编:《乾隆朝上谕档》第 11 册，第 272 页。另见《清实录》第 23 册，第 549 页。

③ 中国第一历史档案馆、承德市文物局合编:《清宫热河档案》第 5 册，第 161 页，北京：中国档案出版社，2003 年。

④ 中国第一历史档案馆编:《乾隆朝上谕档》第 12 册，第 175 页。

⑤ 《清国史馆奏稿》第 2 册，第 1011 页。

所言的却是两个不同版本的《大清一统志》，名实不符，会影响对《大清一统志》认识的完整性。下面剖析《大清一统志》成书前最后两年中的纂修细节，以作论证。

《大清一统志》的续修工作由方略馆承担。乾隆帝不仅是拥有“十全武功”的帝王，也是一位“稽古右文”的君主。乾隆朝兴起开馆修书的高潮，方略馆续修《一统志》即是潮流中的一朵浪花。除了《一统志》外，方略馆在这一时期还编修《平定准噶尔方略》《清朝开国方略》《兰州纪略》等多部典籍，这是续修志编纂进度缓慢的因素之一。

乾隆续修《大清一统志》并未按照原定日期于乾隆四十八年十二月内完成。乾隆四十九年闰三月初二日，在《军机大臣奏查方略馆等处应进各书尚无延迟等事片》中提及“查方略馆等处应进各书，如《一统志》《盛京通志》《职官表》及译书房翻译各书，现俱随本报按卯进呈，尚无延迟”①。此处说没有延迟，实际是《大清一统志》在此之前已经申请宽限时间之后的说法，因为乾隆四十九年七月二十日，军机大臣奏：“《大清一统志》《职官表》……俱于原定卷数之外，有增纂之卷，是以亦未办竣……《大清一统志》原限四十八年十二月完竣，原定三百六十卷。现在直隶等十八省已于上年冬季进完，惟外藩一门添纂六十余卷，新疆诸部屡经查核，尚有应行改正添纂之卷。又，江浙等省志内恭遇皇上六巡江浙，俱有应添事宜，尚未办竣。已进三百六十八卷，未进尚有六十卷……以上四部系曾请展限及有增纂之卷。”② 可见，续修《大清一统志》因为卷数过多且需要增纂新内容而申请延期。乾隆四十九年七月六日，军机处当月委署主事巴图（Batu）行文理藩院：“本处现在奉旨赶办《一统志》，所有外藩等处封爵，及地方四至有无更改增添之处，业于六月二十四日片交贵处，速即查覆，以便纂入进呈。至今已几半月，未见查覆，合行催取，即照前片内开各条分晰造册，于二日内送本处，毋得刻迟。特交。”③

乾隆四十九年七月十六日，军机大臣仍然奏请增写《大清一统志》

---

① 中国第一历史档案馆编：《纂修四库全书档案》下册，第 1769 页。

② 中国第一历史档案馆编：《纂修四库全书档案》下册，第 1787 ~ 1788 页。

③ 内阁大库档案，登录号：294765—003。

内容：“交武英殿、方略馆：现在遵旨另议历代帝王庙祀典，将来议定奏准后，应增入《大清会典》《通礼》《日下旧闻考》《一统志》等书内。相应片交，即传知该馆纂修等，遵照添纂可也。”① 乾隆四十九年七月，国史馆收掌官佟继善、方略馆提调官戴衢亨、三通馆收掌官伊敏、四库馆收掌官明启等汇报各馆修书事宜：“交国史馆所办《开国方略》《宗室王公传》《蒙古王公表传》，又四库馆所办《职官表》，方略馆所办《盛京通志》《一统志》，三通馆所办《续通志》《续通考》《续通典》，各查已进过若干卷，未进若干卷，各查共有若干卷于何时可以完竣之处，限三日内立即查明，覆知行在军机处，毋得仍前延迟速速。”② 各馆修书一日未完竣，乾隆帝即使在外巡幸也要经常检查各修书馆工作。最高统治者的监督不可谓不严厉。

乾隆五十年二月十七日，阿桂等在奏折指出《大清一统志》仅进呈368卷，仍有60卷未进呈，计划于三月（按，即乾隆五十年三月）内完成全书：

> 《大清一统志》，原限四十八年十二月完竣。原定三百六十卷。现在直隶等十八省已于上年冬季进完，惟《外藩》一门添纂六十余卷，新疆诸部屡经查核，尚有应行改正添纂之卷。又，江浙等省志内恭遇皇上六巡江浙，俱有应添事宜，尚未办竣。已进三百六十八卷，未进尚有六十卷。（黄签　此书现在奏明于三月内办竣。）③

至此可知，乾隆四十九年成书一说是不能成立的。乾隆五十年六月初八日，和珅与曹文埴为《大清一统志》纂修官奏请议叙，“臣等奉旨续修《大清一统志》，现在全部告成……可否仰恳皇上天恩，照本馆《盛京通志》书成之例，将在馆总纂、满汉提调、收掌、纂修、校对、誊录、译汉官、供事等赏给议叙，以示鼓励如蒙俞允”。④ 奉旨：著照《盛京通志》告成之例议叙。⑤ 和珅等奏请议叙折中报告《大清一统志》已“全部告

① 中国第一历史档案馆编：《纂修四库全书档案》下册，第1786页。

② 内阁大库档案，登录号：294765—009。

③ 中国第一历史档案馆编：《纂修四库全书档案》下册，第1862～1864页。

④ 录副奏折：档号：03—1155—038，缩微号：082—1733，国家清史编纂委员会数据库。

⑤ 中国第一历史档案馆编：《乾隆朝军机处随手登记档》第37册，第334页。

成”，在同一奏折中又说“臣等仍督率各该员赶办，划一完竣，即行停止公费。其誊录、供事等统俟划一完竣后再行咨部铨选”[①]，表明虽已经奏请议叙，但《一统志》的编修工作依旧在进行中。此时奏请议叙的人员是那批已经完成自己纂修任务的编修人员，未完成工作的人员则继续编修工作。如《大清一统志》卷7的“(明) 庄烈帝思陵”条下注释：乾隆五十年，皇上亲诣明陵祭奠，特降谕旨修葺诸陵……[②]该书卷328的“何忠壮公祠”条目注释：本朝乾隆五十年建。[③] 另据《李朝实录》(又名《朝鲜王朝实录》)正祖九年四月十九日记载：谢恩使书状官李鼎运汇报清国见闻，其中谈及《四库全书》编纂情况，《清朝通典》等尚未告讫，《职官表》《蒙古王公表传》等今方始役，“《大清一统志》《通鉴辑览》，更令校正云”[④]。正祖九年即乾隆五十年，《大清一统志》此时仍处于校对阶段。

事实上，乾隆五十年十二月二十日，又因《一统志》告成而议叙舒濂、关槐等九人。[⑤]《清高宗实录》亦载：“续修《大清一统志》并《辽金元三史国语解》告成，承办纂修等官，议叙有差”，记录的时间是乾隆五十年十二月乙未。[⑥] 可见，续修《大清一统志》确实成书于乾隆五十年，但是其中过程也有些曲折，直到该年年底方才完成全书。这里需要强调的是，续修《大清一统志》最终成书于乾隆五十年年底，但这并不是说每个统部均于乾隆五十年年底修成，因为如上文所说，外藩部分同直隶等十八省的完成时间并不相同，江浙等部分在初次修成后又有增添内容。方略馆在将《大清一统志》抄写收入文渊阁《四库全书》中时仍在继续增纂一些内容：一是该志书卷18“崇因寺”条下记载：(乾隆) 五十一年，皇上西巡，临幸，御制碑记。[⑦] 二是《一统志》卷424的最末页记有

---

① 录副奏折：档号：03—1155—038，缩微号：082—1733，国家清史编纂委员会数据库。

② 见《景印文渊阁四库全书》第474册，第156页。

③ 《景印文渊阁四库全书》第481册，第581页。

④ 详见：http：//sillok. history. go. kr/inspection/inspection. jsp? mTree = 0&tabid = w&id = w《正祖实录》九年夏四月十九日。

⑤ 中国第一历史档案馆编：《乾隆帝起居注》第35册，桂林：广西师范大学出版社，2002年。

⑥ 台湾学者王会均据此条《清实录》内容亦认为续修《一统志》成书于乾隆五十年，惜未作具体论证。详见《大清〈一统志·琼州府〉研究》(上、下) 与其新著《海南方志研究》卷2。

⑦ 《景印文渊阁四库全书》第474册，第368页。中国第一历史档案馆编：《乾隆朝军机处随手登记档》第38册，第138页：“乾隆五十一年三月初九日，奏片一件，查崇因寺于续修《一统志》内已经增入由。”

缅甸与清交往史事:

> (乾隆)五十三年，孟陨遣其头目业渺瑞洞、细哈觉控等，款关纳贡，悔罪输忱。总督富纲以闻。许之。……上于避暑山庄宣见缅使，宴赉甚渥，特敕嘉奖，并颁赐佛像、如意、朝珠、银币诸物。至京师，令缅使谒阙，随班行礼，毕。遣令归国。[①]

再核对《清实录》，乾隆五十三年六月至九月间，缅甸曾派使臣进贡清朝。[②] 乾隆五十三年也是文渊阁本《大清一统志》增修史事的最晚时间断限。笔者查阅文津阁本《大清一统志》的相应卷内相同条目下亦有与前述文渊阁本相同的记载。[③] 乾隆四十九年说来源于何处呢？嘉庆十六年，国史馆总裁大学士庆桂等即认为《一统志》于乾隆四十九年纂定。[④]《嘉庆重修一统志》又将此说进一步强化：道光帝御制序文和该志凡例第一条均指续修《大清一统志》成书于乾隆四十九年。[⑤] 续修《大清一统志》本身、《四库全书总目》与《四库全书简明目录》均未提及续修《一统志》的成书时间，这或许已经说明问题。国史馆馆臣可能是根据续修志凡例中两处“以乾隆四十九年为断”而妄下论断，却没有认真查阅乾隆朝的相关修书档案。民国年间，陶湘在其论著中亦认为续修《大清一统志》成书于乾隆四十九年[⑥]，可见旧说影响之深。

四　志书卷数再辨

余嘉锡曾言：“目录之学为读书引导之资，凡承学之士，皆不可不涉其藩篱。”[⑦] 可见目录学对于学术研究的重要性。文渊阁、文津阁《四库

---

① 《景印文渊阁四库全书》第483册，第744页。

② 《清实录》第25册，第576～722页。

③ 《文津阁四库全书》第162册的第66、159页、第164册的第590、1089页，北京：商务印书馆，2005年。

④ 《清国史馆奏稿》第2册，第1011页。

⑤ 《嘉庆重修一统志》卷首，上海：上海书店，1984年。该版是重新影印1934年商务印书馆影印清史馆藏进呈写本而成。

⑥ 陶湘：《故宫殿本书库现存目》，见煮雨山房辑：《故宫藏书目录汇编》上册，第305页，北京：线装书局，2004年。《汇编》版本来源：1933年5月故宫博物院排印本。

⑦ 余嘉锡：《目录学发微》，第21页，北京：商务印书馆，2011年。

全书》本续修《大清一统志》卷数皆为424卷，另有目录两卷。但是，昭梿在《啸亭续录》中记载：《大清一统志》五百卷。[①] 生活于当时的清皇室昭梿将续修《一统志》的卷数记错。我们翻阅光绪十三年后的《申报》也可以多次见到“《大清一统志》五百卷”的售书广告词[②]。晚清以来流传甚广的目录学名著《书目答问》及其补正、补校诸书均记续修《大清一统志》五百卷。[③] 另外，晚清确有五百卷本续修《大清一统志》面世[④]，该书五百卷的版本在国内外诸多图书馆多有收藏。[⑤] 因此，无论从书籍目录的研究，还是从研究续修《大清一统志》本身来说，对于其卷数的考辨都是必要的。

五百卷之说源头是《四库全书总目》。《四库全书总目》卷68史部地理类一记载：《大清一统志》五百卷，乾隆二十九年奉敕撰。[⑥] 此后邵懿辰《四库全书简明目录》和莫友芝《郘亭知见传本书目》亦沿袭五百卷说。[⑦] 除五百卷说外，还有430卷、428卷两种说法。由吴省兰代拟、和珅进呈的《大清一统志表》提及“二十六门之总类，剖决丹文。四百卅卷之全书，蒐罗玉字”[⑧]，乾隆五十四年正月，纪昀等在校写《大清一统志》提要时已明确指出该书为四百二十四卷[⑨]，吴省兰如何得出四百三十卷之数，则不得而知。《文渊阁四库全书简明目录》卷七史部地理类记：《大清一统志》四百二十八卷[⑩]，此说或据乾隆四十九年七月二十日军机大臣奏折而来：“《大清一统志》原限四十八年十二月完竣，原定三百六

---

① 《本朝钦定诸书》，见昭梿撰、何英芳点校：《啸亭杂录》，第401页，北京：中华书局，1980年。昭梿，（乾隆四十一年—道光九年）：代善之后。嘉庆十年袭礼亲王爵。嘉庆二十年因故被削去王爵，圈禁三年。

② 详见本书第六章第一节。

③ 最新校补本为来新夏、韦力、李国庆汇补：《书目答问汇补》，北京：中华书局，2011年，该版亦未注意五百卷说之讹。

④ 有光绪二十三年杭州竹简斋石印本、光绪二十八年上海宝善斋石印本等版本。

⑤ 本文对续修《一统志》已作考辨，文章其他处引用目录书等文献时则不作改动，亦可体现“五百卷说”的影响范围。

⑥ 《景印文渊阁四库全书总目·史部》，第456页，台北：台湾商务印书馆，1983年。

⑦ 分别见邵懿辰撰，邵章续录：《增订四库简明目录标注》第283页（北京：中华书局，1959年）和李万健、邓咏秋编：《清代私家藏书目录题跋丛刊》第4册，第666页，北京：国家图书馆出版社，2010年。

⑧ 《景印文渊阁四库全书》第474册，第11页。

⑨ 《景印文渊阁四库全书》第474册，第44页。

⑩ 《景印文渊阁四库全书简明目录》，第115页。

十卷……已进三百六十八卷，未进尚有六十卷。”[①] 关于光绪年间所印五百卷本《大清一统志》，傅增湘在民国年间已将此问题说得明白，今引用以作为论据：“又如《大清一统志》，《四库》著录为五百卷。顾举世未见其书，以君考之，则阁写、殿刊二本咸为四百二十四卷，其书于乾隆五十五年刊成，即第二次修本也。今宫中虽有三次修成之五百六十卷本，而事在道光季年，不应乾隆修《四库》书预知其数而登之。然后知确为馆臣之误载。而近时坊本妄析外蒙古诸部，强增卷第，以符五百卷之数，其无知妄作为尤足哂也。昔人谓百闻不如一见，设非躬涉库储，又焉能持其说以关人人之口耶?”[②] 按，《四库》指《四库全书总目》。傅氏之论也是一种警示：不可全信目录之书，研究具体学问须躬行力践。著名版本学家陶湘在其《故宫殿本书库现存目》中对《大清一统志》的卷数问题亦做过研究：

> 光绪辛丑年，上海鸿宝斋有石印缩本《一统志》五百卷，出校其全书与刻本同，惟缩本自第四百四卷后，即以内外蒙所属及朝贡诸国凡有一名，即次一卷，所谓第某卷之第几，凑合五百卷总数，而仍无缅甸。或曰方略馆有《一统志》残卷，末尾一册为四百二十四卷。虽非一名，即为一卷，其号码确为有一名即起讫，缩本迨据此而分欤。于是以缩本、刊本、写本、四库本合而对勘，始知原书第四百十卷只有牧厂一名，缩本强分为七，原书第四百十一卷只有察哈尔一名，缩本强分为四，而仍无缅甸。缩本迨未见四库本也。[③]

上述这段文字已明确地解释了石印本乾隆续修《大清一统志》五百卷说错误所在。但几十年之后的论著依旧再犯错误，本文只得再转引于此。

两个书局之所以印出五百卷本《大清一统志》，一个重要原因即是他们受目录书（《四库全书总目》等）讹说的误导，“《大清一统志》一书，谨按《钦定四库提要》所载刊行两次，初次刊行者三百四十二卷，至乾

① 中国第一历史档案馆编：《纂修四库全书档案》下册，第1787～1788页。

② 陶湘：《故宫殿本书库现存目》，见煮雨山房辑：《故宫藏书目录汇编》上册，第95～97页。

③ 煮雨山房辑：《故宫藏书目录汇编》上册，第309～310页。神田信夫等亦指出因《四库全书总目》的误导，清末石印本误将424卷印成500卷，详见高明士主编：《中国史研究指南Ⅳ明史·清史》，第340页，台北：联经出版事业公司，1980年。

隆廿九年奉敕纂修者五百卷”[1]，这是杭州竹简斋刊登在《申报》的售书广告。那么光绪年间五百卷本具体如何拆分呢？石印本将“新旧藩蒙古统部”“西域新疆统部”和“朝贡诸国”三大部分所收录的部落、国家、地区拆开，如《景印文渊阁四库全书》本将科尔沁、郭尔罗斯、杜尔伯特、扎赖特、土默特、扎鲁特六个部落皆列在卷四百五下[2]，而石印的五百卷本《大清一统志》则写成卷四百五之一科尔沁、卷四百五之二郭尔罗斯，直至卷四百五之六扎鲁特[3]，西域新疆统部和朝贡诸国也是按此方法处理，详见表1－2。

表1－2　乾隆续修《大清一统志》之外藩等三部分卷数对照表

	文渊阁四库全书本	上海宝善斋石印本
新旧藩蒙古统部	卷四百四	卷四百四
科尔沁	卷四百五	卷四百五之一
郭尔罗斯	卷四百五	卷四百五之二
杜尔伯特	卷四百五	卷四百五之三
扎赖特	卷四百五	卷四百五之四
土默特	卷四百五	卷四百五之五
扎鲁特	卷四百五	卷四百五之六
……	……	……
真腊	卷四百二十四	卷四百二十四之十五：爪哇
爪哇	卷四百二十四	卷四百二十四之十六：浡泥
浡泥	卷四百二十四	卷四百二十四之十七：麻叶瓮
麻叶瓮	卷四百二十四	卷四百二十四之十八：拂菻
三佛齐	卷四百二十四	卷四百二十四之十九
佛郎机	卷四百二十四	卷四百二十四之二十

据统计，石印本将三大部分共拆分为九十七卷，最后凑成五百卷之数。傅增湘、陶湘关于《大清一统志》卷数的研究，未能引起后来学者

① 《申报》1897年11月15日，第5版。

② 《大清一统志》目录下，《景印文渊阁四库全书》第474册，第41页。

③ 《大清一统志》目录，第11页，光绪二十八年上海宝善斋石印本。

的重视，很大程度上是由于官修《四库全书总目》和五百卷本《大清一统志》的客观存在，同时《四库全书》本《大清一统志》又非人人可以得见。因而笔者不揣浅陋，再次考辨续修《大清一统志》的实际卷数。

总的来说，乾隆续修《大清一统志》一书共424卷，另有目录两卷。它是方略馆负责具体纂修事务，吴省兰、申甫等众多纂修人员参加编修，最终成书于乾隆五十年年底的一部全国性地理总志。

第三节　嘉道重修《大清一统志》纂修述略
——兼论三部《大清一统志》的命名

嘉庆十六年正月二十五日，方略馆奏请将《大清一统志》交国史馆添补改辑，立限赶办。奉旨依议。① 这启动了嘉道重修《大清一统志》工作的序幕。国史馆负责重修的具体事务。道光二十二年十二月，嘉道重修《一统志》才以写本进呈御览。此后，国史馆又派员校对进呈写本中的讹误，直至道光二十六年，嘉道重修《一统志》的工作才全部完成。本节根据目前可见的档案和文集等文献梳理、总结该志的纂修过程②。

一　重修《一统志》的直接动因

嘉庆十六年重修《大清一统志》的最直接原因是国史馆纂修国史《地理志》的需要。“现在国史馆办《地理志》一门，即需是书参考，似此编辑未全，殊难移交作为根据。”③ 因为，相对于嘉庆十六年时的历史而言，乾隆续修《一统志》内容记载也有局限，如“从前续纂之时，系断以乾隆四十九年为止。至五十年以后，有一切必应载入之处未臻齐备，其最大者，卷首未经恭载裕陵。又，五十年建造辟雍，未详记本末。又，

① 《清国史馆奏稿》第2册，第1011页。

② 囿于国史馆纂修《大清一统志》档案现今的封存状态，本节只能暂以“纂修述略”为题。

③ 中国第一历史档案馆编:《嘉庆道光两朝上谕档》第16册，第39页，桂林：广西师范大学出版社，2000年。

恭查祠记类中，如近年来添建文昌庙、崇祀兴安大岭暨太白山、湖海诸神并加封号，尚未列入。”① 而且“现距书成之日，历年已久……他如各直省添设文武官职，并郡县厅营裁置归并，城池学校增设迁移，或地名与今不符，或事迹与前互异，悉宜详查编载”②。且续修《一统志》“其间鲁鱼亥豕，间有不兑”③。需要重新编修一部《大清一统志》以做参考：“其国史馆现纂《地理志》一书，即可就近参考成编，更为周妥。”④ 故而庆桂等人奏请重修《大清一统志》。

因国史馆纂修《地理志》而兴起重修《一统志》之议，为了纂修工作的方便，在重修《一统志》被提出后，国史馆便负责第三次续修《一统志》的具体事务。国史馆于嘉庆十六年三月十二日即行文地方，要求他们将地方档案文书呈送到馆：“嘉庆十六年以前建置沿革及职官、户口、人物、一切裁改各事宜，令于半年内全行送馆”⑤。

（一）制定修志凡例

国史馆重修《一统志》的工作先从校对乾隆续修《一统志》开始，“臣等公同酌商，拟请敕交武英殿就现在所刻，先刷印一二部，同方略馆所存正、副各本，交国史馆派员查明，自乾隆五十年以后，至嘉庆十五年以前，凡应行补载者，一并依类，敬谨列入，并将全书通行详校，以免疏漏脱误”⑥。“但篇页多至四百余本，纂校尤非易事，若不明定章程，派员速辑，恐致有稽颁发。”⑦ 于是，国史馆总裁庆桂等拟定工作章程，指导纂修工作：

一是制定工作期限，希望能尽快完成重修工作。除了先令纂修官详校旧本外，“一面行文各衙门、各直省，凡嘉庆十六年以前，一切沿革裁改各事宜，宜详悉造册送馆。其在京各衙门，令于三个月内交全。在外各直省，令于半年内交全。俟各衙门、各直省交全后，立限二年，将全书纂校

① 中国第一历史档案馆编：《嘉庆道光两朝上谕档》第 16 册，第 38 ~ 39 页。
② 《清国史馆奏稿》第 2 册，第 1011 ~ 1012 页。
③ 中国第一历史档案馆编：《嘉庆道光两朝上谕档》第 16 册，第 38 页。
④ 中国第一历史档案馆编：《嘉庆道光两朝上谕档》第 16 册，第 39 页。
⑤ 《清国史馆奏稿》第 2 册，第 1073 页。
⑥ 中国第一历史档案馆编：《嘉庆道光两朝上谕档》第 16 册，第 39 页。
⑦ 《清国史馆奏稿》第 2 册，第 1012 页。

刊刻完竣。如或延迟，其咎在纂校者，将纂校各官查参议处。仍令详慎从事，毋得舛错草率。”①

二是派专人负责《一统志》重修事务。因为当时的国史馆“现在恭辑《皇清奏议》、《宗室王公表传》、《蒙古王公表传》、大臣列传、大臣年表、儒林、文苑、忠义等传、地理、河渠、礼乐、食货、艺文、舆服、仪卫等志，均陆续编纂进呈，所设总纂、纂修等官皆分门查辑，此时势难兼顾”。最终选派明舒、葛方晋、胡承珙等18人编修《一统志》。②

三是选定绘图人员。“查《一统志》内各图，凡郡县城池曾经裁改、归并者，均须另绘。至西宁、西藏、扎萨克蒙古诸部落以及河渠各图，原书尚未详晰分绘，自应补绘、改绘，以臻全备。但臣馆向无绘图人员，若另行考取未免纷更。查会典馆现有绘图供事，相应移拨过馆，令其绘图，庶臣馆得资熟手，而办理亦归简易。”③

四是议定刊刻办法。“向来武英殿修书处刊刻各书，俱俟全书告成后，始行镂板，是以各馆书成，必迟至数年方能刊竣。迨刊刻既竣，其间字画不无舛误，复经校勘签改，遂致稽延岁月。臣等公同酌议，请将此次续修之《一统志》如内有应行补纂、改纂者，进呈后即陆续交武英殿修书处更正，仍令其随时刷印，交臣馆原纂官查校，务于二年内刊校完竣。其字数在一万内者，令十日刊毕，若字数在一万外者，以次计日递加。并请敕下武英殿修书处，令派明干司员督率刊刻，俾无贻误。”④ 庆桂等可谓成书心切，希望在两年内完成《大清一统志》的重修工作。从国史馆后来的实际工作进度来看，显然是低估了修志的难度。

五是选定工作场所。因为当时国史馆正在修葺，“臣馆前经奏请修理书库及房屋一折，奉旨依议。钦此。并蒙钦派大臣估勘承修”。所以，庆桂等请拨他处房屋暂时用于办公：“应请暂借文华殿西庑殿存贮各书，东庑殿令满汉提调、汉总纂、汉纂修官暂时办公。其传心殿对面房五间，令满总纂、满纂修官暂时办公，并知照内务府派员在彼值宿照料，以昭慎重。俟修葺完竣后，即令将册籍及各该员仍回本馆。”

以上提议是庆桂等于嘉庆十六年三月十二日具奏，同日奉旨依议。

① 《清国史馆奏稿》第2册，第1012页。
② 《清国史馆奏稿》第2册，第1013页。
③ 《清国史馆奏稿》第2册，第1014页。
④ 《清国史馆奏稿》第2册，第1013～1014页。

（二）征集各地志书、档案等

嘉庆十六年六月十五日，在国史馆确定续修《大清一统志》的方案后仅三个月，四川总督常明即奏请续修四川省通志，可谓响应积极。

> 四川总督奴才常明跪奏：为川省通志岁久罔备，奏请重加纂辑，以光盛典而昭美备事。窃查雍正七年世宗宪皇帝谕旨命各直省纂辑通志。其时四川省遵旨设局修辑，至十一年而告成全书，凡四十七卷。迄今已阅七十余年，其间典章制度损益因时，与旧志所载多不符合。奴才与在省司道遵等详加披阅，其大者，如大小两金川及廓尔喀皆从古不宾之域，今则德威远播，尽入版图，或列戍安屯民，翰忱纳贡，允宜登诸志乘，用昭我朝无外之模。又如职官、建置、营制、边防，胥关典要，自旧志修辑以后，成都设将军、副都统各一员，分驻满洲官兵……至于民间孝子、顺孙、义夫、节妇，平时则从容赴义，临难则慷慨捐躯，志节凛然……奴才与司道等察访兴论旧省志书，为川省掌故所关，悉应厘定增修，备用资传信。且现奉部咨，以国史馆续修《一统志》，饬将廓尔喀、西藏等处事实详查咨送。窃以此次咨送之稿底即可为重修通志之备。若乘此续行编纂，实乃一举两得。兹据布政使方积、按察使常发祥、盐茶道翟曾辑会详情奏前来，除将设局一切章程饬议外，理合恭折奏闻。伏乞皇上睿鉴。谨奏。嘉庆十六年七月十五日。奉朱批：知道了。钦此。[①]

常明简要回顾了雍正年间所修川省志书的过程及近年来川省地区政情变化。另外，强调了大、小金川及廓尔喀收入清朝版图对于编纂《大清一统志》的影响。希望借咨送廓尔喀、西藏等处档册至国史馆的契机，四川地区也设局重修本省通志。

嘉庆十九年四月十八日，国史馆就纂修《一统志》之事上奏嘉庆帝：

> 臣馆即于三月十二日谨拟限期行文各衙门、各直省：凡嘉庆十六年以前一切沿革裁改各事宜，详晰造册送馆。其在京各衙门，令于三个月内交全，在外各直省，令于半年内交全后，立限二年，将全书纂

---

① 录副奏折，档号：03—2159—006，缩微号：158—2195，国家清史编纂委员会数据库。

校完竣等因。奉旨依议。钦此。钦遵在案。臣馆当即行文各直省移取册案，并即派员纂辑，现在图表、建置沿革纂有就绪，其职官、户口、人物及应行增改各事宜，各省多有咨送，未全，碍难增纂。应请旨敕下各督抚遵照前查各事宜，务于本年按款详晰造送臣馆，以便赶辑，庶全书得以早成，而编纂不致阙略矣。为此谨奏。①

四川省及时题请咨送廓尔喀、西藏等地档册并续修本省《通志》看来仅是当时各省中的少数。从嘉庆十九年四月十八日国史馆的奏折看，国史馆征收各地档册情况并不顺利，直接阻碍了《一统志》的续修进度。国史馆的这份奏折得到嘉庆帝批准。

嘉庆二十年十一月，国史馆总裁托津等又向嘉庆帝奏报嘉庆十九年、二十年两年期间编修《大清一统志》的困难。前述嘉庆十九年颁发各地谕旨指示各地报送国史馆档册事务并未得到各地认真执行。

嗣因各直省未经咨送者甚多，于上年四月内奏请饬查。奉旨依议。钦此。伏查续修《一统志》，自乾隆四十一年以后，凡各省之郡县厅营裁置归并，城池学校增设迁移，以及地名事迹前后互异，全以省册为凭，方昭核实。

现据已到咨册，臣等督同总纂、纂修等官，按省赶紧添纂，而各省中，如直隶惟提标各营已到外，自顺天府以下十府六州全未咨送，江苏、山东、福建三省，或仅送河工事由，或只报武职额缺，至各府州属之建置沿革，及一切应裁事宜，节次行催，并未咨送，亦不登覆。其余各省，率多遗漏未全。外省因循积习，视为具文。臣馆碍难办理。②

嘉庆十九年谕旨颁发后各省执行的情况可用“因循积习，视为具文”八字概括，即使是顺天府或直隶距离国史馆如此之近地区也未能按照要求汇送材料。总裁托津等在奏折中“伏恳谕旨饬下各该督抚，催各属详照移取事宜，赶紧分别造册，咨送到馆，臣等以便督率赶办。为此恭折具

---

① 《清国史馆奏稿》第 2 册，第 1055～1056 页。

② 《清国史馆奏稿》第 2 册，第 1073～1074 页。

奏，伏祈皇上睿鉴"①。嘉庆二十年十一月十八日，朝廷颁发谕旨：

> 《大清一统志》于嘉庆十六年交国史馆补纂，当经该馆行文各直省，将建置沿革、职官、户口、人物一切裁改各事宜，限年内查明送馆，以便勒限纂校。乃已阅五载，各直省视为不急之务，或全不登覆，或遗漏舛错，实属疲玩。著该督抚分饬各属，查明该馆咨取事宜，迅速详查，造具清册送馆，毋得仍前延玩。钦此。②

嘉庆二十五年十一月初八日，国史馆总裁托津等向新登基的道光帝奏报嘉庆朝纂修《大清一统志》的情况：

> 各省之郡县厅营裁置归并，城池学校增设迁移，以及地方事迹前后互异，必须各省造册，咨送到日，方能赶紧添纂，而各直省往往造送稽延。是以臣馆于十九年、二十一年即经将实在情形陈奏，钦奉仁宗睿皇帝谕旨……③

国史馆多次凭借嘉庆帝谕旨仍无法及时收到各地进呈档册，原本计划三年内完成的重修工作，拖延五年，各省"视为不急之务"，可见嘉庆朝续修《大清一统志》的难度。道光帝颁发谕旨，要求各省积极配合《一统志》纂修：

> 著各督抚分饬各属，查明该馆咨取事宜，迅速详查，造具清册送馆，毋得仍前延玩。钦此。自奉圣谕之后，各直省有陆续送到者，其间尚有遗漏，或登载未明之处，臣馆仍随时催取，以期详赡。④

至嘉庆二十五年，国史馆完成了《大清一统志》全书编纂工作的一半，其中是否有谎报情形则不得而知。"今《一统志》经臣等催取省册，并督各纂修官纂办，现在已成十分之五，其余尚因外省文册未全，不能一律全竣。"⑤ 根据一史馆藏档案，国史馆当时征集重修《一统志》纂修资

---

① 《清国史馆奏稿》第2册，第1074页。
② 《清国史馆奏稿》第2册，第1074页。
③ 《清国史馆奏稿》第2册，1095页。
④ 《清国史馆奏稿》第2册，1095页。
⑤ 《清国史馆奏稿》第2册，1096页。

料包括多个方面，内容细致，既有地方咨送档案又有中央各衙门移送文件等，如嘉庆十七年年六月两广总督来文一件《咨送一统志武职额数册》24本、嘉庆十九年十月兵部来文一件《移取一统志事迹业经转催》、嘉庆十九年七月兵部来文一件《咨覆仓场衙门并无例案可送纂入一统志书》、道光二年二月陕甘总督来文一件《咨送应归一统志沿革事宜册》4本、河道总督来文一件《咨送一统志河厅裁革各事宜》等[①]。

（三）制定编修人员管理办法

嘉庆十六年三月，国史馆对重修《大清一统志》纂修官做出安排：“现任满提调官内阁侍读学士明舒、内阁侍读苏明阿、汉提调官翰林院编修葛方晋、朱方增总司其事，外应添设汉总纂官二员、汉纂修官八员”等，“至添设各员应得桌饭银两，仍照臣馆旧例，一并支给，俟全书告成后，即行裁撤。”[②]

嘉庆二十五年十一月，国史馆派汉提调官朱珔“总司其事”，总纂官顾莼、纂修官廖鸿藻、协修官周之桢等14人专任编辑，互相校勘，立限二年。[③] 并提出更改国史馆内供事人员的管理议叙办法：

> 再，臣馆供事与各衙门充当者不同，必须逐日进馆承值，其惰者自应随时甄别咨退。向来各衙门供事，定例自结到之日起扣满五年，始予甄别，其送馆未邀议叙者，亦照此办理。查供事在馆承值，如必俟五年，方别勤惰，未免为期稍久。臣馆现当纂书吃紧之时，所有各供事勤惰酌议，随时甄核，分别去留，俾其益知惩劝，毋庸迟至五年始行甄别，为此一并奏闻。伏乞皇上训示遵行。[④]

道光帝仅批示：知道了。钦此。并未对国史馆纂修《大清一统志》做出更多指示。

国史馆档案中对编修人员的管理记录、工作情况等均有比较详细的记录。如《国史馆·编纂类》第3号档案是《大清一统志》的签档、登签

---

① 转引自国家清史编纂委员会典志组撰写：《中国第一历史档案馆藏〈国史馆档〉“志书”档案的调研报告》。

② 《清国史馆奏稿》第2册，第1013页。国史馆《一统志》编修人员研究详见第二章第四节。

③ 《清国史馆奏稿》第2册，1096页。

④ 《清国史馆奏稿》第2册，1096页。

档、存签档、分校档及其他有关的档册，共15件，其中绝大部分为校对签名，如："此次派抄《一统志》副本之供事等务，须赶紧誊写，立限八月内交齐，并派承丛、方溥、徐锦、王成富、沈钟英、秦熙成、杨大钧督催，不得违限。此谕。"然后是各人认抄字数。①

但是，总体上，嘉庆朝国史馆对《大清一统志》纂修人员的管理并无严格的制度，特别是纂修人员调动频繁，影响纂修进程：

> 至臣馆纂修各员，自十六年以来，岁月稍久，升迁、离馆更换不一。臣等伏思，编纂各书，必当定有专员，庶前后记载笔法得以划一，而成书亦较迅速。若易一生手，则该员接纂之书，素未寓目，势必逐条复检，易稽时日。②

国史馆对纂修《大清一统志》人员的管理受到多种因素的制约，详见第二章第五节的研究。

二 各统部纂修进度与校对

华林甫根据一史馆藏《国史馆·编纂类》第5号30余件档案，细致梳理出国史馆重修《一统志》17个统部和朝贡诸国的进呈时间，现转引于此，以便于我们更深入地了解嘉道重修《大清一统志》纂修过程。

表1-3　　道光年间《一统志》各统部进奏表③

省份	进奏府州统志稿	时间	进奏人
直隶	直隶省志稿已全竣，先进呈统部、顺天、保定、永平、河间、天津、正定等	十九年十一月	穆彰阿
	顺德、广平、大名、宣化	二十年二月二十七日	
	承德、遵化、易州、翼州、赵州、深州、定州	二十年四月二十六日	

① 转引自国家清史编纂委员会典志组撰写：《中国第一历史档案馆藏〈国史馆档〉"志书"档案的调研报告》。

② 《清国史馆奏稿》第2册，1095~1096页。

③ 此表据华林甫《〈嘉庆重修一统志〉各统部的成书时间》一文改编。

续表 1－3

省份	进奏府州统志稿	时间	进奏人
江苏	江宁、苏州、松江、常州	二十年十一月二十六日	穆彰阿
	镇江、淮安、扬州、徐州、太仓、海州、通州、海门厅	二十年十二月	
安徽	宁国、池州、太平	十六年九月初二日	潘世恩
	颍州、滁州、和州、广德、六安、泗州（缺安庆、徽州、庐州、凤阳）	十六年十一月二十一日	
山西	大同、宁武、朔平、平定、忻州、代州、保德	十年七月初二日	托津
	霍州、解州、绛州、隰州、沁州、辽州、归化城、绥远城、托克托城、清水河、萨拉齐、和林格尔（缺太原等六府）	十年十一月初二日	
山东	东昌、青州、登州、莱州、武定	十五、六年间	文孚
	泰安、沂州、曹州、济宁、临清（缺济南、兖州）		潘世恩
河南	该省志稿已全竣。先进呈统部、开封、陈州、归德、彰德、卫辉、怀清等	十九年间	穆彰阿
	河南、南阳、汝宁、许州、陕州、光州、汝州	十九年八月二十三日	
陕西	全省志稿已完竣。先进呈西安府正本	十六年间	文孚
	兴安、同州、商州、乾州、邠州、鄜州、绥德	十六年十月二十七日	潘世恩
	延安、凤翔、汉中、榆林	十七年四月初十日	
浙江	嘉兴、湖州、宁波	十三年十一月二十三日	曹振镛
	金华、衢州、严州、温州、处州、玉环厅	十四年廿八月初二日	
江西	全省志稿完成。先进呈统部、南昌、饶州、广信、南康、九江等	十七年九月二十九日	潘世恩
	建昌、抚州、临江、瑞州、袁州、吉安、赣州、南安、宁都等	十七年十一月	
湖北	襄阳、郧阳、宜昌、施南、荆门（缺武昌等六府）	六年十二月十三日	托津
湖南	全省志稿完成。先进呈统部、长沙、岳州、宝庆、衡州、常德等正本	十八年	潘世恩

续表 1-3

省份	进奏府州统志稿	时间	进奏人
四川	宁远、雅州、嘉定、潼川、绥定、眉州、邛州、泸州、资州、绵州、茂州、忠州、酉阳州、叙永、松潘、石柱、杂谷、太平、懋功等五府八州六厅（缺成都、重庆等七府）	十八年十一月十二日	潘世恩
福建	建宁、邵武、汀州、福宁、台湾、永春、龙岩	八年十月二十六日	托津
广东	全省志稿完成。先进呈广州、韶州、惠州	七年十一月十六日	托津
	潮州、肇庆、高州、廉州	七年十二月初七日	
广西	全省志稿完成。先进呈桂林、柳州、庆远、思恩、泗城（缺平乐等六府州）	十五年闰六月十四日	文孚
云南	全省志稿完成。先进呈云南、大理、临安、楚雄、徵江（缺十七府厅州）	七年七月二十三日	托津
贵州	全省志稿完成。先进呈贵阳、安顺、都匀、镇远、思南、石阡（缺十一府州厅）	七年三月二十五日	托津
朝贡各国	二函，缮写正本进呈	十二年十一月初六日	曹振镛

道光六年至道光二十年间，国史馆共进呈《大清一统志》17 个统部和朝贡诸国的志稿。盛京、甘肃、新疆、乌里雅苏台和蒙古 5 个统部的进呈时间则暂付阙如。

道光二十二年十二月二十二日，重修《大清一统志》告成，议叙历任提调、总纂、纂修等官。[①]《大清一统志》全书进呈之后，因志书稿本错误较多，国史馆又组织人员进行重校。[②] 如校对官张继灏校对开封府、许州、济南府、忻州、霍州、大定府、平越州等志书，有十来处“正本错”的地方[③]。张继灏还校出了商州 25 处、乾州 30 处讹文。此举一例以

① 《清实录》第 38 册，第 961 页。

② 按，嘉道重修《一统志》在道光二十二年后的校对现象，此前只有华林甫在其文章中做过探讨。笔者拟根据新发现道光二十六年议叙国史馆纂修《一统志》人员名单对相关问题作一探究，详见第二章第四节。

③ 《国史馆全宗·编纂类》第 3 号内《张老爷继灏道光二十三年六月初十日一统志分校档》档案，一史馆藏，转引自华林甫：《〈嘉庆重修一统志〉陕西统部的编纂过程》，第 266 页。

作说明，乾州的校对记录为：

陕西乾州直隶州志：
三页前七行　本乾改朝
四页前四行　凤祥改翔
五页后一行　入武功下改界
六页后九行　高帝记改纪
八页后六行　县志改在
　　七行　周大众改象
　　八行　永寿下改原
　　九行　九域志下南改在
十页　　　应移在尾页
十一页后五行　古迹下亦改六
十二页前二行　上东门改南
十三页前十行　妻母下尊不加辶
　　后七行　畿二十载改幾
十四页后六行　哭日日改湛哭日
十五页后六行　朝廷庄之改壮
　　后八行　良嗣下见改谏　薛改薛
十六页　　　应移在后一页
　　后二行　诏试诸下加道　进士下去士字
　　　七行　修選改撰
十七页　　　应移在前一页
　　前五行　皆指让判改诣
十八页前六行　颍改颖
　　前一行　从授开封改援
　　后七行　遂自谥改缢
　　　九行　孝廉改养
十九页前四行　闭户不下改食
　　　五行　年十七改八
　　后八行　年幼下改氏
二十页前五行　宋裕成改承

后五行 许氏改字。[1]

所有这些页码中的30处讹文，今本均已改正。[2] 商州25处讹文，除第廿二页后九行校改之字已为虫蛀而外，其余24处在今影印的重修本中已全部得到了改正。[3] 在贵州统部志稿校对过程中，张继灏还校出遵义府、大定府和平越直隶州共49处讹文，今本改正了其中21处的讹误。[4]

从道光年间进呈写本《大清一统志》卷后附录的编修人员名录看，一般每个统部的具体志稿至少经历纂辑、覆辑、校和覆校四个程序，如卷5的“直隶统部”卷末署：前提调官沈兆澐纂辑、提调官王广荫覆辑、校对官黄佳杞校、校对官章诒燕覆校[5]。又如卷58的“兴京”卷末署：前纂修官贾桢纂辑、总纂官邱建猷覆辑、校对官林士鈖校、校对官贺式韩覆校[6]。这两卷即按照《一统志》志书编纂的程序编修成卷，这也是560卷重修《一统志》大部分卷数的编修程序。另有部分志稿仅有三道编修程序，如卷1“京师”卷末署：总纂官邵燦纂辑、总纂官邱建猷覆辑、校对官黄树勳校覆校[7]，卷553“越南”卷末署：前纂修官金光杰纂、前提调官许应藻覆辑、校对官陆以润校[8]。还有一些志稿仅有两道编纂程序，如卷162“济南府”卷末署：提调官前总纂郑绍谦纂覆辑、校对官王积顺校[9]，卷500“贵阳府”卷末署：总纂官廖鸿藻纂覆辑、校对官丁运泰校[10]。更奇怪的是，据笔者统计，道光年间进呈写本《大清一统志》有126卷未标识任何一位纂者、覆辑者、校者或覆校者姓名，占全书的22.5%，如安徽统部的卷112至卷121均未署名编修者姓名[11]，其他统部

---

① 转引自华林甫：《〈嘉庆重修一统志〉陕西统部的编纂过程》，第268～269页。按，原档中校改文字下方有“△”与“。”符号，今略去。

② 详见华林甫：《〈嘉庆重修一统志〉陕西统部的编纂过程》，第269页。

③ 详见华林甫：《〈嘉庆重修一统志〉陕西统部的编纂过程》，第268页。

④ 详见华林甫：《档案所见〈嘉庆重修一统志〉贵州统部的编纂过程》，《西南边疆民族研究》第1辑，第432～434页。

⑤ 见《续修四库全书》第613册，第114页。

⑥ 见《续修四库全书》第613册，第788页。

⑦ 见《续修四库全书》第613册，第51页。

⑧ 见《续修四库全书》第624册，第751页。

⑨ 见《续修四库全书》第616册，第242页。

⑩ 见《续修四库全书》第623册，第791页。

⑪ 见《续修四库全书》第615册，第59～186页。

亦有零星卷数未记录编修者姓名。

三　小议三部《大清一统志》的命名

第一章的前三节考证了三部《大清一统志》的纂修过程，但是，关于三部《一统志》最基本的称呼问题，现有论著尚有不同表述。牛润珍、张慧在《〈大清一统志〉纂修考述》一文中分别将三部志书称为康熙《大清一统志》、乾隆《大清一统志》和嘉庆《重修大清一统志》。[①] 杨正泰将第三部称为《嘉庆重修一统志》，因为志书内容断限至嘉庆二十五年。[②] 张艳玲认为：第一部《大清一统志》始修于康熙朝，为了和后两部相区别，故称康熙《大清一统志》。第二部编纂于乾隆朝，故称乾隆《大清一统志》。[③] 以上几位学者对《一统志》称呼也是大多数学者利用《大清一统志》时的常用称呼。另外，林天蔚认为《清一统志》又名《嘉庆一统志》：“《清一统志》先后曾三修，历时几二百年。……直至乾隆八年初修完成，凡342卷。至乾隆四十九年完成续修，全书扩至242卷（连子目共500卷）。嘉庆十六年开始重修，嘉庆二十五年完成，共560卷，这是最后的定本。故《清一统志》又名《嘉庆一统志》，而于道光二十二年进呈刻版传世，计从初议至问世达170年之久。”[④] 王会均将第一部称为雍正《大清一统志》，第二部称为乾隆《大清一统志》，第三部称为嘉庆《大清一统志》。[⑤]

由于存在上述对于《大清一统志》命名分歧，探讨三部《大清一统志》的名称是必要的。那么，清朝人对于三部《大清一统志》是怎么称呼的呢？第一部的清武英殿刻本和道光二十九年活字本均写作《大清一

---

① 详见《清史研究》2008年第1期，第136～148页。吴雪娟等亦将第一部称为康熙《大清一统志》，详见吴雪娟：《康熙〈大清一统志·黑龙江图〉考释》，第35～39页和罗盛吉、吴雪娟：《康熙〈大清一统志·黑龙江图〉考释》，第63～68页。

② 《中国历史地理要籍介绍》，第244～256页。

③ 《三部〈大清一统志〉比较研究》，第5～6页，中国社会科学院研究生院2003届硕士学位论文。

④ 林天蔚：《地方文献研究与分论》，第37～38页。

⑤ 王会均：《大清〈一统志·琼州府〉研究》上、下两文，特别是上篇第98页，初修本琼州府其断限年代最迟止于雍正十一年。下篇第101页：初修本所辑资料以雍正十一年为其断限年代。琼州府纪事，最迟亦至雍正十一年。

统志》[1]，第二部的文渊阁、文津阁本均写作《钦定大清一统志》，第三部的名称则是《大清一统志》，[2] 乾隆续修《一统志》将初修《大清一统志》称为“前统志”“前志”[3]，嘉道重修《大清一统志》将前两部《大清一统志》分别称作“旧志”“续志”[4]。清人在整理内阁藏书时将三部分别称作“初修《大清一统志》”“乾隆续修《大清一统志》”“道光续修《大清一统志》”[5]。《嘉庆重修一统志》的名称起源于1934年商务印书馆重印时。作为全国性地理总志，《大清一统志》不是地方志，但是它的命名或可借鉴方志的命名办法。黄苇等著《方志学》一书将方志的名称、标法归纳为：①标注朝代和年号者，如《隋州郡图经》《乾隆上海县志》等；②加“续”字者；③加“后”字者；④加“新”字者；⑤标明修次，如“初志”“创修”“重修”等字样等共8种标识法。[6]

和大多数方志纂修情况不同的是，如前文所考，作为一部内容宏富的地理总志，第一部《大清一统志》纂修始于康熙二十五年，初稿成于乾隆五年，刻成于乾隆十六年。第二部则续修于乾隆二十九年，成稿于乾隆五十年，进呈于乾隆五十四年，刊刻于乾隆五十五年。第三部则始修于嘉庆十六年，成稿于道光二十二年，道光二十六年完成全书的校对工作。第一部和第三部《大清一统志》的纂修过程分别跨越三个朝代和两个朝代，更重要的是每个统部修成的时间并不一致，这也就导致全志中各省的时间断限不同，以某一个朝代命名《大清一统志》则是以偏概全。第一部《大清一统志》京师卷下的“世宗宪皇帝泰陵”条记事至乾隆元年：“乾隆元年封太平峪为永宁山从祀地坛”，同卷的“静明园”条：“圣祖、世宗尝阅武于此。”[7] 而前述初修《大清一统志·琼州府》记事至雍正十一年，每个统部记载史事的时代断限并不一致。仅有第二部在乾隆朝一朝修

① 另笔者在台北历史语言研究所傅斯年图书馆和台北“故宫博物院”图书文献馆查阅清刻第一部《大清一统志》的殿本，两个版本均题名《大清一统志》，殿本本身并未添加其他标识于该书名称中。

② 民国以来商务印书馆、上海书店等重印本的版心、卷首等处均题《大清一统志》。

③ 详见《景印文渊阁四库全书》第474册《大清一统志》卷前凡例。

④ 详见《续修四库全书》第613册《大清一统志》卷前凡例。

⑤ 详见大库库书档四，编号：811000004；大库库书档五，编号：811000005；宣统元年编《大清一统志》清册，文献编号：821000001，以上三种文献均藏于台北“故宫博物院”图书文献馆。

⑥ 详见黄苇等：《方志学》，第20~22页。

⑦ 蒋廷锡、王安国等修：《大清一统志》卷1，道光二十九年阳湖薛子瑜重印本。

成，且该《一统志》时间断限最晚亦至乾隆年间。这就无法从《一统志》内容的时代断限来命名三部志书。

名称的不统一源于人们对《大清一统志》本身内容及纂修过程认识不清。为了避免名称上的混淆或不准确，在借鉴方志名称标识方法的基础上，考虑《大清一统志》的纂修过程和内容时限，本书认为将三部分别命名为康雍乾初修《大清一统志》、乾隆续修《大清一统志》和嘉道重修《大清一统志》[①] 更能准确地反映三部志书的时代特征，不易造成误解。需要补充的是，《大清一统志》是地理总志，我们不能用方志命名的原则简单套用于《一统志》的命名。

① 注：为排版需要或行文简洁，本书在称呼三部《大清一统志》时有时用初修《大清一统志》（或初修《一统志》、初修志）、续修《大清一统志》（或续修《一统志》、续修志）、重修《大清一统志》（或重修《一统志》、重修志）来代替。

第二章 《大清一统志》的纂修机构与编修人员

第一节 大清一统志馆的立废与日常运行

《大清一统志》的成书离不开官方修书机构的组织、参与，而志书编纂的具体工作则由总裁、纂修官等承担。大清一统志馆成立于康熙二十五年四月，它闭馆于何时？它又是如何运行的？

一 一统志馆的立废

（一）设立时间

清廷成立大清一统志馆专门负责编纂初修《大清一统志》。目前，相关研究论著在一统志馆的成立、闭馆时间上或语焉不详，或有误识[①]。根

① 前文已列举清廷开始编纂《大清一统志》时间的5种说法。另，阎光亮认为：康熙二十四年，清廷正式诏修《一统志》后在机构设置和人事上也作了安排，详见《〈大清一统志〉的纂辑》，第25页。陈蔚松认为：康熙二十四年，清廷敕修《一统志》，徐乾学充副总裁，至乾隆八年修成，详见《元明清一统志馆及其修志成就》，第95页。张艳玲认为：《大清一统志》编纂纵跨康、雍、乾三朝，历时60多年，乾隆八年刻成该志（按，该文第2页又说始修于康熙二十五年，成书于乾隆九年，共历58年，中华文史网所刊该文则另称该志书成于乾隆八年），详见《三部〈大清一统志〉比较研究》，第5页。牛润珍等认为：初修本乾隆八年十一月刻成，次年刊行，共历68年，详见《〈大清一统志〉纂修考述》，第140～141页。杜锡建认为：康熙二十五年，清廷正式设立一统志馆，雍正三年重组一统志馆。乾隆年间改一统志馆为方略馆，详见《元、明、清〈一统志〉比较研究》，第36页。王记录《清代史馆与清代政治》关于一统志馆的论述多有歧义，如第28页：一统志馆始设于康熙二十五年三月，是年“命纂修一统志”，以大学士勒德洪等为总裁官……此次修《一统志》，乾隆八年告成。此外，（转下页注）

据档案文献所载，本书认为：一统志馆于康熙二十五年四月开馆，闭馆于乾隆十五年二月。

大清一统志馆的设立经历了多次协商后才宣告成立，总裁、副总裁人选的最终确定也历经了近一年之久。康熙二十五年四月初八日，“内阁会同翰林院以编纂《一统志》副总裁开列学士、詹事等。明珠奏曰：‘据汉大学士等云：《一统志》门类浩繁，全赖副总裁校阅。其明史馆中亦曾以赞善等官充副总裁。今编辑《一统志》似当于讲读学士内择其学问优长者，并充副总裁可也。’”康熙帝曰：“然。著将应用官员开列具奏。”①

康熙二十四年十二月初四日，礼部就纂修《一统志》奏请拨给饭桌银两，其纂修处应交与内阁。上曰：“纂修《明史》俱撰文字，故多费时日。若修《实录》《会典》以及此书，不过誊录，并非撰文，岂宜迟缓？凡纂修各馆俱宜定限，尔等议奏。”② 此时的康熙帝尚未认识到纂修《一统志》的难度。

康熙二十五年四月初十日，康熙帝御瀛台勤政殿，大学士觉罗勒德洪、明珠，学士吴兴祖、王起元以折本请旨：“内阁题编纂《一统志》，开列应派副总裁各官职名。”康熙帝曰：“编辑此书，宜于副总裁内专委一二人纂阅，始克速成。尔等会同汉大学士等，将应派之人拟奏。”康熙二十五年四月十三日，明珠等又奏：“纂修《一统志》副总裁，臣等公同推举原任左都御史徐元文，学士徐乾学、韩菼、张英，詹事郭棻，侍读学士高士奇，庶子曹禾，祭酒翁叔元，共八员。”康熙帝曰：“韩菼、翁叔元不必举派，余俱着充副总裁。”明珠等又奏：“此内专委何人？”康熙帝曰：“著陈廷敬、徐乾学专理。”③ 总裁官的任命标志着大清一统志馆正式开馆。

康熙二十五年四月二十日，“是日，将各部院汉军官员及内外候缺官员、监生、俊秀并去年投交白卷官员齐集乾清门前。上御门，亲定题目：

(接上页注①)乾隆四十七年再次开馆，到乾隆四十九年修成清代第二部一统志；嘉庆十六年又开馆重修，未成；道光十六年续修，二十二年告竣，是为清代第三部一统志。第 58 页：其设馆过程颇为曲折，三部一统志，共开馆四次，两次独立设馆修纂，一次交付方略馆修纂，一次交付国史馆修纂。第 59 页：雍正三年，重开一统志馆。第 121 页：一统志馆所修三部《大清一统志》，共 1340 卷。

① 邹爱莲主编：《清代起居注册·康熙朝》第 20 册，第 9812 页。

② 邹爱莲主编：《清代起居注册·康熙朝》第 19 册，第 9463 页。

③ 以上所引见邹爱莲主编：《清代起居注册·康熙朝》第 20 册，第 9813～9822 页。

治天下有道、贵五谷论、性理辨、夏日乾清门应制诗、颜渊喟然叹曰全章、为《一统志》将修敬陈天下形势以备参考事，共六题，考试各随其便，作满汉文一篇。”①

在这次考试的推动下，内阁最终选出翰林院侍读彭孙遹、编修黄士埙等二十人为纂修官。《清实录》将一统志馆总裁、副总裁、纂修等人员的任命时间记为康熙二十五年三月己未，② 当属误记。一统志馆的设立时间应为康熙二十五年四月间。另外，总裁官勒德洪、明珠等七人的正式任命时间尚未发现档案记载。徐乾学任副总裁官受颁敕书，亦未发现档案记载，有待今后再查。

（二）闭馆时间

前文对一统志馆设立具体过程作了考察，弥补了学界对于一统志馆的运行过程认识的欠缺。大清一统志馆属于特开之馆，书成即撤。乾隆五年十一月，《大清一统志》全书稿本完成后，一统志馆并未立即关闭。《一统志》在交由武英殿修书处刊刻之后，武英殿修书处需要将刻出样本再交给一统志馆进行校对。《大清一统志》全书的刊刻工作直到乾隆十六年十月前后才全部完成。但是，一统志馆闭馆时间是在乾隆十五年二月，有档案为证。

乾隆十一年八月二十九日，稽查钦奉上谕事件大学士讷亲奏报稽查该年五月至七月三礼馆、一统志馆、国史馆等处修书情形，一统志馆修书情形仍与乾隆十年十二月奏报情况相同。③

乾隆十二年五月，内阁一统志馆将本馆收掌官皂保移送到会典馆担任收掌官。④ 乾隆十四年二月，稽查钦奉上谕事件大学士史贻直奏报各馆三个月功课情况：

> 一统志馆定于乾隆十三年十二月内完竣，今据该馆文称，所有应校志书，俱已依限移送武英殿装订，各员公费应自本年正月以后，全行停其支领等因前来。查核该馆所有应校志书，今已按限全行完竣，

---

① 邹爱莲主编：《清代起居注册·康熙朝》第20册。

② 《清实录》第5册，第324页。

③ 内阁大库档案，登录号：024807。

④ 内阁大库档案，登录号：150002。

其在馆各员，既俱停领公费，是嗣后无可报销，毋庸查核。[①]

因为馆中事务已经所剩不多，乾隆十四年正月，一统志馆停止向馆中人员支付薪水。乾隆十四年六月十一日，一统志馆开始向内阁大库转交本馆所存修书档案、册籍：

> 一统志馆为移会事。查得本馆办理各省志书舆图，于乾隆十三年十二月底遵限告竣，移交武英殿在案。惟盛京志书，蒙大内取进增修，尚未发下，本馆现今并无承办事件，应将历年存馆残废一切旧书，先送内阁大库收贮。至正本、副本各省通志、舆图，俟盛京志书办完之日，再行收贮。相应移会贵厅查照可也。须至移会者，计送书四十二捆。
>
> 右移会，典籍厅[②]

由于《大清一统志》全书尚未刊竣，以及一统志馆所存档册数量较多的缘故，一统志馆直到乾隆十五年二月才将馆内档案全部移送至内阁大库，该年二月十五日，一统志馆移会内阁典籍厅汇报移送档案情形：

> 一统志馆为移会事。照得本馆所存正本、底本，并各省通志，以及残废舆图，应归大库收贮，业经移会贵厅在案。今本馆将前项书图俱已包束妥协，相应开列粘单，移送贵厅收库可也。须至移会者，计粘单一纸。
>
> 右移会，典籍厅[③]

乾隆十五年七月十三日，稽查钦奉上谕事件大学士史贻直再次汇报各馆修书功课时便无一统志馆的记载。[④] 这说明，一统志馆在乾隆十五年二月将馆内档案移送完毕后便正式闭馆了。笔者在现存乾隆十五年二月之后的内阁大库档案中也见不到关于大清一统志馆的记录。

---

① 内阁大库档案，登录号：184922。
② 内阁大库档案，登录号：101912。
③ 内阁大库档案，登录号：246091。
④ 内阁大库档案，登录号：019552。

二　大清一统志馆的名称

大清一统志馆隶属于内阁，所以大清一统志馆有时称为“内阁一统志馆”，这个名称在内阁大库档案中常常见到。如康熙五十二年九月十五日，兵部武库清吏司将兵部书办移送到该馆充当供事的移会便称该馆为“内阁一统志馆”。[①] 雍正元年二月，国子监将监生张维武移送到该志书馆效力的咨呈折件中亦称“内阁一统志馆”。[②] 上述两例属于他称的用法。有时大清一统志馆也自称“内阁一统志馆”，如乾隆二年，该馆在稽察在本馆效力的候补誊录时，发现陈洙、萨克慎、德山三名人员不符规定，便移会镶黄旗满洲都统司务厅、正蓝旗满洲都统司务厅，在这两件移会折件中，该志书馆均自称“内阁一统志馆”。[③]

除了大清一统志馆与内阁一统志馆两个名称外，“一统志馆”是该馆最常用的称谓。在内阁大库所藏关于《大清一统志》的档案文献中，“一统志馆”名称的使用率约为70%（91/130），所占比例最大。如乾隆元年四月二十七日，礼部为河南省新修《通志》事咨文该志书馆便在文件中称其为“一统志馆”：

> 礼部为钦奉上谕事……相应将河南志书移送一统志馆查收。
> 右咨，一统志馆
> 乾隆元年四月二十七日[④]

“一统志书馆”与“大清一统志书馆”也是该志书馆的称呼，但使用情况较少。[⑤] 各举一例，以作说明。

雍正十三年五月九日，礼部将宗教人员文册移送到大清一统志馆时的文件中便使用“一统志书馆”的称呼：

> 礼部为移送事。据僧道录司呈送在京寺观并封过禅师、真人文册

① 内阁大库档案，登录号：142751。
② 内阁大库档案，登录号：229053。
③ 详见内阁大库档案，登录号：175416、175468。
④ 内阁大库档案，登录号：242833。
⑤ 可见内阁大库档案，登录号：213840、225526 等。

到部，相应将原送文册移会一统志馆，查照办理可也。须至移会者，计原文三套、清册二本、粘单一帋（笔者按，三者皆缺）

右移会，一统志书馆①

乾隆八年八月九日，翰林院在移会一统志馆时便称其为“大清一统志书馆”：

翰林院典簿厅为移覆事。准贵馆来文内称，一统志书校对需人，呈明总裁，蒙谕移文翰林院将庶吉士戈岱送馆，烦为呈堂等语等因前来。本衙门呈明中堂，蒙谕，一统志书馆现在告竣，校对有人，似不必再行充补，相应移覆贵馆可也。须至移会者。

右移会，大清一统志书馆②

三　一统志馆的规模与日常运行

一统志馆设立后，它从内阁、翰林院等处选拔总裁、纂修官、供事人员等。康熙二十五年，一统志馆任命了彭孙遹等纂修官二十人。乾隆八年职名录所列纂修官有一百余人。那么一统志馆人员任用是否有规定可依呢？雍正四年，内阁一统志馆总裁蒋廷锡等奏：“纂修《一统志》例，用誊录贡监三十名，馆中所存监生十八人。”③ 据乾隆十二年档案记载：一统志馆额设纂修官十八员、誊录官三十员。④ 以上均是一统志馆运行过程中的某个阶段馆中人员数量。一统志馆人员编制的一般情况是：额缺提调二员、收掌八员、纂修官二十四员、誊录三十名、供事二十四名，共八十八名。⑤ 但事实上馆中事务繁简不一，一统志馆根据修书工作的需要增减人手，以保证《一统志》编修的顺利进行，因而人员变动情况较快且较

① 内阁大库档案，登录号：216041。

② 内阁大库档案，登录号：225526。

③ 中国第一历史档案馆编：《雍正朝内阁六科史书·吏科》第26册，第343～345页。

④ 朱批奏折，档号：04—01—38—0023—002，缩微号：04—01—38—002—0022，一史馆藏。按，该档无明确上奏时间，据折中内容和内阁大库档案中（登录号：240462）署乾隆十二年六月的该件档案可推测一史馆藏该件朱批写于乾隆十二年五月前后。

⑤ 内阁大库档案，登录号：102360。

多。如乾隆五年后，总裁任兰枝等将一统志馆十六名纂修、誊录调至武英殿修书处，协助该处缮写《一统志》副本，校对武英殿宋字本、刷印本《一统志》。[①] 乾隆九年八月十二日，稽查钦奉上谕事件处在给一统志馆的咨文称："准一统志馆文称，现在收掌四员、汉纂修十员、翻译纂修二员、誊录二十员，每日办妥之书可得三十页等因前来。"[②] 乾隆九年八月后，根据稽察钦奉上谕事件处酌定每日每员功课制度，大清一统志馆再次裁去纂修等官十二名。最终只剩纂修等官二十名。[③] 乾隆十二年九月，一统志馆仅保留两名纂修官、四名誊录校对尚未完成的各省统志、舆图。[④]

一统志馆在一般情况下有近九十人在馆承办修书事务，即使如此，《大清一统志》的纂修成书仅靠一统志馆本身也是无法完成的。前文第一章第一节已经考察了一统志馆在编纂志书方面的表现。一统志馆在人事、钱粮、档册调拨等方面需要和众多中央机构进行广泛合作，接下来从内阁、翰林院、六部、其他修书各馆等机构分别阐述它们与一统志馆的合作情况。

（一）内阁典籍厅

清初沿袭明制，至康熙九年正式确立内阁制度。除了辅助皇帝处理朝政之外，内阁的一项重要工作即是参与清廷官修书籍的组织、管理工作：

> 凡纂修实录、圣训，大学士充监修总裁并总裁官，并给敕书。学士充副总裁官，俱题请钦定。侍读学士、侍读充纂修，并提调官、典籍、中书为收掌、誊录、翻译官，俱由监修总裁等拟定具题。凡纂修国史、典训、方略、会典、《一统志》、《明史》等书，俱如前例。[⑤]

内阁典籍厅又是内阁所属参与官修书籍具体事务的机构之一：

> 内阁典籍厅：典籍，满洲二人，汉军二人，汉二人。侍读学士、侍读中书兼厅者，由大学士派委，无定员。掌章奏文移，内阁行文各

① 朱批奏折，档号：04—01—38—0023—002，缩微号：04—01—38—002—0022，一史馆藏。
② 内阁大库档案，登录号：144870
③ 朱批奏折，档号：04—01—38—0023—002，缩微号：04—01—38—002—0022，一史馆藏。
④ 内阁大库档案，登录号：186109。
⑤ 《（雍正朝）大清会典》，《近代中国史料丛刊三编》第761册，第49页。

衙门，皆钤用典籍厅关防，其稽查钦奉上谕事件处，及内廷修书各馆、俄罗斯馆文移稿案，亦移付本厅借用关防。治其吏役，收图籍之藏。[①]

为纂修《大清一统志》，清廷要求地方汇报本地建置沿革等事宜。康熙二十八年十二月十六日，户部河南司为河南省事务移会内阁典籍厅：“为纂修《一统志》书，务要地方明确方行纂入。查豫省顺治元年起至康熙二十八年止，并无卫所改作州县，无册可造，相应移覆内阁典籍厅，查照施行。”[②]

乾隆十三年八月十三日，内阁典籍厅移会一统志馆：“奉中堂谕，一统志书馆提调官积德已升副都御史，所遗提调官员缺，著票签侍读三宝充补。奉此。相应知照贵馆。”[③]

乾隆十四年六月十一日，一统志馆移会典籍厅：“本馆办理各省志书舆图，于乾隆十三年十二月底遵限告竣，移交武英殿在案。惟盛京志书，蒙大内取进增修，尚未发下，本馆现今并无承办事件，应将历年存馆残废一切旧书先送内阁大库收贮……计送书四十二捆。”[④]

从上述三则史料可知，内阁典籍厅作为内阁的日常事务管理机构，一统志馆的修志材料收集、人员调动、档册存放与收藏等馆务皆需要经常向典籍厅做出汇报，以便于内阁对修书工作进行指导、监督。

（二）翰林院

清代的翰林院属于皇帝的秘书机构之一。它的职能之一即是参与清廷官修书籍的编辑：“凡馆局，则充提调、纂修，慎其编校。敕撰书史亦如之。翰林院官以编辑校勘为职业，敕撰书史咸与。”[⑤] 这些官修书籍编修工作具体由翰林院官员参与，翰林院修撰、编修等人员：“职在侍从禁庭、进直讲筵、记注起居、撰拟册诰等文、纂修国史诸书。”[⑥] 作为清代参与官修书籍的主要机构之一，翰林院和一统志馆有着较多的合作往来。

---

① 《（嘉庆朝）钦定大清会典事例》，《近代中国史料丛刊三编》第631册，第67页。
② 内阁大库档案，登录号：206029。
③ 内阁大库档案，登录号：094842。
④ 内阁大库档案，登录号：101912。
⑤ 《（嘉庆朝）大清会典》，《近代中国史料丛刊三编》第638册，第2552～2556页
⑥ 《（康熙朝）大清会典》，《近代中国史料丛刊三编》第729册，第7415页。

翰林院典簿厅职能类似于翰林院的办公室，具体负责同一统志馆的合作事宜。典簿厅掌章奏文移，管理翰林院内人员，收藏部分颁发书籍等。典簿厅由掌院学士于编修、检讨资浅者中选派办事翰林，满洲二人、汉二人，督率典簿、孔目办事。典簿满洲一人、汉一人，孔目满洲一人、汉一人。[①] 因而在清代内阁大库档案中，笔者见到较多的翰林院典簿厅和一统志馆的往来档案，特别是纂修官等人员的分配、调动。

雍正三年三月二十七日，翰林院典簿厅移会一统志馆收掌厅：供事谬开绪因铨选而离馆，翰林院典簿厅拣选缮写字供事移送到馆，将供事姚希舜移送到一统志馆顶补员缺。并附单介绍姚希舜的体貌特征：供事姚希舜，山西绛州大平县人，年四十二岁，身中，面紫，微须，于六十年十月初三日到院办事。[②]

内阁一统志馆曾行文典簿厅称：本馆纂修官陈中荣已经改补知府，所遗员缺相应行文贵厅将编修陈仁移送到馆顶补。乾隆元年七月十一日，翰林院典簿厅移会一统志馆：本衙门呈堂蒙谕移文，相应将编修陈仁移送贵馆顶补纂修官可也。[③]

（三）六部、国子监等

六部是清代协助皇帝处理日常政务的主要中央机构。一统志馆修志期间，它也往往根据各部的分工职能分别行文六部，请求它们协助修志工作，涉及地方方志档册的移送，各部所藏档案的借阅，纂修官、供事等编修人员的借调等。地方行政区划的变动、地方官的任职升迁、某地户口田赋的调整以及中央机构钱粮支出等有时也是六部移会一统志馆的主题。

吏部作为中央主管文官任免、奖惩与考核的机构。一统志馆的人事考绩最终同样需要吏部审核。“凡议叙恭修实录、玉牒及编纂诸书告成，总裁、纂修、翻译、提调官及收掌、誊录、举贡监生员、供事、书吏，均由该馆请旨交部议叙，以岁月久近、等第优劣为衡，或应升，或叙用，或加级记录，各有差。”[④] 乾隆二年十二月六日，吏部验封司移会内阁一统志

① 《（嘉庆朝）大清会典》，《近代中国史料丛刊三编》第638册，第2559页
② 内阁大库档案，登录号：142744。
③ 内阁大库档案，登录号：085291。
④ 《（乾隆朝）钦定大清会典》卷5，《景印文渊阁四库全书》第619册，第72页。

馆：“准一统志馆移称，本馆誊录生员余瀛、高拱辰、曹之琰、金尊、唐神骏、李时乘、章文基在馆效力，已经五载，并无误公。伏乞照明史馆生员考职之例，将该生等开明籍贯，移送查照等因前来。查生员余瀛等在馆效力，从前并未造册移送本司，无凭查核。相应移会一统志馆，将各该生员等，于何年月日到馆效力，并何年月日五年期满之处，查覆过司可也。”①

因为一统志馆纂修、供事等人员工作年满之后需要议叙，吏部则对一统志馆所请议叙对象进行考察、审核。乾隆三年二月七日，吏部文选司移会一统志馆乾隆二年十月分大选，杂职沈千禄由一统志馆供事考定未入流，今授贵州平越府平越县重安江驿驿丞，烦为呈堂，详加验看照例给凭。② 有时吏部还需将所管辖事务通报于一统志馆，以协助其纂修志书。乾隆三年十月二十六日，吏部验封司移会内阁一统志馆：“吏部验封司为行查事。准一统志馆移称，按查湖广省宜昌、施南二府，其中旧有东乡等十土司，今经改设，或现存，或有无裁汰，本馆无凭查考等因前来。查湖广省宜昌、施南二府东乡等十土司系武职事，隶兵部。相应移覆一统志馆，其或现存，或有无裁汰，行查兵部可也。”③

户部管理清朝疆域内的田地、户籍、赋税、俸饷等事务，具体事务则分配给户部所属的某省清吏司办理。雍正十二年六月二十二日，户部咨一统志馆：湖广清吏司案呈，雍正十二年六月初三日，准礼部侍郎署理湖南巡抚印务钟保咨称，湖南志书北南会同合纂，其南省之户口、田赋等款俱已分晰纂造，咨送在案，其条款志已悉载，似可查核增辑，毋庸重复开造，应咨部移明一统志馆，查照楚省新编志书增辑等因前来，相应移咨一统志馆查照可也。④

雍正十二年五月十五日、九月，户部两次咨文一统志馆，分别将礼部侍郎署理湖南巡抚印务钟保奏报湖南常宁、桂阳二州县屯丁、田赋、户口统辖事务，广东巡抚杨永斌咨送户口、田赋、关税及盐场等档册四本转咨、移送一统志馆，以便纂辑志书。⑤

---

① 内阁大库档案，登录号：175469。

② 内阁大库档案，登录号：098615。

③ 内阁大库档案，登录号：098611。

④ 内阁大库档案，登录号：146531。

⑤ 分别见内阁大库档案，登录号：175504 、174191。

雍正十三年十月十八日，户部咨一统志馆：将一统志馆发回之河南省户口原册修改后再次咨送一统志馆，并按照一统志馆要求将册内原额滋生卫所人丁户口数重新造具清册。① 乾隆元年一月，户部咨一统志书馆：查雍正十二年分宗人府、吏部等衙门所有用过纸朱等项与上年支用之数无浮，应毋庸议。其各该衙门所有存剩纸朱等项留为下年用。② 乾隆三年一月二十二日，户部咨一统志馆为湖北应造赋役全书，如该抚张楷所题准其于三案题定之后另扣一年之限作速纂造刊刻送部。③

地方各省所修方志往往经过户部转交一统志馆。户部应河东总督田文镜请求转交新版《河南通志》。雍正九年六月二十八日，户部河南清吏司咨文一统志馆查收雍正九年四月新纂成的《河南通志》四套。④ 乾隆二年二月二十四日，户部咨内阁一统志馆：准甘肃巡抚刘于义将《甘省通志》共二十二部批差解官张儒赴部交投前来，其送到一统志馆志书二部相应转行移送。⑤

乾隆三年七月二十六日，户部咨一统志馆：

> 户部为钦奉上谕事。贵州司案呈，七月初九日准一统志馆咨称，先经本馆以《贵州通志》尚未送到，业于乾隆二年十月内咨催在案。今各省统志渐次修完，止贵州一省不能告竣，应再行文贵部，即转行知照该督，将该省通志作速纂辑，倘一时刊刻不及，先行抄录送馆，以便查对等因。又于七月十七日准贵督张将该省抄录志书三套计四十五本咨送前来，相应移咨一统志馆，查收可也。
>
> 计送志书四十五本。
>
> 右咨，一统志馆⑥

礼部掌管学校教育、科举，以及礼仪、祭祀、对外交往等事务。任命一统志馆总裁官时需颁发敕书：“俱从内阁撰拟，移送礼部，于户部咨取黄绫包袱，前期一日，知会内阁。次日早，设黄案一于太和门，礼部官捧

① 内阁大库档案，登录号：108261。
② 内阁大库档案，登录号：103162。
③ 内阁大库档案，登录号：117966。
④ 内阁大库档案，登录号：039497。
⑤ 内阁大库档案，登录号：098591。
⑥ 内阁大库档案，登录号：117962。

敕书，置案上，总裁官便服跪受。"① 目前，笔者检阅大量档案、史籍，仅发现两处记载：一是徐乾学遗疏中进呈一统志馆总裁敕书。二是康熙六十一年，任命王顼龄补授三朝国史、《政治典训》、一统志馆总裁、明史馆监修时"俟命下照例给予敕书"。②

礼部还就其所管政务，根据《大清一统志》编纂需要，移送档册交一统志馆，以备参考。雍正十三年五月九日，礼部移会一统志馆：移送在京寺观并封过禅师、真人文册到一统志馆。③

乾隆元年四月二十七日，礼部亦就《河南通志》事宜咨文一统志馆：准河东总督咨称，奉准部咨钦奉上谕行令纂修豫省通志一案，于雍正十三年十月初二日告竣。今据祥符县刷印前来，为此合咨贵部，请烦查照分送中堂、武英殿、户部、一统志馆查收等因前来，相应将河南志书移送一统志馆查收。④ 乾隆元年十二月二十日，礼部移会一统志馆：查山西巡抚造送册内止有宁□□州二县儒学，建造方向并未□□州一府儒学方向开载，除将原册先行移送外，仍令该抚将泽州府建设□□方向作速造册送部，以便转送一统志馆。⑤

武职官兵的任免、考核、奖惩是兵部的主要工作，兵籍、武器、马匹亦由兵部管理，兵部还掌管武科考试、邮驿事务。为协助《大清一统志》的纂修，兵部也多次行文一统志馆，通报相关事项。康熙五十二年九月十五日，兵部武库清吏司移会内阁一统志馆：本馆先经移取贵部书办戴经，铨选在迩。本馆书籍繁多，乏人经管，相应移取年久殷实老诚书写端楷者选送一人进馆考补供事等因前来，相应将本部书办钱廷勳移送可也等因，呈堂奉批照议，为此合移前来，遵照施行。⑥ 乾隆三年十一月，兵部移会内阁一统志馆：查东乡等土司向属施恩县辖，于雍正十三年改土归流，添设府县在案，相应移覆。⑦ 乾隆四年五月七日，兵部移会一统志馆，将兵部所藏关于恩赐安南国四十里之地归入滇省事件档册移送给一统志馆，并

---

① 《（雍正朝）大清会典》卷66，《近代中国史料丛刊三编》第770册，第4143~4144页。

② 档号：04—01—38—0001—022；缩微号：04—01—38—001—0038，一史馆藏。

③ 内阁大库档案，登录号：216014。

④ 内阁大库档案，登录号：242833。

⑤ 内阁大库档案，登录号：213774。按，该件档案为残档，□表示档中文字难以辨认。

⑥ 内阁大库档案，登录号：142751。

⑦ 内阁大库档案，登录号：098612。

咨文该事件的前后经过以及礼部所藏折件事宜。[1]

即使是掌管刑名案件的刑部也会和一统志馆有业务上的联系。雍正十三年五月二十五日，刑部咨内阁一统志馆：

> 刑部为知照事。浙江清吏司案呈，查得雍正十三年闰四月份所有浙江司出具过同乡官印结一纸，除印结已给吴元定等赍送一统志馆投交外，相应开列事由知照一统志馆查核可也。……
>
> 计开：一主事孙护孙出过同乡增广生吴元定赴内阁一统志馆效力并无假冒印结一纸。
>
> 右咨，内阁一统志馆[2]

工部掌管各地工程营造、水利、交通、工匠等事务。清宫营建、维修亦由工部参与。乾隆元年十一月二十五日，工部屯田司移会一统志馆：

> 本年十一月十七日，准内阁一统志馆移称，本馆直隶统志内有雍和宫并泰陵。本馆无凭查考，相应行文将雍和宫并泰陵规模、制度、匾额详细查明，造册送馆，以便载入统志事。阙奉旨，幸勿迟缓等因前来。恭查雍和宫规模、制度、碑文、匾额事隶内务府，本部无案可稽，应移会内阁一统志馆行文内务府查明外，其泰陵规模、制度、碑文、匾额事隶太平峪承办，已将原文移送太平峪即速查明，造送内阁一统志馆，毋致迟滞。
>
> 右移会，内阁一统志馆[3]

国子监等机构则根据一统志馆修书情况，为其提供誊录、供事等力役人员。“凡缮写编纂书籍，请旨移咨国子监，考取善书监生缮写。”[4] 雍正元年二月，国子监将捐纳监生张维武移送一统志馆效力。张维武“系江南江宁府上元县人，由俊秀于康熙五十四年七月初八日在户部遵请旨事，照陕（西）例捐纳监生，于本月二十八日获有部照，今情愿进馆效力，伏乞考试送馆等语。据此随将监生张维武照例考试，字画端楷，文理优

---

① 内阁大库档案，登录号：275379。

② 内阁大库档案，登录号：146534。

③ 内阁大库档案，登录号：085281。

④ 《（康熙朝）大清会典》卷155，《近代中国史料丛刊三编》第729册，第7436页。

通，相应咨送。为此咨呈前去，烦为查照施行。”① 乾隆三年二月，因需演练迎驾礼仪，国子监移会一统志馆：现在在馆效力之满誊录生，凡系贡监生及官学生出身者立即咨送到监，以便演礼迎接圣驾。②

乾隆三年十一月，通政使司经历司移会一统志馆收掌厅：本使司火房书吏施有麟办事勤谨，相应照例咨送一统志馆效力，相应照移送一统志馆收录。③ 乾隆六年十一月十六日，都察院经历司移会一统志馆：查书吏陈应衡办事勤谨，今既情愿赴一统志馆办事效力。④ 有些在一统志馆效力供事、誊录不符合一统志馆用人规范，一统志馆便相应行文将其移送回本处。乾隆二年，内阁一统志馆分别移会镶黄旗满洲都统司务厅、正蓝旗满洲都统司务厅，将两处所属之候补誊录陈洙（系镶黄旗满洲陈钫佐领下监生）、萨克慎（系镶黄旗满洲关寿佐领下监生）、候补誊录德山（系正蓝旗满洲都统哈哈佐领下监生）三人皆经奉旨不便留馆，相应移送回本处。⑤ 乾隆十年六月，钦天监移会一统志馆，将南书房移交的修天文书用星土分野资料转交给一统志馆。⑥

詹事府官员，为东宫僚属，“职在侍从，与翰林院互兼职掌。凡纂修一应书史，少詹事、坊局官皆预（亦得充总裁官）。”⑦ 我们在乾隆八年职名录中可以发现：右春坊右庶子金德瑛、左春坊左谕德雷鋐等充任《大清一统志》纂修官。⑧

（四）其他修书各馆

清廷修书各馆在纂修人员、各馆所修书稿等方面多有合作，一统志馆亦不例外。康熙五十四年，国史馆因本馆修书需要誊录，便行文一统志馆等处：

> 窃照本馆所修三朝本纪满汉底稿已经纂完，太祖、太宗本纪，俱各磨对清楚，但汉书誊录无人，原应汉中书誊写，伊等诸日写签，及

---

① 内阁大库档案，登录号：229053。
② 内阁大库档案，登录号：098580。
③ 内阁大库档案，登录号：098609。
④ 内阁大库档案，登录号：202353。
⑤ 分别见内阁大库档案，登录号：175416、175468。
⑥ 内阁大库档案，登录号：093317。
⑦ 《（雍正朝）大清会典》卷235，《近代中国史料丛刊三编》第789册，第15081、15085页。
⑧ 详见本文附录2。

值日上宿，不得进馆行走。查得先年方略馆所纂书成，原系借一统志馆贡监生抄写竣事。今一统志、明史馆暂停修纂，恳请照例方略馆之例，将一统志、明史馆贡监生员内善书者，选拔十六名借赴本馆，速行抄写。伊等年满考职者，仍由一统志、明史馆照例咨送吏部可也。①

康熙五十八年十二月三日，内阁三朝国史馆移会一统志馆："内阁三朝国史馆为移取事。照得本馆三朝本纪底稿修完，今现纂职方志，应行文一统志馆，取《一统志》稿等因，呈明中堂，蒙谕速行移取。"②

乾隆二年七月十六日，因国子监移送实录馆的誊录不足应用，内阁一统志馆移会实录馆收掌厅，将一统志馆誊录监生秦凤翼移送实录馆考试。③ 该月，实录馆再行文要求一统志馆移送誊录，一统志馆行文拒绝："所有从前于点对人员内，拣选字画端楷之秦凤翼移送贵馆考试，今贵馆复行移取额设誊录，本馆万难移送，为此移覆贵馆，查照施行。"④ 有时，一统志馆与其他修书馆之间还有钱粮（或经费）上的交涉。再以实录馆为例，乾隆四年六月二十九日，实录馆移会一统志馆：

实录馆为知会事。所有纂修官编修范咸七月分桌饭银两，应在贵馆关支领给，为此知会前去。

右移会，一统志馆⑤

乾隆元年十一月，三礼馆亦曾因馆内钱粮支出移会一统志馆：

三礼馆为知会事。照得本馆额设誊录官十二员，现今查抄《永乐大典》，又经借取各馆生监协同抄写，所有饭食银两，拟于每位大总裁公费内，每月各捐银十两，副总裁公费内，每月各捐银五两，以为修饭之用等因呈明。中堂蒙谕，照拟移付各馆按月扣除。奉此查本馆副总裁方桌饭银两，向在贵馆关支，相应移会贵馆，烦为呈堂，将

---

① 内阁大库档案，登录号：150482。
② 内阁大库档案，登录号：091651。
③ 内阁大库档案，登录号：236092。
④ 内阁大库档案，登录号：236071。
⑤ 内阁大库档案，登录号：213701。

所捐银两每月关领公费之日照数扣存，以便赴领可也。

右移会，一统志馆[1]

（五）武英殿修书处

除了上述机构外，作为清代内府刻书的最主要机构，武英殿修书处同一统志馆也有着频繁的业务合作，主要是前文所述的武英殿修书处为一统志馆刊刻《大清一统志》。有时武英殿修书处也将小部分业务交与一统志馆处理。如乾隆六年五月，武英殿修书处请内阁一统志馆代为绘制舆图：前经本殿奏准刊刻《授时通考》一书，内有舆图十七张，请令一统志馆照现定疆界绘图，交殿刊刻等因，移咨贵馆在案。至今将及一载并未移送前来，相应咨催，作速咨送到殿，以便刊刻。[2] 乾隆七年十一月二日，武英殿修书处又发咨文催促《大清一统志》样本校对稿：为本处将《大清一统志》俱已写刻一百三十一卷，自去年六月起，陆续咨送内阁一统志馆校对，至今并未将刻样校准发来，屡催在案。相应再行咨催贵馆，将前项刻样速为校准发来，以便刷印。[3]

乾隆十二年六月，武英殿修书处咨文内阁典籍厅，就本处刊刻《一统志》进度作汇报说明：

> 武英殿修书处为再行咨催事。查得从前一统志馆交来刊刻《大清一统志》，书内有盛京省志书，自乾隆十二年五月间曾经撤回，至今并未交来。今本处业将十七省、外藩五路志书俱刷印完竣，专候盛京省志书办理进呈。相应行文贵处作速查明，催交该馆送殿可也。[4]

武英殿经史馆曾经借调一统志馆供事人员办理本馆差务。乾隆六年十二月，武英殿修书处奏：方苞任一统志馆总裁时同时任武英殿经史馆总裁，曾向一统志馆借派供事四名，与例不符。陈大受、张照接管经史馆后一仍其旧，直至四人年满去馆后才停止此例。[5]

---

① 内阁大库档案，登录号：213752。

② 内阁大库档案，登录号：209069。

③ 内阁大库档案，登录号：210896。

④ 内阁大库档案，登录号：240462。

⑤ 内阁大库档案，登录号：106123。

稽察钦奉上谕事件处督察“各部院及八旗钦奉上谕事件并各馆修书课程，钦点满汉大学士、各部院堂官兼领之，无定员。其应行文移皆用典籍印信”[①]。督察各史馆修书进度，主要由稽察钦奉上谕事件处负责监督，该处初设于雍正八年。乾隆九年开始，该处开始负责查办修书各馆事件。[②] 修书各馆纂修进度和日常功课均由稽察钦奉上谕事件处督察：“各修书馆满誊录每人每日缮写八百五十字，汉誊录缮写千五百字，校对各官每人每日校对二十五篇。纂修等官功课，由各该馆总裁酌定，咨稽察处奏准遵照。每月初五日前造册送察，每三月一次将各馆修成书目及有无告竣期限察奏。有稽延者劾参。”[③] 稽查钦奉上谕事件处也按照制度按时检查一统志馆纂修志书情况。乾隆十一年八月二十九日，稽查钦奉上谕事件大学士讷亲奏报一统志馆等修书馆三月内修书情况。[④] 如乾隆九年八月十二日，稽查钦奉上谕事件处咨一统志馆：查实录馆等七馆咨送纂辑校对缮写数目，各馆满汉誊录俱在两篇之内，殊属简少，务将实在能否增添若干篇之处详细咨覆。[⑤]

一统志馆同包括内阁（内阁典籍厅）、翰林院（翰林院典簿厅）、六部、詹事府、国子监、钦天监、武英殿修书处、实录馆等修书各馆、内务府等中央各类机构之间开展了广泛的合作，这些机构在纂修官调拨、人员考绩、移送档册文献与地方志书、钱粮支出的管理等方面为一统志馆的正常运转提供外部保障。纂修志书、与其他各类机构的日常合作共同构成了大清一统志馆日常运行密不可分的两个方面。

第二节　初修《大清一统志》编修人员研究

大清一统志馆自康熙二十五年四月开馆至乾隆十五年二月闭馆，究

① 《（乾隆朝）钦定大清会典则例》卷2，《景印文渊阁四库全书》第620册，第66页。

② 王记录：《清代史馆与清代政治》，第72页。

③ 《（乾隆朝）钦定大清会典则例》卷2，《景印文渊阁四库全书》第620册，第67页。

④ 内阁大库档案，登录号：024807。

⑤ 内阁大库档案，登录号：144870。

竟有多少人员直接参与了《大清一统志》的编修工作呢？档案文献记载较为零星，亦无论著对此问题作一系统的研究。本节根据档案、文集笔记、地方志、传记年谱等资料，整理、探究康雍乾三朝为初修《一统志》做出直接贡献的人员：总裁、副总裁、提调、纂修、收掌、誊录、监造、供事等，包括在馆和非在馆两类。在考辑编修人员数量的基础上，结合乾隆八年职名录，分析初修《大清一统志》编修者的群体特征。

一　编修人员数量考辑

根据规定，清廷纂修《一统志》的人员基本均由官方任命：“大学士充监修总裁并总裁官，并给敕书。学士充副总裁官，俱题请钦定。侍读学士、侍读充纂修并提调官。典籍、中书为收掌。誊录、翻译官，俱由监修总裁等拟定具题。”① 但是，清代档案中并无这些人员的某份完整记录。本节据笔者所见官、私文献，首先辑录出初修《大清一统志》的编修人员，其事迹可考者主要包括生卒年、籍贯（或民族）、字号、科第、在康熙二十五年至乾隆十六年间的史馆修书经历（特别是纂修《一统志》工作）与仕宦履历等，还包括编修人员的学术、师承关系等内容。因为笔者在查阅大量档案后发现：大部分参与《一统志》工作的人员在一统志馆工作时间及具体工作内容均无案可循，笔者只能从他们在相关时段内的生活经历来观察编修人员何时没有参与《一统志》的工作。这样可以丰富我们对于参与《一统志》的编修人员和志书纂修过程的认识。这可以为下文分析编修人员的群体特征做好铺垫。

《清实录》为我们保留了康熙二十五年四月初次任命大清一统志馆编修人员的记录：

> 命纂修《一统志》。以大学士勒德洪、明珠、王熙、吴正治、宋德宜，户部尚书余国柱，左都御史陈廷敬为总裁官。原任左都御史徐元文、内阁学士徐乾学、翰林院学士张英、詹事府詹事郭棻、翰林院

① 《（雍正朝）大清会典》卷2，《近代中国史料丛刊三编》第761册，第49页。

侍读学士高士奇、庶子曹禾为副总裁官。翰林院侍读彭孙遹，编修黄士埙、钱金甫、田需、吴涵、史夔、许汝霖、周金然，检讨徐嘉炎、吴任臣、金德嘉、吴苑、王思轼，中允米汉雯，赞善黄与坚，候补中允胡会恩，吏部郎中颜光敏，大理寺评事高层云，见修《明史》食七品俸姜宸英、万言二十人为纂修官，并命陈廷敬、徐乾学专理馆务。①

这次任命了总裁官7人、副总裁6人、纂修官20人，共33人。此处尚不包括身份低微、未被《清实录》收录的供事、誊录等。

据万斯同的文集记载："己巳之冬，玉峰司寇徐公乞假旋里，以所总裁《一统志》自随。维时锡山顾景范、鸳湖徐敬可、淮阴阎百诗、吴兴胡朏明、虞山黄子鸿皆馆于家，预闻斯事，而慈水姜西溟、金陵黄俞邰则固奉命纂修者，咸将从公而南。"② 那么，顾祖禹、徐善、阎若璩、胡渭、黄仪五人在苏州志局设立之前，即在京师以幕僚的身份聚集于徐乾学家中为纂修《大清一统志》献策献力。

康熙二十九年春，徐乾学因政治风波携带《一统志》等典籍的纂修资料回到苏州，设《大清一统志》书局于太湖洞庭东山，后迁于嘉善，再迁至昆山。在这期间，先后有姜宸英、黄虞稷、胡渭、顾祖禹、顾士行、秦亲、阎若璩、唐孙华、吴暻、黄仪、陶元淳、沈佳、吕澄、裘琏等14人参与《一统志》纂修，另有供事之员、善书之士及奔走使令之役复三四十人。③ 另外，徐善、查慎行、李良年、吴乔、刘献廷、邵长蘅、王原、邵远平、王源等9人亦曾在苏州志局参与《一统志》的纂修。

康熙三十年二月初六日，迈图补《一统志》副总裁。④

康熙三十三年七月至十一月，清廷召还韩菼、徐秉义、高士奇、王鸿绪等回京继续纂修《一统志》。此时，韩菼任一统志馆总裁官，徐秉义任副总裁，高士奇、王鸿绪任纂修。⑤ 康熙三十三年六月，陆棻任一

① 《清实录》第5册，第324页。
② 万斯同：《黄子鸿六十寿序》，见方祖猷主编：《万斯同全集》第8册，第307页。
③ 裘琏：《纂修书局同人题名私记辛未》，《清代诗文集汇编》第164册，第641页。
④ 《文献丛编》第13册，第4109页。
⑤ "国立故宫博物院"藏：《清代起居注册·康熙朝》第6册，第2973～2974页。

统志馆副总裁。[①] 康熙三十九年五月，翰林院检讨阿尔赛充一统志馆纂修官。[②]

康熙四十六年前后，温达充《大清一统志》总裁官。[③] 康熙五十一年十月二十日，中堂松、王奉旨题为补授三朝国史及《政治典训》、《一统志》、《明史》馆监修大总裁。[④] 笔者按，松或为松柱、王或为王掞。康熙五十一年，松柱任礼部尚书，授文华殿大学士，[⑤] 王掞授文渊阁大学士。[⑥]

康熙五十二年九月十五日，兵部武库清吏司将兵部书办钱廷勋移送一统志馆充任供事，以顶补兵部书办戴经铨选之后的空缺。[⑦]

康熙五十四年一月、五月，内阁一统志馆支付正月十八日起至三十日、五月份期间纂修人员开支费用。当时在馆人员有：提调官翰林院检讨觉罗逢泰 1 人，纂修收掌官刘保住、李钟峩、朱起昆、陈似源、吴相、何世璂、寿致润、顾五达、程𢷬、朱一凤、于广、杨士徽、许镇、何某□、□云瑞等 15 人，誊录监生沈永誉、李毓业、高恩、李懋仁、赵东明、王延昌、康世徽、揭世琳、厉立德、苏宁、邢玳、李定、董国璟、袁永禧、龙资深、王调鼐、许贞迪、陈篔等 18 人，供事官陈之涵、郭植、高昉、赵筠、钱国宝、沈德立、夏禹玉、朱甲、何必然、刘进仪、陈诚、李璋、俞绍基、平若衡、柳华、卢士杰、袁洪治、潘志修、缪开绪、王永龄、沈敬、沈勳、高熹俊等 23 人，看守会典馆供事官高士凤 1 人，纸匠严德、高贵、王文学、司起龙、姜国泰、刘思恩等 6 人，总计 64 人。[⑧]

康熙五十七年四月六日，翰林院典簿厅将旨意官李福京移送一统志馆顶补旨意官李唐琮病故后的员缺。[⑨]

康熙六十一年十一月，内阁大学士马齐等奏：将大学士王顼龄补授三

---

① 《国朝耆献类征初编》卷 59。

② 中国第一历史档案馆编：《雍正朝内阁六科史书·吏科》第 47 册，第 413 ~ 415 页。

③ 《国朝耆献类征初编》卷 12。

④ 《文献丛编》第 13 册，第 4111 页。

⑤ 《清实录》卷 248、250，史馆档传包传稿文献编号：701005631。

⑥ 《清史列传》卷 9。

⑦ 内阁大库档案，登录号：142751。

⑧ 内阁大库档案，登录号：294016、294017。

⑨ 内阁大库档案，登录号：142746。

朝国史、《政治典训》、一统志馆总裁、明史馆监修，俟命下照例给予敕书。①

雍正元年前后，白潢曾任《大清一统志》总裁官。② 雍正三年二月二十二日任命蒋廷锡、吴士玉为《大清一统志》总裁官，负责编修事宜。③ 蒋廷锡任期内及其后的一统志馆编修人员基本已被收入乾隆八年职名录中，详见附录。其中，总裁官德龄于雍正年间还曾任一统志馆提调："翰林院侍读学士臣德龄谨奏，为敬陈管见事。钦惟我朝幅员广远，制度周详，为亘古所未有。现今纂修《大清一统志》书，臣备员提调……"④ 另外，黄嘉爵、王式丹、蓝鼎元、沈彤四人亦曾参修《大清一统志》。奇怪的是，蓝鼎元和沈彤是雍正、乾隆年间在馆纂修《一统志》，但并未见录于乾隆八年职名录。据朱珪《知足斋文集》记载江苏长洲人邱云锦曾充一统志馆誊录生。⑤

以上共辑出总裁官（包括副总裁官）、纂修官、提调、收掌、供事、誊录、纸匠等总计约169人。

康熙四十九年，曾规定："凡纂修诸书刊刻告成，分纂诸臣，无论革职、已故与监造人员，一并开列衔名。"⑥ 但是本文所辑近170人均未收录于乾隆八年十一月二十八日总裁官任兰枝等开载《大清一统志》职名录。乾隆八年职名录附于乾隆武英殿刻本《大清一统志》卷首部分，该名录共收入181人：监理和硕和亲王宏昼、总裁原任文华殿大学士蒋廷锡等9人、提调内阁侍读学士今任礼部左侍郎木和林等6人、纂修翰林院编修今任都察院左都御史管广东巡抚事王安国等113人、收掌内阁中书今任兵部左侍郎提督九门巡捕步军统领事务舒赫德等15人、誊录举人今任直隶肥乡县知县邹云城等28人、监造内务府南苑郎中兼佐领加五级记录十一次雅尔岱等9人。

综合前述考辑人员，目前可知，至少有350人参与了初修《大清一统

① 档号：04—01—38—0001—022；缩微号：04—01—38—001—0038，一史馆藏。

② 《国朝耆献类征初编》卷15、史馆档传包传稿文献编号：701007081、明清人名资料库权威号：000582。

③ 内阁大库档案，登录号：186223。

④ 中国第一历史档案馆编：《雍正朝汉文朱批奏折汇编》第33册，第636～637页，南京：江苏古籍出版社，1991年。

⑤ 详见《续修四库全书》第1452册，第285～286页。

⑥ 《（雍正朝）大清会典》卷234，《近代中国史料丛刊三编》第789册，第15025～15027页。

志》的编修工作，这是一个庞大的编纂者队伍。这些编修者有什么特征，在《一统志》编纂史上有何贡献？下文即将他们分为乾隆八年名录未收者和乾隆八年名录收入者两大类分别考察。

二　编修人员特征分析

分析笔者辑录出的58位编修人员的群体特征，这58人约占所辑出编修人员总人数的34.3%，可分为三类：第一类是康熙二十五年初次任命人员，第二类是康熙二十九年至三十三年间参与苏州志局修志的人员，第三类是官私文献中辑出康熙二十五年至雍正三年之间参与修志的个别人员。其中有总裁（副总裁）17人、纂修39人。高士奇于康熙二十五年任副总裁，三十三年回京后又充任纂修官。徐嘉炎康熙二十五年充纂修官，三十三年升副总裁官。姜宸英、刘献廷在京师参与修纂《一统志》，后又至苏州洞庭山书局继续修志。仅有3位旗人担任总裁官，纂修官中无一名满人。生卒年可考者中，生于崇祯十七年之前的共29位，其中生于崇祯元年之前的有6位：吴正治、宋德宜、王熙、吴任臣、姜宸英、吴乔，前三位均是康熙二十五年四月康熙帝任命的《大清一统志》名誉总裁。吴任臣和姜宸英是康熙帝任命的纂修官，康熙二十九年，姜宸英又随徐乾学南下苏州继续纂修志书。吴乔与李良年等在苏州志局参与《一统志》的纂修。这6人中仅吴乔未考取清朝功名。

编修者籍贯的地理分布上，江苏25人、浙江15人、山东1人、山西1人、直隶5人、湖北3人、安徽2人、福建2人，江浙两省约占70%，人数比其他六省的总和还多，这与江浙地区科举人才众多、文化兴盛密不可分。另外，实际负责《一统志》纂修的（副）总裁也多是江浙人士，徐乾学更是将大清一统志书局设于太湖洞庭东山，招揽多位江浙名士参与修志。编修人员入馆时科第情况：进士33人、博学鸿儒17人、获举人等功名4人、布衣8人，其中米汉雯、黄与坚等先中进士，再授博学鸿儒，因而人数总计超过58人。初修《一统志》纂修者的学术水平整体较高，中进士和获博学鸿儒者约占86.2%。其中更有诸如顾祖禹、胡渭、阎若璩等著名的舆地学者，黄虞稷等著名文献学家、藏书家等。

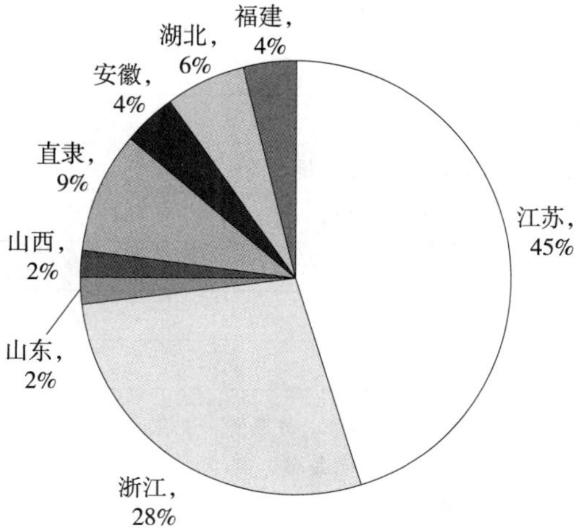

图 2-1 纂修官籍贯可考者各省所占比例图

既然康熙朝一统志馆拥有较多知名学者参与编修，包括近50名纂修官（注：不包括蓝鼎元和沈彤）在内的160余人参与修志工程，为何没有将《大清一统志》修成呢？

通过前文的研究，笔者将康熙朝《一统志》纂修进度缓慢的原因总结为以下方面：①徐乾学等修志过程中多次受到康熙朝党争的影响，最终携书局回苏州躲避。政治因素的影响是《一统志》编纂进度缓慢的重要原因之一。②初修《一统志》缺乏直接的可资借鉴的经验，康熙朝修志过程中至少两次变换修志体例。地方各省移送资料等过程也存在拖沓、敷衍之情。③一统志馆对于纂修官等没有建立起严格的管理制度，康熙朝开馆后仅有徐乾学、韩菼两任总裁内纂修成果较多。纂修官在一统志馆修志时间难以保证。目前可知，在馆时间四年以上的纂修官仅有王原、高层云、姜宸英等3人，其他纂修官或因公调离，或病故，或退出志馆。详见表2-1。而且，在馆期间，如彭孙遹、万言、王鸿绪等人还参与《明史》纂修，身兼多任。④康熙朝修书工程较多，《明史》《平定三逆方略》以及儒家礼义教化类《御纂朱子全书》等更受重视。

表 2－1　　编修人员在馆时间统计[1]

在馆时间	编修者
不足一年	4 人：王式丹、颜光敏、黄虞稷、查慎行
一年	1 人：邵远平
两年	3 人：蓝鼎元、万言、唐孙华、邵长蘅
三年	4 人：吴任臣、金德嘉、许汝霖、顾祖禹
四年	1 人：陈廷敬
五年	2 人：王原、高层云
五年以上	2 人：徐乾学、姜宸英
不明确者	30 人：沈彤、徐秉义、王鸿绪、黄嘉爵、王源、高士奇、彭孙遹、钱金甫、米汉雯、吴苑、吴涵、徐嘉炎、胡会恩、黄与坚、周金然、史夔、陆棻、温达、王顼龄、白潢、胡渭、阎若璩、吴暻、黄仪、刘献廷、徐善、陶元淳、李良年、吴乔

考察《大清一统志》乾隆八年职名录中总裁、纂修官，资料可考者，能明晰他们在一统志馆中的工作。其中，总裁 9 人皆有传可查，113 名纂修官仅 66 人有传可循。笔者在梳理了清代档案后发现：大部分档案均未完整记载纂修官在一统志馆的入馆、离馆时间，笔者希望通过梳理编修人员的任职情况，从而掌握编修人员哪些时间是不在馆或从事其他事务，这样可以大致估量出在馆时间。因资料十分稀少，收掌、监造等人员均不作考察。

雍正、乾隆年间记录在案的大清一统志馆的九位总裁官的简要履历。结合第一章第一节，我们对于雍正、乾隆年间一统志馆中的人员及其工作情况有了一个较为清晰的了解。雍正三年二月，雍正帝任命蒋廷锡和吴士玉为一统志馆总裁官，负责管理、指导《大清一统志》编修工作。雍正十年七月十五日，蒋廷锡病故。[2] 雍正十一年二月，吴士玉迁礼部尚书，寻病卒。雍正十一年四月，吏部左侍郎任兰枝、礼部右侍郎邓钟岳被任命为《大清一统志》总裁官。[3] 雍正十一年八月，新任总裁官邓

① 注：在馆时间依据所引文献进行估算，表中未统计名誉总裁。

② 中国第一历史档案馆编：《雍正朝内阁六科史书·吏科》第 69 册，桂林：广西师范大学出版社，2002 年。第 559～560 页。按，此条档案记蒋卒年与《清史稿》蒋廷锡传记载不同，当从七月十五日说。

③ 《清实录》第 8 册，第 697 页。

钟岳因事降调，方苞奉旨充一统志馆总裁。[①] 雍正十二年十一月初九日，大学士鄂尔泰、张廷玉奉谕旨：侍讲学士陈悳华丁忧在籍，著调取来京充一统志馆副总裁官。与任兰枝等一同督率在馆诸臣修纂。[②]

乾隆元年六月，一统志馆总裁有尚书任兰枝，内阁学士方苞已经革职离馆，侍读学士陈悳华任副总裁，并续派副总裁阿克敦。[③] 乾隆二年八月丙子，以镶红旗汉军副都统德龄仍兼一统志馆总裁。[④] 乾隆四年正月，陈悳华升任户部尚书，由一统志馆副总裁官改充总裁官。[⑤]

乾隆四年十二月，军机大臣奏："臣等看得《一统志》内所有口外边疆形势及种种事迹例用通晓满汉之文副总裁一员督率办理。今德龄补授盛京侍郎，其副总裁员缺可否将阿克敦充补。谨此请旨。"[⑥] 乾隆四年十二月甲申，命工部左侍郎阿克敦充一统志馆副总裁。[⑦] 其中，阿克敦因为替喀尔喀与准噶尔划定牧界于雍正十二年、乾隆三年两次出使西域。

如果要将雍正、乾隆年间一统志馆的各位总裁官的贡献作一比较分析的话，综合在馆时间和前述各位总裁在修志过程中的表现，总体而言，蒋廷锡和任兰枝贡献相对最大。陈悳华则在《大清一统志》最后的进呈、校对、刊刻等方面做出应有的贡献。德龄和阿克敦则对《一统志》蒙古、盛京、朝贡诸国等卷的编纂做出了较大贡献。邓钟岳、王国栋则在馆时间极短。方苞因文字狱案及负责三礼馆编修事务，对于一统志馆的精力投入相对较少。吴士玉则较好地辅助蒋廷锡完成了对一统志馆的管理工作。

分析乾隆八年职名录中的人员特征，其中总裁（副总裁）9 人（旗人 3 人、直隶 1 人、山东 1 人、安徽 1 人、江苏 3 人），纂修官 66 人。

---

① 中国第一历史档案馆编：《雍正朝内阁六科史书·吏科》第 79 册，第 172～174 页。内阁大库档案，登录号：186180。

② 中国第一历史档案馆编：《雍正朝起居注册》，北京：中华书局，1993 年。内阁户科题本，档号：02—01—04—13001—031，缩微号：02—01—04—07—027—3236，一史馆藏。

③ 朱批奏折：档号：04—01—38—0002—015，缩微号：04—01—38—001—0171，一史馆藏。

④ 录副奏折，档号：03—0371—021，缩微号：025—0903，国家清史编纂委员会数据库。《清实录》第 9 册，第 833 页。

⑤ 《清会典馆奏议》，第 21 页，北京：全国图书馆文献缩微复制中心，2004 年。

⑥ 中国第一历史档案馆编：《乾隆朝上谕档》第 1 册，第 498 页。

⑦ 内阁大库档案，登录号：117963、160440。《清实录》第 10 册，第 595 页。

初步统计有 60 名进士，6 人获博学鸿词，其中诸锦、夏之蓉在进士中式后又获博学鸿词，名士众多。从乾隆八年职名录中纂修官署衔看 113 名纂修官均获得科第，大部分均为进士。纂修官籍贯目前统计出 75 人，按籍贯分布来看：江苏 23 人、浙江 23 人、安徽 1 人、直隶 4 人、山东 3 人、山西 1 人、福建 5 人、广东 1 人、广西 2 人、湖北 2 人、湖南 3 人、四川 1 人、云南 2 人、江西 4 人，共有来自 14 个省份的编修者，每省所占比例可参考图 2－2，纂修官依旧是江浙籍人员为主，合计约占 61.3%。

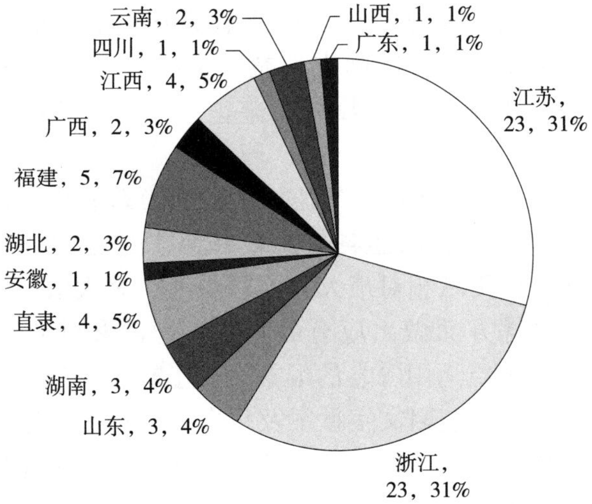

图 2－2　纂修官籍贯可考者各省所占比例图

说明：山东，3，4%　表示山东省籍纂修官 3 位，占籍贯可考纂修官总人数的 4%，其中百分比取近似值。其他各省图例含义与其相同。

在梳理一统志馆部分编修人员的履历情况之后，笔者掌握了纂修官们的地缘分布与科第情况。笔者又根据相关档案记载梳理了一些纂修官在一统志馆的任职经历，可以更为清晰地了解部分纂修官在馆任职时间，这对于我们认识一统志馆中的人事变动大有裨益。至于各位纂修官在馆中分工或所修《大清一统志》的某些省份志稿，目前难以得出整体且较为清楚的结论。一统志馆纂修官在馆任职情况以下列三种较为常见，可以说是一统志馆纂修官人事变动的常态。

（一）兼职他处者

无论一统志馆纂修官是现任还是曾任，他们大多均有多项兼职活动，这就明显地分散了编修《大清一统志》的工作精力。兼职情况主要包括分派至其他机构任职或处理差事和兼修其他官修典籍。如雍正十三年五月，吴龙应任稽察北漕御史。① 乾隆二年五月，吴龙应署湖北武昌布政司事分守武汉黄德道。② 乾隆二年闰九月，王文璿任湖广道监察御史。③ 乾隆四年五月，程光钜任浙江粮储道参议，四年十二月又任浙江粮道。④ 乾隆元年七月十一日，内阁一统志馆纂修官陈中荣改补知府，翰林院典簿厅将编修陈仁移送顶补。⑤ 乾隆四年十一月十三日，陈仁协理山东道事福建道监察御史。⑥ 陈仁在一统志馆的工作时间并未满五年之期。乾隆五年十一月，国史馆纂修官龚学海已送宗学。由此进一步可知此时龚学海已不再负责《一统志》的编修工作。⑦

有的纂修官参与其他官修书籍的纂修或校对等工作，如乾隆四年十一月二十日，大学士张廷玉奏，据武英殿管事陈大受称，《明史》告成，蒙恩颁赐臣工，殿中有校刻明史之翰林熊晖吉等 15 人可否邀恩各赏一部以奖微劳，奉旨每人各赏一部。以下 15 人参与了《明史》的校刻工作，武英殿对书翰林：熊晖吉、田志勤、董邦达、唐进贤、陆嘉颖、张映斗、曹秀先、李清芳、吴泰、潘乙震、沈廷芳、吴绂、冯祁、郭肇鐄、万松龄。⑧ 此时，《大清一统志》的稿本尚未完成。而陆嘉颖、张映斗、李清芳、潘乙震、沈廷芳、吴绂、郭肇鐄、万松龄等 8 人均列名《一统志》乾隆八年职名录。沈廷芳私下参与了三礼馆的纂修工作。⑨ 潘乙震于乾隆元年中进士，选庶吉士。乾隆二年五月散馆，授编修。乾隆二年入三礼

---

① 内阁大库档案，登录号：011485。

② 内阁大库档案，登录号：048443。

③ 内阁大库档案，登录号：119479。

④ 内阁大库档案，登录号：154104、070526。

⑤ 内阁大库档案，登录号：085291。

⑥ 内阁大库档案，登录号：194618。

⑦ 内阁大库档案，登录号：107744。

⑧ 内阁大库档案，登录号：210092。

⑨ 林存阳：《三礼馆：清代学术与政治互动的链环》，第 98 页，北京：社会科学文献出版社，2008 年。

馆，纂修《仪礼》义疏。[①] 最晚在乾隆七年，周学健已经调至三礼馆工作，并同方苞、李绂负责《三礼》编纂事务。[②] 乾隆六年十一月，据武英殿修书处移文内阁典籍厅档案可知：身为一统志馆纂修官的周学健、李清芳、沈廷芳、张映斗、陈浩五人曾在武英殿经史馆供职。[③] 此时《大清一统志》编修工作尚未结束。

（二）调离、革职或病故者

乾隆八年职名录中“原任”某官者，指在乾隆八年十一月时或病故，或革职，或已调任他处，共有51人，约占乾隆八年职名录总人数的28.2%。

纂修官胡香山在《大清一统志》书成之前即病故。乾隆二年六月二十七日，江宁巡抚邵基，揭报原任翰林院编修总理咸安宫官学学政胡香山告病回籍，于本年三月五日在籍病故。[④]

徐焕然则属于革职例，雍正十三年十月九日，总理事务和硕庄亲王允禄奏：为遵旨会审考试官顾祖镇、戴瀚等科场作弊一案，查编修徐焕然与主考通同商改之处已属显然，但徐焕然系现任之员，未肯吐露实情，相应请旨将徐焕然革职，以便审讯。[⑤]

又如纂修官朱良裘：乾隆三年四月二十四日，翰林院典簿厅移会实录馆：翰林院侍读学士吴应枚已放奉天府府尹，贵馆纂修员缺，奉堂谕将编修朱良裘移送充补。[⑥] 乾隆七年十一月十七日，臣张廷玉等奏：本月十六日皇上勾到朝审人犯之期，例应讲官庶子文保、朱良裘侍班，乃迟误未到，例应参奏。[⑦] 乾隆八年闰四月二十四日，实录馆纂修官朱良裘等四员离馆。[⑧] 乾隆八年五月十八日，右春坊右庶子朱良裘病故员缺，著秦蕙田补授右春坊右庶子。[⑨]

---

① 林存阳:《三礼馆：清代学术与政治互动的链环》，第82～83页。

② 录副奏折，档号：03—0067—041，缩微号：004—1180；录副奏折，档号：03—0069—012，缩微号：004—1626，一史馆藏。

③ 内阁大库档案，登录号：106122。

④ 内阁大库档案，登录号：066108。

⑤ 内阁大库档案，登录号：020545。

⑥ 内阁大库档案，登录号：098554。

⑦ 内阁大库档案，登录号：127470。

⑧ 内阁大库档案，登录号：221616。

⑨ 内阁大库档案，登录号：072022。

有的纂修官因升职而调离，乾隆三年四月初九日，一统志馆纂修官陈大受升詹事府詹事，庶吉士陆嘉颖补其员缺。[①] 乾隆十三年八月十三日，内阁典籍厅移会一统志馆：中堂谕一统志书馆提调官积德已升副都御史，所遗提调官员缺著票签侍读三宝充补。[②] 需要特别注意的是，乾隆十三年时的大清一统志馆提调官的调动说明一统志馆并未关闭，馆内仍需人员负责《一统志》的刊刻、校对工作。

有的纂修官因学差任务而离馆。乾隆三年五月初九日，一统志馆纂修官张湄于四月十八日钦点云南正考官，编修柏谦补其员缺。[③] 乾隆三年六月初四日，一统志馆纂修官柏谦于五月十七日充福建乡试副考官，调编修秦蕙田顶补。[④] 乾隆三年六月十五日，翰林院典簿厅移会一统志馆：准贵馆来文称纂修官胡定钦点广西试差，所遗员缺将检讨万松龄移送到馆顶补，相应将本衙门万松龄移送贵馆顶补。[⑤]

乾隆五年，《大清一统志》稿本的纂修工作即将完成。因实录馆、明史纲目馆等馆修书需要，一统志馆便将馆中职员调至他处。杨椿曾参与《一统志》的编修工作。[⑥] 乾隆四年八月二十日，侍读学士汪由敦，侍读郑江，原品休致侍讲学士杨椿，告休中书吴麟，侍讲学士邹升恒，编修吴华孙、储晋观，检讨陈兆嵛、胡中藻、仲永檀、齐召南、周长发等八员请旨令充明史纲目纂修官。[⑦] 乾隆五年三月三日，翰林院典籍厅移会一统志馆，照得该馆纂修官周玉章调补，所遗员缺，应将本衙门侍读刘藻移送贵馆顶补。其该员公费银本衙门于送馆之日缴还户部。乾隆五年三月四日，内阁一统志馆准翰林院移称一统志馆纂修官周玉章调补实录馆纂修等因，准此所有该员三月份桌饭银两相应移会实录馆支领。[⑧]

（三）入馆较晚或较早离馆者

乾隆八年八月初九日，翰林院典簿厅将庶吉士戈岱移送一统志馆校对

---

① 内阁大库档案，登录号：098607。
② 内阁大库档案，登录号：094842。
③ 内阁大库档案，登录号：098604。
④ 内阁大库档案，登录号：098603。《清实录》10 册，第 105 页。
⑤ 内阁大库档案，登录号：098605。
⑥ 杨椿：《孟邻堂文钞》，《清代诗文集汇编》第 238 册，第 19 ~ 21 页。
⑦ 内阁大库档案，登录号：246111。
⑧ 内阁大库档案，登录号：097659、100374。

志书，一统志馆称《一统志》现在告竣，校对有人，“似不必再行充补”。乾隆八年九月初七日，翰林院典簿厅移会一统志馆：经呈明中堂后，将庶吉士戈岱移送一统志馆充补。① 戈岱入一统志馆时，《大清一统志》编修工作已经接近尾声，他的入馆有请托之嫌。

同样情况的还有陈世烈，乾隆八年三月十一日，翰林院典籍厅移会一统志馆，照得一统志馆纂修官张为仪已经调补三礼馆纂修官，所遗员缺相应将本衙门检讨陈世烈移充补。实际上，张为仪在三礼馆工作时间亦仅一年有余，乾隆九年十二月，三礼馆纂修官张为仪奉旨提督云南学政。乾隆十年三月二十八日，张为仪病故于行寓。②

又如纂修官沈荣仁在《大清一统志》未修成之时便调动至实录馆工作。乾隆四年十一月九日，翰林院典簿厅移会实录馆：实录馆纂修官张麟锡病故。乾隆四年十一月十四日，翰林院典簿厅又移会一统志馆，将一统志馆纂修官编修沈荣仁移送实录馆充补，“所有桌饭银两应在该馆关支，其有兼馆者应请停其支领”。③ 乾隆四年十一月九日，翰林院典簿厅移会一统志馆：该馆纂修官沈荣仁调补实录馆纂修官，所遗员缺，奉堂谕相应将检讨蒋允焄移送充补。④ 乾隆九年七月，沈荣仁任绍兴府余姚县知县。⑤

另外还有一些纂修官因私人事务请假离馆者。乾隆三年正月十九日，翰林院典簿厅移会内阁一统志馆：纂修官夏廷芝、夏之蓉已经丁忧，所遗员缺将编修李清芳、庶吉士张映斗移送该馆充补。⑥ 又如雷鋐和余栋，乾隆四年正月二十六日，雷鋐上折代编修余栋请假回籍营父葬。⑦ 另外，诸锦、潘乙震等人既参与了《一统志》的纂修，又参加了三礼馆的工作。⑧ 这说明他们参与《大清一统志》的工作时间和精力也是有限的。

有学者指出：清代史馆的史官流动现象较为普遍，并论及一统志馆人

---

① 内阁大库档案，登录号：225526、098237。

② 内阁大库档案，登录号：241567、172529、018088。

③ 内阁大库档案，登录号：213699，099069。

④ 内阁大库档案，登录号：213705。

⑤ 内阁大库档案，登录号：017005。

⑥ 内阁大库档案，登录号：098606。

⑦ 中国第一历史档案馆编：《乾隆朝军机处随手登记档》第1册，第201页。

⑧ 详见刘康威：《方苞的〈周礼〉学研究》（下），见《古典文献研究辑刊》第12编，第14册，第285～287页，附表一：《钦定三礼义疏》纂修人员表，台北：花木兰文化出版社，2011年。

员的交流问题。[①] 上述对于大清一统志馆纂修官人事变动情况的考察，笔者认为这是一统志馆管理上的弊端：人员的过多调动，不利于书籍纂修工作的前后连贯性，并影响纂修进度。如郑江在一统志馆工作不到半年便调离出馆，却又调进其他纂修官进馆替补其职位。乾隆四年七月二十三日，翰林院典簿厅移会一统志馆：该馆纂修官吴绂已充三礼馆纂修官，所遗员缺，相应将本院侍读郑江移送充补。[②] 乾隆四年十月二十三日，翰林院典簿厅移会一统志馆：该馆纂修官郑江、齐召南已经充明史纲目馆纂修官，将彭启丰、刘慥移送补其员缺。[③] 又如乾隆五年十二月二十二日，翰林院典籍厅移会一统志馆：照得该馆纂修官李清芳已改补御史，所遗员缺相应将本衙门编修朱荃移送充补，其该员桌饭银两该馆以文到日支取。[④] 乾隆二年六月十五日，内阁一统志馆纂修官吴士珣病故，所遗员缺，翰林院典簿厅相应将编修杨二酉移送到馆顶补。[⑤] 乾隆三年六月二十九日，一统志馆纂修官杨二酉已经改补御史，所遗员缺，翰林院典簿厅将编修沈廷芳移送到馆顶补。[⑥] 纂修官杨二酉的在馆时间仅一年，实际参与纂修《大清一统志》工作的贡献有限。另外，如邓时敏因假离馆后，再复职时却并未回到一统志馆，而是到国史馆工作。乾隆四年五月十日，翰林院典簿厅移会内阁一统志馆：该馆纂修官邓时敏已经告假，相应将本衙门编修王会汾移送充补。乾隆五年十一月，邓时敏调补国史馆充纂修官。[⑦] 这也是一统志馆内人事安排的不足。康雍乾初修《大清一统志》从康熙二十五年开始编修到乾隆十六年刊刻成书[⑧]共历经 65 年，之所以花费如此之久的时间，其中十分重要的原因即是一统志馆内编修人员调动频繁，难以保证馆内有一支稳定的编修队伍，不利于全志编修工作的如期完成。

一统志馆人事管理的问题还体现在人事制度并不适合长期修志的需

---

① 王记录：《清代史馆与清代政治》，第 131 ~ 138 页。

② 内阁大库档案，登录号：213704。林存阳认为：吴绂曾参与三礼馆的纂修工作。乾隆七年入馆，乾隆十三年八月休致，在馆近七年。详见林存阳：《三礼馆：清代学术与政治互动的链环》，第 85 ~ 86 页。按，林氏所算在馆时间有误。

③ 内阁大库档案，登录号：213703。

④ 内阁大库档案，登录号：099791。

⑤ 内阁大库档案，登录号：236062。

⑥ 内阁大库档案，登录号：098577。

⑦ 内阁大库档案，登录号：213702、107745。

⑧ 关于初修《大清一统志》的刊刻过程详见本书第四章第一节。

要，人员调动没有详细规划，离馆或升降他职过于频繁。有时一统志馆管理制度的执行并不严格。如乾隆三年六月十八日，礼部尚书任兰枝奏请御史王峻仍兼一统志馆行走。仅仅过了三个月，乾隆三年九月二十二日，一统志馆纂修官王峻便丁忧，陆宗楷补其员缺。① 又如乾隆三年正月十八日，实录馆汉纂修官万承苍丁母艰，所遗员缺，调编修范咸充补。② 乾隆四年七月一日，翰林院典簿厅移会一统志馆，纂修官陆宗楷已升国子监司业，所遗员缺相应将本院编修范咸移该馆顶补。乾隆五年，户部尚书陈悳华奏请新授御史范咸仍兼一统志馆行走。此时范咸已任广东道监察御史，后又调云南道监察御史。乾隆十年又调任巡台御史等职。③

供事官的管理也存在一些漏洞。乾隆二年十二月六日，吏部验封司移会内阁一统志馆：查生员余瀛等在馆效力，从前并未造册移送本司，无凭查核，应将各该生员等于何年月日到馆效力并何年月日五年期满之处，查覆过司。④ 乾隆二年十二月七日，吏部验封司移会内阁一统志馆：查先经贵馆将生员余瀛等七名咨部考职，并未声明从前进馆效力日期，业经本司移查在案，今丁沆、黄偕行事同一例，相应移会该馆作速查覆。⑤

三　补论：初修《大清一统志》历史上不应该被忽略的群体

康熙四十九年曾规定：凡纂修诸书刊刻告成，分纂诸臣，无论革职、已故与监造人员，一并开列衔名。⑥ 康雍乾初修《大清一统志》的卷首虽然胪列了乾隆八年十一月开载的总裁官、纂修官、收掌、誊录、供事、监造等181人，但这份名录仍不是曾为《大清一统志》编修做出贡献的全部人数。从乾隆八年职名录看，该名录收录的编修人员均是雍正、乾隆时期在馆人员，除了漏载前文所列的蓝鼎元、沈彤二人外，乾隆八年职名录仍有缺载，缺载的人员主要是誊录和供事。通过考辑档案、文集等，笔者

① 内阁大库档案，登录号：019633、098610。

② 内阁大库档案，登录号：100983。

③ 内阁大库档案，登录号：213830、023247。

④ 内阁大库档案，登录号：175469。

⑤ 内阁大库档案，登录号：175400。

⑥ 《（雍正朝）大清会典》，《近代中国史料丛刊三编》第789册，第15025～15027页。

发现部分人员名录，一并考辑于此，便于我们深入了解《大清一统志》这部官修地理总志。

誊录（8人）[①]：

乾隆三年十二月三日，吏部验封司移会一统志馆：将誊录生员曾钧、张廷桂、黄义成、潘藩、黄正儒、刘鸿鹤、刘星槎于何年月日到馆效力，并何年月日五年期满之处，查覆过司。[②]

乾隆五年十一月二十七日，内阁一统志馆奏报本馆《大清一统志》书告成，并请议叙本馆列在三等之誊录官王弘烈。[③]

供事等（38人）：

在一统志馆任职的供事数量不在少数，其中有些人还因此得到议叙，获得官职，如邱云锦和潘涵。邱云锦：康熙四十五年生。江苏长洲人。字絅思，一字玉林。少从父居京师，以善书充一统志馆誊录生。书成，留充实录馆誊录。乾隆九年，选山东宁海州州同。二十三年，江西宁州州同。三十九年六月，卒于德州。[④] 潘涵：生于康熙四十六年。浙江钱塘人。字宇情。国学生。纂修《一统志》，议叙州判。乾隆八年，袁枚任沭阳知县时，潘涵曾至该县勘察灾情。十三年，以苏州通判摄南汇县事。三十年二月十九日，卒于六合知县任上，年五十九。[⑤]

雍正四年三月十一日，吏部尚书孙柱题奏将内阁一统志馆供事官誊录志书议叙奖赏事务。此前，内阁一统志馆总裁、户部侍郎今升户部尚书蒋廷锡等奏："纂修《一统志》例，同誊录贡监三十名，馆中所存监生十八人，除耿湘等六人年力尚壮，可以留用，其刘宗汉等十二人在馆已久，年皆迟暮，驱之使去，情亦可怜。请将刘宗汉等仍照旧例咨交吏部，听吏部查议等因折奏。"蒋廷锡等所奏获准，吏部"因刘宗汉等尚未开明所录何书，曾否告成之处，难以遂议，相应咨回内阁一统志馆查明移覆"。一统志馆又覆称："除王炳竹一人病故外，将刘宗汉等十一人所录盛京等处以及蒙古部落五路、朝贡诸国并直隶各省志书，又缮录校对呼呼诺尔等处地方本底绘画舆图等书，俱系在馆年久之员。"吏部根据康熙四十二年史馆

---

① 按照有明确姓名的数字统计，下同。

② 内阁大库档案，登录号：098608。

③ 内阁大库档案，登录号：230516。

④ 《续修四库全书》第1452册，第285～286页。

⑤ 《小仓山房文集》卷5。内阁大库档案，登录号：079224。民国《杭州府志》卷136。

供事管理办法议定此次蒋廷锡等奏请：

> 查康熙四十二年十月内，臣部题明，久留在馆供事应照外郎分缺之例，将五年役满内外考职吏员选七缺，将年满久留在馆之供事选授一缺。等因具题，奉旨依议。钦遵在案。今刘宗汉等准内阁一统志馆咨送查议，应将候选县丞刘宗汉、白得贵、候选州同李毓叶、候选州同阿尔泰捐应升正印即用李懋仁、候选县丞袁永禧、候选州同边捐分缺先用董国璟、候选州同阿尔泰捐本项应即用王裕玉、候选县丞孙雅诗、候选主簿倪云路、候选州判江瑚、候选州同大同捐驼应升正印即用吴璠等十一人，俱照外郎七缺分选之例，将州同、州判、县丞、主簿等于应班选用七缺之后，选用一人，其州同应升等项于捐班选用七缺之后选用一人。
>
> 雍正四年三月十三日，奉旨依议。①

乾隆三年二月七日，吏部文选司移会一统志馆：乾隆二年十月份大选杂职沈千禄，由一统志馆供事考定未入流，今授贵州平越府平越县重安江驿驿丞，烦为呈堂，详加验看照例给凭。②

乾隆三年二月，国子监移会一统志馆：查该馆送到贡监册内除贡监生萧士龙等七员准其注册演礼外，其生员易泗，向来临雍并无开送之例，相应咨回。③

乾隆三年十二月二十日，吏部移送供事一名到一统志馆办事：为司务厅案呈印官书吏梁瑞椿现年二十四岁，于雍正十二年七月八日著役四年，办事勤慎小心，并无过犯，为此呈堂咨送一统志馆办事。④

乾隆四年七月十五日，吏部文选司移会一统志书馆：本年四月份签掣刑部司狱苏成功，年五十岁，身中面紫微须，山西平阳府洪洞县人，由一统志书馆供事，雍正十年考授从九品，相应移送贵馆查验，令其赴任。⑤

乾隆四年九月，内阁典籍厅移会一统志馆：为该馆移称先经典籍厅移送到之供事范希堂铨选在即，相应移会典籍厅拣选字画端楷之供事送到馆

① 中国第一历史档案馆编：《雍正朝内阁六科史书·吏科》第26册，第343～345页。
② 内阁大库档案，登录号：098615。
③ 内阁大库档案，登录号：098614。
④ 内阁大库档案，登录号：117965。
⑤ 内阁大库档案，登录号：213840。

候补，今将供事徐肇恺一名移送该馆顶补。[①]

乾隆四年九月，典籍厅奏报：供事王正瑛铨选在即，今将供事钱一清移送一统志馆顶补王正瑛名缺。[②]

乾隆四年十一月一日，吏部文选司移会一统志书馆：为一统志馆册开，供事王廷瑶顶补戴名振告假名缺，刘永祺顶补徐梦魁告假名缺。请查明各该供事告假顶缺年月日期、考职名次，照例另造详细清册移送过司。[③]

乾隆五年五月三日，吏部文选司移会一统志馆：本年二月份大选杂职汪祖禔，安徽人，由一统志馆供事考定未入流，今授大同府广灵县典史，所有文凭一道合行封发，烦为呈堂验看。[④]

乾隆六年十一月十六日，都察院经历司移会一统志馆：查书吏陈应衡办事勤谨，今既情愿赴一统志馆办事效力，相应照移送一统志馆收录。[⑤]

乾隆十二年，吏部文选司移会内阁一统志馆：供事单九德于乾隆五年十月三十日在户部衙门著役扣至乾隆十二年六月底共食公费二十四个月，期满，查与例相符，应准其注册，归班铨选。[⑥]

乾隆十三年一月二十一日，浙江道移会一统志馆：书吏陈启相著役四年以上，行走勤慎，是与定例相符，移送一统志馆行走。[⑦]

乾隆十三年五月，吏部文选司移会一统志馆：该馆既称供事张宝三在户部著役，拨送到馆补食公费二十四个月期满。查与例相符，应准其注册归班铨选，仍知照该馆饬令回籍。[⑧]

乾隆十三年九月，吏部文选司移会一统志馆：供事陈廷梓食过公费之处前后接算只食公费二十三个月，尚未足二十四个月之期，与例不符，不便注册。[⑨]

乾隆十四年二月十二日，吏部文选司移会一统志馆：为供事何腾彪在

---

① 内阁大库档案，登录号：213689。
② 内阁大库档案，登录号：213821。
③ 内阁大库档案，登录号：213688。
④ 内阁大库档案，登录号：107754。
⑤ 内阁大库档案，登录号：202353。
⑥ 内阁大库档案，登录号：149941。
⑦ 内阁大库档案，登录号：085330。
⑧ 内阁大库档案，登录号：103734。
⑨ 内阁大库档案，登录号：106810。

一统志馆补缺食公费前后接算共二十四个月，期满查与例相符，应准其归班铨选，仍知照一统志馆饬令回籍。[①]

除了誊录和供事外，另有收掌官皂保亦未收录于乾隆八年职名录。乾隆十二年五月，内阁一统志馆移会内阁典籍厅：查收掌官皂保已调补会典馆，于五月十三日赴会典馆办事。其五月份桌饭银两已在本馆关领。[②]

需要补充的是，一统志馆中还有私人协修现象，著名学者全祖望即是一例。全祖望曾经帮助一统志馆纂修官曹一士、陶正靖等编修《大清一统志》。他回复曹一士的信件中言：“再读来谕，欲定常德府之武山是后人以辰州之山误属之者，其说似有未尽。”全祖望考黄闵《武陵记》，认为此书是讹说之源，《方舆胜览》因之。郦道元、乐史、王存皆未详考黄说。新修《一统志》稿亦未考辨讹误。全祖望认为应“博引诸家之文，而定取旧志之说，不必有所疑也”。[③] 全祖望在回信陶正靖时则讲述其审稿江苏统志稿所遇问题：“昨奉命复审江省志稿，至贵池，反复于南江、分江水故道，茫然者久之。”全祖望结合胡渭、郦道元等人著述，考辨太湖流域中的南江、分江两支流，最终亦未得出满意结论。[④] 全祖望还记述了他在一统志馆中其他经历：纂修《广东通志》时援引他在一统志馆所见《广东通志》：“于一统志局中见《广东通志》草本，其国朝大吏首列佟督养甲……”。[⑤] 在《与杭堇浦论金史第五帖子》中与杭世骏讨论大清河、小清河：“今《一统志》以大清河之上流为古济水是已。”[⑥] 在《大清一统志》的编纂过程中，协修与众多纂修官共同修志并存，这两种情况使得后人在分析《大清一统志》的地理学思想时很难将其归结于某一位纂修官，而且在判断某位纂修官的具体贡献等问题存在极大困难，因为人们很难明确判定《大清一统志》的整部志书或其中某卷

---

① 内阁大库档案，登录号：154984。

② 内阁大库档案，登录号：150002。

③ 全祖望撰，朱铸禹汇校集注：《全祖望集汇校集注》中册，第1716～1717页：《答沔浦房师一统志稿书》，上海：上海古籍出版社，2000年。

④ 全祖望撰，朱铸禹汇校集注：《全祖望集汇校集注》中册，第1717～1718页：《答陶稺中编修论江省志稿书》。

⑤ 全祖望撰，朱铸禹汇校集注：《全祖望集汇校集注》中册，第1653～1654页，《移广东志局论佟督不当立传帖》。

⑥ 全祖望撰，朱铸禹汇校集注：《全祖望集汇校集注》中册，第1643页。

的著作权的归属。

第三节 方略馆与续修《大清一统志》编修人员初探

方略馆是设立于乾隆年间的修书机构，同时也是军机处的附属机构，承担军机处部分行政事务。目前，乔治忠[①]、夏宏图[②]、姚继荣[③]、王记录[④]、赵志强[⑤]、朱金甫[⑥]等学者曾在方略馆的设置时间、编修典籍、馆内制度、方略馆的性质或地位等问题上做出了一定的研究，他们对于本书探讨方略馆修《一统志》问题启发较多。前辈学者的研究多集中在方略馆的一般制度和所修方略、纪略，关于方略馆纂修《一统志》的具体情况研究极少，且利用档案较少。此处据所见档案资料的蛛丝马迹求索方略馆与《一统志》编修的相关问题。

一 方略馆小考

> 方略馆，总裁，军机大臣兼充。掌修方略。提调、收掌，俱满、汉二人。纂修，满洲三人、汉六人。俱由军机章京内派充。汉纂修缺内由翰林院咨送充补一人。校对，无员限，六部司员、内阁中书兼充。有事权置，毕乃省。[⑦]

这是《清史稿·职官志》对方略馆的描述，和乾隆年间负责续修《一统志》的方略馆的实际情况并不一致，因为方略馆内的人事、馆务等

---

① 乔治忠：《中国官方史学与私家史学》，第112~131页等。

② 夏宏图：《清代方略馆设立时间举证》，《历史档案》1997年第2期。

③ 姚继荣：《清代方略研究》，第24~35页。

④ 王记录：《清代史馆与清代政治》，北京：人民出版社，2009年。

⑤ 赵志强：《清代中央决策机制研究》，第348~349页，北京：科学出版社，2007年。另有周洁：《清代〈方略〉研究——以〈平定金川方略〉为个案》，第12~16页，武汉大学2004年硕士学位论文。

⑥ 朱金甫：《略论清代官修"方略"的编纂》，http://www.historychina.net/daly/352559.shtml，2009年11月发表于中华文史网，搜索于2013年6月20日。

⑦ "国史馆"校注：《清史稿校注》卷121《职官志一》，第4册，第3260页，台北：台湾商务印书馆，1999年。

是一个不断变动的状态。乾隆四十六年十一月十八日，陕西道监察御史梁景阳奏请议定各馆议叙之例以平铨政事，他在奏折中提及：“（方略馆）自乾隆十三四年开馆，迄今三十余年”①。这是乾隆年间廷臣的表述，可以直接证明方略馆开设时间。②“查内廷三馆中，方略馆额设满纂修五员、汉纂修十五员，类以翰林等员充补。每月照例给予公费，向来书成议叙。凡编检以上等员，纂修皆分别等第，予以加级记录。”③ 这里梁景阳所说方略馆纂修官的编制和《枢垣纪略》《清史稿》记载存在较大差异。方略馆编修《一统志》时确是按照梁景阳所述情况而运行，“乾隆二十五、四十一等年纂办平定准噶尔、金川方略及《南巡盛典》《大清一统志》等书俱经添设汉纂修十六七员、誊录亦添至二十余名及三十余名不等。迨后陆续裁撤，仅有汉纂修五员、誊录十二人述年承办各书”④。方略馆纂修《一统志》时共设有：总纂、满汉提调、收掌、纂修、校对、誊录、译汉官、供事等，由各个人员分工协作，共同编修。⑤ 这些编修人员大多是从京城中央机构各处借调而来，并非方略馆常设在编人员，这也被乾隆四十二年四月和珅等奏请《一统志》纂修官折件所证实，详见下文分析。书编成后，方略馆中的大多数人员在议叙后即裁撤或调离。⑥ 乾隆年间，方略馆中其他书籍的编修人员大多也是照此办法处理。如乾隆四十二年九月初八日，阿桂、于敏中、和珅等向乾隆帝汇奏《满洲源流考》一书编纂情况：

---

① 录副奏折，档号：03—0170—088，缩微号：012—1494，一史馆藏。另见《宫中档乾隆朝奏折》第49辑，第682～683页。

② 前引夏宏图文章认为方略馆开设于康熙二十一年。姚继荣认为设立于乾隆十四年，详见《清代方略研究》与《清代方略馆设置年代记载小议》，《北京师范大学学报》（人文社会科学版）2002年第1期。但姚氏只引用了梁章钜等撰《枢垣纪略》和章乃炜《清宫述闻》两书。《枢垣纪略》所记方略馆也只是一人之所见所言，梁曾于嘉庆二十三年至道光二年任军机章京，朱智生活年代更晚。《清宫述闻》则是民国人对于清朝史事的追忆，很难在时间序列上完全符合某一时段清朝制度、历史的原貌。笔者所举史料第一次被用来证明方略馆设立时间。

③ 录副奏折，档号：03—0170—088，缩微号：012—1494，一史馆藏。

④ 嘉庆九年二月初四日，庆桂等奏陈方略馆事宜，见中国第一历史档案馆编：《嘉庆道光两朝上谕档》第9册，第34～35页。

⑤ 和珅、曹文埴：《奏请议叙大清一统志总纂满汉各官员等事》，录副奏折，档号：03—1155—038，缩微号：082—1733，国家清史编纂委员会资料数据库。

⑥ 乾隆五十三年十月二十日，和珅等在奏折中即说明：“方略馆额设誊录于各书纂办完竣后俱已裁汰。”详见中国第一历史档案馆、文化部恭王府管理中心编：《清宫恭王府档案总汇：和珅秘档》第4册，第401～404页，北京：国家图书馆出版社，2009年。

此项书籍拟在方略馆就近办理，所需编纂及译汉人员，拟派内阁侍读麟喜、中书呈麟、笔帖式七德为满纂修，理藩院笔帖式临保、候补笔帖式明伦、工部库使巴尼泰为译汉官，照满誊录之例行走翰林院。编修宋铣、平恕、候补部员曹锡宝为汉纂修官，并派郎中巴尼珲、侍读孙永清为提调官，督催稽核。至缮写、收发之誊录、供事等应即在方略馆通融抽拨，惟查该馆现在赶办《平定两金川方略》并《大清一统志》、《西域图志》、《热河志》及元、辽史，《明纪纲目》《明史本纪》等书，各有卯限，原设之誊录、供事仅供各书之用，难以再为分拨。臣等公同酌拟，应再咨取汉誊录四员、供事六名，令其专心承办，庶有责成矣。将来书成之日，照例给予议叙，以示鼓励。其所添之誊录、供事等应支桌饭银两，并需用笔墨、桌凳等项，仍由该馆照例随时于户、工等衙门樽节支领，毋庸专俟置办。[①]

方略馆是乾隆年间负责续修《一统志》的纂修机构，这是史实。但是，毕沅和《清实录》的纂修官均误称大清一统志馆负责续修《一统志》，乾隆四十二年七月二十九日，陕西巡抚毕沅上奏各省方志所载名宦应续加采辑“呈送大清一统志馆，以昭圣治而励循绩”。[②] 毕沅奏折中“大清一统志馆”本意究竟何指？我们已很难知晓。这实际上与初修《一统志》的大清一统志馆称呼相同。而且，两种材料均可划入史学研究的原始材料，这容易造成乾隆续修《大清一统志》亦由一统志馆负责编修的误解。故于此提出，以免贻误他人。

二 续修《一统志》编修人员考辑

乾隆续修《大清一统志》的编修者群体向为学界忽视。文渊阁与文津阁《四库全书》本《大清一统志》仅署和珅一人之名，乾隆五十五年殿版、光绪年间石印本均未收录编修者名录。三部《大清一统志》中的初修志与重修志皆附有编修者名录，唯独续修志未记录编修者信

① 中国第一历史档案馆、文化部恭王府管理中心编：《清宫恭王府档案总汇：和珅秘档》第1册，第28～29页。

② 《宫中档乾隆朝奏折》第39辑，第525页。另见《清实录》第21册，第904页。

息[①]。乾隆续修《大清一统志》的纂修档案主要集中于军机处方略馆档案卷宗内，暂不能阅。笔者在爬梳史料过程中发现已经公布或出版的部分清代档案、人物传记和清人文集中存有续修《一统志》编纂者的零散记载，此作整理，以飨同好。

《乾隆帝起居注》乾隆五十年十二月二十日记载：因续修《一统志》告成，奉谕旨将舒濂、博兴、刘谨之、汪日章、吴熊光、吴敬舆、关槐、吴寿昌、冯集梧等九人照例议叙。[②] 另据档案记载，乾隆四十二年三月至四十四年六月间，曾派袁守侗、和珅、钱汝诚、王杰和曹文埴负责《一统志》的管理或阅看事务。[③] 余鹏翀，安徽安庆人，乾隆二十年生，乾隆四十二年前后曾为方略馆中某人校修《一统志》。乾隆四十八年卒。[④] 结合表中所列，关槐和吴寿昌属于重复记载，仅计算一次，目前可知共有43人参与了续修《大清一统志》的编修工作。如果要计算方略馆修《一统志》时的协修人员，那么乾隆续修《大清一统志》的编修人员数量将更为庞大。目前，笔者辑录出40余人曾参与《一统志》纂修，虽不全面，但通过他们，我们可以窥见乾隆续修《大清一统志》纂修历史。

表2-2　乾隆续修《大清一统志》编修者表[⑤]

	姓名	籍贯	馆中职责与在馆时间
1	吴省兰	江苏南汇人	总纂，（四十四年—五十年）
2	申甫	江苏江都人	总纂，副都御史，（四十二年四月—?）
3	姚梁	浙江庆元人	纂修官，宗人府主事，（四十二年四月—?）

① 按，故宫博物院藏乾隆九年殿本《大清一统志》（初修）、道光二十九年薛子瑜活字印本《大清一统志》（初修）、四部丛刊续编本《大清一统志》（重修）等皆附有纂修者名单。

② 中国第一历史档案馆编：《乾隆帝起居注》第35册。

③ 中国第一历史档案馆编：《乾隆朝上谕档》第8册，第606、934页，第9册，第692、717页。

④ 武亿撰：《余少云哀词》，见《授堂文钞》卷5，《清代诗文集汇编》第410册，第177～178页。

⑤ 材料来源：《纂修四库全书档案》下册，第1465～1467页；《乾隆朝上谕档》第8册，第615～616页；《三十三种清代人物传记资料汇编》第18册，第5889页、第5927～5929页；中国第一历史档案馆藏录副奏折，档号：03—1155—041，缩微号：082—1744；《勉行堂诗集》卷17；《颐彩堂诗钞》卷8；《嘉庆道光两朝上谕档》第15册，第610～611页；吴省钦编，吴敬枢续编：《吴白华自订年谱》，见《北京图书馆藏珍本年谱丛刊》第106册，第278页。表中问号表示入馆或离馆时间待考。

续表 2－2

	姓名	籍贯	馆中职责与在馆时间
4	许祖京	浙江德清人	纂修官，内阁侍读，（四十二年四月—?）
5	陆瑗	江苏阳湖人	纂修官，内阁中书，（四十二年四月—?）
6	叶茭	浙江仁和人	纂修官，内阁中书，（四十二年四月—?）
7	施光辂	浙江钱塘人	纂修官，内阁中书，（四十二年四月—?）
8	关槐	浙江仁和人	纂修官，内阁中书，（四十二年四月—?）
9	陈初哲	江苏吴县人	纂修官，翰林院修撰，（四十二年四月—?）
10	宋铣	江苏吴县人	纂修官，翰林院编修，（四十二年四月—?）
11	黄良栋	顺天大兴人	纂修官，翰林院编修，（四十二年四月—?）
12	吴寿昌	浙江山阴人	纂修官，翰林院编修，（四十二年四月—?）
13	秦泉	江苏无锡人	纂修官，翰林院编修，（四十二年四月—?）
14	蔡履元	浙江石门人	纂修官，御史兼户部郎中，（四十二年四月—?）
15	王嵩柱	直隶宝坻人	纂修官，刑部郎中，（四十二年四月—?）
16	史梦琦	江苏阳湖人	纂修官，兵部员外郎，（四十二年四月—?）
17	唐乐宇	四川绵州人	纂修官，户部主事，（四十二年四月—?）
18	陈本忠	直隶昌平人	纂修官，户部主事，（四十二年四月—?）
19	程世淳	安徽歙县人	纂修官，户部主事，（四十二年四月—?）
20	汪如藻	浙江秀水人	纂修官，翰林院编修，（四十七年二月—?）
21	戴衢亨	江西大庾人	纂修官，翰林院修撰，（四十七年二月—?）
22	严长明	江苏江宁人	纂修官，内阁中书，（?）
23	沈叔埏	浙江秀水人	分校官，内阁中书，（四十六年—?）
24	马廷模	—	大理寺笔帖式，在馆十余年
25	那沛	—	太常寺笔帖式，在馆十余年
26	钱大昕	江苏嘉定人	纂修官，（三十六年前后）
27	程晋芳	江苏江都人	纂修官，（三十年、三十一年前后）
28	赵文哲	江苏上海人	纂修官、总校官，（?）
29	谈宗岳	—	供事，（?）
30	吴省钦	江苏南汇人	纂修官，（三十年—?）

三　编修人员特征分析

据表2－2等资料的统计分析，方略馆《一统志》的编修者群体呈现以下特征：

第一，在地理分布上，超过七成的编修者是江浙籍。籍贯可考者共有35人，江苏、浙江籍分别约占42.9%、34.3%，另有直隶3人、山东1人、陕西1人、安徽2人、江西1人、四川1人。这和清代前中期江浙地区文化中心地位是分不开的。但是，《大清一统志》是全国范围内的地理总志，因此方略馆在选拔纂修官时又需要考虑籍贯广泛分布的原则，这样可以保障各省统志在纂修时有熟悉本省舆地的纂修官参与，有利于保证志书的质量。《一统志》每个统部具体由哪些纂修者参与，还有待挖掘更多的资料。

第二，在任职时间上，纂修官往往身兼多职，在馆时间较短、较少且难以得到保证。尽管我们无法精确计算出他们在馆年月，但是几乎没有一位专职投入《一统志》的纂修者，大多数编修者在志书未成之前即因故离馆。吴省兰于乾隆四十四年刚接任《一统志》总纂一职，四十五年便充文渊阁校理，还担任乡试考官，并参与四库馆工作[①]。而且，乾隆四十九年七月十五日，多罗质郡王因为《河源纪略》一书修成而题请议叙纂修官吴省兰等六员、收掌官二员时，却要向四库馆行文咨取吴省兰等人履历清册。[②] 可见，吴省兰在方略馆中总的工作时间有限。申甫于乾隆四十二年四月接任总纂，四十三年六月便去世，任职时间仅一年有余，况且他还担任副都御史之职。被临时借调来的汪如藻在分修《一统志》不久便担任翰林院办事翰林，负责翰林院日常行政事务的处理，他还在四库馆担任纂修官一职。戴衢亨在被借调编修《一统志》后，也是身兼四库馆之职[③]。宋铣曾任四库馆对音官、提调官。冯应榴、史梦琦、黄良栋、吴寿昌、秦泉亦曾担任四库馆大典本纂修官。吴省兰亦曾参与四库馆大典本的

① 乾隆四十九年八月和珅等奏：吴省兰在四库馆曾被记过二十六次，见中国第一历史档案馆、文化部恭王府管理中心编：《清宫恭王府档案总汇：和珅秘档》第2册，第160～163页。

② 详见内阁大库档案，登录号：146414、146343。

③ 乾隆四十九年八月和珅等奏：戴衢亨在四库馆曾被记过二次，见中国第一历史档案馆、文化部恭王府管理中心编：《清宫恭王府档案总汇：和珅秘档》第2册，第160～163页。

事务。程晋芳曾任协勘总目官。陈初哲曾任四库馆分校官、纂修官、荟要处分校、对音官。关槐四十六年任四库馆提调官，曾任荟要处分校、武英殿纂修、聚珍本校对官等。冯集梧、汪日章曾任四库馆分校官。刘谨之曾任四库馆提调官。施光辂曾任分校官、复校官。[①]

在方略馆纂修《一统志》时还存在“助校”现象，即有部分志书不一定是由纂修官们独立纂成的。乾隆四十七年，程晋芳拟推荐凌廷堪助汪如藻校修《一统志》，后因翁方纲荐，凌廷堪任四库馆总校章维垣的助校。[②] 奉命阅办《一统志》的和珅、王杰等人更是政务繁多，难有时间切实地督催馆中人员修志。乾隆五十三年春至五十四年夏之间，吴寿昌作诗时便回忆参修《一统志》往事：“余曾充《一统志》纂修官，京寓尚有部移档案全册在，彼归时当为查阅。”[③] 可见，方略馆中并无十分严格的修志管理制度。根据乾隆四十二年至四十四年间，乾隆帝派和珅、王杰等阅看《一统志》事件和乾隆五十年的议叙奏折来看，笔者初步认为方略馆并未专门选派总裁（副总裁）领修《一统志》。

第三，大型丛书《四库全书》的纂修和方略馆承担纂修的《清朝开国方略》等多部方略也分散了方略馆中修志人员的力量，难以集中精力纂修《一统志》。即使是负责馆中杂务的供事人员也是一人多职。供事谈宗岳自乾隆五十二年到馆，承办台湾、廓尔喀、平苗各纪略，并《大清一统志》《工赈纪事》诸书，得议叙多次。[④] 表2－2所辑马廷模和那沛均曾在方略馆任职十余年，或许并非专办《一统志》。实际上，在清代宫廷修书机构中，有一些力役人员，特别是知识水平或职位很低的办事人员的任职或服务的时间往往较长。如雍正二年六月十八日，吏部尚书隆科多题请将内书房修书人员舒彬等照例议叙：

> 今内书房修书人员舒彬等俱系现任之员，行走年份有深浅不同，应按伊等年份之多寡，分别议叙。除原任阿思哈尼哈番不议叙外，应将行走二十七年之国子监典簿关保、行走二十年之内阁中书雅图、行

---

① 详见张升：《四库全书馆研究》，第71、72、97、98页，第356～389页，北京：北京师范大学出版社，2012年。

② 张升：《四库全书馆研究》，第266～267页。

③ 见《四库未收书辑刊》10辑第25册，第255页。

④ 中国第一历史档案馆编：《嘉庆道光两朝上谕档》第15册，第610～611页。

走十九年之内阁中书佟泰、武英殿拜唐阿苗志诚、行走十八年之户部八品笔帖式善萨保、行走十七年之内务府空衔八品笔帖式傅德、刑部无品笔帖式塞尔图、行走十二年之国子监助教马尔赛、翰林院八品笔帖式刘保住、查关保等九员，效力已过十年，各准其应升之缺即用。行走八年之八品笔帖式百寿、光禄寺八品笔帖式傅翰泰、行走七年之侍卫笔帖式卧星颁查白寿等三员未满十年，应俟效力满十年之后，再此例议叙。①

方略馆参与《大清一统志》的编修人员在籍贯、在馆时间方面的特征与大清一统志馆中的编修人员的情况相似。

第四，同一统志馆的纂修官相比，方略馆纂修《一统志》的人员来自兵部、刑部、都察院、户部、翰林院等多个衙门，直接从翰林院、詹事府调拨纂修官的比例相对较低。27 位纂修官中有 10 名在进馆修志时尚未取得进士功名，而且这 10 人中又有因乾隆帝南巡时奖授而获举人或内阁中书。申甫、吴省兰兄弟和和珅关系非同一般，刘谨之的伯父是国史馆总裁、文渊阁大学士刘纶。同一统志馆相比，方略馆《一统志》纂修官在舆地学方面的学术水平显得相对不足。

目前可知，在方略馆纂修《大清一统志》工作的后期，吴省兰相对地做出了较多贡献。和珅曾奏请将吴省兰等议叙：查《一统志》共四百二十四卷，总纂编修吴省兰于四十四年接办总纂，出二百余卷，其中如新疆藩部及就设于承德属等后，或系原本简略，或系另行纂辑，搜采尤难，俟臣一手承办，较为出力。且现在全书划一，仍意令上紧办理。查该员本系四库馆议叙列明在前，升用为大主考三等，因旨销去。可否仰恳圣恩，将编修吴省兰仍于应升缺出列名在前，以示鼓励。②

最后总结一下方略馆纂修《大清一统志》过程中的不利因素：①方略馆修《一统志》时缺乏严格的规章制度，如未设立总裁官专门负责领修《一统志》，纂修官可将志书资料携带回住处，纂修官的调动、议叙也未按照五年（六年）之限。②纂修官是保证《一统志》编修质量的重要方面，但方略馆《一统志》的纂修官来自多个部门，专业性相对不足。

① 中国第一历史档案馆编：《雍正朝内阁六科史书・吏科》12 册，第 455 ~ 458 页。

② 录副奏折，档号：03—1155—041，缩微号：082—1744，国家清史编纂委员会数据库。

纂修官除了修志之外还有较多的其他行政性事务，且调用、差遣频繁，很难保证修志过程的连续性和纂修进度。③方略馆在纂修《一统志》的同时还先后编修《平定准噶尔方略》《清朝开国方略》《剿捕临清逆匪纪略》《平定两金川方略》《兰州纪略》《石峰堡纪略》等多部史书。方略馆是军机处的附属机构，除了纂修史书外，还承担军机处档案管理、日常值守等事务。④方略馆纂修《一统志》时需要通过礼部、兵部或内阁转咨地方各省移送志书纂修所需的地方志书、档案文件等，这就与各个机构的工作效率高低密切相关。通过前文纂修过程研究可知，它也是造成续修《一统志》工作进展缓慢的因素之一。

第四节 国史馆重修《大清一统志》人员考

嘉道重修《大清一统志》的纂修机构是国史馆[①]。笔者目前无法阅览国史馆重修《一统志》档案，故关于国史馆重修《一统志》时的馆内具体情况只能暂付阙如。本节重点考察国史馆重修《大清一统志》的人员问题，一般署名穆彰阿、潘锡恩等纂修《一统志》，但具体是由哪些人员参与编写，目前并无系统研究。嘉庆年间的《会典》规定翰林院职掌之一纂修书史："凡各馆纂修书史，掌院学士充正副总裁官，侍读学士以下编检以上充纂修官，亦充提调官。庶吉士亦间充纂修官。典簿、待诏、孔目充收掌官，笔帖式充誊录官，亦间充收掌官。编纂诸书，刊刻告竣，皆得奏请颁赐。凡与纂诸臣，至告竣时，已出馆局者，仍许列衔。奉旨特开之馆，应用纂修额缺，酌定奏请。"[②] 然而，从嘉道重修《一统志》进呈写本署名来看，情况并非是《嘉庆会典》所规定的那样。笔者根据首次发现的一批档案，细致梳理国史馆参与编修《一统志》的人员，以期探究出更为丰富的嘉道重修《大清一统志》纂修历史。

---

① 关于国史馆这一机构的研究可参考邹爱莲：《清代的国史馆及其修史制度》，《史学集刊》2002 年第 4 期，第 37～43 页。乔治忠：《中国官方史学与私家史学》，第 108～131 页。王记录：《清代史馆与清代政治》，第 42～46 页。张德泽：《清代国家机关考略》，第 159～160 页，北京：学苑出版社，2001 年。

② 《（嘉庆朝）大清会典事例》，见《近代中国史料丛刊三编》第 693 册，第 2408～2409 页。

一　编修人员数量考

笔者根据相关档案，以时间为序，考察国史馆重修《大清一统志》的编修人员数量。

嘉庆十六年三月，国史馆修《大清一统志》纂修官安排情况如下：

> 现任满提调官内阁侍读学士明舒、内阁侍读苏明阿、汉提调官翰林院编修葛方晋、朱方增总司其事，外应添设汉总纂官二员、汉纂修官八员，所设总纂官以编修朱琦、钱昌龄充补，所设纂修官以帮总纂官编修陈傅经及检讨查纳勤，编修陶樑、费内章、刘荣黼、白镕、王嘉栋、胡承珙充补，令其详为查纂。其校勘之事，亦即令该员兼摄，并令协同原纂地理志之总纂官编修陈鸿墀、李宗昉，纂修官编修谢学崇、徐颋一体编查，俾地理志亦得同时告竣。至添设各员应得桌饭银两，仍照臣馆旧例，一并支给，俟全书告成后，即行裁撤。①

此次派设满提调官二员、汉提调官二员，添设汉总纂官二员、汉纂修官八员，并调编修国史地理志总纂及纂修官四员，一共有 18 人参与重修《一统志》，这还不包括参与其中的收掌、供事等人员。18 位编修人员仅陈鸿墀被收录于重修《一统志》进呈写本卷后名录。

嘉庆二十五年十一月，国史馆对《大清一统志》的纂修人员做出新的安排：“现派出汉提调官朱琦总司其事，总纂官顾莼、沈岐，纂修官廖鸿藻、易禧善、林春溥、□杰、贺长龄、李家惠、李浩、牛鑑，协修官周之桢、贺熙龄、谢阶树、董国华等专任编辑，互相校勘。”② 从嘉庆十六年到二十五年，九年前的编修人员仅朱琦一人留在国史馆继续编修《一统志》。这是道光帝即位后对《一统志》总纂、纂修官的人员调整，提调官、总纂官、纂修官与协修官共有 15 人，其中顾莼、廖鸿藻二人被收录于重修《一统志》进呈写本卷后名录。

道光二十二年十二月，《大清一统志》全书稿本完成。穆彰阿等奏

---

① 《清国史馆奏稿》第 2 册，第 1013 页。

② 《清国史馆奏稿》第 2 册，第 1096 页。

请将编修人员分别议叙。该年十二月二十七日，内阁奉上谕："前任提调兼总纂官潘锡恩、杜受田、祝庆蕃、王植、徐士芬、毛树棠、周祖培、李钧、文俊，前任总纂、纂修官廖鸿荃、沈岐、姚元之、李煌、季芝昌、李品芳、善焘、冯芝、王炳瀛、朱嶟、柏葰、黄爵滋、贾桢、德春、明训、舒兴阿、吴其濬、吴文镕、李星沅、张日晸、王笃、曾望、颜德兴、德诚、赵光、博迪、苏广林、陆建瀛、常大淳、全庆，均著准予议叙。"校对官内阁中书宗稷辰、贺式韩、沈维钰，收掌官小京官文煜、候选通判长谦、文举人候选知县恒山、汉军七品笔帖式希郷、福顺、汉军候补八品笔帖式长春、内务府委署主事景明等亦分别获得议叙。另有供事十八人获得奖赏："其在馆年久最为出力之供事从九品方溥著免补本班，以应升之府经历、县丞升用。府经历张恩荣著免补本班，以应升之缺升用。州吏目徐锦、吴堃，从九品何庆龄，未入流周嘉穗、沈源、谢毅士均著以各该员本项应得之缺归于双月，遇缺即选，不积本班之缺。从九品沈钟英、霍坤普、徐文勳、崔世荣，未入流张叔瑾、朱澧、徐錂、徐德庆著各以此次应得之缺归于各项议叙。本班到班之前先予选用，均不积本班之缺。现未服阕之从九品王成富、秦熙成著俟服阕后各以此次应得之缺归于各项议叙。本班到班之前先予选用，均不积本班之缺，以示鼓励。余依议。"① 此谕旨嘉奖人员中有姓名可考者：前任提调兼总纂官 9 人，前任总纂、纂修官 30 人，校对官 3 人，收掌官 7 人，供事 18 人，共计 67 人，这还不包括奏请名单中"余依议"的那些编修人员。其中，潘锡恩、李煌、冯芝、黄爵滋、贾桢、宗稷辰、贺式韩、沈维钰八人被收录于重修《一统志》进呈写本卷后名录。

道光二十四年二月十八日，总管内务府又为国史馆编修《大清一统志》应行议叙人员分别奏请补用，这些翻译官、誊录官均属内务府人员且奏请任内务府职务，故由内务府奏请议叙。他们分别是：列为一等翻译官内务府汉军候补笔帖式松泉、誊录官内务府主事维翰、前任誊录官内务府汉军笔帖式福淳，"臣等公同酌议，拟请照案，准主事维翰遇有公缺员外郎缺出，升班过三缺后补用。候补笔帖式松泉请遇缺补用后归入委署主事班内，升班过三缺后补用。笔帖式福淳查系造办处题缺人

① 本段所引详见《嘉庆道光两朝上谕档》第 47 册，第 533～534 页。

员，请遇有该处应升缺出，升班过三缺后补用。所有臣等酌拟议叙各员，是否有当……奉旨依议。钦此。”① 在这三名内务府人员议叙之前，吏部按例另将参与《一统志》纂修工作的三人题请议叙：前任翻译官已邀议叙知县双月记名满蒙笔帖式二班后用之内务府笔帖式奎鹤，列为一等校对官内务府汉军七品笔帖式呈请外升之希裕，列为一等汉誊录武备院汉军八品笔帖式呈请外升之豫节。尽管此三人亦是内务府人员，但因系“呈请外升”，故由吏部题覆奖励。② 可见，关于《大清一统志》编修人员的议叙办法有较为严格的制度规定，不同身份、职位的编修者的议叙奖励办法有所不同。

道光二十二年底，嘉道重修《大清一统志》稿本完成后并未刊印殿本，国史馆继续组织人员校对稿本的讹误，这一校对工作至道光二十六年方才全部完成。道光二十六年六月十六日，吏部尚书恩桂就国史馆缮写《大清一统志》全书在馆出力的人员题请议叙③：“在馆人员初校、覆勘及供事奔走承值，均属始终奋勉，且系功课之外另缮之书。除臣等总裁不敢仰邀议叙外，至在馆提调、总纂、纂修、协修、校对、收掌、誊录、供事等官，臣等核其功课多寡，分别一二三等，咨部给予优叙。”其中汉校对候补内阁中书许诵恒、龚自闾校勘尤为出力，“请以不论咨留缺出，尽先补用截取”。校对同知内阁中书张继灏，内阁中书邵纶、程祖培，收掌官候选通判长谦（出现两次）、长春，候选知县福顺，候选知县恒山，内阁贴写中书崇芳，理藩院候补笔帖式荣椿，供事候选府经历县丞方溥，候选县丞刘椿，候选知县等项张恩荣，州吏目徐锦，从九品秦熙成、霍坤普，候选县丞朱澧，从九品杨大钧、李耀、徐文勳、沈钰、孙克礼、杨因培、沈廷柱、陈耀堃、邵煜、朱士吉，州吏目贺联奎、范先捷，未入流张叔瑾、李声佩、吴肇翻、张裕甸，候选县丞王治等 35 人均因在馆效力勤勉，得到特别的议叙奖励。恩桂等依据惯例，“嗣据该馆将应行议叙各员分别等第，造具履历清册，咨部查照办理前来。臣部查册内举人、中式科分名次、捐纳捐职人员捐衔上库日期是否相符，行查户、礼二部，其册内有未将履历详细开

---

① 奏折，档号：05—0734—043，一史馆藏。

② 奏折，档号：05—0734—043，一史馆藏。

③ 内阁吏科题本，档号：02—01—03—10811—010，缩微号：02—01—03—09—185—0784，一史馆藏。按，此至第 136 页所引用的道光二十六年议叙事务均出自该条档案，不一一注明。

造者，复行查该馆去后。兹据户、礼二部并该馆于道光二十六年闰五月十九等日陆续查覆到部。”将各员所得不同等地的议叙分别开单进呈，兹将单中所列人员分别梳理于此，据此可见国史馆参修《一统志》人员的盛况。

道光二十二年十二月，《一统志》全书志稿完成后，穆彰阿等奏请议叙67人，其中有11人与道光二十六年六月恩桂等奏请议叙人员相同，他们是：收掌官候选通判长谦、长春，候选知县福顺，候选知县恒山，供事候选知县等项张恩荣，州吏目徐锦，从九品秦熙成、霍坤普，候选县丞朱澧，从九品徐文勳，未入流张叔瑾。这说明被两次议叙的11位编修人员有可能是从道光二十二年至二十六年间一直参与国史馆《一统志》的编修工作。另外，汉校对候补内阁中书许诵恒在重修《大清一统志》进呈写本的卷后名录中，他的名字又出现在道光二十六年的议叙名单中，说明许诵恒留在国史馆继续校对《一统志》。

道光二十六年六月十六日，吏部尚书恩桂题请议叙国史馆为编修《大清一统志》做出贡献的人员，共分为三等，情况如下：

今列为一等：提调官（1人）：内阁侍读西拉纳。前任提调官（3人）：内阁侍读今升陕西凤邠道崇纶，内阁侍读今升浙江温处道庆廉，内阁侍读今放河南南阳府知府岳兴阿。校对官（1人）：已邀议叙本旗即用之候补笔帖式钟祐。收掌官（7人）：已邀议叙应升之缺双单月即用之兵部笔帖式庆泰，已邀议叙应升之缺双单月即用之户部笔帖式寿康，已邀议叙本旗即用之候补笔帖式魁光，已邀议叙贴写中书间用之内阁学习中书福年、联庆，理藩院奏留候补笔帖式文昭，已邀议叙贴写中书间用之内阁候补贴写中书官寿。前任收掌官（1人）：已邀议叙销去试俸照常升转之刑部主事文煜。汉提调（2人）：翰林院侍读今升詹事府右春坊右庶子杜翻，翰林院编修蔡宗茂。前任汉提调（5人）：翰林院侍读升任鸿胪寺卿贾克慎，翰林院侍读今升鸿胪寺卿邵燦，翰林院检讨今升湖北黄州府知府祁宿藻，翰林院编修今升江南道御史谢荣埭，翰林院检讨今升湖广道御史杨铭桂。汉总纂（5人）：翰林院编修今升陕西道御史李道生，翰林院编修仓景恬、胡应泰、梁同新，翰林院编修今升山东道御史曹澍钟。前任汉总纂（1人）：翰林院编修今升福建汀州府知府李佐贤。汉纂修（19人）：翰林院侍讲陈宝禾，许乃钊，翰林院侍读萧良城、张鏷，翰林院编修龙元僖、支清彦、晏端书、金昀善、何绍基、毛鸿宾、王芳、陈启迈、史致谔、顾嘉蘅，翰林院编修今丁忧戴鸾翔，翰林院编修今升詹事府右春坊右赞善方墉，翰林院侍读学士何裕承，詹事府左春坊左赞善赵振祚，詹事府左春坊左庶子今升翰林院侍读学士孙铭恩。前任汉纂修（2人）：翰林院编修今升江西广信府知府陈源兖，翰林院编修今升安徽徽州府知府朱右曾。汉协修（16人）：翰林院编修徐士穀、吴嘉宾、陈枚、卓柡、匡源、潘曾莹、马铸、车顺轨、方濬颐、庄受祺、翁同书、江国霖、张百揆，翰林院编修今升湖南辰州府知府钟音鸿，翰林院修撰龙启瑞，翰林院庶吉士陈介祺。前任汉协修（2人）：翰林院编修今升江西饶州府知府胡正仁，翰林院庶吉士今告假之潘遵祁。汉校对（23人）：内阁典籍张之纲、陈嘉淦，内阁中书沈维钰、丁浩、洪观、潘曾绶、张荣组、王金麒、陈官侨、段锡林、汤修、瞿嘉祐、祝兢，内阁中书今拣发云南以同知用之吴华淳，内阁中书今升宗人府主事吴嘉淦，候补内阁中书呈请加级之沈寿嵩，举人捐纳分发候补内阁中书请议加级之潘希甫、王言铸、伍荫堂，候补内阁中书捐输以知县双单月选用并加知州衔仍在内阁候选请议加级之张鼎辅，内阁中书捐输知府今选湖北安陆府知府贾世陶，五缺后用候补内阁中书曹炯，进士考取候补内阁中书请议加级之徐芬。前任汉校对（7人）：广西平乐府同知今患病之陈国治，内阁中书今告假之葛良治，内阁中书温忠彦，内阁中书今丁忧之梁国珍，内阁中书拣发东河之吴吉昌，前内阁中书现任广东三水县知县程乃义，起居注主事郑训方。汉誊录（29人）：分发福建试用知县亲老告近改掣安徽之程兆和，已邀议叙知县双月捐班二班后用之陆崇瀛，已选四川昭化县知县陶以增，举人请加议级之任立诚，进士分发四川即用知县韩一松，议叙盐大使今捐输以知县分发河南补用之陈绍虞，捐输双单月选用知县呈请加级之郑鸣冈，已邀议叙知县双月举班二班后用之胡泽潽原名玉森，广西宾州知州今丁忧之殷序之，捐输俟服阙后遇缺即选直隶州知州祁之镠，已邀议叙知县双月举班二班后用今捐输双单月选用知县请议加级之宋泽，已邀议叙知县双月举班三班后用请议加级之庆樟，已邀议叙知州双月正班三班后用请议加级之董钰，分发南河试用通判帅惺，已邀议叙知县双月举班二班后用之徐绍鳌，已邀议叙县丞双月即用之苏善功，分发河南试用通判尚未赴部验看之侯建烈，已邀议叙举人教职双月即用之谷清弼，已邀议叙县丞双月二缺后用请议加级之供事宁启书，已邀议叙县丞双月三缺后用请议加级之供事乐平泉，已邀议叙州吏目双月即用之供事张燕，已邀议叙州吏目双月二缺后用请议加级之供事徐晋，已邀议叙从九品双单月即用班前先用之供事崔世荣，已邀议叙从九品捐输分发浙江补用之刘敦江，已邀议叙从九品双月间用请议加级之供事任鑑，已邀议叙从九品双月二缺后用请议加级之供事张銮，已邀议叙从九品双月三缺后用请议加级之供事朱鼎元，已邀议叙未入流双单月即用之供事章文辉，已邀议叙未入流双月即用请议加级之供事朱俶城等。各给予加一级记录三次。

今列为二等：前任汉总纂（3 人）：翰林院检讨今升任江苏松江府知府今丁忧之邱建猷，翰林院检讨今升福建延平府知府徐耀，翰林院编修升任湖南辰州府知府今丁忧之邓尔恒。前任汉纂修（14 人）：翰林院编修今升山东道御史朱庆祺，翰林院检讨今升山西道御史苏学健，翰林院编修今升甘肃宁夏道今丁忧之杨能格，翰林院编修今升福建道御史路慎庄，翰林院编修今升江苏常州府知府桂文燿，翰林院编修今升福建道御史朱琦，翰林院编修今升甘肃西宁府知府庄俊元，翰林院侍讲陕甘学政金国均，翰林院编修今升陕西汉中府知府段大章，翰林院编修升任山东道御史今丁忧之陶恩培，翰林院编修山西学政沈祖懋，翰林院编修今升湖北荆州府知府议叙道衔刘源濬，翰林院编修今丁忧之梁国琮、贾瑜。汉纂修（2 人）：翰林院侍讲学士曾国藩，翰林院编修何桂珍。汉协修（35 人）：翰林院编修杨福祺、周宗濂、廉师敏、顾开第、厉恩官、方允鐶、蒋琦淳、殷兆镛、钱振伦、徐相、萧时馥、黄兆麟、雷维翰、许振祎、金肇洛、史淳、汤云松、邹振杰、周炳鑑、黄倬、董似穀、梁敬事、王祖培、吴保泰、郑琼诏、方俊、童华、郑元璧、吴福年，翰林院检讨夏廷榘、李林驯，翰林院编修今升司经局洗马田雨公，翰林院修撰今升詹事府右春坊右中允钮福保，翰林院修撰林鸿年，翰林院编修大考二等以赞善升用吴敬羲。前任汉协修（15 人）：翰林院编修云南学政吴存义，翰林院编修吕佺孙，吕倌孙、翰林院编修今丁忧之冯桂芬、蔡殿齐、彭飞鸿、沈元泰、龚宝莲、吴廷溥，翰林院修撰广西学政李承霖，翰林院编修今升四川保宁府知府徐之铭，翰林院检讨今升江西道御史王东槐，翰林院编修今升湖南岳州府知府恽光宸，户部候补主事刘祝庚，翰林院编修今升国子监司业沈兆霖。汉校对（12 人）：内阁中书黄佳杞、袁绩懋、萧良驹、马振衢、沈维翰、侯云登、邵懿辰、陈钟芳、蔡锦泉、丁垣、吴曾荫，考取候补内阁中书请议加级之钮福厚。前任汉校对（12人）：捐输尽先选用候选内阁中书赵文龙，户部员外郎宗稷辰，前内阁中书升任云南罗平州知州潘斌，工部主事贺式韩，内阁中书今丁忧之叶克昌、林士鈴、姚近韩，内阁中书现出仓差之周心存，山东莱州府同知今丁忧之李敩直，四川候补直隶州知州周德祚，内阁侍读张亮基，内阁中书捐输以郎中不论双单月选用分发兵部行走王之翰。汉誊录（14人）：分发福建试用知县黄曾惠，已邀议叙正八品双月三缺后用今捐输双单月选用未入流请议加级潘汝栋，已选广西宜山县知县姚庆布，已邀议叙县丞双月即用之供事王护，已邀议叙县丞双月二缺后用请议加级之供事郭景嘉、邓嘉，已邀议叙县丞双月三缺后请议加级之供事吴中杰，已邀议叙从九品双月即用请议加级之供事汪葆元，已邀议叙从九品双月间用请议加级之供事何庆淳、张延禄，已邀议叙从九品双月三缺后用请议加级之供事庄廷锟、陈燮，已邀议叙未入流双月即用呈请加级之供事刘廷桂，已邀议叙未入流双月即用请议加级之供事程坚佑等。应各准其加一级记录一次。列为二等前任汉校对吏部主事卢树更名卢丙垣，都察院议准其加一级记录一次。

今列为三等：汉校对（2人）：内阁中书金丙燮，已邀议叙本班三班后用候补内阁中书请议加级之吴攸之。前任额外汉校对（1人）：候补内阁中书今捐输双单月郎中分部学习行走之徐郙。前任汉校对（1人）：湖南常德府同知陶际尧。汉誊录（12人）：已邀议叙知州双月正班三班后用之秦炳章，已邀议叙未入流双单月即用之供事乔维桐，已邀议叙未入流双月三缺后用请议加级之供事吴祺，贵州桐梓县典史俞绍曾，分发南河试用县丞林渭，分发广东试用县丞黄间荣，分发直隶试用县丞董逢春，分发直隶试用未入流李崧，分发山西试用从九品杨亨衢，已选浙江青田县典史李春培，分发直隶试用未入流吴光绶，已邀议叙未入流双单月间用捐输插班间选之供事吴策，广东嘉应州丰顺巡检何庆龄，陕西吴堡县典史今丁忧之沈源，湖南兴宁县典史周嘉穗，山西大宁县典史今丁忧之谢毅士，四川广安州吏目吴堃，山西汾西县典史今丁忧之徐鋐，福建泉州府照磨沈钟英等。应各给予加一级。

上述列为一等共124人，“准其加一级记录三次”。列为二等共107人，“准其加一级记录一次”。列为三等共16人，“准其加一级”。“以上议叙加级各员，如有在道光二十五年十二月十四日奉旨议叙[①]之后升任者，照例将加一级改为纪录一次注册。”

另有校对官（4 人）：已邀议叙较日期候补笔帖式崐龄，内务府汉军七品笔帖式呈请外升之裕诚、兴麟，收掌官内务府汉军八品笔帖式加捐贡生呈请外升之善裕。前任校对官（12 人）：已邀议叙记名抚民通判本班二人后用之内阁中书现任户部司库台明阿，已邀议叙本班三班后候补内阁中书今丁忧之焦佑瀛，汉校对举人捐纳分发候补内阁中书洪裔云、余汝侗、唐恩寿、查诜，汉校对捐输双月选用内阁中书朱百谷，已邀议叙盐大使正班三班后用之张仙保、世诰，捐职州同玉蕴更名玉衡，捐输双月选用县丞景明，前任校对官捐输县丞职衔刘明善。协修官（14 人）：钦天监蒙古笔帖式多恩，户部库使年满候选笔帖式庆彦，工部库使年满候选笔帖式恩绶，捐输候选笔帖式葆琦，考中候补笔帖式豫顺、德植，教习期满议叙以笔帖式照例选用之嵩龄，官学生文和、文英，义学生成桂、英森，文生员玉廉，汉军举人王廷瑶，户部汉军七品笔帖式呈请外升之达凌阿。誊录官（72 人）：已邀议叙先尽选用候补笔帖式阿昌阿、庆宜，已邀议叙先将间用候补笔帖式长泰、德仲、崇龄、松瑞、讷亲布，吏部汉军七品笔帖式呈请外升之崇恩，銮仪卫汉军八品笔帖式呈请外升之嵩龄，已邀议叙通判双月捐输班三班后用之徐正谊，捐纳双月候选通判钱思煦，已邀议叙知县双月举人三班后用之夏谦、钱淳、李植、黄兆奎、董鄂新、陈锡熙、何殿庆、张遇升、王学礼、姚承丰、赵杰，内务府汉军举人拣选知县联奎，议叙候补笔帖式蒙古举人今拣选知县德昌，举人狄尹、张奎东，已邀议叙知县双月捐班三班后用之吕佶孙，捐输双单月归入豫工二卯例选用之知县崔彦曜，捐输双单月选用知县海安，校对官捐输双月选用知县德铨，已邀议叙盐大使正班三班后用之长存，汉誊录已邀议叙盐大使正班三班后用之朱芬，已邀议叙运库大使正班三班后用之何思尧，捐职盐大使胡逢辰、陶庆襄，捐输盐大使职衔秦缃业、汪汇、李天成、刘绎，已邀议叙州同双月二缺后用之熙恒，汉誊录已邀议叙举人教职双月间用之陈镜，已邀议叙廪贡生教职双月三缺后用之吴式金，已邀议叙举人教职双月三缺后用之程典、

① 据《清实录》记载：道光二十五年十二月辛亥，以国史馆缮写《大清一统志》成，予提调官翰林院侍读杜翧等议叙有差，详见《清实录》第 39 册，第 328 页。可惜的是，《清实录》仅保留该提调官一人姓名，他处未见该年份议叙档案。

范先秩、刘桂芳，廪贡生请就教职之吕璋、赵检、赵文光、周廷辅，举人请就教职之单宗陶、姚光晋、徐若澜、李光绶，监生议叙州吏目双月间用今中式举人请就教职之陈景铬，副贡生请就教职之及耀先，附贡生呈请议叙教职之潘祖裕，举人议叙知县双月举班二班后用今请改就教职之赵宗鼎、刘德敷，优贡生请就教职之孙世琳，拔贡生请就教职之刘敬之，举人议叙知县双月举班二班后用今呈请注销知县改就教职之田际清，拔贡生肄业期满复设教谕请仍就教职之刘仁堂，举人议叙知县双月举班三班后用今呈请改就教职之陈承万、蒋树森，捐职州同李金相，附生张若金、崔梦梓，廪膳生宋豹、文增、广生、谷立鳌，监生陈钧源。供事（35 人）：已邀议叙从九品双单月间用之供事翟景祚，已邀议叙从九品双月即用之供事沈祥麟、孙庆祺，已邀议叙未入流双月即用之供事金国瑞、许澂，已邀议叙从九品双月间用之供事徐兰生、邵景扬，已邀议叙未入流双月间用之供事张寿山、陈显谟，已邀议叙州吏目双月间用之供事顾鏉、杜承志，已邀议叙州吏目双月二缺后用之供事俞元璧，已邀议叙从九品双月二缺后用之供事吴毓德、刘荣焯、温青芝、邹元承、姚成云，已邀议叙未入流双月二缺后用之供事顾清泰、宋良、王联云、刘梦龄、吴保善、陈思义、赵廷玺，已邀议叙县丞双月三缺后用之供事刘元骏，已邀议叙州吏目双月三缺后用之供事王克昌、顾锡康，已邀议叙从九品双月三缺后用之供事刘荣暹、汪士铭、刘维峰，已邀议叙未入流双月三缺后用之供事章树琪，捐职县丞之供事刘浚、桑雨亭，捐输县丞职衔之供事顾嘉葆，议叙从九品捐输改捐双单月选用未入流之供事吴孝锐。以上校对、协修、誊录、供事等共 137 人也列为一等。

除了上述 137 人外，下列人员也按照条例分别议叙：二等前任汉校对已邀议叙本班三班后用候补内阁中书今告假之吴昇照，汉校对举人捐纳分发候补内阁中书陈寯，举人考取候补内阁中书彭嘉炯，三等前任汉校对举人捐纳分发候补内阁中书今告假之冯本怀，二等校对官已邀议叙未入流双月三缺后用之玉山，二等汉誊录举人赵璘，三等汉校对内阁中书中式进士今呈请注销中书仍归进士知县原班铨选之钟汉章，三等汉誊录已邀议叙盐大使正班三班后用之孙景云，二等汉誊录举人请就教职之王富春，三等汉誊录附生陈奇龄、吴焘，二等供事已邀议叙从九品双单月间用之供事何茇，已邀议叙从九品双月即用之供事杨永泉，已邀议叙未入流双月即用之供事何壎，二等供事已邀议叙未入流双月间用之供事马克恭、朱垍和，三等已邀议叙从九品双月间用之供事樊樟，已邀议叙未入流双月间用之供事邬衡，二等供事已邀议叙未入流双月二缺后用之供事汪瑾，二等供事已邀议叙县丞双月三缺后用之供事刘良栋，已邀议叙从九品双月三缺后用之供事吴庆元，已邀议叙未入流双月三缺后用之供事佟赈生、王其昌，二等已邀议叙从九品双月三缺后用之供事汪叶，二等捐职县丞之供事许肇春、吕承恩、陈钧、胡桂芬，捐输县丞职衔之供事张仰之等。各以本项应得之缺与一等未考之供事姜鑑、王联第、吴煜、徐皖生、郭灏、吴鼎勳、邓杰、宋琨、张汝、申平杰、蒋琼、常绶膺、王楙采、董元熙、王灏、温嗣昌、韩镜、姜际昌、方成矩、陈庆榱、盛洪钧、顾诵芬、史佑、董元庆、戴寿祺、陈卓、车杰、王钧，二等未考职之供事左元炜、戴勛、王辅臣、汪清溪、潘骥、魏肇铨、吴耀斗、黄銮、董宝善、程杰、任天增、李侍曾、吉金城、袁文煜、祝庆澜、沈兆祥、华文郁、卢孝章、查焕华、吴家声，三等未考职之供事钱镐年、张炳文。共 79 人（汉校对 6 人、汉誊录 5 人、供事 68 人）。

以上议叙各员，照例给予议叙执照，取具本馆移会，并同乡京官印结。旗员应用外升者，取具本佐领图结，投部查核注册。先用一等，次用二等，再用三等。如等第班次相同者，按其俸次科分名次，并捐纳上库期满结到各日期，捐输人员应按捐输奉旨日期，先后选用。内有已邀议叙人员与初次人员合为一班者，到班时，先用已邀议叙人员，再用初次人员。其捐纳人员等第班次俱同者，先用捐纳双单月之员，再用捐纳双月之员。如伊等别项班次转在此次议叙之先者，仍准其升选补用，俟升选补用后，将列为一等之员，准其改为纪录三次。二三等者，记录二次。供事照例饬令回籍候选。

另有内务府人员、病故者和回避人员共 13 人未列入上述议叙行列中。“列为一等协修官内务府汉军监生捐纳候补笔帖式英斌、文明，内务府议叙候补笔帖式穆特布，内务府捐输贡监候补笔帖式赓音布，内务府汉军优廪生裕堃，校对官内务府汉军现任笔帖式临善、祥恒、松泉，收掌官内务府汉军现任笔帖式恒善，誊录官内务府汉军现任笔帖式文熊，二等校对官内务府满洲现任笔帖式赐庆等，均系内务府人员，向不列入臣部官册，俟题覆奉旨后，移咨内务府自行办理。再，列为一等汉誊录已邀议叙知县双月捐班三班后用之孙树南业经病故，应毋庸议。吏部右侍郎臣侯桐系该馆副总裁，应行回避，未经列衔，合并声明。”朱批：依议。

道光二十六年六月，吏部尚书恩桂等奏请议叙《大清一统志》折中共有24人曾经出现在重修《大清一统志》进呈写本卷后名录中，他们是：

前任汉提调翰林院侍读升任鸿胪寺卿贾克慎，翰林院侍读今升鸿胪寺卿邵燦；

前任汉总纂翰林院检讨今升任江苏松江府知府今丁忧之邱建猷；

汉纂修詹事府左春坊左庶子今升翰林院侍读学士孙铭恩；

前任汉纂修翰林院编修今升江苏常州府知府桂文燿；

汉校对内阁典籍张之纲、陈嘉淦，内阁中书沈维钰、丁浩、张荣组，内阁中书今升宗人府主事吴嘉淦，内阁中书黄佳杞、萧良驹，内阁中书金丙燮；

前任汉校对广西平乐府同知今患病之陈国治，起居注主事郑训方，户部员外郎宗稷辰，前内阁中书升任云南罗平州知州潘斌，工部主事贺式韩，内阁中书今丁忧之叶克昌、林士鈖，前任汉校对吏部主事卢树更名卢丙垣，湖南常德府同知陶际尧；

前任校对官已邀议叙本班三班后候补内阁中书今丁忧之焦佑瀛。

据道光年间进呈本卷后署名统计，共有总纂、纂修、校对、提调、协修等139人。至此，综合前述嘉庆十六年至道光二十六年间任免、议叙国史馆重修《大清一统志》人员的档案，共有709人先后参与《一统志》的重修工作，这其中包括提调、总纂、纂修、校对、额外汉校对、收掌官、协修、誊录、供事等。

二　编修人员特征分析

笔者随机考察了33人的籍贯分布：直隶5人、河南1人、山东2人、江苏3人、浙江6人、安徽8人、江西2人、湖南2人、陕西1人、云南1人、福建1、广东1人。这批33位编修人员在道光二十二年前中进士者20人，举人13位。由于统计人数有限，无法从33人窥探700余人群体特征，但我们也可得出初步的印象：①国史馆编修《大清一统志》时，参与人员中为举人者当不在少数。②中式进士者一般多担任总纂、纂修、校对或提调等职务。

国史馆的《大清一统志》编修人员还有以下值得注意的情况。

第一，国史馆中上从提调、总纂，下至供事、誊录，均有旗人与汉人。从绝对数量上来看，国史馆中参与《一统志》编修工作的旗人数量要远多于一统志馆中的旗人数量。特别要注意的是，纂修、协修、校对、收掌、供事、誊录等6个不同职位中均有大量旗人任职。

第二，编修人员往往身兼多职，特别是受命于朝廷其他行政事务的调派。如道光十六年殿试，长龄、阮元、王植充读卷大臣。瑞昌、西拉纳、文润、梁兆泰、阿英、平禄、卢树、何桂馨、林杞材、张梧、王式和、吴思权充填榜官。[①] 其中王植、西拉纳、卢树、何桂馨、林杞材、张梧、王式和、吴思权等8人皆曾先后充任《大清一统志》编修人员。又如道光十九年九月，内阁侍读崇纶请假一月，于十九年九月初一日由京起程回奉天府省亲。[②] 他亦是重修《一统志》的人员之一。

第三，编修人员的在馆时间难以得到保证。前文道光二十二年议叙《一统志》编修人员时，据不完全统计，31年时间里先后有9位提调兼总纂官，平均每人在馆时间不足3年半。即使是署名于道光年间进呈写本的编修人员，也存在《大清一统志》未成即离馆任他职者。如道光十七年六月初九日，吏部奉上谕：徐堪调补山西太原府知府员缺，牛镇即补授徐堪所遗汾州府知府员缺。[③] 牛镇为重修《一统志》的校对官。此条因素和第二条因素是造成国史馆竟有700余人参与《一统志》编修工作的重要因素。

第四，国史馆编修人员在馆时还需承担国史馆的其他编纂任务。国史馆为纂修国史地理志而重修《大清一统志》，纂修官们还承担国史馆人物传记的编修任务：郑绍谦任职国史馆时纂辑恒杰传包[④]，纂辑顾德庆列传[⑤]。廖鸿藻署国史馆纂修官时纂辑周兴岱传包。[⑥] 前提调官胡正仁纂辑、

① 内阁大库档案，登录号：224762。
② 内阁大库档案，登录号：135677。
③ 内阁大库档案，登录号：131122。
④ 史馆档传包传稿文献编号：702001910。
⑤ 史馆档传包传稿文献编号：701001897。
⑥ 史馆档传包传稿文献编号：702002113。

提调官杜翔覆辑严烺列传。① 桂文燿曾任国史馆帮总纂官，与提调官蔡宗茂共同纂辑李景曾列传。②

第五，国史馆编修《大清一统志》人员的任职情况亦同前两部志书纂修时的情况不同。笔者通过对 703 位编修人员在国史馆内任职情况分析，校对官数量最多有 173 人，供事与誊录分别有 137 人、135 人，可见国史馆为编修《大清一统志》选派了一大批编修助理人员。纂修与协修数量亦不少，分别有 94 人、92 人，协修人员的大量配置是值得注意的现象，协修人员的深入分析可以帮助我们清晰认识纂修在编修《一统志》过程中所扮演的真实角色，但目前囿于相关档案的不足，未能展开讨论这一现象。

表 2－3　　国史馆纂修《大清一统志》人员职务分布表

提调/总纂	纂修	协修	校对	收掌	供事	翻译	誊录
53	94	92	173	17	137	2	135

通过梳理道光年间进呈写本所附编修人员名录，其中竟记录了 105 名校对官，约占所记总人数的 75.5%（105/139），而纂修官只有 15 名，提调和总纂官一共也只有 18 名，详见表 2－4。这和前文分析的 709 人的任职分布情况比较看，初步认为：国史馆编修《大清一统志》工作的后期，校对官确实在编修工作中承担着相对比较重要的工作内容，对于《一统志》的成书做出了重要贡献，所以进呈本职名录才记录如此多的校对官。此外，通过进呈本所记编修人员的情况可知，有些人在纂修《一统志》时有职位调动的情况，如卷 440 至卷 449、卷 451 至 453 皆署“协修官许应藻纂”③，在卷 307 至卷 310、卷 312 至卷 318 又皆署“前总纂官许应藻纂辑”④，在卷 226 至卷 235 等又署“前提调官许应藻覆辑”⑤，卷 135 至卷 139 等又署“总纂官顾莼、许应藻覆辑”⑥，卷 131 至卷 134 等又署

① 史馆档传包传稿文献编号：701001174。
② 史馆档传包传稿文献编号：701004986。李景曾卒于道光十七年。
③ 详见《续修四库全书》第 622 册，第 399～720 页。
④ 详见《续修四库全书》第 619 册，第 395～546 页。
⑤ 详见《续修四库全书》第 617 册，第 538～731 页。
⑥ 详见《续修四库全书》第 615 册，第 449～543 页。

“提调官前总纂许应藻覆辑”[①]，这说明许应藻在国史馆内所承担《大清一统志》的编修任务是变动的，他的职位也是流动的。又如温子巽在国史馆内的职位也是流动的：在卷251至卷253中任职是“编修官”[②]，在卷258至卷271等温子巽是“协修官”[③]。

表2-4　　　重修《一统志》进呈写本卷后编修人员职务分布表

提调/总纂	纂修	协修	校对
18	15	1	105

最后需要补充的是，笔者目前所统计700余人参与国史馆重修《一统志》的人数的数字还不是最终的定数，随着相关档案的开放，总人数必然要多于709人。此举两例，以作说明。沈维鐈曾参与国史馆编修《大清一统志》工作，但目前所见档案并未记载此事。沈维鐈（乾隆四十三年—道光二十九年），浙江嘉兴人，字子彝，号梦醉，续修《一统志》分校官沈叔埏之侄。受业于段玉裁。嘉庆七年进士，选庶吉士，散馆授编修。十六年，充会试同考官。十八年，充顺天乡试同考官、文渊阁校理。二十年，任国子监司业。二十一年，提督湖北学政。道光元年，充实录馆总纂修官。道光二年，充福建乡试副考官，提督福建学政。八年至十一年，提督顺天学政。十一年，任宗人府府丞。十二年至十七年，提督安徽学政。道光十八年，因病离任。曾参与编纂《西巡盛典》《一统志》等，在朝期间，曾充文颖馆协修、国史馆协修、国史馆总纂等。[④]

除了沈维鐈外，前文所引国史馆档案首次记录《大清一统志》纂修过程中的协修人员，但是档案所记协修人员也有缺漏，如道光年间，沈垚曾为徐宝善协修《一统志》新疆部分，但是沈、徐二人均未见有档案记载。沈垚（嘉庆三年—道光二十年）浙江乌程人，字子敦，道光十四年优贡生。精于舆地之学，先后为徐松、姚元之、徐宝善等人修书。二十年，卒于京师。曾为徐宝善补修《一统志》新疆数册，撰新疆统部表、

① 详见《续修四库全书》第615册，第354~412页。
② 详见《续修四库全书》第618册，第248~280页。
③ 详见《续修四库全书》第618册，第349~507页。
④ 《清史稿》列传163、《续碑传集》卷10、明清人名资料库权威号：002396。

北路诸城表、南路诸城表等。①

根据上文对国史馆重修《大清一统志》人员的初步研究,可知国史馆内编修《一统志》的情况是比较复杂多变的。笔者希望相关档案能早日整理公布或出版,这样才能将相关研究推向深入。

① 《落帆楼文集》卷前,《清代诗文集汇编》第598册。

第三章 《大清一统志》的纂修方法与内容

第一节 元明清《一统志》[①] 类目的沿革

如引言所论，《大清一统志》的纂修是继承前代《一统志》的传统而成。我们不得不提及在中国地理典籍史上具有特殊地位的《大元大一统志》，它开创了后世编纂《一统志》的先河。《大元大一统志》的编纂成书有着它自身的时代背景，即元朝创造了中国历史上两个“第一”的纪录：一是中国历史上第一个由少数民族建立的大一统王朝。二是元朝的统一结束了五个世纪的分裂割据局面，把云南、西藏和西域地区划入统一的版图，统一的范围如此广大。[②] 许有壬《大一统志序》载：“至元二十三年岁丙戌，江南平而四海一者十年矣。集贤大学士、中奉大夫、行秘书监事扎马剌丁言：方今尺地一，民尽入版籍，宜为书，以明一统。”[③] 元朝在多个方面对其后的中国历史产生了不同程度的影响，《大元大一统志》便是其中之一。

---

① 按，关于三部地理总志，元代的最终定名是《大元大一统志》，简称《大一统志》，除下文所引文外，仓修良在《方志学通论》（第 214 ~ 215 页）对其名称专门辨析。明代的御笔序中称《大明一统志》，另有别名《天下一统志》《明一统志》等。清代则称《大清一统志》，别称《清一统志》等。为方便书写记，本文在三者并列时，通名皆称为《一统志》，文中在不和其他地理志书混淆的情况下分别简称为元志、明志、清志。

② 史卫民：《大一统——元至元十三年纪事》作者序，北京：生活·读书·新知三联书店，1994 年。

③ 许有壬：《至正集》，《元人文集珍本丛刊》第 7 册，第 180 页，台北：新文丰出版公司，1985 年。许有壬，汤阴人，字可用，延祐二年进士，先后任辽州同知、两淮都转运盐司使、中书左丞、集贤大学士兼太子左谕德等，详见许有壬：《至正集》书前潘柏澄叙录，《元人文集珍本丛刊》第 7 册。

一 《大元大一统志》的成书与类目

最初，扎马剌丁、秘书少监虞应龙等领导《大元大一统志》的编修工作，从元世祖至元二十二年开始，到至元三十一年完成初稿755卷，书名未定。后又因获得《云南图志》等而进行续编，改由孛兰肹、岳铉主持，至元成宗大德七年全书完成，定名为《大元大一统志》，共1300卷，600册。

许有壬在序中认为元代的大一统是超越汉唐且符合春秋之义的真正大一统，歌颂元朝强盛的心情表露无遗：

> 臣闻春秋所以大一统者，六合同风，九州共贯也。然三代而下，统一之者可考焉。汉拓地虽远，而攻取有正谲，叛服有通塞。况师异道、人异论，百家殊方，指意不同，无以持一统。议者病之。唐腹心之地为异域，而不能一者，动数十年。若夫宋之画于白沟，金之局于中土，又无以议也。我元四极之远，载籍之所未闻，振古之所未属者，莫不涣其群而混于一。则是古之一统皆名浮于实，而我则实协于名矣。①

《大元大一统志》成书之后因种种原因未能流传至今。明《文渊阁书目》记录《大元一统志》有两部：一部182册，另一部600册，但未记录卷数。有学者认为明嘉靖年间《大元大一统志》全书尚存。② 据金毓黼考证：“惜是书为明代所摒弃，全帙已付劫，今可得考见者，仅十数卷之残本及群书所引之佚文……《大一统志》明代即罕传本，惟清初尚有残本流传。”③ 徐乾学《传是楼书目》即记载：《元大一统志》，大小，26卷。④

《大元大一统志》的散佚给后人研究利用造成了很大困难。万幸的是，金毓黼同安文溥等一起整理出《大元大一统志》残本15卷，辑本4

---

① 许有壬：《至正集》，《元人文集珍本丛刊》第7册，第180页。

② 《中国大百科全书》总编委会编：《中国大百科全书》（第二版）第4册，第310页，北京：中国大百科全书出版社，2009年。

③ 金毓黼：《大元大一统志考证》，《辽海丛书》第5册，第3610、3617页，沈阳：辽沈书社，1985年。

④ 中国书店编：《海王村古籍书目题跋丛刊》第1册，320页，北京：中国书店，2008年。

卷。[1] 赵万里将《大元大一统志》的元刻残帙、各家抄本与群书所引，分编10卷，辑成《元一统志》，有1966年北京中华书局版。正是前辈研究奠定的基础，我们今人才有可能对《大元大一统志》展开进一步的研究。[2]

《大元大一统志》对后世地理典籍的编纂影响具体有哪些呢？“清修《一统志》而因于明，明修《一统志》而因于元。《大元大一统志》为元代所编修，亦即《明一统志》所据之蓝本也。”[3] 一些清代史书常有引用《大元大一统志》的情况：“《辽东志》《满洲源流考》《热河志》《乾隆盛京通志》《蒙古游牧记》《嘉庆四川通志》《日下旧闻考》《愚谷文存》都有引用《大元大一统志》的原文”，有学者推测，实际上这些典籍所引《大元大一统志》是转引自《永乐大典》的记录。[4] 但这也说明《大元大一统志》的深远影响。除了一些具体内容的沿用，《大元大一统志》对明、清《一统志》的影响亦表现在类目方面。

表3-1　　元、明、清《一统志》类目分类对照表

大元大一统志	大明一统志	大清一统志
—	图	图
—	四至、里距	表
—	—	疆域
—	—	分野
建置沿革	建置沿革	建置沿革
—	郡名	—
坊郭乡镇	形胜	形势
里至	风俗	风俗
山川	山川	城池
土产	土产	学校

① 详见金毓黼编：《辽海丛书》第5册。

② 关于《大元大一统志》的编纂情况可参考前引陈蔚松文，黎林、陈建军：《元人扎马拉丁与〈大一统志〉的修订》，《黑龙江民族丛刊》2005年第1期，庞蔚：《〈大元大一统志〉存文研究》，暨南大学2006届硕士学位论文等。《大明一统志》的编纂情况，可参考张英聘：《论〈大明一统志〉的编修》，《史学史研究》2004年第4期等。

③ 金毓黼：《大元大一统志考证》，《辽海丛书》第5册，第3610页。

④ 《中国大百科全书》总编委会编：《中国大百科全书》（第二版）第4册，第310页。

续表 3-1

大元大一统志	大明一统志	大清一统志
风俗形势	公署	户口
—	学校	田赋
—	书院	职官
—	宫室	山川
—	关梁	古迹
—	寺观	关隘
—	祠庙	津梁
—	陵墓	堤堰
古迹	古迹	陵墓
宦绩	名宦	祠庙
—	流寓	寺观
—	—	名宦
人物	人物	人物
—	—	流寓
—	列女	列女
仙释	仙释	仙释
—	—	土产
共计 10 类	共计 22 类	共计 26 类

说明:《大元大一统志》虽早已亡佚,但根据金毓黼、赵万里、青山定雄等人的研究,其类目暂定为上述 10 类。《大明一统志》类目共计 22 类,其中图、四至与里距两类属笔者据志书内容总结而成,《大明一统志》中并未明确标注。从笔者梳理其书具体内容来看,并不是每个布政司或每卷内容均完全符合上述 22 类,有些地区会有一些缺载的情况,特别是两京、中都、内地其他地区与外夷卷在具体类目上有较大区别。清代的情况也是如此,且清代三次修《一统志》,类目前后亦有变化,因初修清《一统志》与明《一统志》关系较密切,故此处列出初修清《一统志》的 26 种分类类目。

《大元大一统志》为何选择这些类目作为全书内容分类的标准呢?青山定雄曾论到:

> 所谓地方总志一统志之体例,各代殊有变迁,其内容亦有异同。六朝以前所编之地志姑置不论,唐李吉甫之《元和郡县图志》则于舆图外记郡县之沿革、四至八到、山川、户口、乡数、古迹,乃至贡赋名、垦田数、殿庙、关津等事,次记山川之形势,攻守之利害。

又，宋乐史之《太平寰宇记》则就沿革、府州境四至八到、户口、风俗、姓氏、人物、土产，各分目以述之，更就各县分记坊乡沿革、山川、古迹、殿庙、寺观、陵墓、关津、桥梁、仓库、碑记、诗词等事。按，将人物、诗词载于地方总志，盖始于乐史，至南宋王象之《舆地纪胜》及祝穆《方舆胜览》则与前载诸书大异其趣。《舆地纪胜》则分沿革、风俗、形胜、景物、古迹、官吏、人物、仙释、碑记、诗四六等目，详录诗文，备载碑记，详于名胜、古迹、人物，而略其四至八到、户口等。《方舆胜览》亦与此大同小异。

元代之《混一方舆胜览》、明代之曹学佺《大明一统名胜志》等均蒙南宋人之影响，而继承其编纂方法者也。至于《大元大一统志》则依《太平寰宇记》之内容而兼采南宋时代之特征略加取舍而已。①

作者先总结唐宋地理总志的体例特征及流变，最后点出《大元大一统志》体例的由来，并认为“其后有《大明一统志》《大清一统志》等书均仿《大元大一统志》而更加详密”。从《大元大一统志》的流传情况和表 3 - 1 中可知，前引文金毓黼所说比较接近元、明、清《一统志》三者之间的关联。从表 3 - 1 可见，元、明、清《一统志》类目的排序上有较大差别，这或是因为不同历史时期的编纂者对于志书本身各部分内容的重要性有着不同的认识。下面具体分析元与明、明与清不同阶段的《一统志》在类目上的继承与变化。

二　元、明《一统志》类目的异同

从表 3 - 1 中可以看出，元、明《一统志》类目相同的有 6 项（占 60%），可见元《一统志》的类目大多被明《一统志》继承。接下来详细分析它们之间是如何继承的？又有哪些不同？

（一）建置沿革

元代的行政区划制度的总体特点之一是：地方政区由路、州、县三级

① ［日］青山定雄：《大元大一统志》，为东方学报东京第五期续篇古地志地图之调查一文中之一节，转引自金毓黼编：《辽海丛书》第 5 册，第 3634 ~ 3638 页《大元大一统志附录》。

变为行省（宣慰司）、路、府、州、县四级或五级。[①] 其中行中书省和宣慰司是代表朝廷的高级督政区，路、府、州、县是地方管民官系统。[②]《大元大一统志》即按照政区等级依次编写。

元《一统志》先以某处行中书省为一级政区单位记载内容，如陕西等处行中书省、江浙等处行中书省。例：

陕西等处行中书省：

> 安西路领司一、县十一、州五、州领十五县
>
> 录事司
>
> 咸宁县、长安县、咸阳县、兴平县、临潼县、蓝田县、泾阳县、高陵县、鄠县、盩厔县、郿县
>
> 同州领县五
>
> 朝邑县、白水县、郃阳县、澄城县、韩城县
>
> 华州领县三
>
> 华阴县、蒲城县、渭南县
>
> 耀州领县三
>
> 三原县、富平县、同官县
>
> 乾州领县三
>
> 醴泉县、武功县、永寿县
>
> 商州领县一
>
> 洛南县[③]

再述某路，如安西路、延安路等。某路按照上述10种分类详述各地自然、人文的历史风貌。根据目前所见元《一统志》辑本“建置沿革”仅记载某县的情况。如：

> 洛川县：本汉鄜县地，属冯翊。东汉省。后秦姚苌置县，因洛川水以立名。后魏置敷城郡。隋开皇二年罢郡，以县属鄜州，自高槐移理焉。历五代、宋，洎金，并因之。国朝不改旧名。至元四年并鄜城

①② 李治安、薛磊：《中国行政区划通史·元代卷》，第319页，上海：复旦大学出版社，2009年。
③ 孛兰肹等撰，赵万里校辑：《元一统志》下册，第365～366页，北京：中华书局，1966年。

入，隶本州。《大元大一统志》五四四鄜州。[①]

吴堡县：宋《九域志》、金《大定职方志》并云：本石州定胡县寨地，属西河郡。宋景德以来屡陷于羌，元丰五年尽复其地。爰因险阻，筑其城壁，东临汾晋，西接鄜延，实为要冲，颛任武将，以屯守焉。时与米脂、葭芦二寨并兴，既成，以米脂属鄜延路，葭芦、吴堡则属汾晋。元祐二年以米脂、葭芦给赐夏人，而吴堡等不系，可予地分委官画定界至，开立壕堠。金时定胡为夏人所夺，以吴堡隶通秦寨。厥后又升为县，属葭州。国朝收复后，至元元年省之。二年复置，仍来属。《大元大一统志》五四八葭州。[②]

明《一统志》的南、北直隶在建置沿革上则先总述一府之沿革，再分述所领州县之沿革。如顺天府：

《禹贡》冀州之域，天文尾箕分野。高阳氏谓之幽陵，陶唐曰幽都，虞为幽州，夏启省幽入冀，又为冀州地……入金称燕京，改号中都，以析津府为大兴府。元初为燕京路，号大兴府，至元初建中都，后改为大都路。本朝洪武初改为北平府，永乐初改为顺天府。领州四县二十三……[③]

府所辖州县则简要介绍其历代沿革及编户数量，如大兴县："附郭。本秦蓟县地，属上党郡。汉至唐皆仍旧名。辽改为析津县。金改为大兴县。元仍旧。本朝因之。编户三十六里。"[④]

明《一统志》各布政使司辖区，首述本省建置沿革情况，如山西省：

山西，古冀州地。汉分冀州西境、河东等郡，属司隶，置并州部刺史，察举太原、上党、云中、雁门郡，而不常所治……元以冀宁诸路直隶省部，置河东山西道宣慰使司于大同，置河东山西道肃政廉访司于冀宁。本朝治山西等处承宣布政使司，领太原、平阳、大同三

---

① 李兰肹等撰，赵万里校辑：《元一统志》下册，第370页。

② 李兰肹等撰，赵万里校辑：《元一统志》下册，第374页。

③ 李贤等奉敕撰：《大明一统志》卷1，第5~8页，天顺五年御制序刊本，见日本东京大学东洋文化研究所汉籍善本全文影像资料库。

④ 李贤等奉敕撰：《大明一统志》卷1，第6页。

府，泽、潞、汾、沁、阳五州，置山西都指挥使司……置山西等处按察司，分冀宁、冀南、冀北、河东等四道，兼察诸府州卫所。三司并治太原，而行都司则分治大同，以控制边境云。①

然后分述太原的建置沿革。平阳、大同二府，汾州等五州的建置沿革则在他卷分述。②

（二）坊郭乡镇

元《一统志》的坊郭乡镇类记载以县为基本单位，分列县下所辖乡名或村名，没有记载其他内容。如：洛川县下辖开府村、安善村等十三村，中部县辖有独战村、立石村、唐和村、龙坊村和太平村五个村。③

明《一统志》则没有“坊郭乡镇”的分类，而且在建置沿革类下只记载到县级地区，整个明《一统志》在建置沿革类的记载基本未出现乡、村一级区域的内容。

（三）里至

元《一统志》的里至类似于“四至”“八到”之意，但在实际行政区划中，一般纪录某地与其实际相邻区域（政区）的距离和到大都、上都的距离，很少有某个地方的记载能完全符合“四至”“八到”之要求。如：

鄜州：东北至上都三千一百八十里。东北至大都二千三百八十里。东北至延安路一百八十里。东至宜川县一百里。西至庆阳府邠州界一百三十里。南至……北至……东到宜川县一百八十里。南到中部县一百四十里。西到庆阳府宁州五百里。北到甘泉县九十五里。西北到……东南到……西南到……东北到……④

明《一统志》也有“四至”“里距”的记载，元、明《一统志》区别在于：一是排序上的区别。目前来看，元《一统志》的“里距”排某卷所有内容在第三顺位，而明《一统志》则是在某地（或某卷）的开头即首先叙述“四至”“里距”，如图3－1所示。

---

① 李贤等奉敕撰：《大明一统志》卷19，第1页。
② 详见李贤等奉敕撰：《大明一统志》卷20、21。
③ 孛兰肹等撰，赵万里校辑：《元一统志》下册，第375页。
④ 孛兰肹等撰，赵万里校辑：《元一统志》下册，第376页。

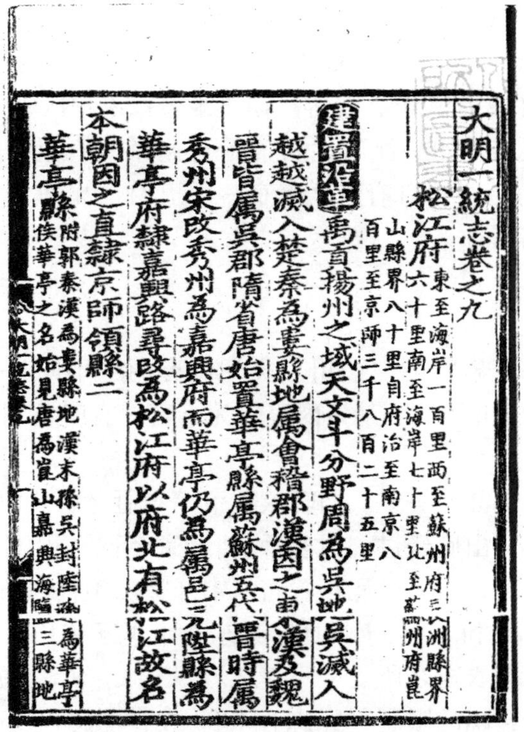
大明一統志卷之九

松江府 東至海岸一百里西至蘇州府[illegible]州縣界六十里南至海岸七十里北至蘇州府崑山縣界八十里自府治至南京八百里至京師三千八百二十五里

建置沿革 禹貢揚州之域天文斗分野周爲吳地吳滅入越越滅入楚秦爲婁縣地屬會稽郡漢因之[illegible]漢及魏晉皆屬吳郡隋省唐始置華亭縣屬蘇州五代晉時屬秀州宋改秀州爲嘉興府而華亭仍爲屬邑元陞縣爲華亭府隸嘉興路尋改爲松江府以府北有松江故名本朝因之直隸京師領縣二

華亭縣 附郭秦漢爲婁縣地漢末孫吳封陸遜爲華亭侯華亭之名始見唐爲崑山嘉興海鹽三縣地

图 3 – 1 《大明一统志》书影（天顺五年御制序刊本，东京大学藏）

二是内容上的区别。元《一统志》先记某地到两都（上都在前、大都在后）的里距，再记与相邻地区的“四至”“八到”。而明《一统志》则先记与相邻地区的“四至”，再记与两京（南京、北京）的“里距”。元《一统志》记录至州、县一级的“里至”，明《一统志》则记录该府府境至周边相邻府州所辖州、县一级的距离，如顺天府：东至永平府滦州界三百九十里，南至河间府任丘县界三百五十里，西至山西大同府蔚州界三百五十里，北至隆庆州界一百五十里。自府治至南京三千四百四十五里。[①] 如河南府：东至开封府汜水县界一百六十里，南至南阳府南阳县界二百六十里，西至陕西西安府华阴县界四百九十里，北至怀庆府济源县界九十里。自府治至京师及南京俱一千八百里。[②] 在记录与两京的里距时，明《一统志》全书并未制定统一的表述方式，南直隶

① 李贤等奉敕撰：《大明一统志》卷 1，第 4 页。

② 李贤等奉敕撰：《大明一统志》卷 29，第 1 页。

以北地区先述至京师距离，再记与南京距离。如保定府“自府治至京师三百五十里，至南京三千一百里”[①]，顺德府“自府治至京师一千里，至南京一千七百二十里”[②]，等等。南直隶及以南地区则先记与南京距离，再记与京师的距离。如松江府“自府治至南京八百里，至京师三千八百二十五里”[③]，南昌府“自府治至南京一千五百二十里，至京师四千一百七十五里”[④]，等等。

（四）山川

元、明《一统志》的“山川”类记载有两个不同：一是从元《一统志》辑文看，“山川”类下某条内容较为丰富，有时还引用其他地理志书的内容，如：

桥山：在中部县北一里。乃轩辕黄帝葬衣冠之所。山下有沮水，或曰古沮水，分流潜穿山底经过，因名桥山。《寰宇记》引《史记》云：黄帝葬此山，陵冢尚存。唐大历元年置庙。宋开宝二年敕修庙祭祀。在州西二里。按李吉甫《元和志》：宁州真宁县东八十里子午山，亦曰桥山。黄帝陵在山上，群臣葬衣冠之所。今两存之。《大元大一统志》五四四鄜州。[⑤]

而或是囿于篇幅的限制（元志有1300卷，明志仅90卷），明《一统志》的“山川”条目的行文大多较简洁，如：“金山，在府西三十里，其南曰甕山”[⑥]，仅13字。一般仅有某地一些名山大川会用较多文字去描述其历史、风貌。

二是“山川”类地名通名的数量上，元《一统志》远少于明《一统志》，或是因为元《一统志》亡佚后难见全貌，抑或是元代地名学当时的局限所致。如元《一统志》卷四“山川”收录玉华山、保定岭、洛河、子午水、黄河、屈野川等。明《一统志》卷6应天府“山川”记载山、溪、河、水、港、井、泉、池、沟、堤、堰、塘、洲、渎、涧等多种地名。

① 李贤等奉敕撰：《大明一统志》卷2，第1页。
② 李贤等奉敕撰：《大明一统志》卷4，第1页。
③ 李贤等奉敕撰：《大明一统志》卷9，第1页。
④ 李贤等奉敕撰：《大明一统志》卷49，第1页。
⑤ 孛兰肦等撰，赵万里校辑：《元一统志》下册，第379页。
⑥ 李贤等奉敕撰：《大明一统志》卷1，第9页。

（五）其他几类

“土产”“宦绩”“仙释”在元、明《一统志》的记载方法基本相似。元《一统志》衢州路“土产”：“桐油，衢州原脱州字，今补。产。永乐大典八八四一油字引元一统志。”① 有的条目记载则比较详细，如卷10邕州路土产中一条：“龙眼，宣化县西乡，武缘县止戈、乐昌两乡皆有。初生大树株。岁春首秀花，夏结子，秋后成熟。其肉稍粗，肉多者可以晒干为干圆眼，其味舔软。”② 明《一统志》苏州府“土产”：“锦、纻丝……草席虎丘出、彩笺吴中所造，名闻四方，今蜡笺、画笺尤精、柑橘、杨梅俱洞庭山出……”③。元《一统志》“宦绩”：“陈稚升，仕汉为苍梧太守。州之南有朱丘临水，郡事多暇，于此钓鱼以为乐。盖民醇讼简，与之相安也。……范晔，仕宋为苍梧太守，有德政。郡事多暇，以著书为乐。”④ 明《一统志》肇庆府“名宦”：“元白景亮南恩知州，有循良之政，性廉介，自奉甚薄。妻尤俭约，惟以脱粟对饭而已。……本朝黄景明阳春知县，律身廉，行政宽，与民约信，人皆归服。”⑤ 元《一统志》卷3襄阳路“仙释”：“谢允真诰稽神枢云：字道通，历阳人。咸康中，入武当山。水经云：允舍罗邑宰隐遁此山，故曰谢罗山。……陈抟字图南，亳人。举进士不第。从武当山移居华山。”⑥ 明《一统志》松江府“仙释”：“净真华亭人，宋嘉定间为兴胜寺僧。有道行。嘉熙三年浙江钱塘江，真偈呈安抚赵端明曰：海沸江河水接连，民居冲荡亦忧煎。投身直入龙宫去，要止惊涛浪拍天。遂投于海，三日而返。谓众曰：我在龙宫说法，龙神听受，此塘不复崩矣。语讫，复入于海。安抚上其事，敕赐护国真法师。”⑦

明《一统志》将元《一统志》的“风俗形势”拆分为“形胜”“风俗”两类。元《一统志》卷一大都路“风俗形势”：“顺州地近京师，俗亦如之。顺州北有牛山，东有白河。东安州地迩京畿，风气所宜，与大都同。”⑧ 元《一统志》卷一太原路“风俗形势”：“太原自台

① 孛兰肸等撰，赵万里校辑：《元一统志》下册，第600页。
② 孛兰肸等撰，赵万里校辑：《元一统志》下册，第716页。
③ 李贤等奉敕撰：《大明一统志》卷8，第8页。
④ 孛兰肸等撰，赵万里校辑：《元一统志》下册，第726页。
⑤ 李贤等奉敕撰：《大明一统志》卷81，第15页。
⑥ 孛兰肸等撰，赵万里校辑：《元一统志》上册，第336～337页。
⑦ 李贤等奉敕撰：《大明一统志》卷9，第15页。
⑧ 孛兰肸等撰，赵万里校辑：《元一统志》上册，第20页。

骀、实沈、陶唐、叔虞迭治之后，流风善政，犹有存者。唐国风诗序原脱序字，今补。曰原衍淳原二字，今删：俭而用礼，乃有尧之遗风焉。”[①] 明《一统志》苏州府“形胜”：“薮曰具区，浸曰五湖周礼职方氏。三江雄润，五湖腴表晋周处风土记。南近诸越，北枕大江汉武帝赐严助书。……东际大海，西控震泽宋地理志。”[②] 苏州府“风俗”：“风俗清美旧图经，泰伯逊天下，季札辞，一国德之。所化者远矣。更历晋汉以来，风俗清美。俗多淫祀汉第五伦传。尚文尚佛……俗好用剑元常熟州志，俗好用剑，轻死，盖湛卢、属缕、干将、要离之遗风。”[③]

元《一统志》的“古迹”类记载内容较多，据《秘书监志》记载：《大一统志》凡例中原有“寺观祠庙”一类[④]，但据金、赵两种辑本看，“古迹”已将“寺观祠庙”类合并其中，如元《一统志》卷四延安路“古迹”下即收录：延水故城、门山故县、延安故城、金明废县、废永州城、秦长城、合岭关、永宁关、神泉、暖泉井、五龙泉、玉莲池、石阁、青眉山、相思亭、翠漪亭、延利渠、绿云轩、圣人道、玉华宫、凤凰谷、百花坞、世美堂、范文正公祠、黄帝五龙祠、甘泉寺、轩辕庙、汉武庙等内容。[⑤] 从表3－1中可知，明《一统志》将“古迹”“寺观”“祠庙”是分别记载。

关于“人物”类，元《一统志》将本地籍贯的名人文士、贞节列女等均放在该类目下，如元《一统志》卷4延安路“人物”收录了韩世忠、贞女孟氏、崔仲方、刘延庆、贞女贾宗望母等[⑥]。而明《一统志》是将这两类人分别归入“人物”与“列女”两个类目。

需要说明的是，由于现存的元《一统志》只是残本，我们目前已经无法确定原书“建置沿革”等内容的原貌，因而只能借助辑本与明《一统志》在类目方面进行一些比较。

三　明、清《一统志》的类目比较

四库全书馆臣对明《一统志》评价甚低：“明代修是书时，其义例一

---

① 孛兰肹等撰，赵万里校辑：《元一统志》上册，第119页。
② 李贤等奉敕撰：《大明一统志》卷8，第2页。
③ 李贤等奉敕撰：《大明一统志》卷8，第2～3页。
④ 王士点、商企翁编次，高荣盛点校：《秘书监志》，第81～82页，杭州：浙江古籍出版社，1992年。
⑤ 孛兰肹等撰，赵万里校辑：《元一统志》下册，第387～411页。
⑥ 孛兰肹等撰，赵万里校辑：《元一统志》下册，第432～436页。

仍元志之旧。故书名亦沿用之。其时纂修诸臣既不出一手，舛错抵牾，疏谬尤甚。……俱乖互不合，极为顾炎武《日知录》所讥。……并句读而不通矣。”[①] 那么《大清一统志》是另起炉灶的开创性编纂吗？实际情况并非如此。总体来看，在类目方面，明《一统志》实际对初修《大清一统志》影响较大：后者共继承了前者15种分类的类目。另外，清《一统志》的“疆域”即相当于明《一统志》的“四至”“八到”。清《一统志》在类目方面的变化和发展表现在新设立的表、城池、田赋、职官、堤堰等5个类目，这说明《大清一统志》对地理总志体例的进一步细化，清《一统志》在继承明《一统志》的编纂原则基础上又有所创新。下文拟从四个方面分析。

（一）明清两志共有的类目

从表3－1中可知，图、疆域、形势、风俗、山川、古迹、陵墓、祠庙、寺观、名宦、人物、流寓、列女、仙释、土产这15个类目是两志共有的，但是它们中仍有一些差异。举图、疆域两类为例，以作说明。

1. 图

《大明一统志》的舆图分为明朝疆域总图、两京图、布政司图，共15幅，其中山东布政司卷缺载舆图。[②] 总图、京师图均位于卷1《京师》卷首，南京图位于卷6的卷首。布政司图一般也在该地区卷首，如卷19《山西地理之图》、卷26《河南地理之图》等。

《大清一统志》舆图分为京师图、各统部全图、府州厅图和外藩舆图四类，朝贡诸国部分未附舆图。以初修《大清一统志》为例，各统部所收地图均集中于某统部之卷首，如直隶统部收录直隶全图、顺天府图、永平府图……承德州图，共17幅图，仅直隶统部舆图数量即超过了《大明一统志》全书所收舆图的总量。

明、清《一统志》舆图的画法均较为粗糙，不能反映或代表明清地图技术的真实水平。《大明一统志》的舆图仅标记了主要山川与府的大概地理位置，《大清一统志》舆图标记了主要山川、府的方位、地界、主要关隘等内容。从内容来看，清志舆图比明志舆图要丰富，承载了更多的地

---

① 《景印文渊阁四库全书》第472册，第2页。

② 按，文渊阁《四库全书》所收《大明一统志》将该总志的舆图全部删除。

名、地理要素等信息。从编排上看,《大清一统志》舆图相对细致地反映了清朝统治地区的一些信息,比《大明一统志》多了府、州、厅等舆图,这也是清代舆图制作技术比明代舆图制作技术进步的明证。

2. 疆域

《大明一统志》未明确解释“疆域”类目的含义,“疆域”在《大清一统志》中指某统部、某府州的四至、距京师里程。两者均载四至里数,区别在于:《大清一统志》记载比《大明一统志》更详细。另外,《大明一统志》一般均记载至南京、北京的两个距离。而《大清一统志》仅记载距京师的里程数,各地至盛京的距离则不在记录范围内。

《大明一统志》卷2保定府的疆域:“东至河间府静海县界三百里,西至山西大同府广昌县界三百里,南至真定府安平县界一百二十里,北至顺天府涿州界二百里。自府治至京师三百五十里,至南京三千一百里。”①

再看《大清一统志》卷10保定府的疆域:“在京师西南三百五十里,东西距二百七十里,南北距四百九十里。东至河间府任邱县界一百十里,西至定州曲阳县界一百六十里,南至冀州新河县界三百里,北至顺天府房山县界一百九十里,东南至冀州治三百四十里,西南至正定府晋州治二百二十五里,东北至顺天府霸州治二百十里,西北至宣化府蔚州治四百里。”②

(二)明志有而清志无的类目

郡名、公署皆是《大明一统志》特有的。其中,郡名记录某府州历史上流传的主要名称。如《大明一统志》卷2保定府:保定曾称上谷(秦名)、清苑(宋名)两个。③《大明一统志》卷8苏州府:苏州历史上曾被称吴会、姑苏、吴郡、平江四个名称。④

《大明一统志》的“公署”一类情况如下:两京(北京、南京)的公署则分为文职公署、武职公署,文职公署记载六部、宗人府、国子监等重要机构,武职公署则记载五军都督府、锦衣卫、京师卫所等军事机构。某府州的公署则记载该地区主要的且级别较高的军事机构,有时收录一些文职机构,如《大明一统志》卷2保定府公署有:大宁都司、保定左卫、

① 李贤等奉敕撰:《大明一统志》卷2,第1页。
② 蒋廷锡、王安国等撰:《大清一统志》卷10,第1页。
③ 李贤等奉敕撰:《大明一统志》卷2,第2页。
④ 李贤等奉敕撰:《大明一统志》卷8,第2页。

保定右卫等6卫。[①]《大明一统志》卷2河间府公署有：长芦都转运盐使司、河间卫、沈阳中屯卫等6卫。[②]《大明一统志》卷8苏州府的公署有：苏州卫等3卫、吴淞江守御千户所、崇明沙守御千户所。[③]

（三）明志无而清志有的类目

表、城池、田赋、职官、堤堰是《大清一统志》新设的5个类目，分别举例以作说明。"表"记载某地区域沿革或行政区划变迁内容，如江南统部的表包括分属统部卷的江南总表、江苏布政司表、安徽布政司表和分属府、州、厅卷的江宁府表、苏州府表、太仓州表、海州表等。总表（其他统部有时称某统部表、有时称某布政司表）从宏观上记载江苏、安徽两省从两汉至明代的区域分属。江苏（或安徽）布政司表则记其所辖府州（有的统部还有厅）等次级政区的历史沿革情况。江宁府表或太仓州表则记载其各自所辖的次级政区或区域的行政区划沿革情况。[④]

表3－2　　江南总表[⑤]

时间	区域沿革
两汉	扬州及徐州、豫州部地
三国	江南属吴，江北属魏，亦置扬、徐二州
晋	亦为扬、徐二州。东晋增置徐、兖等州，改徐州曰北徐
宋齐魏附	宋亦为扬、徐二州，又置南徐、南兖、南豫三州。齐改徐曰北徐，兖曰北兖。魏得钟离以北，亦置南徐、扬州、南兖、徐、海、淮、楚、颖诸州
梁陈齐周附	梁仍为扬州、徐州、南豫、南兖、南徐诸州，增置霍、豫、西徐诸州。陈有扬州、南豫、南徐等州，增置吴州。江北属齐，亦为秦、合，谯、北徐、霍、江、西楚、东广诸州。周改置扬、亳、泗、邳、吴等州。
隋	初置扬、徐、寿三州。大业二年改为丹阳等十二郡属。扬州、彭城等三郡属徐州，汝阴、谯郡属豫州
唐	初改郡为州。贞观中分属江南、淮南二道。开元中又分江南道为东西二道。后为杨行审所据

① 李贤等奉敕撰：《大明一统志》卷2，第8页。
② 李贤等奉敕撰：《大明一统志》卷2，第29页。
③ 李贤等奉敕撰：《大明一统志》卷8，第8页。
④ 关于《大清一统志表》的内容分析详见本书第三章第三节。
⑤ 蒋廷锡、王安国等撰：《大清一统志》卷37卷首。

续表 3-2

时间	区域沿革
五代	属南唐
宋	初置淮南、江南及两浙路。熙宁中又分淮南、江南皆为东西路。南渡后又分两浙，置浙西路
元	分属江浙及河南行中书省
明	初建京师。正统六年定为南京陪都

“城池”收录某府、州、厅的主要城池，如江宁府有：江宁府城、句容县城、溧水县城、高淳县城、江浦县城和六合县城①。每座城池介绍其周长、城门、修建等情况，如句容县城“周七里，门五，环城有濠。明嘉靖三十三年，因旧址瓮砖”②。田赋则记载某地的田地类型、数额以及征缴地丁银、米豆等数量，该类记载内容因地而异，如江宁府田赋：“田地、山塘五万二千六百一十四顷九亩七分，归并省卫田地一万一千八百四十九顷二十七亩。额征地丁银共二十八万一千五百五十四两六钱九分四厘，米共十六万二千四百二十石九斗八升三合，豆共三千石九斗三升二合。”③ 奉天府田赋：“民田一万一千九百六十七顷七十三亩二分二厘。额征地丁银一万五千六百一十四两七钱六分五厘零，米二万三千八百七十九石七斗三升八合零。八旗田亩共一百三十三万八千六百三十一顷三亩。吉林乌喇官庄五十处，壮丁五百名，岁交粮一万五千石。白都讷官庄六处，壮丁六十名，粮一千八百石。其余奉、锦二府官庄，见前统部。”④

《大清一统志》以统部卷中的“职官”统括某一地区的文、武职官。文职官上有总督、巡抚，下至知府、典史、巡检、驿丞等。武职官则包括满、汉将军，副都统，把总等。京师的官署则有内阁、六部、理藩院、内务府、八旗官学等。⑤ 盛京统部则有六部、盛京将军、陵寝官员、宁古塔副都统、骁骑校、笔帖式等。⑥ 内地各统部则文职官与武职官分别列出，

---

① 蒋廷锡、王安国等撰：《大清一统志》卷 38，第 5~6 页。
② 蒋廷锡、王安国等撰：《大清一统志》卷 38，第 6 页。
③ 蒋廷锡、王安国等撰：《大清一统志》卷 38，第 7 页。
④ 蒋廷锡、王安国等撰：《大清一统志》卷 31，第 8 页。
⑤ 详见蒋廷锡、王安国等撰：《大清一统志》卷 1，第 12~18 页。
⑥ 详见蒋廷锡、王安国等撰：《大清一统志》卷 30，第 7~17 页。

如江南统部的文职官中有：总督部院、巡抚江苏都察院、巡抚安徽都察院、总督漕运部院、总督河道部院、提督江苏学院、提督安徽学院、巡盐御史、督理织造、督理龙江西新关、督理淮安钞关、扬州钞关、浒墅钞关、凤关、江苏布政使、安徽布政使、江苏按察使、江安督粮道、驿盐道、河库道、分巡常镇道、两淮盐运使等，另将江宁府、泗州等府州职官一并开列。武职官有：镇守江宁满兵将军、镇守汉口汉军将军、江宁城守协镇副将、骁骑校、参领、把总、游击等，并标明驻地。[①] 外藩蒙古统部亦列有职官，但较为简略，仅有：掌印扎萨克、协理旗务台吉、都统、副都统、参领、佐领、骁骑校。[②] 前文《大明一统志》官署以记载文、武机构为中心，而《大清一统志》则以记录文、武职官为主要内容（包括驻地、数量）。

堤堰是记载某地水利设施的位置、历史典故、修建等内容的一种分类，如江宁府“堤堰”有：方山埭、鸡鸣埭、黄城堰、五堰、石湫坝、洪漕坝、倪塘、横塘等，“倪塘，在上元县东南。梁绍泰末，齐兵自方山进，及倪塘，游骑至台。《建康志》在县东南二十五里。《通鉴注》倪氏所筑，故名，在方山埭南。”[③] 像方山埭、五堰的文字记录则更长。[④] 堤堰也是根据各地自然地理情况，有的地区并无此类，如奉天府等。

（四）明清两志拆分合并的类目

清《一统志》将明《一统志》“建置沿革”拆分为“建置沿革”“分野”“户口”三类，将“关梁”拆成“关隘”“津梁”两类。《大明一统志》将学校、书院分作两类，《大清一统志》则合二为一，统称“学校”。《大明一统志》中的宫室主要指亭台楼阁等，《大清一统志》将这部分内容统归入“古迹”类下。下面即以“建置沿革”为例，试说明明清《一统志》在拆分合并类目上的异同，虽同名为“建置沿革”，但在明、清《一统志》中却有着不同的内涵。

《大明一统志》卷4大名府建置沿革：“《禹贡》冀兖二州之域，天文室壁分野。本商旧都，周封武庚于此，春秋为晋地……元为大名路。本朝洪武初改为大名府，属北平布政司，永乐初直隶京师，领州一县九。元城

① 以上详见蒋廷锡、王安国等撰：《大清一统志》卷37，第8～28页。
② 蒋廷锡、王安国等撰：《大清一统志》卷344，第10页。
③ 蒋廷锡、王安国等撰：《大清一统志》卷39，第28页。
④ 蒋廷锡、王安国等撰：《大清一统志》卷39，第27～28页。

县，附郭，本春秋时沙麓地，汉置元城县，属魏郡……元初省入大名县，寻复置。本朝因之，编户六里。……大名县，在府城南一十里，本汉元城县贵乡地，后魏析置贵乡县……元初复置为县。本朝初省，洪武中复置，编户一十一里。”①

《大清一统志》卷44松江府：分野“天文斗牛分野，星纪之次。”②松江府的建置沿革：“《禹贡》扬州之域，春秋吴地，后属越……明亦曰松江府，直隶南京。本朝属江苏布政使司，领县八。华亭县，附郭，治府东偏。东西距八十七里，南北距……西北至娄县界一里。汉会稽郡由拳、海盐、娄三县地……明仍为松江府治。本朝因之。”③ 松江府户口：“原额人丁二十万九千九百四，又滋生人丁五千二百九十二。”④

内容的编纂格式方面，明、清《一统志》卷首布局大体相同：开头均是皇帝（明英宗、清高宗）御制序文，再为总裁官（明李贤等、清陈惪华等）恭进志书表，再为纂修者职名录。两志均在卷首附有全书的总目录。卷首也有相异之处：纂修者职名录后，《大明一统志》记《大明一统志图叙》，《大清一统志》则为全书总目。

在比较明、清《一统志》类目的异同之后，我们可以看出《四库总目》对明《一统志》的评价并不完全真实，否则清代徐乾学等也不会如此依赖明《一统志》且作为清《一统志》编纂的重要依据（《大清一统志》多次引用《大明一统志》的内容）。《四库全书总目》对《大明一统志》的只批判不表扬式的评价，并未能全面分析《大明一统志》内容、价值的优劣，“忽略”了《大明一统志》对《大清一统志》编纂的积极作用。

四　三部《大清一统志》的类目

前文侧重分析了《大明一统志》与《大清一统志》两者在类目、内容方面的异同、关联。本处则重点分析清代三部《大清一统志》之间类目的变化与继承等特点。

---

① 李贤等奉敕撰：《大明一统志》卷4，第23页。

② 蒋廷锡、王安国等撰：《大清一统志》卷44，第1页。

③ 蒋廷锡、王安国等撰：《大清一统志》卷44，第1~2页。

④ 蒋廷锡、王安国等撰：《大清一统志》卷44，第4页。

表 3-3　　三部《大清一统志》类目对照表

初修本	续修本	重修本	附徐乾学等拟类目
图	图	表	分野
表	表	图	部辖
疆域	疆域	疆域	图经
分野	分野	分野	—
建置沿革	建置沿革	建置沿革	建置沿革
形势	形势	形势	城池
风俗	风俗	风俗	形势
城池	城池	城池	里至
学校	学校	学校	议论
户口	户口	户口	设官
田赋	田赋	田赋	户口
—	—	税课	田赋
职官	职官	职官	风俗
山川	山川	山川	山川
古迹	古迹	古迹	古迹
关隘	关隘	关隘	旧都宫阙
津梁	津梁	津梁	考订
堤堰	堤堰	堤堰	陵墓祠庙
陵墓	陵墓	陵墓	关隘
祠庙	祠庙	祠庙	桥梁
寺观	寺观	寺观	土产
名宦	名宦	名宦	—
人物	人物	人物	人物
流寓	流寓	流寓	人物二名宦
列女	列女	列女	—
仙释	仙释	仙释	仙释
土产	土产	土产	—
26 类	26 类	27 类	22 类

说明：表 3-3 系根据初修、重修《一统志》书前《总目》改编而成，续修《一统志》本身无《总目》，笔者根据其正文内容改制。

从表3-3看，三部《大清一统志》之间的类目变化很小：仅重修《一统志》增添“税课”一类：“旧志统部田赋后不立盐课、关税专条，盖仿前明李贤所撰统志之例……今增税课一门列于各统部田赋之后，以昭美善。”① 根据重修《大清一统志》的内容看，“税课”一类仅增加在各统部卷中，各省所辖的府、州、厅卷中并无“税课”内容。这说明三部《大清一统志》之间更多的是继承，即初修《一统志》基本规定了乾隆与嘉道年间《一统志》编纂方法。

在具体分析三部《大清一统志》类目对于内容的实际影响之前，需要先对比徐乾学等拟《大清一统志》类目分类与初修《大清一统志》类目分类两者之间的异同。徐乾学等拟定的类目共有22类②，从表3-3可知，与初修《一统志》类目相比，徐乾学等拟类目的“部辖”“议论”“旧都宫阙”“考订”4类是初修《一统志》未记载的。其中，“部辖”：“《禹贡》九州分统万国，延至周末，并为七雄。秦废封建分天下为三十六郡，以统诸县，是为部辖之始。”③ “部辖”类也是徐乾学等纂修《大清一统志》的设想与后来最终修成的初修《大清一统志》的第一个差异。第二个差异是徐乾学等拟类目中“议论”类：“凡古人树论，坐而言，起而可行，如苏秦、张仪言七国，娄敬、田肯议关中，贾让策治河，赵充国筹屯田，虞翊议凉州，及诸谠言硕画，谓宜檃括编录，以禆经济。而前人名论之后，亦当附以末议。参酌曩今，指说利病，以备异时之采择云。”④ 该设想具有明末“经世文编”之遗风，但却和《一统志》本身作为地理总志的体例差别太远。第三个差异是“旧都宫阙”：“宫阙雄观，千秋之制，度攸存如。关中则《长安志》《雍录》，遥接《黄图》。江南则《金陵志》《建康实录》备采。旧址以至崔铣邺都之记、萧洵元宫之文，搜览遗章，犹见仿佛况有明遗迹，规制朴素。本朝建都益崇俭德，更宜胪列，昭示来兹。”⑤ 徐乾学等拟强调各地古都，实际上与“古迹”类有所重叠，自然不为其后的编修者们所接受。第四个差异是“考订”：“史书地志而外，凡纪传志表，并各

① 重修《大清一统志》凡例，《续修四库全书》第613册，第4页。
② 《大明一统志》类目也分为22类，这并不是巧合。
③ 《大清一统志凡例》，《清代诗文集汇编》第124册，第716页。
④ 《大清一统志凡例》，《清代诗文集汇编》第124册，第718页。
⑤ 《大清一统志凡例》，《清代诗文集汇编》第124册，第719页。

经注疏、诸子百家，前人奏议、文集，皆宜搜采。至金石遗文，尤足征史事之讹谬。欧阳《集古》、洪氏《隶释》所载甚多。他如《金薤琳琅》《石墨镌华》亦云极备，俱在网罗，毋致阙漏。至本朝诸司文案必须咨取采入，以成宪章之盛。”① 这也是后人能在阎若璩文集中见到考订性文字，可以在姜宸英文集中发现《一统志江防总论》等文章的原因。但是，这些考订最终并未被徐乾学之后的初修《大清一统志》纂修官们采纳。

徐乾学等所拟类目中的其他18类为初修《大清一统志》所继承。需要注意的是，徐乾学所拟18个类目次序与后来初修《一统志》的类目次序有较大不同，详见表3-3，这说明他们对于《一统志》具体内容的重要性的理解是不同的。从本书第一章第一节可知，徐乾学等编修的《一统志》稿本为后来韩菼、蒋廷锡、任兰枝等继续纂修《大清一统志》奠定了基础，尽管一统志馆在康熙三十三年至雍正十二年间曾有编修体例方面的意见不一致，并做出了调整。但是徐乾学等拟定《一统志》类目对后来一统志馆的工作产生了较大影响，而且徐乾学等在康熙二十五年至三十三年所做的《一统志》编修工作在清朝是开创性的，不能忽视他们对于《一统志》的贡献。在体例方面，续修《大清一统志》对于初修《一统志》并未有任何评价。但是，重修《一统志》则对前两部志书提出观点，如：“续志学校门各学之下以一书院为纲，余用小注，未免有统属轩轾之分。兹仍照乾隆八年前志平列。至各府厅州县入学额数，除定额照旧纂入外，其有增裁者，据各省来册分别记载。”② 其中续志即指乾隆续修《一统志》，前志则指康雍乾初修《一统志》。重修《一统志》在体例上充分借鉴前两部《大清一统志》的各自特点：“山川、古迹、关隘等，续志以四正四隅为序，每致重复混淆。今悉照乾隆八年前志，先东，次东南，次南，次西南，次西，次西北，次北，次东北。地势相接，条理较为分明。”③ 又如“陵墓，除续志所载，照旧存录外，其乾隆元年以后至嘉庆二十五年有赐祭奠者，一一查核载入。至其人事迹已登名宦、人物，概不重载”④，等等。

① 《大清一统志凡例》，《清代诗文集汇编》第124册，第719~720页。

② 详见《续修四库全书》第613册，第4页。

③ 《续修四库全书》第613册，第5页。

④ 《续修四库全书》第613册，第5页。

笔者在阅读三部《大清一统志》过程中发现，虽然三部志书的类目分类很明确，但因志书实际编纂需要和各地自然人文地理情况的差异，并不是所有类目均出现在各统部或某具体府、州、厅等卷中。

初修《大清一统志》盛京、江南类目举例①：

卷30，盛京统部：盛京舆图（盛京全图、兴京图、奉天府图……黑龙江图，共6幅）、盛京统部表、疆域（四至）、分野、建置沿革、形势、职官、户口、田赋、名宦；

卷31至卷33，奉天府：奉天府表、疆域（四至）、分野、建置沿革、形势、风俗、城池、学校、户口、田赋、山川、古迹、关隘、津梁、陵墓、祠庙、寺观、名宦、人物、流寓、列女、仙释、土产。

卷37，江南统部：江南舆图（江南全图、江宁府图、苏州府图……泗州图，共25幅）、江南总表（江苏布政司表、安徽布政司表）、疆域（四至）、分野、建置沿革、形势、职官（文职官、武职官）、户口、田赋、名宦；

卷38至卷40，江宁府：江宁府表、疆域（四至）、分野、建置沿革、形势、风俗、城池、学校、户口、田赋、山川、古迹、关隘、津梁、堤堰、陵墓、祠庙、寺观、名宦、人物、流寓、列女、仙释、土产。

由上文可知，奉天府卷下缺“堤堰”一类，而江宁府卷下则无缺少某个分类的现象。在江苏统部的通州卷中则无“仙释”一类②。这是内地省份的情况。外藩蒙古统部和朝贡诸国在类目分类上与内地省份差异更大，基本未按照26类的分类进行撰写，如科尔沁地区分为：疆域（四至）、建置沿革、山川、古迹，总共只分为4类。③ 在初修《一统志》内地省份中，“职官”一类只出现在某统部卷中，如上文的卷30盛京统部和卷37江南统部，而在具体的某府、州、厅卷中则无“职官”类的记载。至于“风俗”“城池”“学校”“山川”“古迹”“关隘”“津梁”“堤堰”“陵墓”“祠庙”“寺观”“人物”“流寓”“列女”“仙释”“土产”等16类则是各府、州、厅卷记载的对象，一般不出现在统部卷中。总体来看，初修《大清一统志》各个统部卷和府、州、厅卷记载对象均根据

① 引自道光二十九年阳湖薛子瑜活字印本。

② 详见初修《大清一统志》卷55，道光二十九年阳湖薛子瑜活字印本。

③ 详见初修《大清一统志》卷345，道光二十九年阳湖薛子瑜活字印本。

各地实际自然人文地理情况和舆地典籍记载情况而记载，呈现出区域性差异。续修、重修《一统志》两部志书的情况亦是如此。

续修《大清一统志》盛京、江苏类目举例①：

卷37，盛京统部：盛京全图、盛京统部表、四至、分野、建置沿革、山川、职官（先奉天将军、次吉林将军、次黑龙江将军）、户口、田赋、名宦；

卷38至卷42，奉天府：奉天府图、奉天府表、疆域（四至）、分野、建置沿革、形势、风俗、城池、学校、户口、田赋、山川、古迹、城堡、关邮、津梁、陵墓、祠庙、寺观、名宦、人物、流寓、列女、仙释、土产；

卷49，江苏统部：江苏全图、江苏统部表、疆域（四至）、分野、建置沿革、形势、文职官、武职官、户口、田赋、名宦；

卷50至卷53，江宁府：江宁府图、江宁府表、四至、分野、建置沿革、形势、风俗、城池、学校、户口、田赋、山川、古迹、关隘、津梁、堤堰、陵墓、祠庙、寺观、名宦、人物、流寓、列女、仙释、土产；

重修《大清一统志》盛京、江苏类目举例②：

卷57，盛京统部：盛京全图、盛京统部表、疆域（四至）、分野、建置沿革、形势、城池、宫殿、坛庙、山陵、苑囿、官署、文武职官、户口、田赋、税课、名宦；

卷59至卷63，奉天府：奉天府图、奉天府表、疆域（四至）、分野、建置沿革、形势、风俗、城池、学校、户口、田赋、山川、古迹、城堡、关隘、津梁、陵墓、祠庙、寺观、名宦、人物、流寓、列女、仙释、土产；

卷72，江苏统部：江苏全图、江苏统部表、疆域（四至）、分野、建置沿革、形势、文武职官、税课、户口、田赋、名宦；

卷73至卷76，江宁府：江宁府图、江宁府表、疆域（四至）、分野、建置沿革、形势、风俗、城池、学校、户口、田赋、山川、古迹、关隘、津梁、堤堰、陵墓、祠庙、寺观、名宦、人物、流寓、列女、仙释、土产；

---

① 引自《景印文渊阁四库全书》第474册、475册。

② 引自《续修四库全书》第613册、614册。

按：上文所举三部《大清一统志》的盛京统部卷、奉天府卷、江苏统部（江南统部）卷、江宁府卷的类目，主要是为了说明三部《一统志》在编修过程中并未刻板地遵循《大清一统志》体例的束缚，而是根据各卷编修过程的实际情况做出调整。又如：

初修《大清一统志》卷345科尔沁仅记录该地区的疆域（四至）、建置沿革、山川、古迹4类，并以中间两类为主，所有内容一共8页。

续修《大清一统志》卷48黑龙江记录了疆域（四至）、分野、建置沿革、形势、风俗、城池、学校、田赋、山川、古迹、城堡、关邮、津梁、祠寺、列女和土产共16类，和该志总目所记类目相差10类。

重修《大清一统志》卷555南掌记录了位置、建置沿革、朝贡情况、风俗和土产等5类，和该志总的类目相差22类。

统观三部《大清一统志》的其他内地省份、外藩蒙古统部、西域新疆统部、乌里雅苏台统部等与朝贡诸国等部分的志书内容亦具有一定地域性，《大清一统志》的类目分类只是三部总志的一个总体性要求，并不具有普遍的强制性，而且从各地自然人文地理的实际情况看，也不可能做到完全的整齐划一。三部《大清一统志》之间在体例上以继承为主，至于《一统志》的卷数从356卷增加到424卷，再增加至560卷，这更多的是因为《大清一统志》在已有体例的规定下，根据疆域版图的扩大和记事时间的延长而相应地增补内容。

第二节 《大清一统志》的材料来源

三部《大清一统志》纂修过程中编写材料的准备是一个重要工作。通过对文献档案的整理，结合《一统志》志书的实际内容，本节总结出三部《大清一统志》纂修的材料来源。大清一统志馆、方略馆、国史馆编修《大清一统志》时均需要多种文献材料作为纂修的依据。从来源上说，三馆编修《一统志》主要利用清宫藏书、各地进呈方志、中央保存及地方奏送档案图册。另外，康熙二十九年至三十三年间，顾祖禹、阎若璩等在苏州洞庭山书局纂修《一统志》时，还充分利用徐乾学传是楼藏书为编修《一统志》服务。康熙年间征书活动，乾隆朝编纂《四库全书》

时大量征书活动等，加上继承前代藏书遗产和清代官修书籍，清宫藏书量十分丰富。三部《大清一统志》主要在清宫纂修，自然根据纂修需要利用清宫典籍。如康熙年间，徐乾学在一统志馆纂修《一统志》时曾奏请利用文渊阁藏书："徐尚书总裁《一统志》，请权发文渊阁故书，以资考验。"① 道光年间，纂修《大清一统志》时，儒臣曾奉旨检阅和利用《永乐大典》。② 各地进呈方志和档案图册详见下文分析。从类别分，《大清一统志》所依据材料又可分为清修方志与其他官修典籍、宫廷及各地档案图册、前代史地典籍三大类。

一 各省方志与清廷官修典籍

清代新修的各省《通志》是《大清一统志》纂修时最主要的材料来源之一。前文述及，大学士卫周祚在康熙十一年倡议编修《一统志》时便强调各省《通志》对于《大清一统志》修纂的重要性。特别是初修《大清一统志》时期，各省修成18种《通志》，是清代《通志》成书最多的时期。③ 贾汉复主持修纂的《河南通志》《陕西通志》也成为各省纂修《通志》的样板，康熙帝要求各省尽快纂辑《通志》，进而为纂修全国总志做好筹备工作。在《大清一统志》纂修过程中，清廷和一统志馆总裁们曾多次催促各省加快《通志》纂修、进呈的速度。雍正六年十一月，总裁官蒋廷锡等曾奏请雍正帝要求"各省督抚将本省通志详重加修辑，务期考据详明，摭采精当，既无阙略，亦无冒滥，以成完善之书。如一年未能竣事，或宽至二三年内"④，书成之后即移送一统志馆。然而，直至雍正十二年十二月，内阁一统志馆又多次咨文礼部，希望各省加快将《通志》呈送一统志馆，以备修志之用："内阁一统志馆咨称，本馆奉钦命纂修《一统志》已经十载之久，尚未成书，实缘外省志书未齐，无从

① 杨绍和撰：《楹书隅录》卷2，见韦力编：《古书题跋丛刊》第18册，第76页，北京：学苑出版社，2009年。

② 向斯：《明清内府本流传宫外考》，故宫博物院编：《天禄珍藏：清宫内府本三百年》，第15页，北京：紫禁城出版社，2007年。

③ 巴兆祥：《论〈大清一统志〉的编修对清代地方志的影响》，第68页。

④ 《清实录》第7册，第1122页。

稽考。是以旷日经时，虚糜帑费，迄无就绪。”[①] 各省《通志》纂修的拖沓影响了《一统志》成书的进度。一统志馆只能多次行文督催，“前已咨贵部行文饬催各省，而尚有未到诸处。祈贵部再为飞速行催，期于本年九月到齐。如有卷帙繁多，未能刻成者，即先取抄本送馆，一面纂修，俟刻本到时，校对合应，再咨速行催取等因。”[②]。雍正十三年十一月十四日，一统志馆总裁官任兰枝、方苞、陈惪华又奏陈乾隆帝：要求督抚亟行纂刻《通志》，限于乾隆元年四月内俱以刻本进呈。[③]

纂修《通志》变成了各省长官的政治性任务，各省《通志》对于《一统志》纂修成书的重要性不言而喻。雍正帝谕旨颁布之后，各省纷纷设局修志，以备《一统志》修纂之参考。如，雍正八年二月十六日，广东布政使王士俊为修辑省志事上奏雍正帝：

> 窃各省志书每多残缺，自雍正六年十二月奉旨重加修辑，迄今已历年余。伏思名宦、人物、山川、风土均于志书备载，所关甚重，非考核精详，采录公当，不足以光简册，而传久远。臣奉文之后，随即转行各府确查旧志未载事迹，并于所属绅衿之内，每府选择一二人送至省会，设局纂修，但恐本省绅衿不无徇私情弊，必于外省聘一素有学行者总理大纲，庶事无关滥而责有专司。兹有翰林院庶吉士浙江人鲁曾煜，康熙六十年与臣会试同榜，臣知其人品端方、学问淹贯。向因伊祖母年逾九十，父年亦有六旬，蒙圣祖仁皇帝恩赐回籍侍养。今其祖母已故，父尚强健，况有二孙俱经成立，非家无次丁可比。臣商之署抚臣传泰遣役往接鲁曾煜到粤，给以修脯，令与粤省绅衿悉心考订，修辑志书，容俟告成之日，恭呈御览。[④]

王士俊首先学习雍正帝谕旨的精神，然后说明本省志书的不足，并精心挑选外省翰林主持修纂工作，可谓是认真地执行谕旨。王士俊的工作自然得到雍正帝的称赞，并希望能尽快将志书修辑完成：“览。好。此事直

① 内阁大库档案，登录号：108316。
② 内阁大库档案，登录号：108316。
③ 内阁大库档案，登录号：186229。
④ 中国第一历史档案馆编：《雍正朝汉文朱批奏折汇编》第17册，第951页，南京：江苏古籍出版社，1990年。

省太觉迟延矣，当速为办理者。”①

雍正八年二月二十五日，河南山东总督田文镜同样就河南省志书修纂事宜汇报情况：

> 臣查各省志书一案，雍正七年二月内准户部咨开，奉上谕著各省该督抚将本省通志重加修辑……臣准部咨，当即转行河南布政司速为聘访学问淹贯人员，择日开局。因本省甚难其人，臣又札致河臣嵇曾筠代为延访。嗣于上年冬间，河臣嵇曾筠荐有江南无锡县辛丑科进士顾栋高，学问渊博，堪膺斯任，随即专人往聘，于今岁正月内到豫，又选有濬县教谕朱超、鹿邑县教谕傅梦赉、南阳县教谕罗倬、裕州学正张星煜、正直学正李洛均系文理优通，堪膺分校之任，业已陆续传齐在省。今择吉于本年二月十二日将进士顾栋高等送入大梁书院内开馆纂修。其一切安置并须用器具及供应笔墨纸张食物等项，应请在于存公银内陆续给发，统俟事竣之日查追清册，逐一确核报销。臣再另行恭奏所有豫省志书开馆纂修日期并应请动支公项缘由。理合恭折奏闻，伏乞睿鉴。
>
> 览。作速纂修，则免请托钻营等弊矣。②

河南省修志的筹备同广东省一样花了近一年的时间，并精心选择纂修官员组成修志书局。各省重修《通志》保证了《大清一统志》修纂的材料来源，利于志书尽快完成。但是，各地修志难免会遇到各种困难或障碍。这也是初修《一统志》迟迟未能成书的原因之一。

乾隆二十九年，乾隆帝总结前次修《一统志》经验时便说：“但前次修志之书，必待移取各省《通志》而后从事，以致旷日持久，艰于集事。”③ 可见，各省《通志》对于《一统志》纂修的重要性一直未减。乾隆和嘉道年间，方略馆、国史馆在续修《一统志》时面临着与一统志馆同样的问题。方略馆亦曾一再督催各省加快完成《通志》的新修工作。如《续河南通志八十卷》提要记载：“国朝河南巡抚阿思哈监修。《河南通志》修于雍正九年。阿思哈以乾隆三十一年奉诏纂修《一统志》，征诸

① 中国第一历史档案馆编：《雍正朝汉文朱批奏折汇编》第17册，第951页。

② 中国第一历史档案馆编：《雍正朝汉文朱批奏折汇编》第18册，第5页。

③ 《大清一统志》书前上谕，见《景印文渊阁四库全书》第474册，第2页。

省志书送馆，乃续修此编，事迹皆与前志相接。”①

乾隆三十四年，贵州都匀府独山州知州刘岱在新编成《独山州志》序言中指出：“乾隆乙酉岁，圣天子以西陲底定，疆域式廓，延命臣工重修《大清一统志》，将以垂示奕叶，为千古未有之典章。部牒至黔，分行下。……岱检州所有册籍，仅黔省通志一部……编成十卷，以天文、地理、营建、食货、秩官、武备、人物、艺文八门为纲，内分星野、气候、祥异、舆图、建置、疆域、山川、古迹、关梁、风俗、场市、村落、苗蛮、方言、城池、公署、学校、典礼、书院、赋役、仓厫、物产、职官、名宦、土官、营制、师旅、选举、乡贤、孝义、文学、隐逸、列女、敕疏、议颂、考序、碑记、记传、文论、赋诗四十六门为目，而首之以圣训，终之以杂记。庶几一州信史矣。”② 书成之后，需要送至方略馆。

嘉庆二十三年十一月十五日，两广总督阮元、广东巡抚李鸿宾奏报续修《广东通志》事宜。此次《广东通志》的续修亦因重修《大清一统志》而起：“案准部咨转准国史馆移称各省应入《大清一统志》事宜，如有遗漏，造册补送等因。当查广东事宜，业经前抚臣查取咨送，惟此内有无遗漏，实难凭信。因思外省通志系《大清一统志》所取材，通志详核则事宜不劳而得。”雍正《广东通志》已经不符合嘉庆重修《一统志》的要求，且志书有瑕疵：“臣等检阅《广东通志》系雍正九年所修，阅今几及九十年，其间沿革损益甚多，且原书体例本未书善。……应即乘此查取事宜之时将通志详加纂正，以事宜为《通志》张本，即以《通志》为事宜总汇，既上供史馆采择，复下备本省掌故，实为一举两得。”在两广总督阮元、广东巡抚李鸿宾的领导下，安排续修粤省通志：“臣等现经设局编纂，会同斟酌体例，粗有端绪。委粮道卢元伟为提调，延辛卯翰林原任浙江温处道陈昌齐、辛酉翰林刘彬华、江苏监生江藩等分任纂校。所有经费等项俱系筹捐，撙节办理，约计一年有余可以成书。俟完竣恭缮正本，敬呈御览，并咨送国史馆。”③

---

① 永瑢、纪昀等撰：《（天津图书馆藏）纪晓岚删定〈四库全书总目〉稿本》第4册，第309页，北京：国家图书馆出版社，2011年。

② 详见《中国地方志集成·贵州府县志辑》第24册，第9～13页，成都：巴蜀书社，2006年。

③ 本段所引材料见朱批奏折，档号：04—01—38—0026—010；缩微号：04—01—38—002—0287，一史馆藏。

再道光二年闰三月初二日，两广总督阮元、广东巡抚嵩孚奏为纂修《广东通志》告成进呈事：

> ……跪奏为纂修《广东通志》告成，恭缮正本敬呈御览事。窃照前准部咨转准国史馆移取各省应行补入《大清一统志》事宜。臣阮元以事宜恐省遗漏，不如省志之详核。而《广东通志》年久未终，经会同前抚臣李鸿宾奏明续行纂辑，以便国史馆采入《一统志》内。钦奉朱批：知道了。钦此。现已编纂完竣，共书二十六篇，三百三十四卷，除赶紧刊刷咨送国史馆外，谨先缮写正本，合词恭呈御览。伏乞皇上圣鉴。谨奏。
>
> 道光二年四月十一日奉朱批：览。钦此。①

在重修《一统志》期间，各省进呈方志的事例还可以举出很多。不少方志的序言或凡例即明确指出因为三次编修《大清一统志》的需要，各省纷纷纂修省、府、州、厅、县志等。有学者指出：国史馆所藏的还有一千五百种地方志，大部分是清初以至乾隆年间纂修的。这些地方志是清嘉庆年间，为了纂修《大清一统志》，而向全国各地征集来的。《一统志》修纂完成后，这些方志就移交史馆贮存。② 有学者统计：有清一代，各地共修方志 5701 部。③ 巴兆祥根据《中国地方志联合目录》统计出三修《一统志》期间各地区所纂方志的总量，分别为 1518 部、291 部、710 部，共计 2519 部。作者认为由于方志散佚情况的存在，保守估计，这一时期修志总量约为 5000 种。④ 从近年来海内外新发现、整理出版的清代方志看，⑤《中国地方志联合目录》统计数字有所欠缺，但它仍然反映了清代方志成就的总体情况、特征。可以说，康熙至道光年间成书的各地方志大多数是因为清廷三修《大清一统志》而编修的。新修方志成为清朝地方各级官府的政治任务，在此背景下，纂修方志对清代地方社会也产生了重

---

① 录副奏折，档号：03—3648—007，缩微号：252—0930，国家清史编纂委员会数据库。

② 王福寿：《故宫藏书溯源》，《故宫文物月刊》（台北）第 3 卷第 5 期，第 23 页，1985 年。

③ 详见仓修良：《方志学通论》，第 247 页。

④ 详见巴兆祥：《论大清一统志的编修对清代地方志的影响》，第 69 ~ 70 页。按，该文表中统计时段的起止年代略有瑕疵，个别数字或有不确，但不影响三次《一统志》纂修期间修志的总体特征，仍可作为参考。

⑤ 如国家图书馆出版社近些年组织出版的各地图书馆、高校图书馆所藏稀见方志丛刊。

要影响，详见本书第五章第二节。

除了清代各地所修方志外，清廷官修的各种史地典籍也是《大清一统志》征引材料的来源之一：“有关地理者皆恭载，至敕修各馆群书，自国史外，如《日下旧闻考》《热河志》《盛京通志》《平定准噶尔方略》《西域同文志》《西域图志》《平定金川方略》《天下舆地全图》，记述大备，皆前古所未有，并加考证只登，用光册府。”[①] 续修、重修《大清一统志》在纂修时还参考初修或续修《一统志》的内容，如淮安府学校类即载：“按旧志载，仰止书院在府城东南隅名宦祠内。明正德十一年建节孝书院，在府城东门外二里。明嘉靖中又建正学书院，在府学西。志道书院在府城西南，清江书院在府城北清江浦，谨附记。”[②] 经笔者查核，续修《一统志》引用的这段内容在初修《一统志》卷 47 的第五、六两页。引文中称“旧志”，有时也称“旧统志”，用来指代此前修成的《大清一统志》。

二　宫廷所存与各地呈送的档册、舆图

《大清一统志》的编纂成书除了需要各省《通志》作为取材依据外，同时也需要“第一手的原始资料”——各地上报的地情资料，包括户口册、田赋册、孝子节妇事实册、舆图等。这些材料为《一统志》提供了很丰富材料，较为直接地反映各地社会经济、文化风俗。当然，这类材料有的并不是专门为修纂《一统志》而进呈，如八旗户口册、蒙古王公事迹册等。

雍正六年十一月甲戌，一统志总裁大学士蒋廷锡等认为各省旧有志书记载的名宦节孝内容缺漏陈旧，要求各省编送档册：“其本朝人物一项，著照所请，将各省所有名宦、乡贤、孝子、节妇一应事实，即详查确核，先行汇送一统志馆，以便增辑成书。”[③] 据罗福颐等整理，清代内阁大库档案中即有一些清册：康熙三十七年十月各州县额征地丁钱粮照依节年由单刊载书目册、乾隆十六年十月燿州造具节妇事实册、乾隆十六年十月鄜

---

① 续修《大清一统志》卷首，《景印文渊阁四库全书》第 474 册，第 13 页。重修《大清一统志》卷首，《续修四库全书》第 613 册，第 4 页。

② 《景印文渊阁四库全书》第 480 册，第 291 页。

③ 《清实录》第 7 册，第 1122 页。

县造具孝子节妇事实册、乾隆十六年十月韩城县造具节妇事实册、乾隆十六年十一月汧阳县造送节妇事实册等。[①] 这些材料往往需要实地统计整理而成。前代古迹有时也是《一统志》纂修的参考对象，《敕修奴儿干永宁寺碑记》的康熙十五年拓本曾经被送交至一统志馆。[②] 这些均是《一统志》修纂过程中需要参考的原始资料。

乾隆十五年二月十五日，一统志馆移会典籍厅："照得本馆所存正本、底本并各省《通志》以及残废舆图应归大库收贮，业经移会贵厅在案。今本馆将前项书图俱已包束妥协，相应开列粘单移送贵厅收库可也。"根据该件移会的附件得知，一统志馆将馆中所藏：大总图一张、云南省总图说册一副、福建省大册页二套、浙江各府不全册页一捆、木匣一个（内贮陕西省小绫图八个、广西省小绫图五个、福建省黄绫縹龙边大图一个）、历年册档一捆（共六十九本）、历年文移一包、残废旧书三捆等书籍舆图移交内阁大库收藏。[③] 这些档册、舆图均是一统志馆在纂修《大清一统志》时经常参考的文献资料。

乾隆续修《大清一统志》期间，各地亦将本地有关事务编成档册，移送方略馆。如乾隆四十二年，盛京将军弘晌将盛京地区恩赏银库数量编造清册送馆：

> 盛京所属各处官员、兵丁等所出红白事件，应得赏项银两，从前由官买卖处所得额利银两内动用核给，后于乾隆三十三年间钦遵谕旨，停止官铺。经原任将军明福奏请，官员兵丁等红白事件赏项，由盛京户部库贮余地租银两内动用核给之处，逐一分晰款项数目，造具清册[④]

乾隆四十二年五月三十日奉旨恩准弘晌所请。[⑤] 乾隆四十二年六月初四日，盛京将军弘晌又根据谕旨及军机处发文，要求"奉天府等衙门、盛

---

① 罗福颐编：《大库史料目录己编》，旅顺库籍整理处编印，1935 年。

② 承志：《满文〈乌喇等处地方图〉考》，《故宫学术季刊》（台北）第 26 卷第 4 期，第 21 页，2009 年 6 月。

③ 内阁大库档案，登录号：246091。

④ 《奏承恩赏银库造送应入一统志事宜清册》，录副奏折，档号：03—0660—056，缩微号：045—1482，国家清史编纂委员会数据库。

⑤ 见录副奏折，档号：03—0659—055，缩微号：045—1336，国家清史编纂委员会数据库。

京户礼兵刑工等五部、三陵总理事务衙门、管理威远堡等六边事务衙门、盛京内务府衙门查照文内事宜，详细分晰，造具清册。……仍将移付兵司、工司、牧群司、恩赏库接济官兵银两处遵照一并办理，速为见覆。……相应将本库承办应入《一统志》事宜造具清册二本，移送户司查照。……相应将缎库付送关防册一本存贮备查外，其白册一本钤印本衙门印信，咨呈办理军机处。”[①] 续修《大清一统志》凡例中亦明确记载该志所引用材料的一些来源：①部院寺监并各直省来册；②列年谕旨及督抚、河臣奏疏；③直省档册；④《国史》《褒忠录》与历年地方册籍；⑤理藩院册籍、礼部册籍与史志诸书等。[②]

又如国史馆重修《大清一统志》时亦向中央各机构和各地征集档案、图册等。道光十二年九月间，兵部来文一件《覆一统志烈妇烈女无凭查复》：“国史馆移称：本馆现在赶办《一统志》，所有京师、直隶、河南、甘肃、陕西、四川、湖南、江苏、新疆、蒙古等省造送烈妇烈女各册……”[③] 道光十一年六月十七日，国史馆移会盛京工部衙门：“盛京将军衙门为咨行事……国史馆移会本馆续纂《一统志》，全凭各省通志及各州县清册，只因期限紧迫，将《一统志》紧要门类汇开一单，希贵部迅即转行奉天将军府尹各衙门，严催各州县按照单开门类，自乾隆四十三年起至嘉庆二十五年止，并开载界址等门类，详造清册汇送本馆。”道光十一年九月初七日盛京工部来文《咨覆所属额设官员等缺》一件册一本。[④] 嘉道重修《一统志》凡例亦明确规定每个统部的各项内容的材料来源途径，其中“均据各省来册备载”“详悉咨查各省，照来册备载”“照理藩院册籍登记”等情况并不鲜见。[⑤] 可知，各地为纂修《大清一统志》报送方略馆或军机处的档案材料都和地方政务相关，事无巨细，均在呈报范围内。若能得见方略馆、国史馆档案，一定可以发现更为丰富的方略馆（或军机处）同各地督抚等衙门关于《大清一统志》续修工作的往来行文。

---

① 弘晌：《咨呈为编修一统志移送所需文档事》，见录副奏折，档号：03—0659—055，缩微号：045—1336，国家清史编纂委员会数据库。

② 以上所引用5条皆出自续修《大清一统志》卷首凡例，《景印文渊阁四库全书》第474册，第12～14页。

③ 《国史馆·编纂类》第13号，转引自华林甫主持编纂：《清代地理资料长编》，未刊稿。

④ 《国史馆·编纂类》第9号，转引自华林甫主持编纂：《清代地理资料长编》，未刊稿。

⑤ 重修《大清一统志》凡例的详细规定请参看《续修四库全书》第613册，第3～6页。

除了上述这些专门的档册外，各地还将一些综合性档册进呈修书馆，以备纂修《一统志》时参考。据李澍田、宋抵的研究，《吉林志书》是吉林将军衙门为国史馆修撰《一统志》而进呈的档册，现已残缺。该书是嘉庆年间抄本，未著纂修者姓名，属于嘉庆年间吉林将军衙门遵奉国史馆行查事迹而咨送的公文，记事止于嘉庆十八年。① 《吉林志书》不分卷，计8册，每册封面贴木刻书签，上有“声山翰墨”篆文印章一方，另加“天佑堂”长印和“穆铁森章”的钤记，或为该志书收藏者所盖。该书由李澍田、宋抵校点，校点后印刷共146页。

《吉林志书》具体内容十分丰富、细致，分为“行政裁改归并、疆界、设置、沿革、城池、河渠、堤堰、桥梁、关隘、寺观、祠庙、陵墓、田赋、开垦、学校、官额、名宦、文苑、儒林、孝友、列女、省府州县志、山川、路站、粮船、职官、岁贡、兵备、边门、移民、参票、库贮地图明细”等32类，分类总数甚至超过了嘉道重修《一统志》本身的分类数量（27类）。举例如下，以作说明：

> 一、奉原单内开：“道、府、州、县、厅、营有无裁改、归并，详查年份，造册送馆”等语。
>
> 查吉林驻防，康熙十年设立。雍正五年，添设永吉州知州一员，吏目一员。乾隆二年，添设理事通判一员。……
>
> 一、吉林属伊通边门外蒙古地方，于嘉庆五年设立长春厅通判一员，巡检一员。系吉林管辖。
>
> 一、乌拉地方，乾隆五年设立。系吉林管辖。
>
> ……
>
> 一、奉原单内开：“盛京吉林长春厅绘明地图，并注明疆界及何年设厅，一切沿革事宜等查送馆”等语。
>
> ……
>
> 一、长春厅所属疆界：东至木石河，距厅一百九十里与松花江接界。西至巴彦吉鲁克山，距厅四十里与喀尔沁达尔罕王接界。南至吉林伊通边门，距厅八里与吉林接界。北至纪家窝铺，距厅一百七十二

① 李澍田主编：《长白丛书二集：吉林志书》编辑前言，长春：吉林文史出版社，1988年。感谢张永江老师提供该本资料的线索。

里与郭尔罗斯札萨克公接界。

并详述长春厅设立原委、衙署规模、署内杂役人员、俸禄开支、征收税务等情况，并绘制长春厅境内地图一张，一并移送交国史馆。

一、奉原单内开：“盛京吉林伯都讷厅绘明地图，并注明疆界及何年设厅一切沿革事宜，详查送馆”等语。

……

一、奉原单内开：“省会及府、厅、州、县城池有无修建，详查年月，造册送馆”等语。

查吉林所属各城，原系兵力修建，筑打土城以及衙属公所房间，自何年陆续改为动用官项修理，年份详查列后：……

分别汇报了吉林城、宁古塔城、伯都讷城、三姓城、阿勒楚喀城等5处修造衙署、房屋情况。

一、奉原单内开：“河渠、堤堰、桥梁、关隘，有无开浚、淤塞、修筑、添设、坍废等事，详晰查明，造册送馆”等语。

……吉林城南松花江堤。自城东门至西门长八百十四丈，堤高一丈五尺，宽一丈，于嘉庆十六年题准修筑，今尚未动修，理合声明。……

一、奉原单内开：“寺观、祠庙、陵墓有无添建坍废，详查送馆”等语。

……文庙在城内东南隅。乾隆七年永吉州知州魏士敏捐建。每岁春秋致祭，用笾豆盘二十四个，爵杯三盏。文昌阁……

一、奉原单内开：“田赋开垦坍废，其中增减赋额，详晰造册开明送馆”等语。

……

一、奉原单内开：“学校名额有无增减，详查造册送馆”等语。

……

一、奉原单内开：“道、府、州、县、厅、营文武各员弁，文职自道府起至巡检、典史、闸官止，武职自将军、都统、提督、总兵、副都统起至外委止，有无增添裁改，详细分晰，造册送馆”等语。

……

一、奉原单内开："名宦、儒林、文苑、孝友、列女，详查造册送馆"等语。(40~101页，此为点校本页码，下同)

……

一、奉原单内开："省志、府志、州志、县志，除业经移送到馆外，有未经移送者，无论新旧，概行送馆"等语。(101~146页)

从《吉林志书》的内容可知，当时各地为《一统志》纂修所进呈的资料十分详细，既说明了本地的历史沿革、人文风俗，又汇报当地现实情况。特别是名宦、节孝等人物事迹占了全部资料的四成多，本地所修志书也是各地进呈国史馆的重要对象。这两者占了全书一半多。反而是自然地理内容在所进呈的档册只占很少的部分。

舆图方面，康熙四十七年至五十七年间，在全国范围内开展了一次实地测量和舆图绘制活动，最后编成《皇舆全览图》。它和雍正《皇舆十排全图》《十五省舆图》《乾隆十三排图》一起推动了清代中央绘制舆图以及地方舆图的绘制与进呈工作。[①] 因而在编修《一统志》时，舆图资料也就成为必须参考的文献之一。早在康熙二十二年八月，《大清一统志》尚未正式开馆编修前，康熙帝便下谕旨作出指示：要求地方绘制地图呈送兵部，选择性编入《一统志》。[②]

康熙二十五年六月甲子，一统志馆开馆后，康熙帝又颁发谕旨："各省舆图载入《一统志》，事殊重要，或一省有大图无小图，或一省有里数程途而无疆界，或一省有疆界而无里数程途，各省皆不一例。何也？询之曾为总督、巡抚者。"[③]《大清一统志》纂修时参考舆图的情况，在志书正文中可以发现"图"或"舆图"的字样，如续修《一统志》卷66[④]，又如武昌府山川类的陆水条："按明统志以陆水出岳州府巴陵县，考之舆图

① 以下几位学者对清初地图测绘及相关问题均有不同程度的研究，可供参考。翁文灏：《清初测绘地图考》，《地学杂志》1930年第3期。冯宝琳：《康熙〈皇舆全览图〉的测绘考略》，《故宫博物院院刊》1985年第1期。1990年，汪前进完成了以康熙《皇舆全览图》作为研究主题的博士论文。赵寰熹：《〈皇舆全览图〉各版本对比研究》，《满族研究》2009年第4期。2012年5月，李孝聪在东北师范大学亚洲文明研究院做了题为"记康熙《皇舆全览图》的测绘及其版本"的学术报告。白鸿叶、李孝聪：《康熙朝〈皇舆全览图〉》，国家图书馆出版社2014年版。另，研究清代测绘史的论著亦多有涉及，如钮仲勋、牛汝辰等学者的研究。

② 《清实录》第5册，第137页。

③ 《清实录》第5册，第348页。

④ 《景印文渊阁四库全书》第475册，第345页、第347页。

非是。”[①] 通过前引乾隆十五年二月十五日一统志馆移交内阁大库的文件中即有各省舆图多种。清廷一直比较重视舆图的绘制、管理。雍正十二年正月十九日，贵州提督舒元生为苗疆奠定恭进舆图上奏雍正帝：

> 切惟新开之疆，最宜形势联络，使官民日亲日远，自然革面革心。臣于雍正十一年五月内平定九股，班师之日，遍历苗疆，其向化情形，业经具折奏闻矣。今以臣巡历所至山川道里，并将臣巡历所未至之处，细访土人，而知水陆所通、源流脉络详绘成图，按其远近夷险，安设塘汛，俱于图内注明，并撰图说附于图首，恭呈御览。

雍正帝朱批：览。有旨谕尔再详加考订奏闻。[②] 民国年间，故宫博物院编印《清内务府造办处舆图房图目初编》，其中即收录了一些内阁大库的舆图。有学者指出：内阁大库的舆图主要来自修书各馆，尤其是一统志馆在向各省征集资料时，要求同时编报舆图与文字资料。[③] 这些资料中也包括一些满文文献史料。

三　满文舆图、档册

前文已探究《大清一统志》编纂过程中档册、舆图的重要性。本段则特别强调初修《一统志》编修时期，盛京、蒙古地区的满文舆图、档册也是《一统志》的材料来源之一。与中原地区相比，盛京和蒙古地区对于清朝而言有着十分重要的意义，特别是盛京地区作为清朝龙兴之地和陪都所在地更是仅次于京师的战略要地。康熙年间曾三次（三十年、三十四年、四十八年至五十年）移送满文档案，汇报黑龙江舆地情况，这批档案就包括“档子”与“舆图”，以便一统志馆编志时参考利用。这三次提交的档案也是黑龙江将军衙门应内阁一统志馆要求而做的，档案、舆图完成之后移送兵部，再由兵部司务厅转交一统志馆。[④] 目前研究较多的是台北“故宫博物院”所藏康熙满文本《黑龙江流域图》，卢

---

① 《景印文渊阁四库全书》第480册，第31页。

② 《雍正朝汉文朱批奏折汇编》第25册，第924页。

③ 吴雪娟：《清代满文舆图概述》，《满语研究》2006年第2期。

④ 详见吴雪娟：《康熙年间三份〈大清一统志〉黑龙江分省资料》，第53～58页。

雪燕较早对该图做出研究，细致考察《黑龙江流域图》的标注时间、地域范围、图中水系、山峰、关隘、城镇等内容，并认为该图“可能是康熙《皇舆全览图》的草图之一，或是康熙《皇舆全览图》绘制时参考了《黑龙江流域图》”①。黑龙江流域图所绘山峰大致与乾隆九年刊本《大清一统志》卷36《黑龙江·山川》记载相同。但是，该图所绘比《一统志》黑龙江篇图记载的详尽，如苏拉西峰，即是《一统志》未载的山峰。②

吴雪娟认为：满文本《黑龙江流域图》是康熙四十九年黑龙江地区进呈中央的《大清一统志》黑龙江分省资料的附图，应著录为康熙《大清一统志·黑龙江图》。作者从黑龙江将军衙门档案、《黑龙江流域图》编绘时间以及该图的山峰、湖泊、界碑等地理要素角度考察得出上述结论，同时认为该图与《皇舆全览图》之间无必然关系。③

乾隆二年八月二十日，张廷玉、鄂尔泰、徐本等奏请仍令德龄在一统志馆行走，原因即是德龄兼懂满汉文，便于领导一统志馆纂修盛京、蒙古地区志书：“查副都统德龄前在内阁学士任内奉世宗宪皇帝谕旨充一统志馆满总裁官，续奉谕旨派往西安协办军需及巡抚事务。其一统志馆满总裁奏经另补。现今该馆正值编纂八旗人物及口外各蒙古部落等卷，需用清汉兼通之员，较商酌定。今德龄自青海回京补授副都统，应否仍令德龄在馆行走之处，伏候谕旨。”④ 乾隆五年，一统志馆总裁官陈惪华奏请新授御史范咸仍兼一统志馆行走，因为当时一统志馆正在编纂蒙古等地区统志稿：“所有口外四十九旗及各蒙古志书非兼通满汉文义者不能承修，今臣馆虽分纂有人，其中并无通满文者。查该员曾读清

① 卢雪燕：《院藏康熙满文本〈黑龙江流域图〉考介》，《故宫文物月刊》（台北）第225期，第96～109页。

② 卢雪燕：《院藏康熙满文本〈黑龙江流域图〉考介》，第100～101页。

③ 吴雪娟：《康熙〈大清一统志·黑龙江图〉考释》。承志在《尼布楚条约界碑图的幻影——满文〈黑龙江流域图〉研究》一文中亦指出：台北“故宫博物院”所藏满文《黑龙江流域图》是在视察边界报告和舆图资料的基础上于康熙四十九年十一月二十五日绘制而成，目的是为了编修《大清一统志》。详见《故宫学术季刊》（台北）第29卷第1期，第147～234页，2011年10月。尽管，吴雪娟、承志两篇文章结论相近，但承志对于吴文中《大清一统志·黑龙江图》的命名并不赞同。笔者认为：我们不能将地图制作依据的底图与地图本身混淆，所以将《黑龙江流域图》命名为《大清一统志·黑龙江图》是不妥的。此处有幸得到华林甫老师指导。

④ 录副奏折，档号：03—0371—021，缩微号：025—0903，国家清史编纂委员会资料数据库。

书，现在承修口外四十九旗及各蒙古志书，已有头绪，若听其离馆，另行拣员接办，既非驾轻就熟，必致稽延时日。”① 笔者认为，初修《大清一统志》编纂时，仅盛京、蒙古地区移送到一统志馆的档案多属满文文献，内地省份移送资料以汉文文献为主。这从一统志馆的纂修官人员配置情况亦可得到印证。

根据日本综合地球环境学研究所承志的研究：康熙朝在编纂《大清一统志》的过程中，为了掌握东北地区历史地理情况，派员赴黑龙江、吉林等处考察绘图，一统志馆即曾利用考察成果满文《乌喇等处地方图》等舆图资料，重新绘制舆图。② 作者在王庸研究的基础上，结合康熙朝满文档案，认为《乌喇等处地方图》和当年为编纂《大清一统志》对黑龙江、吉林等地人文地理状况进行的数次调查有直接关系，在内阁一统志馆提供给黑龙江将军的资料中，就包括上述满文舆图的记载。该图画成后藏于内阁一统志编纂馆。③

康熙二十二年，为编纂《大清一统志》，都统拜布善咨文署理将军事务之奉天副都统，报告宁古塔地理情况，将山河、古迹、碑文、果实、禽兽、虫豸、异类等情况详细上报。据承志考察：历史语言研究所明清内阁大库档案中有《鄂多理城宁古塔城地域档》，属于《大清一统志》鄂多理、宁古塔部分满文稿本。④ 宁古塔副都统衙门档案中即有关于《一统志》的档册：《宁古塔档》2—9《雍正十一年行文档》八月十九日驿站丁陈子贵乘驿送来之文，用满文书写，主要记载首任黑龙江等处将军萨布素的生平、任职经历、康熙二十三年之前所取得的军功等内容。⑤《黑龙江档》16—21《自康熙四十九年正月吏、兵、理藩院、盛京兵部行文抄档》，康熙四十九年八月二十三日由齐兰穆宝递送文书。该件文书的主要内容为内阁一统志书馆咨文兵部司武厅核实《乌喇等处地方图》与所送档册记载黑龙江地区山川、河流的情况。⑥ 从初修《大

---

① 内阁大库档案，登录号：023247。

② 详见承志：《满文〈乌喇等处地方图〉考》。

③ 承志：《满文〈乌喇等处地方图〉考》，第12～13页。

④ 承志：《满文〈乌喇等处地方图〉考》，第20、37～38页。《鄂多理城宁古塔城地域档》，见内阁大库档案，登录号：167538。

⑤ 承志：《满文〈乌喇等处地方图〉考》，第57～58页。

⑥ 承志：《满文〈乌喇等处地方图〉考》，第59～62页。

清一统志》的纂修过程来看，作为“国语”的满语康雍乾时期在盛京地区使用较多。但随着满汉融合的加剧，嘉庆朝之后旗人的满语水平下降得比较严重，甚至连嘉庆四年编纂《高宗实录》征集能够熟练运用满文的人员都困难重重。[①] 根据学界现有研究，乾隆朝即曾多次颁发谕旨强调保护“国语骑射”对于清朝统治的重要性，但最高统治者的旨意也未能阻止满汉融合的潮流。至于方略馆、国史馆所藏《一统志》纂修档案中是否有满文档册、舆图，还需要等待相关档案开放利用后才能知晓。

四 前代史地典籍等

《大清一统志》是地理总志，在时间上涉及先秦至清代，需要多参考、利用前代修成的舆地志书等文献。清宫藏书众多，除了清廷官修典籍外，还藏有大量的前代文献。这些为《一统志》的纂修提供了很好的客观条件。徐乾学在京纂修《一统志》时曾利用文渊阁藏书，其中便有《舆地广记》等。道光年间，重修《大清一统志》，儒臣还曾奉旨检阅和利用秘阁珍藏的《永乐大典》。[②] 通过统计、对比乾隆续修《大清一统志》中盛京统部、江苏统部引用前代典籍的情况，亦可窥见《一统志》援引典籍情况之一斑。

盛京统部记载清朝龙兴之地的历代舆地沿革等情况，该统部引用前代典籍约为31种，如果按照传统典籍的四部分类来看，以史部中的正史、舆地类典籍为主。引用典籍的总体情况详见表3－4，此处略举几例。续修《一统志》卷38记载奉天府的建置沿革，述及金朝东京路时引《金史·地理志》：“按，《金史·地理志》东京路：辽阳府及澄州、贵德州、盖州、复州并在今府境内。”[③] 在记载元代沈阳路时引《元史·地理志》：“《元史·地理志》：元初平辽东，高丽国麟州神骑都领洪福源引众来归，授高丽军民万户……”[④] 又如奉天府山川类东屏山条引《明统志》等：“按，《明统志》有明山，在复州卫东十里。《元志》有明王山，在辽阳东

---

① 如内阁大库档案，登录号：182545、177436、144430、217572等。

② 向斯：《明清内府本流传宫外考》，故宫博物院编：《天禄珍藏：清宫内府本三百年》，第15页。

③ 详见《景印文渊阁四库全书》第474册，第698页。

④ 详见《景印文渊阁四库全书》第474册，第698页。

三十里，谓高句丽王之子……”① 又如奉天府古迹类挹娄故城条引《辽志》《金志》：“挹娄故城，在铁岭县南六十里，辽置兴州中兴军治……按《辽志》兴州本汉海宜县地，渤海置州，领盛吉、蒜山、铁山三县……《金志》挹娄县，辽旧兴州常安县，辽尝置定理府于此，本挹娄故地。辽、金二志互异，当从《金志》。”②

表3－4　续修《大清一统志》盛京统部引用典籍③

《北史·高句丽传》	《大金国志》	《尔雅》	《新唐书》	《汉书》（《汉书·地理志》、《汉志》）
《唐书·天文志》	《刘恕外纪》	《通典》	《后汉书》	《晋书》（《晋书·天文志》）
《唐书·地理志》	《尚书集传》	《通考》	《旧唐书》	《金史》（《金史·地理志》《金志》）
《唐书·渤海传》	《太平御览》	《禹贡》	《应劭书》	《辽史》（《辽史·本纪》《辽史·地理志》《辽志》）
许元宗《行程录》	《松漠纪闻》	《元和》	《水经注》	《明一统志》（《明统志》）
《魏书·地形志》（《魏志》）	《方舆纪要》	《明志》	《全辽志》	《元史》（《元史·地理志》《元志》）
			《三国志》	

江苏统部记载人文荟萃之地江苏的自然人文情况，引用前代典籍约计108种，以唐、宋、明三代文献为主，如表3－5所示。如续修《一统志》卷50记载江宁府的形势引用《晋书·王导传》等：“形势：钟山龙盘，石头虎踞。《晋书·王导传》长江天堑，险过汤池。《南唐书》东以赤山为成皋，南以长淮为伊洛，北以钟山为曲阜，西以大江为黄河。《艺文类聚》……”④ 江宁府山川类云穴山条：“云穴山：《舆地纪胜》在上元县东八十五里，有洞甚幽邃……《建康志》周二十里，南有水流入石驴溪。”⑤ 等等。

① 见《景印文渊阁四库全书》第474册，第705页。
② 详见《景印文渊阁四库全书》第474册，第720页。
③ 本表统计依据续修《大清一统志》卷37至卷48整理而成，《景印文渊阁四库全书》第474册。按，此处统计将引用的文献仅计算一次，同书异名的合并为一种，如《汉书·地理志》与《汉志》。《唐书·地理志》《唐书·渤海传》等则作两种计。
④ 见《景印文渊阁四库全书》第475册，第27页。
⑤ 见《景印文渊阁四库全书》第475册，第29页。

表 3－5　　续修《大清一统志》江苏统部引用典籍①

《陈书》	《辍耕录》	《东观汉纪》	杜预《左传注》	《汉书》(《汉书·地理志》)
《经》	《丹阳记》	《杜佑通典》	晋伏滔《正淮论》	《后汉书》(《后汉志》)
《晋纪》	《建康志》	《方舆胜览》	《元史·地理志》	《晋书》(《晋书·地理志》)
《梁书》	《金陵志》	《胡安国集》	胡三省《通鉴注》	《旧唐书·地理志》(《旧唐志》)
《南史》	《郡国志》	《中吴纪闻》	晋荀羡《北征议》	《南齐书》(《南齐书·州郡志》)
《禹贡》	《江乘记》	《方舆纪要》	郑亶《水利书》	《九域志》(王存《九域志》《元丰九域志》)
《韦昭》	《嘉定志》	《建康实录》	《京口三山志》	《姑苏志》(王鏊《姑苏志》)
《魏书》	《句容志》	《孔安国传》	《老学庵笔谈》	《南畿志》(陈沂《南畿志》)
《图册》	《括地志》	《梦溪笔谈》	李昉《宫苑记》	《三国志》(《三国·吴志》)
《通典》	《李纲集》	《南徐州记》	《宋戚纶志》	《史记》(《史记·六国表》《史记正义》)
《齐书》	《六朝记》	《毘陵旧志》	宋鲍照《芜城赋》	《名胜志》(曹学佺《名胜志》)
	《南唐书》	《容斋随笔》	《宋庄之奇纪》	《明一统志》(《明统志》)
《唐会要》	《汤演集》	《赵孟頫记》	杨循吉《杂志》	《苏州府志》(卢熊《苏州府志》、卢熊《府志》)
	《琴川志》	《宋系年录》	明龚时宪《太仓考》	《宋书》(《宋书·符瑞志》《宋书·州郡志》)
	《宋会要》	《酉阳杂俎》	《宋政和河沟记》	《宋史》(《宋史·地理志》《宋史·河渠志》)
	《宋学记》	《艺文类聚》	单锷《吴中水利书》	《宋徐铉集》(宋徐铉《甘露寺记》)
	《宋图经》	《杨万里集》	《元路学兴造记》	《隋书》(《隋书·地理志》《隋志》)
	《吴郡志》	《文献通考》	元董抟霄《淮安议》	《唐书》(《唐书·地理志》《唐志》《唐书·食货志》)
	《吴县志》	《吴越春秋》	《元宜兴图册》	《汪藻集》(汪藻《镇江府月观记》)
	《水经注》	《祥符图经》	《通鉴地理通释》	《太平寰宇记》(《寰宇记》)
	《张浚集》	《新唐书》	魏了翁《学记》	《吴郡图续经》(《续图经》)
	《吴都赋》	周处《风土记》	唐李途《记室新书》	《舆地纪胜》(王象之《舆地纪胜》)
	《舆地志》	《咸淳志》	《元杨廉夫记》	《吴地记》(陆广微《吴地记》)
	《唐六典》	《越绝书》	《左传·杜预注》	《元和郡县志》(《元和志》)

① 本表依据续修《大清一统志》卷 49 至卷 74 整理统计而成,《景印文渊阁四库全书》第 475 册。

在通览三部《大清一统志》全志的基础上，结合续修志的盛京统部、江苏统部实例，三部《大清一统志》引用前代典籍的共同特征：除了蒙古地区、朝贡诸国外，其他每个统部引用前代典籍数量（次数）均较多，引用典籍以前代地理总志、正史地理志和地方性名志等舆地典籍为主，兼引一些正史、政书、文集、笔记等文献。但是，《一统志》每个统部之间引用的典籍又各有特色：如盛京统部引用辽、金、元时期舆地典籍较多。江苏统部下每个府所引用的典籍更具有地方性，江宁府多引用南京地区史地典籍，苏州府引用前代苏州地区史地典籍较多。另外，每个统部所引用典籍数量也在一定程度上反映了该地区的文化发达程度，特别是历代典籍的流传情况。

需要特别注意的是，前文已论述清廷为纂修《大清一统志》而命地方各级官员新修方志、进呈舆图等。但是，笔者在查阅三部《大清一统志》时，《一统志》所引用的当时资料相对而言极少：京师卷使用当时资料较多，但均属一般介绍性，在《会典》、清三通等典籍中均能得见。边疆地区如新疆或西藏使用当时资料较多，但在篇幅上和京师卷相比均较小。内地省份、盛京地区则较少引用当时资料。这似乎和清廷征集方志的说法相矛盾，实际上这正是清廷统治的政治策略所在。

第三节 《大清一统志》内容举要

《大清一统志》内容宏富，包罗清代前中期的自然地理、人文地理诸多内容。限于篇幅，本节仅选择性介绍三部《一统志》的部分内容，以初修《大清一统志》江南统部之江苏布政使司所辖的江宁府（首府）、淮安府（普通府），以及续修、重修《大清一统志》江苏统部中江宁府和淮安府为例，并结合全书整体内容做简要分析。这样便于我们更直观地认识《大清一统志》。

一 初修《大清一统志》江苏部分

江南统部首列江南全图和各府、州、厅分图，再为江苏、安徽两布政司表，再为正文内容。卷 37 至卷 70 为江南统部，其中卷 37 为江南布政使司卷，卷 38 至卷 55 记载江苏江宁府至通州等八府三州的内容。

江苏布政司表记载的时间序列依次为：两汉、三国、晋、宋齐（附魏）、梁陈（附齐周）、隋、唐、五代、宋、元与明。[1] 按，江苏布政司表与续修《一统志》江苏统部表（表 3－6）的区别有两点：第一，江苏布政司表未在表格横向添加江苏省所辖“江宁府”“苏州府”等字样。第二，表中所记各地历史时期沿革与续修《一统志》江苏统部表相比亦略有不同。江苏布政司表中“三国”时间序列中并未详细列出吴或魏国，五代之后的“宋”时间序列中也未附录北方的金朝。

表 3－6　　江苏统部表[2]

	江苏省[3]	江宁府	苏州府	松江府	常州府	镇江府	扬州府	淮安府	徐州府	太仓州	海州	通州	海门厅
两汉		略											
三国吴魏附													
晋													
宋齐魏附													
梁陈齐周附													
隋													
唐													
五代													
宋金附													
元													
明													

① 蒋廷锡、王安国等纂修：《大清一统志》卷 37 卷前。

② 据《景印文渊阁四库全书》第 475 册，第 2～3 页改制。此处并不研究江苏统部的历代行政区划沿革，故将表中其他内容略去。

③ 按，文津阁本《大清一统志》该卷该表无“江苏省”字样，见《文津阁四库全书》第 162 册，第 388 页。

卷37江南布政使司卷记载江苏、安徽两省总体情况，内容包括：四至（里距）、分野、建置沿革、形势、文武职官、户口、田赋、名宦等8类。

名宦类：清朝共收录27人（李犹龙、马国柱、李日梵、李嵩阳、秦世祯、李来泰、郎廷佐、石廷柱、额楚、郎赛、李森先、陈培祯、梁化凤、周维新、马祐、王之鼎、靳辅、于成龙、汤斌、施世纶、傅腊塔、许汝霖、张鹏翮、张泰交、陈鹏年、张伯行、齐苏勒）。该类记载江苏、安徽两省名宦。但根据乾隆续修《一统志》江苏统部名宦记载，初修《一统志》江南统部名宦记载的大多是江苏布政使司区域内名宦，安徽记载的相对极少——仅李犹龙1人。

卷38至卷40为江宁府，首为江宁府表，再记载江宁府正文。江宁府表记载两汉至明11个历史时期江宁府及其所辖上元县、江宁县、句容县、溧水县、高淳县、江浦县、六合县等7县历史沿革。

正文如城池类收录：江宁府城、句容县城、溧水县城、高淳县城、江浦县城、六合县城，共6座。记载每座城池规模、形制、修建历史等。

学校类：江宁府学、上元江宁县学、句容县学、溧水县学、高淳县学、江浦县学、六合县学，共7处。记载其地理位置、修建历史。另记钟山书院、明道书院、文昌书院，内容包括各书院的地理位置和修建历史等。

名宦类：其中收录清朝8人（李正茂、赵廷臣、郭士贤、崔抡奇、闵派鲁、饶应元、刘泽嗣、于成龙）。人物类：收录清朝6人（李敬、胥廷清、史允琦、白梦鼐、董三策、王应宪）。

卷47至卷48为淮安府，首记淮安府表，再记正文。淮安府表记载两汉至明11个历史时期淮安府及其所辖山阳县、阜宁县、盐城县、清河县、安东县、桃源县等6县的行政沿革。淮安府表中将三国和晋两个历史时期并列在一行中，或属誊录人员抄写错误。

正文中如城池类收录：淮安府城、阜宁县城、盐城县城、清河县城、安东县城、桃源县城，共6座。记载每座城池的规模、形制、修建历史。

学校类：淮安府学、山阳县学、阜宁县学、盐城县学、清河县学、安东县学、清河县学、桃源县学，共8处。记载每个学校的位置、修建历史等。另记仰止书院、节孝书院和清江书院的位置、修建历史。

淮安府名宦类竟未收录清朝名宦的事迹。人物类：清朝有 9 人（张新标、徐越、陆求可、邱象升、嵇宗孟、阎若璩、刘昌言、李铠、宋曹）。

二 续修《大清一统志》江苏统部

续修《一统志》卷49 至卷74 为江苏统部，包括江苏全图、江苏统部表和正文。正文包括：江苏统部、江宁府、苏州府、松江府、常州府、镇江府、淮安府、扬州府、徐州府、太仓州、海州、通州和海门厅相应类目的内容记载。下面依旧按照卷49 江苏统部内容的先后顺序做出相应概括、总结。

按，江苏统部既记录江苏省在两汉至明 11 个历史时期的行政区划沿革和所辖地域，也记载了江宁府、太仓州、海门厅等府州厅在 11 个历史时期的行政区划沿革。从表 3 - 6 看，时间序列上，最先从两汉记述江苏省的沿革，忽视了先秦和秦两个时期。三国时期则以统治江苏大部分区域且统治时间较长的吴作为主要时间序列，即使是强盛的魏也只是附属在吴之下。宋齐、梁陈作为南朝时统治江苏的主要政权也成为主要的时间序列，而将北朝魏、齐周附列。宋与金的情况亦是如此。

卷 49 江苏统部主要包括：四至与里距、分野、建置沿革、形势、文职官、武职官、户口、田赋和名宦。江苏省省会江宁府。[①] “建置沿革”类除了记述先秦至明代时江苏省的行政沿革外，重点记载续修《大清一统志》断限之前清朝江苏地区的行政区划情况：清朝改置江南，省治江宁府。顺治十八年分属左右布政使。康熙六年改为江苏省。乾隆三十二年，以通州、崇明沙地析置海门厅。领府八、直隶州三、厅一。文职官包括两江总督、江苏巡抚、漕运总督、提督江苏学政、督理织造、督理龙江西新关、江宁布政使司及下属理问、仓大使、库大使、江苏布政使司、江安督粮道、苏松粮储道、盐法道、河库道、分巡松太兵备道、分巡淮扬河务兵备道、分守常镇通道、两淮盐运使及下属、江宁等八府三州一厅主要文职官。每个职官下或注管辖范围，或注驻地所在，

---

① 《景印文渊阁四库全书》第 475 册，第 4 页。

或注设立裁撤时间。如“巡视两淮盐政辖江南、江西、湖广、河南、汝宁等处，驻扬州府”[①]。又如松江府“董漕同知驻南汇川沙”[②]。又如苏州府“海防同知雍正八年复设，驻常熟福山”[③]。武职官包括镇守江宁将军、镇守江宁副都统及下属、督标中军副将、中军守备、江宁城守协副将、汉标中军副将、河标中军副将、江苏抚标营中军参将、提督江南总兵官、镇守苏松水师总兵官、镇守江北狼山总兵官等及其下属。每个武职官下或注驻地，或注设立裁撤时间。如“督标中军副将驻江宁府”[④]。又如“苇荡营参将驻山阳县仁和镇，康熙三十八年设游击，后裁。雍正四年复设参将督兵采苇”[⑤]。

户口：江苏布政使司八府三州一厅，原额人丁三百九十一万七千七百零七丁，滋生人丁二千五百零四万九千五百二十八丁。田赋：江苏布政使司八府三州一厅，田地六十四万九千二百一十七顷六十二亩二分零，屯田地二万五千九百四顷七十一亩五分零，杂办银四万五千二百五十八两七钱二分零，额征地丁银三百二十九万四千六百六十六两零，额征米麦豆三十八万四千六百一十四石零。

名宦方面：汉代 13 人、三国魏 1 人、晋代 3 人、南朝宋 1 人、南朝梁 1 人（文津阁本第 162 册第 393 页又记隋辛公义，文渊阁本第 475 册第 14 页记作“辛公义”前无朝代字样）、唐代 15 人、宋代 62 人、元代 10 人、明代 32 人、本朝 29 人（马国柱、李日芃、李嵩阳、秦世祯、李来泰、郎廷佐、石廷柱、额楚、郎赛、李森先、陈培祯、梁化凤、周维新、马祜、王之鼎、靳辅、于成龙、汤斌、施世纶、傅腊塔、许汝霖、张鹏翮、张泰交、陈鹏年、张伯行、齐苏勒、冯景夏、尹继善、陈宏谋）。据续修《大清一统志》凡例第九条记载：

> 直省名宦人物，前志有未备者，并确查史传，增入其顺天府卷中。国朝诸王及八旗大臣等事迹已载《八旗通志》，兹不重载。其八旗大臣中职任封疆、政绩懋著者，仍载入各直省名宦中。至比来物故

① 《景印文渊阁四库全书》第 475 册，第 6 页。
② 《景印文渊阁四库全书》第 475 册，第 7 页。
③ 《景印文渊阁四库全书》第 475 册，第 7 页。
④ 《景印文渊阁四库全书》第 475 册，第 10 页。
⑤ 《景印文渊阁四库全书》第 475 册，第 11 页。

之文武大臣中，有治行彰显、曾经奉旨褒嘉入祀贤良、昭忠祠者，俱遵查国史，一并载入。[1]

《大清一统志》各省名宦皆只记载某人在该省某地任官的事迹，如汉魏相“定陶人。昭帝时迁扬州刺史。考按郡国守相多所贬退”[2]。晋谢安“阳夏人。太元中以太保镇广陵，筑新城，又筑埭于城北。后人追思之曰召伯埭”[3]。清马国柱“汉军正蓝旗。顺治七年总督江南，时八旗驻防兵民不相习，国柱尽心抚戢，令行禁止。兵民相安”[4]。清张伯行“仪封人。康熙中巡抚江苏。清正著闻。豪猾望风远遁。举劾属员，无所阿狥。奏请蠲瓜洲浮税，赈恤高、宝下河灾黎。抚吴五载，官吏莫敢冒法贪滥”[5]。从续修《一统志》江苏统部名宦中我们不但可以获得乾隆年间一些名宦的宦迹，还可以查询到顺治、康熙年间一些满汉名臣的事迹。

卷50至卷53为江宁府卷，首先是江宁府图，再为江宁府表，再为江宁府正文。其中江宁府表记录两汉至明代11个历史时期（两汉、三国吴、晋、宋齐、梁陈东魏齐周附、隋、唐、五代、宋、元、明）江宁府及其所辖7个县（上元县、江宁县、句容县、溧水县、高淳县、江浦县和六合县）行政区划的历史沿革的概要。

江宁府卷内容包括：四至（位置、里距）、分野、建置沿革、形势、风俗、城池、学校、户口、田赋、山川、古迹、关隘、津梁、堤堰、陵墓、祠庙、寺观、名宦、人物、流寓、列女、仙释、土产等23类。

四至：首先标识是“江苏省省治”，距离苏州府治的里数。再记载东西、南北里距。再记载东、西、南、北、东南、西南等至相邻州县的里距。建置沿革：除追述前代沿革外，重点记载清朝江宁府所辖七县的行政区划，首述附郭县，再按照方位和至府治里距依次记载。如江宁县：“附郭治。城西南偏，东西距三十里，南北距一百里。东至上元县界五里，西至大江中流江浦县界二十四里，南至溧水县界九十五里，北至上元县界五里。东南溧水县界六十里，西南至安徽太平府当涂县治百三十五里，东北

① 《景印文渊阁四库全书》第474册，第13～14页。
② 《景印文渊阁四库全书》第475册，第14页。
③ 《景印文渊阁四库全书》第475册，第14页。
④ 《景印文渊阁四库全书》第475册，第21页。
⑤ 《景印文渊阁四库全书》第475册，第22页。

至上元县界六里，西北渡江至江浦县治四十里。”① 每个县在分述四至后再依据时间顺序述其沿革。

形势、风俗多引前代典籍，如风俗：“山川浑深，土壤平厚。故人物敦重，质直翾巧浮伪宋戚纶志。俗毅且英士，清以迈地大而才杰杨万里集。君子勤礼恭谨，小人尽力耕植祥符图经。风流文物，冠映今古汪藻集。建业自六代为都邑，民物浩繁，人才辈出，实士林之渊薮汤演集。”②

城池：江宁府城、句容县城、溧水县城、高淳县城、江浦县城、六合县城，共6处。每条记载该城池规模、形制、历史。

学校：江宁府学、上元江宁县学、句容县学、溧水县学、高淳县学、江浦县学、六合县学、钟山书院，共8处。记载每个学校位置、历史、学员额数。

户口：原额人丁二十万九千六十四，又滋生人丁三百四万九千四百七十二。

田赋：田地山塘五万二千四百一十四顷九亩七分，归并省卫田地一万一千八百四十九顷二十七亩。额征地丁银共二十六万五千一百六十六两九分九厘，米豆四万二千七百十五石一斗三升二合。

山川类引用较多前代典籍。关隘类亦引用部分前朝志书，但引用极少。津梁类引用《建康志》《明统志》（即《大明一统志》），次数极多，并体现出江南水乡的特色——桥多。

陵墓类：先记帝王陵寝，再记名臣名士之墓。并不是每个朝代皆有记载，如帝王陵寝仅记载：三国吴、晋、南朝宋、南朝陈、明等五个朝代。

名宦类收录：汉1人、三国吴1人、晋8人、南北朝宋4人、齐2人、梁3人、陈1人、唐3人、宋49人、元2人、明10人、本朝8人（李正茂、赵廷臣、郭士贤、崔抡奇、闵派鲁、饶应元、刘泽嗣、于成龙）。人物类收录：汉1人、晋4人、南北朝齐2人、梁3人、北齐1人、陈1人、隋1人、唐3人、宋6人、元2人、明48人（按，此类忠臣孝子均录其中，如孝子葛志学。著名文人如焦竑。总体以有功于地方吏政人物为主。梁志仁、张可大、黄金玺、陈士达、马纯仁等5人获得乾隆四十一年褒奖，或为抵抗李自成等农民起义军死，或为抵抗孔有德等军死，未

① 《景印文渊阁四库全书》第475册，第26页。

② 《景印文渊阁四库全书》第475册，第28页。

提抵抗清军统一江南时死者，详见《景印文渊阁四库全书》第475册第74～77页）、本朝10人（李敬、胥廷清、史允琦、蔡祖赓、白梦鼐、张蕴、董三策、王应宪、张自超、黄虞稷。按，仅记载顺康时人。10人中以政绩或军功者为主，以文化或学术著名者仅王、张、黄三人）。按，名宦为外籍人士在江府宁任官者，人物为本地籍名士或名官。无论是名宦还是人物类均未将清朝（即书中“本朝”）作为收录的重点，而是以奖励前人为主，如名宦类收入宋代49人，超过该类所收录其他11朝的总和。明代人物共收录48人，超过该类收录其他11朝人物的总和。流寓、列女和仙释也记载各类历代人物事迹，其中流寓和仙释类记载人物数量较少。列女则数量较多，且以记载清朝列女内容为主，收录的数量要远远多于前代。

卷64至卷65为淮安府卷，首先为淮安府图，再为淮安府表，再为正文内容。淮安府表记载两汉至明代12个历史时期（两汉、三国魏、晋、宋齐梁、魏、齐周陈附、隋、唐、五代、宋金附、元、明）淮安府及所辖6县（山阳府、阜宁县、盐城县、清河县、安东县、桃源县）的行政区划沿革情况。

淮安府内容依次分为：四至（位置、里距）、分野、建置沿革等23类。其中山川类：记载康熙、乾隆两帝南巡时多次对于淮安府境内黄河、运河等处考察、巡视以及诗文辞赋。通过对该类记载初步认为：所谓《大清一统志》的时间断限基本是指帝王行为记载的下限。淮安府山川类下“运河”条记载康熙帝和乾隆帝多次巡幸的情况，时限至乾隆四十九年。堤堰：“高家堰”条记载时限亦至乾隆四十九年。祠庙：“惠济祠”条记载时限至乾隆四十九年。按，大多数条目均无明确的时间断限。有些条目有时间下限者亦多至康熙朝。雍正朝和乾隆朝的相关沿革或事迹记载较少。

名宦类：收录晋2人、南北朝周1人、隋1人、唐5人、五代南唐3人、宋24人、元3人、明14人、本朝3人（靳辅、齐苏勒、嵇曾筠）。人物类：收录汉9人、三国魏1人、三国吴1人、隋1人、唐3人、宋12人、元2人、明31人（杨靖、金濂、王瑜、叶淇、刘宁、杨旻、王鋐、韦斌、苏勤、朱勇、丁震、蔡昂、潘埙、陈斗南、丁士美、杨锦、孔金、邱度、岳钟秀、张世显、王宏、潘宏、岳荐、赵世选、周文炜、钟希贤、罗应选、王伯度、刘永昌、张纬、李干才。其中苏勤、朱勇、丁震、陈斗南、杨锦、孔金、岳钟秀、岳荐等 8 人为孝义、五世同居。周文炜等 7 人获得乾隆四十一年旌表。但均未提抵抗清军之事。详见《景印文渊阁四库全书》第 475 册，第 328 ~ 330 页）、本朝 13 人（张标、徐越、陆求可、邱象升、刘昌言、李铠、张鸿烈、宋曹、嵇宗孟、阎若璩、周振采、吴玉搢、阮学浩。按，同样亦是政、军、学、孝义各类人物皆有）。

江苏省所辖其他府、州、厅内容亦依序记载。但每地志书实际记载内容的种类或数量均因地而异。如江苏省通州的名宦仅记载五代唐 1 人、宋 14 人、明 11 人和清朝 2 人，通州下人物类仅收录宋、明、清三朝，列女仅记录明、清两朝。江苏省海门厅的名宦仅收录宋 3 人、明 1 人，人物类则记载明代崔桐一人，列女也只收录明 1 人和清朝 2 人。

续修《一统志》比初修《一统志》内容多有增加，主要在以下几个方面：①乾隆帝统治时期文治武功的事迹：“皇上德威洪鬯，平定准噶尔部、回部，拓地二万余里，底定两金川，建厅课绩。四谒祖陵，六巡江浙，指授奠海治河事宜，岁举秋狝，进哨木兰，倬汉天章。凡有关地理者皆恭载。”续修《一统志》还重视乾隆帝行宫的记载：“直省巡跸所经，均建行宫。而承德府行殿暨行围止顿之所，当秋狝驻銮为时较久，谨标行宫一门。余省谨因地界山川所在之处，分晰恭载。”“木兰围场，前志未备。兹恭依《热河志》分列御苑四正四隅，载于新创承德府卷中。”②续修《一统志》记载内容在建置沿革、寺观、祠庙、名宦、人物、列女等类均有增加，方略馆续修《一统志》号称以乾隆四十九年作为下限，尽管实际情况并非如此，另见本书第一章第二节。但通过前文举例江苏统部的内容可清晰见得一些类目内容的增加。另外，“河工、海塘事宜谨遵列年谕旨及督抚、河臣奏疏所陈，节载于各直省河海条下”。③增加对西北边疆的记载：“西域、新疆幈幪大化。其肇设之安西州、镇西府、迪化州，皆督臣所辖，宜隶甘省。至伊犁之东西路、回部自哈密、辟展至和阗创撰新疆一门，次于直省之后。其慕化各藩哈萨克等，并撰新疆藩部，次于蒙古各藩部之后”。“外藩各部自内札萨克、察哈尔至喀尔喀、青海、西藏诸境，并详核其山水形势之迹，至封爵、旗分添设、移改并世袭传次之数，均确查理藩院册籍登记”。④通过文献考证等方式纠正前志的一些错误，并添加一些内容。“山川、古迹向有承讹袭谬、习传不察者，叠经皇上睿论指正，审辨讹舛，兹恭遵改纂，并历叙旧文加按语声明于后”。“志内山川志第以东、西、南、北、东南、东北、西南、西北为序。援引各书俱于每卷首见之条增列，著书人姓名，以便考览。其有前志所载考证未的、字句未醇及疏略者，逐一校订改补，以期无缺无漏”。统一边疆地区的人名、地名称呼：“辽金元史中人名、地名见于志者均遵新译改正，并注明原作某，今译改等语。于各条之下，奉天、蒙古、西域等山水地名并照新译字样登载”。[①]

三 重修《大清一统志》江苏统部

第三部《大清一统志》卷 72 至卷 107 为江苏统部内容，包括江苏全图（又称江苏统部图）、江苏统部表和正文。正文依序记载：

江苏统部表记载了秦至明 11 个历史时期（秦、两汉、三国、晋、南北朝、隋、唐、五代、宋金附、元、明）江苏所辖江宁府等 8 府、太仓等 3 直隶州与海门直隶厅的行政变迁情况。[②] 按，与乾隆续修《一统志》江苏统部表相比，嘉道重修《一统志》江苏统部表强调了秦的时间序列。并将续志“三国吴魏附”改成“三国”，用“南北朝”取代分裂时期各政权名。同时，在名称上突出太仓、海州、通州和海门的直隶州厅地位。

卷 72 为江苏统部卷，正文内容依次为：位置（里距、四至）、分野、建置沿革、形势、文职官、武职官、税课、户口、田赋、名宦等 10 类。在自然地理记载方面，笔者在比较后发现：重修志往往将续修志所记录内容的前后顺序进行调整，实际内容的量并未变化。形势类：重修志详于续修志，主要体现在续修志的基础上将地名信息解释得更加细化。职官类：重修志继承了续修志的文职官类大部分内容，在文字上进行删改或是文字前后顺序的调动。武职官方面，重修志增修较多，这是对嘉庆年间江苏地区军事制度变化的反映。税课类：属于重修志新增类目。其内容如下：

---

① 以上引用详见《景印文渊阁四库全书》第 474 册，第 12～14 页。按，重修《大清一统志》内容增加的类型和原则与续修《一统志》相似，详见重修《一统志》凡例，见《续修四库全书》第 613 册，第 3～6 页。

② 详见《续修四库全书》第 614 册，第 220～226 页。书中江苏统部表并未标识“江苏统部”或“江苏省”字样。

> 海关额征银二万一千四百八十两三钱三分，铜斤水脚银二千五百两，盈余银四万二千两。浒墅关额征银十六万八千七百九分五厘，铜斤水脚银二万二千四百四十二两三钱一分二厘，盈余银二十五万两。……额征课银十四万八千六百八两六钱六分有奇。①

名宦类：汉：重修志将续修志“臧旻”抄成“臧文”。② 南朝梁：萧秀（重修志）、文津阁本续修《一统志》记作萧秀武，当误。③ 以上两个或皆为誊录时抄写错误。宋：与续修志相比，重修志缺凌策一人。与续修志相比，清朝添加10人：崔华，平山人，顺治进士。方国栋，顺天宛平人，顺治举人。邵嗣尧，猗氏人，康熙进士。徐士林，文登人，康熙进士。在陈宏谋后加：刘墉、康基田、胡高望、费淳、岳起、许兆椿。④

卷73至卷76为江宁府，记载该府政治、历史、文化风俗等历史地理内容。首先是江宁府图，再为江宁府表，再为正文。

江宁府表的时间序列特征与江苏统部表相近，亦是突出了秦的历史位置，并将南朝、北朝等多个分裂政权统称为“南北朝”。其他时间序列安排与续修《一统志》中江宁府表相同。另外，江浦县、六合县的位置排在高淳县之前，在续修《一统志》江宁府表中，高淳县位置排在两县之前。

学校：重修志突出了书院的地位，均用大字书写，共记录文昌书院等10处书院。⑤ 这方面和初修《一统志》学校类记事风格相近。而续修志仅钟山书院一处用大字书写，另用小字附录文昌书院。

名宦类收录：汉代1人、三国吴1人、晋代8人、南北朝宋4人、南北朝齐2人、梁3人、陈1人、唐代3人、宋代49人、元代2人、明代10人、清朝8人（李正茂、赵廷臣、郭士贤、崔抡奇、闵派鲁、饶应元、刘泽嗣、于成龙）。

---

① 《续修四库全书》第614册，第240~241页。

② 《续修四库全书》第614册，第241页。《景印文渊阁四库全书》第475册，第14页。《文津阁四库全书》第162册，第393页。

③ 《续修四库全书》第614册，第241页。《景印文渊阁四库全书》第475册，第14页记作“萧秀”。《文津阁四库全书》第162册，第393页记作“萧秀武”。

④ 《续修四库全书》第614册，第247~248页。

⑤ 《续修四库全书》第614册，第263页。

人物类：汉代1人、晋代4人、南北朝齐1人、梁3人、北齐1人、陈1人、隋代1人、唐代3人、宋代5人、元代2人、明代48人、清代23人（李敬、胥廷清、史允琦、蔡祖赓、吕公义、刘斌、刘从勋、卜世俨、白梦鼐、张蕴、董三策、王应宪、顾来鹤、倪燦、张自超、黄虞稷、吴锦江、胡钟、哈国珑、谢子庶、吴运镇、张瑛、司马騊。按，所增收人物多为立军功并受奖励者）。

表3－7 三部《大清一统志》江宁府内容类目表

初修	四至	分野	建置沿革	形势	风俗	城池	学校	户口	田赋	山川	古迹
续修	四至	分野	建置沿革	形势	风俗	城池	学校	户口	田赋	山川	古迹
重修	四至	分野	建置沿革	形势	风俗	城池	学校	户口	田赋	山川	古迹

初修	关隘	津梁	堤堰	陵墓	祠庙	寺观	名宦	人物	流寓	列女	仙释	土产
续修	关隘	津梁	堤堰	陵墓	祠庙	寺观	名宦	人物	流寓	列女	仙释	土产
重修	关隘	津梁	堤堰	陵墓	祠庙	寺观	名宦	人物	流寓	列女	仙释	土产

卷93至卷95为淮安府卷，首先为淮安府图，再为淮安府表，再为正文内容。其中，淮安府表①的时间序列与江宁府表时间序列的特征相同，均突出了秦朝，并用“南北朝”统称西晋分裂后的各个割据政权。淮安府之学校类亦突出了书院的作用，表达形式与前文的江宁府相同。

名宦类：晋代2人、南北朝1人、隋代1人、唐代5人、五代3人、宋代24人、元代3人、明代14人、清朝4人（白登明、靳辅、齐苏勒、嵇曾筠）。

人物类：汉代9人、三国2人、隋代1人、唐代3人、宋代12人、元代2人、明代31人（杨靖、金濂、王瑜、叶淇、刘世安、杨文、王鋐、韦斌、苏勤、朱勇、丁震、蔡昂、潘埙、陈斗南、丁士美、杨锦、孔金、邱度、岳钟秀、张世显、王宏、潘宏、岳荐、赵世选、周文炜、钟希贤、罗应选、王百度、刘永昌、张纬、李干才）、清代13人（张弨、张新标、徐越、陆求可、邱象升、刘昌言、李铠、张鸿烈、宋曹、嵇宗孟、阎若璩、周振采、卢顺）。

---

① 详见《续修四库全书》第614册，第510~515页。

表 3-8　　三部《大清一统志》淮安府内容类目表

初修	四至等	分野	建置沿革	形势	风俗	城池	学校	户口	田赋	山川	古迹
续修	四至等	分野	建置沿革	形势	风俗	城池	学校	户口	田赋	山川	古迹
重修	四至等	分野	建置沿革	形势	风俗	城池	学校	户口	田赋	山川	古迹
初修	关隘	津梁	堤堰	陵墓	祠庙	寺观	名宦	人物	流寓	列女	仙释	土产
续修	关隘	津梁	堤堰	陵墓	祠庙	寺观	名宦	人物	流寓	列女	仙释	土产
重修	关隘	津梁	堤堰	陵墓	祠庙	寺观	名宦	人物	流寓	列女	仙释	土产

根据三部《大清一统志》江苏省的部分志书内容比较分析，三部《大清一统志》在内容的类目上并无较多增加或删改，仅重修《一统志》在各省统部卷中增加“税课”一类。《大清一统志》卷数从 356 卷增至 424 卷，再增至 560 卷，主要有两个原因：一是边疆地区记载内容的不断增加丰富，随着对边疆地区统治管理的深入，边疆统部由“外藩蒙古统部”增加为“新旧藩蒙古统部”与“西域新疆统部”，再增为“新疆统部”“乌里雅苏台统部”与“蒙古统部”。二是随着清朝统治的延续，《一统志》记载内容时限由康熙、雍正年间延伸至乾隆年间（乾隆四十九年等），再延伸至嘉庆二十五年。如江宁府人物类收录清朝人物数量由初修志的 6 人，续修志增加至 10 人，重修志增加至 23 人。后修的《大清一统志》基本全部继承了前修《大清一统志》的内容。

《大清一统志》有部分地区的志书内容呈现了地区特色，如续修、重修《大清一统志》的吉林、黑龙江等志书后附有翻译语解，续修《一统志》卷 48 卷末翻译语解：“喀勒噶图：蒙古语。有门之谓也”等。① 续修、重修《一统志》贵州、广西等地志书在土产之后附记该地苗蛮各部，续修《一统志》卷 392 贵州安顺府的苗蛮部落有：“马镫龙家：在府城西，宁谷西堡……”等五部②。又如乾隆续修《大清一统志》浙江统部下各府所记该地清代列女数量均十分庞大，但卷 233 所记衢州府列女仅收录宋和清两代，且数量相对较少。再如乾隆续修《一统志》浙江嘉兴府图上有两处标识“江南界”，浙江湖州府图中有标识“江苏界”“江苏吴江

① 此条见《景印文渊阁四库全书》第 474 册，第 894 页。另见《景印文渊阁四库全书》第 474 册，第 672 页、864～866 页、894～895 页等。

② 详见《景印文渊阁四库全书》第 483 册，第 269～270 页。另见《景印文渊阁四库全书》第 483 册，第 253 页、284 页、295 页等。

界”字样,[①]“江南”约等于“江苏”。

文渊阁四库全书本《大清一统志》的目录还存有个别讹误[②]：一是据文渊阁四库本目录记载：西域新疆统部下的卷418有哈喇沙尔、库车、赛喇木、拜、阿克苏五个部落，但卷418正文中实际并未记载“拜”这一部落的内容，仅出现在目录中。二是据文渊阁四库本目录记载：朝贡诸国下的卷424内容为：日本、吕宋、合猫里、美洛居、婆罗、榜葛林、古里、柯枝、锡兰山、西洋锁里、苏门答剌、南渤利、占城、真腊、爪哇、浡泥、麻叶瓮、三佛齐、佛郎机。再查阅第483册书中正文，在佛郎机之后，又记录了缅甸的内容，古里前又记载了拂菻的内容，“榜葛林”在正文中写作“榜葛剌”。这些错误的出现或是因为纂修官在修改正文内容时未能同时修改目录的记载，或是誊录抄写所致。

四 《大清一统志》的时间断限

《大清一统志》作为一部卷数庞大的地理总志，它的纂修内容的时间下限也是在多次调整之后才确定下来。这种情况在清代的其他官修典籍中亦有发生。如八旗志书馆在编修《八旗通志》时，起初该志书内容时限亦未能确定，而是随着编修工作的深入进行调整。雍正十三年十月二十一日，根据工科掌印给事中协理镶黄旗蒙古事务巡视中城永泰奏：雍正五年十月内奉旨设立八旗志书馆，当时该馆纂修八旗志书俱以雍正五年十月以前之事始行载入。永泰希望八旗志书馆能将八旗志书修至雍正十三年。最后得旨议行。[③]

《大清一统志》在纂修过程中时间下限的一再变化也是影响全书纂修进度的因素之一。因为地方各处需要根据一统志馆或方略馆等纂修材料下限的变化而呈送相应的地方档册到馆，以备参考。康熙年间，初次纂修《大清一统志》时，地方上报材料仅记事至康熙二十八年。

但是，乾隆朝继续纂修《大清一统志》时，对于地方进呈材料的时间下限却有了新要求。乾隆元年四月二十九日，户部咨一统志馆，转将户部广东司案呈移送一统志馆，其中：“另据裁平海、大鹏、大城、海安、双

① 分别见《景印文渊阁四库全书》第479册，第76页、109页。

② 详见《景印文渊阁四库全书》第474册，第41~44页。

③ 《宫中档雍正朝奏折》第25辑，第302~303页。

鱼、捷胜、甲子所、碣石卫等屯田，与兴宁县田赋总细数目，一并汇造至雍正十一年十二月。”①

《大清一统志》时间断限的变化在其内容中体现的并不明显，如乾隆续修《一统志》中所记各地内容大多还是属于顺、康、雍三朝，乾隆年间各地的行政区划沿革、历史人物、文化风俗变迁等内容并未得到充分反映。续修《大清一统志》所记乾隆年间内容最多的当属乾隆帝个人的一些行为，其中包括大篇幅记载皇帝巡幸各地的文字。

众所周知，嘉道重修《大清一统志》的时间断限至嘉庆二十五年。实际上，这个时间点确定也是一个逐渐确立的过程。嘉庆十六年正月二十五日，庆桂等奏：国史馆派员查明自乾隆五十年以后至嘉庆十五年以前凡应行补载者一并依类敬谨列入。② 国史馆纂修《一统志》时并未对志书的时间下限作一个严格的规定。笔者按，《大清一统志》成书后实际仅反映了一个静态的历史。虽然其在征集各衙门、各地方的档案时一再强调变迁、沿革。但是，从该书的实际内容看，《大清一统志》对于清代顺治至嘉庆年间各省、府、州、县等各级地方的自然、人文历史的记载并不充分，在时间序列上很难形成一个连续性的内容。有些地区志书内容记载清代以前内容较多，记载清代内容较略。从各统部的成书时间看，各省（统部）志稿修成（进呈）的时间并不一致，有的前后相差多年。所以，我们在从时间角度判断《大清一统志》的价值时需要具体内容具体分析，不可一概地将某卷内容划入一个较宽泛的时间序列中。而且，续修、重修《一统志》的各个统部很少严格遵循乾隆四十九年和嘉庆二十五年的时间断限。

纵观三部《大清一统志》，从该志的自然地理内容（如山川、关隘等）记载看，这部分内容更为强调军事战略方面的意义，该志的人文地理内容（如祠庙、名宦、人物、列女等）则突出教化社会风俗的功能。另外，从乾隆续修《大清一统志》的江苏、盛京、陕西、湖北、浙江和贵州等6个统部具体内容来看，《一统志》引用清代纂修的地方文献数量、种类均较为有限，这样就促使我们思考清廷多次命令地方各级政府纂修方志和进呈书籍的目的，或许可以从多个方面观察。

---

① 内阁大库档案，登录号：169864。

② 中国第一历史档案馆编：《嘉庆道光两朝上谕档》第16册，第38～39页。

第四节 《大清一统志》之“统部”考析

三部《大清一统志》的类目虽有变化，但总体上一脉相承，其共同特征之一即皆以“统部”为纲分别记述内地、边疆各区域的内容。为便于下文讨论，先将三部志书划分的“统部”作一表格：

表3-9　《大清一统志》统部名称表①

初修志	续修志	重修志
直隶统部	直隶统部	直隶统部
盛京统部	盛京统部	盛京统部
江南统部	江苏统部	江苏统部
—	安徽统部	安徽统部
山西统部	山西统部	山西统部
山东统部	山东统部	山东统部
河南统部	河南统部	河南统部
陕西统部	陕西统部	陕西统部
甘肃统部	甘肃统部	甘肃统部
浙江统部	浙江统部	浙江统部
江西统部	江西统部	江西统部
湖北统部	湖北统部	湖北统部
湖南统部	湖南统部	湖南统部
四川统部	四川统部	四川统部
福建统部	福建统部	福建统部
广东统部	广东统部	广东统部
广西统部	广西统部	广西统部
云南统部	云南统部	云南统部

① 此表据以下文献编制而成：初修《大清一统志》，道光二十九年阳湖薛子瑜木活字本。续修《大清一统志》，《景印文渊阁四库全书》第474册。《嘉庆重修一统志》，《四部丛刊续编·史部》第16册，上海：上海书店出版社，1984年。

续表 3－9

初修志	续修志	重修志
贵州统部	贵州统部	贵州统部
外藩蒙古统部	新旧藩蒙古统部	新疆统部
—	西域新疆统部	乌里雅苏台统部
—	—	蒙古统部

从表 3－9 中可知，三部《一统志》分别有 19、21、22 个统部，记载清朝统治区域内的内地、边疆各府厅州县的内容。京师因特殊政治地位不便等同于各地按“统部”编纂，“朝贡诸国”则在统部之后依序记载，亦未以统部命名。为何《大清一统志》中使用“统部”一词来指称清朝疆域的各个地区？目前，学界对于《大清一统志》中“统部”内涵的认识尚不明晰①，本节试从三部《大清一统志》使用“统部”的实例具体分析“统部”所指。

一 “部辖”与“统部”

康熙二十五年，清廷设立一统志馆正式开始纂修《大清一统志》。徐乾学在一统志馆运行的前期贡献颇大，他曾与同馆纂修官们商讨后草拟《大清一统志凡例》阐发编书体例，可视作《大清一统志》最早的纂修纲领。《凡例》第二条讨论“部辖”一类的纂修方法，具体论道：“秦废封建分天下为三十六郡，以统诸县，是为部辖之始”②。此处“部辖”的具体所指并不明晰，或为郡县制。接着徐乾学回顾了历代“部辖”的简史：“汉时置郡渐多，武帝复仿古制置十三州，每部各置刺史，以统郡县，三

① 傅林祥等：《中国行政区划通史·清代卷》上编第二章探讨了有清一代省制的问题（详见第 24～52 页，上海：复旦大学出版社，2013 年）。该书亦论及《大清一统志》中的“统部”一词，作者指出：乾隆《清一统志》中各省有作“某某省”，有作“某某统部”，并未统一。作者还认为三部《大清一统志》省级政区的排列是沿袭万历《明会典》和强调盛京地位综合而成。清代各省的排序，当以乾隆、嘉庆、光绪三朝《会典》为准，不应采用沿袭明代旧制的康熙、雍正《会典》和三部《清一统志》所载的序列（详见第 26～28 页）。按，作者仅简单提及“统部”，并未深入分析它与省（制）的区别，未能指出“统部”一词的内涵及其变化，以及与清代行政区划制度之间关系。

② 徐乾学：《憺园文集》卷 35，《清代诗文集汇编》第 124 册，第 716 页。

辅则统以司隶校尉。晋置十九州，宋齐二十三州，逮梁魏之末皆有州百余。盖自南北分据，各务夸张，分割侨置州名益多。至隋末悉改为郡，而古之州制以废。唐初改置十道，开元分十五道，宋初改十五路，天圣析为十八，元丰析为二十三，辽五道，金十九路，下迄于元为路益多，乃改设中书省一、行中书省十一以统之，而唐宋道路之制又废。明改南、北二直隶、十三布政司以统府县，而诸州参列其间，与县略等。此历代部辖之大概也。"[①] 此处"部辖"则兼有行政区域、监察区域的双重含义。窃以为，秦朝首次建立了统一的中央集权制政权，以郡守治县统民，以御史监郡，以都尉将兵，郡守、都尉虽是地方官但均由中央任命，而监御史本身隶属于御史大夫，是监察地方的中央官员。徐乾学所用"部辖"一词是对（局部）统一政权意义下的中央直接管理地方制度的一种概括，因而将郡县制视为"部辖"之始。在回顾历代行政区划制度的基础上，徐乾学提出："本朝改南直为江南布政使司，余仍明旧。今自京师、直隶各府而外，应书某布政使司领府州若干，先为总论，撮其大要"[②]。徐本《大清一统志》虽未成书，但它是初修《一统志》的重要来源，在体例、纂修方法等方面为之后的《大清一统志》编修奠定了基调。从最终成书的初修志的统部划分来看，各统部也是按照徐乾学"以某布政使司领府州"的设想进行编排，除了盛京和外藩蒙古两个统部外，其他十七统部均以布政使为纲总领其所辖府厅州县志书内容。"部辖"也就成为《大清一统志》所用"统部"的词源。

二 初修志之"统部"

康雍乾初修《大清一统志》共 19 个统部，"统部"具体意义是什么？"统"在古代文献中可作主管、治理解释，如《尚书·周官》：冢宰掌邦治，统百官。又如《列子·天瑞》：昔者，圣人因阴阳以统天地。"部"可以解释为：①《说文》：天水狄部。从邑，音声。②《广韵》：署也，六卿之署曰六部。等等。"统部"一词最早出现在北齐时期，《魏书》卷一帝纪："昭皇帝讳禄官，立始祖之子也。分国为三部，帝自以一部居

① 徐乾学：《憺园文集》卷 35，《清代诗文集汇编》第 124 册，第 716 页。

② 徐乾学：《憺园文集》卷 35，《清代诗文集汇编》第 124 册，第 716 页。

东……以文帝之长子桓帝讳猗㐌统一部……以桓帝之弟穆皇帝讳猗卢统一部……至今传记。(桓)帝统部凡十一年……”[①]。此处，“统部”指统治的地区、区域。“统部”另有统率的军队之意：“今山西群县详得虏所遣谍前后不下数十人，且言人人殊，大抵要非一时一部所遣……予遣诸谍得实者大之，则使统部人马次之……”[②]。笔者认为，初修《大清一统志》中“统部”的基本含义则为统治、管理的区域。这些区域具体指代哪些呢？初修志的19个统部可分为两类：一是布政使司管辖的高层政区，包括表中的江南、山西和贵州等17个地区。二是非布政使司治理的地区，包括盛京统部和外藩蒙古统部。初修志“统部”划分具体受到以下因素的影响：①《大明一统志》体例是清代《一统志》编排原则的主要依据之一。李贤等编撰《大明一统志》从明代地方行政制度的实际出发以承宣布政使司作为统领各地志书编排的标准[③]，京师和南直隶因特殊政治地位而未设置承宣布政使司。乾隆十二年始修、成书于乾隆五十二年前后的官修政书《清朝文献通考》，对初修《大清一统志》“统部”的安排已有解释：“惟是旧时《一统志》诸书即称各省为各布政使司，盖沿《明统志》之例”[④]。旧时《一统志》即指初修《大清一统志》，《明统志》即指《大明一统志》。字句虽显简略，但确为清人对初修《一统志》体例的一种官方的看法。《清朝文献通考》还对“直隶省”做出一番详细阐述：“按自明改北平为北直隶，而直隶之名以昉。盖以京畿之近，不必别设布政使司而直隶于户部也。……我朝以京师统驭各省，而于畿辅设布政使司，仍称为直隶，犹汉置十三州部，而司隶亦为一部。……至于省之为名，始于元之中书省及行中书省。明代于两京之外分置十三布政使司，而亦得称为十三省者，以省为官司之署，其名原可以通用。”[⑤] 进而解释清朝设置布政使司、总督、巡抚、按察使司志责，其中“我朝则巡抚各有定员，分寄以守土之责，以京朝官之衔而兼统民事，略如古之行台省及元

① 魏收撰：《魏书》卷1，第1册，第5~7页，北京：中华书局，1974年。

② 万表辑：《皇明经济文录》卷26山西，《四部禁毁书丛刊》集部第19册，北京：北京出版社，2000年。

③ 李贤等撰：《明一统志》，明天顺五年御制序刊本，东京大学东洋文化研究所藏本。

④ 《皇朝文献通考·舆地考》，《景印文渊阁四库全书》第638册，第245页。

⑤ 《皇朝文献通考》卷269，《景印文渊阁四库全书》第638册，第245页。

之行中书省，其有专设总督者，亦必以督臣兼巡抚之事。”[①] 省也就成为清朝官书文件中对地方的简称，“国家创制显庸，务崇实政，凡在诏谕所颁，文移所用，并称各省。”[②] 康熙六年，江南布政使司已被裁撤，其辖区归江苏布政使司与安徽布政使司。乾隆五年成书的初修志仍用“江南统部”统括两司内容，亦是拘泥于《大明一统志》南直隶部分的安排，这和徐乾学最初的设想也是相符合的。初修志“统部”的用法可谓是流自有源。②清朝康熙年间，督抚制度并未定型，变化不定，并且总督、巡抚的辖区同布政使辖区并不完全重合。康熙二十五年时徐乾学等若以总督或巡抚辖区为编排依据，体例难免错乱，清人洪亮吉即指出以督抚制度为编纂依据的弊端（详见下文）。直到乾隆十三年，巡抚成为固定的地方长官后统领布政使的制度才稳定下来。清代督抚体制的完全确立则到乾隆中期才完成。此时初修《大清一统志》早已修成。③“统部”称谓的源头可追溯至汉代十三刺史部。《汉书·武帝本纪》：“元封五年，初置刺史部十三州”。汉代“部”指代的是监察区[③]，而非行政区。十三州刺史部名称逐渐演变为十三州，含有区域之意的“部”的名称也被省去，州则由指代监察区渐变为地方行政区。前引文《清朝文献通考》亦论及汉代十三刺史部。中国古代行政区划制度往往有由临时性非固定的中央派出监察机构逐渐演变为地方正式行政机构的惯例。如徐乾学在《凡例》中所论：“武帝复仿古制置十三州，每部各置刺史，以统郡县，三辅则统以司隶校尉”。故《大清一统志》中沿袭汉十三刺史部之说，将各布政使辖区取名“统部”。盛京和蒙古地区虽未设布政使司，为了体例上的统一，初修志编者按照少数服从多数原则，一并以“统部”称之。

笔者认为：初修《大清一统志》“统部”之指清朝统治的地区，即纳入版图之地，可分为督抚管辖区、盛京将军管辖区和蒙古王公管辖区三类。但是，“统部”一词并不能直接解释为“省”的意思。

三 续修志、重修志“统部”的变化与继承

续修、重修《大清一统志》的内容是在初修志基础上根据乾隆年间

---

① 《皇朝文献通考》卷269，《景印文渊阁四库全书》第638册，第245页。

② 《皇朝文献通考》卷269，《景印文渊阁四库全书》第638册，第246页。

③ 周振鹤：《从汉代“部”的概念释县乡亭里制度》，《历史研究》1995年第5期。

的官制变化和开疆扩土的情况而有所增减。其中续修志将江南统部分为江苏统部与安徽统部，这是清代官修地理总志对康熙年间江苏、安徽分省局面追加的确认，若以续修志开始修纂时间计算滞后了近百年。西域新疆统部的设置则是缘于乾隆年间平定准噶尔和回部后加强、完善了对西域新疆地区的治理。新旧藩蒙古统部则是沿袭初修志外藩蒙古统部之名，“新旧”是为了强调其臣服清朝中央时间上的区别。重修志将乌里雅苏台地区独立编成统部则是因嘉道年间其地政治战略地位的提升。

作为全国性地理总志，《大清一统志》包括了省、府、州、县等多个行政级别区域的内容，其编修原则是“志自京师以下每省有统部，总叙一省之大要。各府、厅、直隶州自有分卷，凡所属之州县入焉”①。将反映一省总况的各省政区的位置、分野、建置沿革、主要文武职官等，命名为“统部”。这些内容不属于某一府州，若编入府州卷，会使得全书体例杂乱，名实不符。因而三部《一统志》各“统部”均独立成卷，“统部”即类似于徐乾学《凡例》所说“总论”。以“统部”表示具体卷名的情况还有：“旧志统部田赋后不立盐课、关税专条，盖仿前明李贤所撰统志。……今增税课一门列于各统部田赋之后”②，这是对“统部”卷具体内容的调整。“统部”卷收录内容亦有其自身依据：“名宦凡统辖全省及辖数府者载入统部，知府以下暨武职等官专管一郡一邑者分载各府。”③ 和珅等进《大清一统志》表时指出：“一十八省之外，陈职贡者数百区、四十九旗，而嬴备卫藩者几千族，寄总维于统部，挈领提纲，待件系于诸门，分条析缕。”④ 此处和珅所说“统部”既具有行政区划意义（一十八省、四十九旗等），又兼具文献编纂意义上“总论”的功能。这也是三部《一统志》的“统部”一个共同点。

四 “统部”内涵的认知

今人对于“统部”一词内涵的难以认清，其实乾嘉时期的章学诚与洪亮吉即对此问题已有讨论。章、洪二人围绕《大清一统志》与《乾隆

① 穆彰阿等撰修：《嘉庆重修一统志》凡例，第1页。
② 穆彰阿等撰修：《嘉庆重修一统志》凡例，第3页。
③ 穆彰阿等撰修：《嘉庆重修一统志》凡例，第5页。
④ 和珅等撰修：《大清一统志》，《景印文渊阁四库全书》第474册，第7页。

府厅州县图志》二书中关于“统部”的编纂原则各抒己见。乾隆五十二年，章学诚得见洪亮吉编撰《乾隆府厅州县图志》，章认为应将书中布政使司所辖改为总督、巡抚始符体制。洪亮吉后来作《与章进士学诚书》进行回应，并不赞同章氏观点：“又今之制，总督或辖两巡抚，或辖三巡抚，又有有督而无抚，有抚而无督者。如君所言，将书总督乎？书巡抚乎？一一为之分择乎？巡抚又或辖一布政，或辖两布政。如君所言，将书巡抚复书布政乎？抑或止书巡抚乎？若一一书之，则题篇不胜其繁。若或书督或书抚，则称名又嫌不一，则何如书？各布政司之为得乎？且每府沿革之下必首记总督、巡抚及两司守道驻扎之所，是即班固于每郡下注属某州之例，《新唐书·地理志》于每道下书采访使治某州之例也。”① 可见洪氏亦因顺康雍时期现实的督抚制的特征不适合《一统志》编纂而赞同《一统志》以布政使司为“统部”之纲的做法。嘉庆二年，章学诚得阅《与章进士学诚书》又作《地志统部》一文重申应当改布政使司而称部院，并举十条理由②，认为洪氏拘泥于馆阁所纂《一统志》的体例，未能“例以义起”，且在古文辞上亦是义理不通，作为私人著述是不应该犯此类错误的。郑献甫（1801—1872）对章、洪二人的争论作了总结：“明时修《一统志》，称各省为各布政使司，国初修《一统志》，亦称各省为布政使司，非不知巡抚之职已领方伯之权也，顾其名虽疆吏，其官本京衔，侍郎称部，兼御史称院，亦如布政之称使司耳。”③ 从地方官与中央官的性质阐释布政使与巡抚的差异，郑氏似赞同洪氏的做法，并认为编纂志书时应有所变通，不能受制于现实情况，“昔人谓作文者，地名官名宜从时，其说是也。然穷则变，变则通，言亦不能不中节”④。只是《大清一统志》的这种“变通”——以“统部”命名，和清代长期实行的督抚制行政区划的实践相去较远，使后人难解其意。

清人在官私文献中论及少数民族地区时常用“回部”“准部”“藩部”等简称，用以指代某一少数民族聚居地区，此处“部”亦指某一区

① 洪亮吉：《卷施阁文集甲集》卷8，《清代诗文集汇编》第413册，第467页。

② 章学诚著，叶瑛校注：《文史通义校注》下册，第597~598页，北京：中华书局，1985年。

③ 郑献甫：《补学轩文集续刻》卷1《监司统部辨》，《近代中国史料丛刊续编》第213册，第1674页。

④ 郑献甫：《补学轩文集续刻》卷1《监司统部辨》，《近代中国史料丛刊续编》第213册，第1675页。

域之意，这和“统部”之“部”内涵是相同的。但是，与“回部”等词不同的是，“统部”一词主要出现在《大清一统志》和清代地方志中①。有学者认为：“统部”是《一统志》中“统括一省”“总叙一省大要”的部分，与各府、厅、直隶州的“分卷”相对应，“统部”并不是清代的政区或其通称。② 另有观点认为省并不是清代高层政区的正式称呼，所以《嘉庆重修一统志》将18省与边区地方行政单位均称为“统部”。③

笔者认为，“统部”一词的基本含义为统治、管理的地区，《大清一统志》的“统部”仅具有地理志书（包括总志、方志）文献学的功能，它既涵括了清代前期各地方行政单位的志书内容，又是各地区志书的总纲。至于“统部”在清前期地方行政区划制度方面的实际影响则是没有的。《大清一统志》修纂时间跨度长、清代督抚制度本身特点、地方行政区划制度的复杂及其变化，使得《大清一统志》在这一方面的内容呈现出反映现实行政区划制度的滞后性与脱节性。初修《大清一统志》目录在直隶、江南等统部后记以“右直隶”“右江南”等字样。续修志则在目录直隶、江苏等统部，分别编入“以上直隶省”“以上江苏省”等字样。而盛京、蒙古、新疆三个统部则是“以上旧藩蒙古”等字样，没有使用“省”这一称呼。重修志目录则取消了续修志在每一统部后添写“以上某某”的字样。可知，“统部”与省并不存在完全等同的内涵，它在三部《一统志》中所对应的地方行政区划制度的内涵有一个变化的过程。初修《一统志》创制“统部”一词后，得到了续修志、重修志的继承，这就更加造成了“统部”词义的难解。要想探求“统部”一词准确内涵，还有待于关于初修《一统志》体例方面的更直接的档案史料来说明。④

---

① 按，笔者初步认为“统部”在清代方志中的含义是继承于《大清一统志》，二者之间的异同，本文暂不讨论。

② 侯杨方：《清代十八省的形成》，《中国历史地理论丛》2010年第3辑。

③ 周振鹤：《中国地方行政制度史》，第192～193页，上海：上海人民出版社，2005年。

④ 按，笔者该节文字完成于2013年年底。2016年6月，笔者在中国知网发现了赖锐：《清代“统部”考》（详见《历史地理》第31辑，2015年）。笔者在拜读赖文后发现：两文虽在材料上有相同之处，但结论、观点并不一致，故为全书结构、内容的完整性考虑，仍将此节刊布于此，供大家讨论。

第四章 《大清一统志》的版本、流通与影响

第一节 《大清一统志》的殿本、写本与经费初探

清内府纂修《大清一统志》及其他志书过程中形成的各种稿本、修改本、誊清本、呈览本和复刻底本等，数量甚多。[①] 三部《大清一统志》纂修时间久、卷帙浩繁，目前为止，相关论著并未深入探讨《大清一统志》的文献版本及纂修、刻印过程中的经费开支。此处根据截至2015年9月之前各个收藏机构已经出版或公布的档案和藏品目录等，探讨《大清一统志》的版本与经费问题。

一 《大清一统志》的殿本与写本

前文已述，三部《大清一统志》分别成稿于乾隆五年十一月、乾隆五十年十二月和道光二十二年十二月。志书修成之后的下一个步骤是校对、刊刻。本文认为：初修志刊刻完成于乾隆十六年，续修志刊刻完成于乾隆五十五年，重修志则未刊刻，仅以写本形式进呈御览。下面即分别探究三部《一统志》刊刻过程中面临的不同问题。

① 详见齐秀梅、杨玉良等：《清宫藏书》，第301、309页，北京：紫禁城出版社，2005年。

（一）初修《一统志》殿本的刊刻过程与完成时间

关于初修《大清一统志》的刊刻时间，目前乾隆九年说占据主流。[①]但是，陶湘曾言：“（乾隆）十二年，刻《明史》、《大清一统志》”。[②]他在《清代殿板书目》又说：“《大清一统志》三百五十六卷，高宗有序，康熙二十五年敕修，乾隆八年告成，九年刊行”。[③]在《故宫所藏殿本书目》卷二“史部·地理类”，陶湘指出：“《大清一统志》三百五十六卷，清蒋廷锡等奉敕撰，乾隆九年刊本。”[④]初修志的刊刻时间，陶湘一人便有两种说法。初修《大清一统志》刊刻过程与完成时间需要再作探讨。这需要先从乾隆五年十一月《大清一统志》书稿完成时说起。

乾隆五年十一月初一日，一统志总裁官、户部尚书陈惪华等奏：“今谨将纂就外藩蒙古稿本十册、朝贡诸国稿本四册缮录进呈，恭请皇上睿览训定。臣馆稿本俱已全行告竣，理合声明。”[⑤]该年十一月二十七日，一统志馆奏报《大清一统志》全书完成，并请议叙，“内阁一统志馆为移会事，照得本馆《大清一统志》书告成并请议叙等因一折，于乾隆五年十一月二十七日奉旨：一统志书告成，总裁、纂修等官及该馆在事人等俱著交部分别议叙具奏。钦此。”[⑥]全书书稿完成之后便正式进入刊刻环节，武英殿修书处先将一统志馆所送之书刊刻样本，再将样本送回一统志馆校对，改正讹误，然后才正式刻印御览本、陈设本、颁赏本等。

乾隆七年十一月初二日，武英殿修书处咨文一统志馆：“查得乾隆五年六月起，贵馆陆续送到《大清一统志》直隶等十一省，共二百二十卷，本处俱已写得，内刻得一百三十一卷，自去年六月起，陆续咨送贵馆校

---

① 如故宫博物院图书馆、辽宁省图书馆编著：《清代内府刻书目录解题》（第260页，北京：紫禁城出版社，1995年）和中国古籍总目编纂委员会编：《中国古籍总目·史部》（第7册，第3722页，上海：上海古籍出版社，2009年）等。目前仅见《北京大学图书馆藏古籍善本书目》，第114页，记该书为“清乾隆八年武英殿刻本”，北京：北京大学出版社，1999年。又如最新出版的傅林祥等：《中国行政区划通史·清代卷》第786页亦认为：康熙《清一统志》，乾隆八年刻本。

② 陶湘编、窦水勇校点：《书目丛刊》第1册《清代殿板书始末记》，第65页，沈阳：辽宁教育出版社，2000年。

③ 陶湘编、窦水勇校点：《书目丛刊》第1册，第82页。

④ 陶湘编、窦水勇校点：《书目丛刊》第2册，第386页。

⑤ 内阁大库档案，登录号：024454。

⑥ 内阁大库档案，登录号：230516。

对，至今一年有余，并未将刻样校准一卷发来，曾经屡催在案。”[①] 从乾隆五年六月至七年十一月，已有二年五月余，校对工作尚未完成。武英殿修书处希望一统志馆能加快校对进度，“相应再行咨催贵馆，将前项刻样速为校准发来，以便刷印可也。”[②] 然而，直至乾隆八年，《大清一统志》仍处于刻样、校样阶段。乾隆八年十一月二十八日，一统志馆总裁官、礼部尚书臣任兰枝等上奏《一统志》刻印情况：“今直隶、盛京、江南、山西、山东、河南志书业经刊刻完竣，其余各省挨次上板，恭拟装成样本，次第进呈。”[③] 这时，一统志馆仅完成了《大清一统志》样本的校对、刊刻工作的一部分。

据乾隆《钦定大清会典则例》记载：“稽察钦奉上谕事件，各部院及八旗钦奉上谕事件并各馆修书课程，钦点满汉大学士、各部院堂官兼领之，无定员。”[④] 稽察钦奉上谕事件处每三月一次将各馆修过书籍数目及有无告竣之处查明汇奏。当时各馆纂修官、校对官等人员每天工作量是固定的，其中：“缮写汉本，每员每日酌定一千五百字。校对各官，每员每日酌定二十五篇。”[⑤] 这也是为了保证官修书籍质量而制定的制度。大学士兼吏部尚书讷亲曾于乾隆年间兼领稽察钦奉上谕事件处事务。乾隆十年十二月二十六日，讷亲按照规定奏陈实录馆等馆修书进度：“一统志馆定于丁卯年八月内告竣，尚未届期。应俟陆续告竣，另行具奏。再，此三馆本年九月十一等三月功课均与臣等奏准数目相符，相应一并奏闻，为此谨奏。”[⑥] 笔者按，丁卯年即乾隆十二年，此时《大清一统志》完成计划已经推迟到乾隆十二年八月内。此三馆指实录馆、国史馆和一统志馆。

在既定的纂修进度下，乾隆十一年八月二十九日，讷亲奏报稽查该年五至七月三礼馆、一统志馆、国史馆等处修书情形：“一统志馆定于丁卯年八月内告竣。今自本年五月起至七月，此三月内，三礼馆、一统志馆各项功课均与臣等奏准数目相符。”[⑦] 据乾隆十二年五月前后的一份朱批记

---

① 内阁大库档案，登录号：210896。
② 内阁大库档案，登录号：210896。
③ 内阁大库档案，登录号：019671。
④ 见《景印文渊阁四库全书》第620册，第66页。
⑤ 内阁大库档案，登录号：186159。
⑥ 内阁大库档案，登录号：186159。
⑦ 内阁大库档案，登录号：024807。

载，目前《一统志》“现在缮写副本，校对刻本”，其中“京师、江南、山西、山东四省刷印本已经校对完讫。河南、陕西、甘肃、浙江、江西、湖南七省刷印本现在陆续校对。四川、福建、广东、广西、云南、贵州六省宋字本现在陆续刊刻。外藩蒙古等处、朝贡诸国志书现在陆续送武英殿缮写宋字”。仅有盛京志书的正本与刷印本尚在内廷，无法刻印。①

乾隆十二年六月间，武英殿修书处咨文内阁典籍厅：“查得从前一统志馆交来刊刻《大清一统志》书内有盛京省志书，自乾隆十二年五月间曾经撤回，至今并未交来。今本处业将十七省、外藩五路志书俱刷印完竣，专候盛京省志书办理进呈。相应行文贵处作速查明，催交该馆送殿。”② 因为《大清一统志》卷帙繁多，刊刻时需要多部门配合进行，故而刊刻进度难以按时完成。原定于乾隆十二年八月完竣的计划最终也延期了，乾隆十二年九月二十六日，刑部尚书、一统志馆总裁官阿克敦汇报刻书进度：“一统志书正本已经告成，移送武英殿刊刻在案”。除了正本外，还有未经校对志书：“除已经校过武英殿刊刻上板志书、画写舆图外，现今尚有应校甘肃、浙江、江西、湖北、湖南、四川、福建、广东、广西、云南、贵州、外藩蒙古等处志书，及各省舆图亦未刻完校对，以现在酌留人员计算，刊刻校对之期约需戊辰一年可以全行告竣。”③《一统志》的全书刻成时间表又推迟到了乾隆十三年。同日即奉旨：“知道了。著作速办理。钦此。”乾隆帝也希望一统志馆能早日将全书刻成，进呈御览。然而，到了乾隆十三年十一月初四日，文渊阁大学士兼工部尚书臣陈世倌等就稽查各馆事宜上折汇报：“臣处每三月一次将各馆修过书籍书目及有无告竣之处查明汇奏等因。于乾隆九年八月二十四日奏奉朱批依议。……查玉牒馆定于乾隆己巳年十二月内完竣，一统志馆定于乾隆十三年十二月内完竣，国史馆王公传并各项志书稿本定于乾隆己巳年六月内完竣，俱未届期。”④《大清一统志》的刻印工作拖延至乾隆十三年十二月。乾隆十四年一月二十三日，一统志馆移会内阁典籍厅：“查本馆办理各省志书、舆图业经依限告竣。惟盛京志书从前呈送大内，未蒙发下，现今并无应办事宜，所有本馆收掌官通特、傅筠二员每月公费于本年二月初一日业已停

---

① 朱批奏折，档号：04—01—38—0023—002，缩微号：04—01—38—002—0022，一史馆藏。

② 内阁大库档案，登录号：240462。

③ 内阁大库档案，登录号：186109。

④ 内阁大库档案，登录号：019556。

止，仍在馆行走，恭候志书，相应移会贵厅查照可也。”① 因盛京志书的难产，《大清一统志》全书仍未刊竣。乾隆十四年二月，稽查钦奉上谕事件处大学士史贻直等奏：“一统志馆定于乾隆十三年十二月内完竣。今据该馆文称，所有应校志书俱已依限完竣，移送武英殿装订。”②

初修《大清一统志》于乾隆十六年八月方才完成刻印、校对、装潢等所有刊刻工序。乾隆十六年十月十四日，大学士傅恒等奏：

> 武英殿咨称，乾隆十六年八月二十六日经本处折奏，《大清一统志》全卷刊刻告竣，共书三百五十六卷，装潢蓝绢套蓝绢面页棉纸书一部计二十四套，恭呈御览。其应刷何样、纸书若干部，应否照例颁发之处，恭候谕旨。倘蒙俞允，请交内阁定拟，以便照数备办等因具奏。本日奉旨：著装订杉木板蓝绢套蓝绢面页书二十部。其余知道了。钦此。钦遵移咨前来，恭查《大清一统志》既经刊刻完竣，理宜颁发，臣等请照颁发十三经、二十四史之例，亲王、郡王、大学士、尚书、左都御史、在外各省总督、巡抚各赏给一部，共需书六十六部，臣等谨拟应赏名单，恭呈御览，伏候钦定，为此谨奏请旨。③

乾隆十六年成书、十九年刊刻的《福州府志》陈宏谋序言：“乾隆十六年，颁行《大清一统志》三百五十六卷，绣壤绿字……”④

通过对初修《一统志》校对、刻印过程的梳理，明确说明：乾隆十六年才是初修《大清一统志》刊刻完成的真正时间，并于该年颁发地方。目前流行的“乾隆九年武英殿刻本《大清一统志》”之说是不成立的⑤，我们不能仅根据其书首乾隆九年正月御笔序言即简单判定其刊刻年代。至于《大清一统志》初次刊刻部数是二十部、六十六部还是八十六部，因傅恒所奏应赏名单目前暂难得见，故无法得知其确数。

需要补充的是，《日讲礼记解义》一般认为是乾隆十四年武英殿刊刻

---

① 内阁大库档案，登录号：200529。

② 内阁大库档案，登录号：184922。

③ 内阁大库档案，登录号：019553。

④ 见《中国地方志集成·福建府县志辑》第1册，序第6页，上海：上海书店出版社，2000年。

⑤ 注：本书在他处论及初修《一统志》刊本年代时仍遵各书目或馆藏系统乾隆九年旧说，这可以让读者了解乾隆九年说的影响力。

成书。据林存阳研究，该书直到乾隆十六年正月，其刊刻工作还未完成。[①] 可见，《大清一统志》刊刻完成时间延迟并不是清廷刻书进度拖延的唯一现象。

初修《大清一统志》殿版的版式特征：

> 半叶十行，行二十一字，小字双行同。白口，四周单边，单鱼尾。版框高二二点六厘米，宽十五点五厘米。卷前有乾隆九年御制序，陈悳华等进书表，弘昼、蒋廷锡、吴士玉、任兰枝、陈悳华等一百八十一人纂修官职名，总目、目录。[②]

故宫博物院网站记载该志书的版框规格：22.6 厘米×14.6 厘米，与《解题》所记略有不同。网站所述该版志书的其他特征与《解题》所描述的特征相同。该版书共 120 册 10 函。[③] 从本节附录可知：目前一些机构收藏的乾隆九年武英殿刊本在版本特征上有较多差异，真伪难辨。

（二）续修《一统志》的三次刊刻与七部写本

据前文考辨，续修《大清一统志》书稿完成之后，交予武英殿修书处刊刻样本，武英殿修书处再将刻出样本返送回方略馆，方略馆负责校勘样本之讹误，最终由武英殿修书处装潢成书。直到乾隆五十五年，武英殿刊行续修《一统志》的工作才最终完成。由于方略馆和武英殿修书处相关档案尚未对外界开放，续修志的具体刊刻过程很难知晓。最初，笔者认为续修《一统志》仅有《四库全书》抄本，乾隆五十五年殿本一说值得怀疑[④]。清代版本目录学家莫友芝在《郘亭知见传本书目》中记载：“《大清一统志》五百卷，乾隆廿九年奉敕撰，内府仅写清本二分，以卷帙繁重未刻。然所修亦不如旧本精善。近常州活字板本。”[⑤] 后来，笔者查阅

---

① 林存阳：《三礼馆：清代学术与政治互动的链环》，第 61～62 页。

② 故宫博物院图书馆、辽宁省图书馆编著：《清代内府刻书目录解题》，第 260 页。

③ 故宫博物院：http：//www. dpm. org. cn/shtml/117/@/8123. html，搜索于 2013 年 7 月 28 日。

④ 台湾学者王会均即认为续修志未刊刻成书。

⑤ 莫友芝：《郘亭知见传本书目》，见李万健、邓咏秋编：《清代私家藏书目录题跋丛刊》第 4 册，第 666 页。莫友芝记载错误有三：一是续修志卷数盲从《四库全书总目》五百卷之说，二是续修志实有乾隆五十五年及嘉庆年间两种武英殿刻本，三是续修志并无常州活字版本，道光二十九年薛子瑜所印的初修《大清一统志》。但是，莫友芝也道出了乾隆续修《一统志》存有写本的情况。

到一则档案记载：嘉庆五年，武英殿修书处官员在重印续修《一统志》时同时汇报乾隆五十五年的刻印费用，可知续修《大清一统志》曾于乾隆五十五年刻印成书。

> 嘉庆五年十月十九日，武英殿修书处官员等呈为呈明酌定采买物料价值事。查本处现在刊刻《大清一统志》等书，内图板需用枣木，存刊刻所分板片不敷应用，尚需采买。查此项板片曾于乾隆五十五年呈准照依顺天府所报时价，每块银二两，合减四成，办买在案。①

嘉庆十六年，国史馆在讨论续修《大清一统志》时也论及乾隆续修《一统志》的刊刻情况："《一统志》自乾隆四十九年纂定后，即交武英殿刊刻。"②

同治八年夏，武英殿的一场大火将清朝二百年来的书板焚毁殆尽。幸运的是，故宫博物院现藏清宫遗存书版中有乾隆五十五年武英殿刻本《一统志》书版1面，版框尺寸（高×宽）21.1厘米×15.1厘米。③ 文字与实物的双重证据证明乾隆续修《大清一统志》刻成于乾隆五十五年。乾隆五十五年殿本《大清一统志》的版本特征如下：

> 半叶十行，行二十一字，小字双行同。白口，左右双边，单鱼尾。版框高二一点一厘米，宽一五点一厘米。卷前有乾隆二十九年上谕、凡例、和珅等修成奏表。一百二十册。④

乾隆五十五年，曾任续修《一统志》总纂的吴省兰作《恭庆皇上八旬万寿重排千字文诗》，此首诗也能证明续修《一统志》确实刊刻成书，诗中注言："御纂之书不可胜纪，自庚子以来，若《四库全书》前后七分俱已插架。余若《大清一统志》《续三通》《音韵述微》《日下旧闻考》《热河志》《河源纪略》《职官考》等书，以次第告竣刊布。"⑤

---

① 陶湘编，窦水勇校点：《书目丛刊》第1册，第229~231页。

② 《清国史馆奏稿》第2册，第1011页。

③ 翁连溪编著：《清代内府刻书图录》，北京：北京出版社，2004年，第27页。

④ 故宫博物院图书馆、辽宁省图书馆编著：《清代内府刻书目录解题》，第261页。故宫博物院网站记载版框规格为：20.9cm×14.8cm，该书120册12函，前20册无函套，http://www.dpm.org.cn/shtml/117/@/8017.html，搜索于2013年7月28日。

⑤ 吴省兰：《听彝堂偶存稿》，《清代诗文集汇编》第394册，第531、533页。

从前引嘉庆五年武英殿资料可知，续修《大清一统志》还有嘉庆五年武英殿刻本。嘉庆十六年，清廷再兴续修《大清一统志》之议，该年正月二十五日，庆桂等奏陈重新编修《一统志》事宜，其中便提及：

> 臣等公同酌商，拟请敕交武英殿就现在所刻先刷印一二部，同方略馆所存正、副各本交国史馆，派员查明自乾隆五十年以后至嘉庆十五年以前凡应行补载者，一并依类，敬谨列入，并将全书通行详校，以免疏漏脱误。[①]

嘉庆帝同意了庆桂等人提议，嘉庆十六年，武英殿再次刊刻424卷本《大清一统志》。目前，故宫博物院图书馆藏有120册、240册续修《大清一统志》各一部。[②] 这也说明续修《一统志》至少刻印了三次。这样，我们就需要注意目前各个机构收藏乾隆续修《一统志》的刊刻年代是乾隆朝还是嘉庆朝。需要补充的是，嘉庆十年闰六月，实录馆行文武英殿修书处移取新刻《一统志》，武英殿修书处咨复称：“新刻《一统志》一部，此书本处现已刻得。方略馆领去校对，尚未校准。”[③] 只是此咨文并未交代所刻《一统志》卷数或名称，不能确定其所刻是初修志还是乾隆续修志。

乾隆续修《大清一统志》收入《四库全书》时由方略馆负责抄写。乾隆五十年，方略馆纂修《大清一统志》的工作进入尾声。乾隆五十年七月初七日，和珅等奏咨取誊录缮写《四库全书》留空书函事宜：“窃照方略馆纂办各书，业经臣等勒限陆续办理完竣在案。兹据武英殿咨称本年正月内，奏请《四库全书》留空书函四分于各馆书成日，均由该馆自行缮写补入空函，并将方略馆历次所辑《一统志》《元史》《明史》《盛京通志》《平定金川方略》《满洲源流考》《蒙古源流》《兰州纪略》《石峰堡纪略》各书开明应缮分数，知照前来。”乾隆五十年，四库全书馆已经不再承办新的编书任务。因而，这些方略馆后编成的典籍据武英殿修书处

---

① 中国第一历史档案馆编：《嘉庆道光两朝上谕档》第16册，第38～39页。

② 见《故宫博物院藏品总目·古籍文献》，藏品编号：00000270，http://www.dpm.org.cn/zm/gjwx.html，搜索于2013年8月22日。

③ 内阁大库档案，登录号：116983。

意见，均由方略馆自行派遣誊录缮写，《大清一统志》也是其中之一。方略馆时设誊录四十四名，而以上应缮各书，“共五千六百九十余卷，应缮字数共计七千五百万零又图二千二百四十张，折算字二百二十四万，共计字七千七百二十四万零。”但因“现办《辽金元三史》书一业经奏明拨定誊录五名承办外。现止誊录三十九人。内除年满开缺者，共二十一人外，实止誊录十八人。”人数过少，难以完成缮写任务，和珅等申请“于吏部考取誊录内咨取十名到馆”。另外，《大清一统志》等空函书籍“所用应用纸张应照原咨，由武英殿咨取。其各书缮写格式仍令该处酌定，移送本馆照缮，以归划一，俟陆续缮出后，即移交武英殿校对，进呈装潢，归入全书。”办理空函书籍仍需供事等力役人员提供后勤保障等，“一切收发、交殿及登记档案、催查字课等项均须派委供事经管，应于本馆供事内酌留二十名，又绘图六名，令其承值。统俟馆书缮写齐全，亦照四库馆之例咨部，分别给予议叙。以专责成。以示鼓励。”乾隆五十年七月初八日奉旨：知道了。钦此。[①] 文渊、文津、文溯三阁《四库全书》所收《一统志》提要撰写的时间：乾隆五十四年正月、二月[②]，笔者初步推测其他四阁《大清一统志》的缮写完成时间当亦在乾隆五十四年。至此方略馆续修《大清一统志》的工作才全面完成。据陶湘研究：故宫曾藏有《大清一统志》残卷一册，四库馆写本，为《一统志》第四百二十四卷，该残卷末有缅甸三页，内容与四库本同，而刊本、写本《大清一统志》均无此三页内容，该残卷原藏方略馆。[③] 笔者按，该残卷应为方略馆写本，《四库全书》中《大清一统志》由方略馆负责缮写工作，缮写完成后再移交武英殿修书处装潢后归入《四库全书》，这也解释了该残卷为何原藏于方略馆。

续修《大清一统志》被收入《四库全书》，抄写七部放入南北七阁中，这七套《一统志》的命运也就随同七阁《四库全书》共存亡。文渊阁所藏《大清一统志》152 册[④]，分布在史部第十八架，共 30 函：第

---

① 中国第一历史档案馆、文化部恭王府管理中心编：《清宫恭王府档案总汇：和珅秘档》第 2 册，第 357 ~ 362 页。不仅方略馆书籍由本馆缮写，国史馆所办留空书籍亦由本馆缮写，详见《清国史馆奏稿》第 2 册，第 737 ~ 738 页。

② 《景印文渊阁四库全书》第 474 册，第 45 页、《文津阁四库全书提要汇编 · 史部》第 276 ~ 277 页，北京：商务印书馆，2005 年。金毓黻辑：《金毓黼手定本文溯阁四库全书提要》上册，第 310 ~ 311 页，北京：中华全国图书馆文献缩微复制中心，1999 年。

③ 陶湘：《故宫殿本书库现存目》，见煮雨山房辑：《故宫藏书目录汇编》上册，第 390 页。

④ 《景印文渊阁四库全书目录》，第 93 页。

1781 函至第 1810 函[①]。文溯阁《四库全书》中的《大清一统志》同文渊阁大体相同：424 卷，清乾隆帝御定，152 册，15024 页，架号史 18，函号：1781～1810。[②] 目前，文津阁和文澜阁也藏有续修《一统志》的写本，文津阁本于 2005 年由商务印书馆出版，共 3 册（第 162～164 册）。台北故宫博物院藏有乾隆间文渊阁四库全书写本《大清一统志》424 卷，152 册。[③] 1983 年至 1986 年期间，由台北商务印书馆影印出版，共 10 册（第 474～483 册）。1987 年、2003 年，上海古籍出版社两次重印文渊阁《四库全书》，其中第 474 册至第 483 册为《大清一统志》。令人欣喜的是，商务印书馆与扬州国书文化传播有限公司原样复制的文津阁本《四库全书》于 2014 年问世。2015 年，杭州出版社又成功出版文澜阁本《四库全书》。这两套丛书中均有续修《大清一统志》。

（三）重修《一统志》的写本

嘉庆以后，武英殿刻书业呈现极衰的现象。[④] 成书于道光二十二年底的重修《大清一统志》，书成之后并未交与武英殿修书处组织刊刻，仅以写本形式进呈道光帝。进呈之后，国史馆仍在组织人员对《一统志》进行校对，直到道光二十六年，重修《一统志》才校对、缮写完竣。[⑤] 而且当时的清廷正受着英国等列强的欺辱，无心刊刻《大清一统志》。据《内府写本书目》记载：《大清一统志》，写本，五百四十五册。[⑥] 又据《国史馆书籍迁移三所尊藏数目册》记载：“《大清一统志》正本一部，共九十九函，计五百六十卷，计五百四十五本。道光二十二年十月廿七日告成。奉旨另缮一分，存国史馆，二十五年十二月初四日告成。”[⑦] 只是此件档

---

① 《文渊阁四库全书分架图》第 39、40、170 页。

② 《文溯阁四库全书书名索引》，第 9 页，见“国立奉天图书馆”编：《文溯阁四库全书要略及索引》，奉天：“国立奉天图书馆”，1938 年。

③ “国立故宫博物院”编：《“国立故宫博物院”善本旧籍总目》，第 402 页，台北：“国立故宫博物院”编印，1983 年。

④ 见肖力：《清代武英殿刻书初探（续）》，《图书与情报》1983 年第 3 期，第 48 页。

⑤ 详见内阁吏科题本，档号：02—01—03—10811—010，缩微号：02—01—03—09—185—0784，史馆藏。

⑥ 陶湘编、窦水勇校点：《书目丛刊》第 1 册，第 194 页。

⑦ 台北“故宫博物院”图书文献馆藏清代档册，文献编号：812000001，该档又名三所藏书草档。另见台北“故宫博物院”图书文献馆藏清代档册，文献编号：818000005《国史馆书籍迁移三所尊藏数目册》一本，其所记内容与前件档案同。

案记重修志告成于道光二十二年十月二十七日，和传统说法相差一月有余，目前尚不知此说缘由，暂付阙如。故宫博物院图书馆藏有重修《大清一统志》写本一种，故宫网站记该版志书："560 卷，半页 10 行，行 19 字，朱格双栏，白口，单鱼尾。版框 22.5 厘米 × 14.5 厘米。545 册 80 函"。[①] 道光二十六年六月十六日，吏部尚书恩桂奏为《大清一统志》书成议叙折中言及：

> 臣等会议得：先经国史馆咨称，大学士穆彰阿等奏称，窃臣馆于道光二十二年十二月接纂《一统志》全书告成。臣等尊奉谕旨：《大清一统志》著另缮一部。钦此。当经督率在馆各员敬谨缮写，悉心校勘，谨将御制序文弁冕于首，次奏表，次诸臣纂校职名，次凡例，次目录，统计全书五百六十三卷，装成九十函，恭呈御览。……此次所办之书，篇页繁富，计正、副本几至三千万字。[②]

据此可知，重修《大清一统志》共有正、副本两部。从民国以来一直为大家所熟知、易见的是《四部丛刊续编》重印的 560 卷本（另有目录两卷）。1934 年，张元济主持商务印书馆时根据故宫藏进呈写本进行了第一次重印，改名为《嘉庆重修一统志》，收入《四部丛刊续编》。笔者按，正、副本的版本、内容方面存有两个差异：一是现今故宫藏重修志和《四部丛刊续编》本皆为 562 卷，当属同一版。它们和前引恩桂奏折中所称 563 卷本有一卷之差距，562 卷本共 80 函，而 563 卷本则有 90 函。而台北"故宫"所藏书目却记录为 99 函。函数与卷数均有出入，有待研究。二是目前常见的重修志中将纂修者名字附在某卷之后分开书写，而恩桂折引文称"诸臣纂校职名"是合并列举，书中位置在奏表后、凡例前。重修《大清一统志》的 563 卷本是否留存于世则有待相关藏书机构的整理发掘。

---

① 故宫博物院：http：//www. dpm. org. cn/shtml/117/@/8016. html，搜索于 2013 年 7 月 28 日。笔者于 2013 年 10 月 8 日再次搜索该版志书，故宫博物院网站仍记为"嘉庆朝抄本"，实误，当为"道光朝写本"。

② 内阁吏科题本，档号：02—01—03—10811—010，缩微号：02—01—03—09—185—0784，一史馆藏。

二 《大清一统志》三种稀见版本举要

（一）台北傅斯年图书馆藏初修《大清一统志》刊本简介

台北历史语言研究所傅斯年图书馆善本室藏有初修《大清一统志》一套，线装，356卷，共132册，题名：清蒋廷锡等奉敕编，清乾隆九年殿刊本。其中，除目录及卷一外，第1至10册均为钞配本。笔者在傅斯年图书馆见到该版《大清一统志》真容，现据所见将其特点举录于后。

该书第一册首为御制序，序文中“上天”“列祖”“列宗”“圣祖”“世宗”“祖宗”“前人”皆顶格写，超出版框之外，且未同下字连接，最后落笔“乾隆九年甲子正月既望”。职名表中“监理，和硕和亲王臣弘晝”其中弘缺最后一点。纂修官中“陈弘謨”，弘避讳同上。职名表中缺“收掌”之后名录，即缺漏收掌、誊录、监造三类如收掌内阁中书今任兵部左侍郎提督九门巡捕步军统领事务舒赫德等共52人。

版式方面，第一册总目中“城池”与风俗在一页，而哈佛燕京图书馆藏道光二十九年版在两页中，“堤堰”“陵墓”与津梁在同一页。第一册中卷一的版框大小为22.2厘米（23.2厘米）×15.4厘米，卷一属非抄配本，但它的版框大小与故宫网站介绍的参数并不相同，第一册全书高27.1厘米，宽17厘米。第十一册全书高27.1厘米，宽17厘米，版框高22.2厘米，宽15.3厘米。第十二册全书高27.1厘米，宽17厘米，版框高22厘米，宽15.3厘米。第一百三十一册全书高27.1厘米，宽17.4厘米，版框高21.9厘米，宽15.3厘米。第一百三十二册全书高27.2厘米，宽17.3厘米，版框高22.1厘米，宽15.1厘米。第一百三十二册末尾无薛子瑜跋文。笔者所见傅斯年图书馆藏该版《大清一统志》20余册的封面上均无书牌记（如“大清一统志”等字样）。每页十行，行二十一字，小字双行，字数同。抄配本每页的行数、字数与非抄配本同，只是字体存在差异。第十一册正文大字的高宽均比台北“故宫博物院”藏乾隆九年刊本（按，该版本的年代是台北“故宫博物院”标记，此处从之，不改正）字的规格微小，小字亦是。另外，正文中“建置沿革”“坛庙”等分类的框框皆是细线八角棱形，与薛本不相同。

（二）台北“故宫博物院”藏初修《大清一统志》刊本简介

台北“故宫博物院”图书文献馆善本室藏《大清一统志》356卷一套，共108册，原题名：《殿本大清一统志》，版本：乾隆九年武英殿刊本，线装，来源：清宫旧藏。① 下面介绍该版《大清一统志》的一些情况：

该版《大清一统志》封面为蓝色绢面，左上角为书牌：“大清一统志宣化府易州卷二十之二十二”，或“大清一统志外藩蒙古五十一旗下卷三百四十七之三百四十九。”另外，因内容多寡，每册厚薄不一。

全书高31厘米，宽19.8厘米。版框：22.4×15.4厘米。牌记：高22厘米，宽4.1厘米。字体正、大。圈点明晰、大。大字规格：高：0.80~1厘米，广：0.6~0.9厘米。正文中“城池”“坛庙”等分类的框框皆是细线八角棱形。大字较粗，小字较细，两者的规格相近。每页十行，行二十一字，小字双行，字数同。四周单边，单鱼尾。职名表中“监理，和硕和亲王臣弘晝”其中弘缺最后一点，陈弘谋亦是。

按，将薛本的版本、版式和台北“故宫”藏殿本相比较，薛本的文字（字形）、舆图基本反映了殿本的原貌，只是版式稍小。

直隶统部表紧接在京师卷之后。表之后为图，图之后为正文。第一册的末尾是直隶统部之名宦：本朝的李光地、邵嗣尧。卷2第34页：“邵嗣尧：猗氏人。康熙三十年，为直隶守道。清介绝俗。僚吏惮之。”

第7册为卷20宣化府，该册末尾是易州之“土产：绵、绢、栗、镜、酒”，其中“镜：易州出。酒：易州涞水出”。每卷开头格式如下：“宣化府表——大清一统志卷之二十——正文”，“易州表——大清一统志卷之二十二——正文”。第106册牌记：“大清一统志外藩蒙古五十一旗下卷三百四十七之三百四十九”，内页格式为：敖汉表——敖汉正文；奈曼表——奈曼正文。第107册牌记：“大清一统志蒙古属国卷三百五十之三百五十二”。第108册牌记：“大清一统志朝贡诸国卷三百五十三之三百五十六”，该册末尾两页记佛郎机之事，包括位置、建置沿革、风俗、土

① 《“国立故宫博物院”善本旧籍总目》上册，第402页，统一编号：故殿033166—033273。笔者在2013年9月访问该馆期间幸运得见其中五册，据善本室工作人员介绍该书原本有不同程度的损坏，目前正在逐步修护性保存中。

产。薛本在“三佛齐”“佛郎机”等三字前缺“大清一统志”五字，台北“故宫”本皆有“大清一统志”字样。

表4－1　　台北“故宫”藏《大清一统志》各册卷数内容分配表①

册数	卷数	册数	卷数	册数	卷数
第一册	序、职名、目录、卷1—2	第二册	卷3—5	第三册	卷6—8
第四册	卷9—11	第五册	卷12—15	第六册	卷16—19
第七册	卷20—22	第八册	卷23—27	第九册	卷28—30
第十册	卷31—33	第十一册	卷34	第十二册	卷35—36
第十三册	卷37	第十四册	卷38—40	第十五册	卷41—43
第十六册	卷44—45	第十七册	卷46—48	第十八册	卷49—52
第十九册	卷53—56	第二十册	卷57—60	第二十一册	卷61—64
第二十二册	卷65—70	第二十三册	卷71—73	第二十四册	卷74—76
第二十五册	卷77—79	第二十六册	卷80—84	第二十七册	卷85—89
第二十八册	卷90—95	第二十九册	卷96—98	第三十册	卷99—101
第三十一册	卷102—105	第三十二册	卷106—107	第三十三册	卷108—109
第三十四册	卷110—111	第三十五册	卷112—113	第三十六册	卷114—115
第三十七册	卷116—119	第三十八册	卷120—122	第三十九册	卷123—124
第四十册	卷125—126	第四十一册	卷127—130	第四十二册	卷131—135
第四十三册	卷136—137	第四十四册	卷138—139	第四十五册	卷140—141
第四十六册	卷142—143	第四十七册	卷144—146	第四十八册	卷147—149
第四十九册	卷150—153	第五十册	卷154—156	第五十一册	卷157—159
第五十二册	卷160—162	第五十三册	卷163—166	第五十四册	卷167—171
第五十五册	卷172—174	第五十六册	卷175—177	第五十七册	卷178—180
第五十八册	卷181—182	第五十九册	卷183—184	第六十册	卷185—186
第六十一册	卷187—189	第六十二册	卷190—192	第六十三册	卷193—195
第六十四册	卷196—197	第六十五册	卷198—200	第六十六册	卷201—204
第六十七册	卷205—207	第六十八册	卷208—210	第六十九册	卷211—213

① 按，学界关于初修《大清一统志》108册的殿本情况知之甚少，故整理公布于此，以为今后相关研究提供一点线索。表4－1据台北“故宫博物院”古籍善本书系统编成。

续表 4-1

册数	卷数	册数	卷数	册数	卷数
第七十册	卷 214—215	第七十一册	卷 216—217	第七十二册	卷 218—220
第七十三册	卷 221—223	第七十四册	卷 224—226	第七十五册	卷 227—230
第七十六册	卷 231—234	第七十七册	卷 235	第七十八册	卷 236—237
第七十九册	卷 238—240	第八十册	卷 241—242	第八十一册	卷 243—245
第八十二册	卷 246—248	第八十三册	卷 249—252	第八十四册	卷 253—259
第八十五册	卷 260—262	第八十六册	卷 263—265	第八十七册	卷 266—268
第八十八册	卷 269—273	第八十九册	卷 274—276	第九十册	卷 277—279
第九十一册	卷 280—283	第九十二册	卷 284—289	第九十三册	卷 290—292
第九十四册	卷 293—296	第九十五册	卷 297—299	第九十六册	卷 300—303
第九十七册	卷 304—305	第九十八册	卷 306—312	第九十九册	卷 313—321
第一百册	卷 322—328	一百〇一册	卷 329—330	一百〇二册	卷 331—333
一百〇三册	卷 334—337	一百〇四册	卷 338—342	一百〇五册	卷 343—346
一百〇六册	卷 347—349	一百〇七册	卷 350—352	一百〇八册	卷 353—356

（三）北京大学图书馆藏乾隆稿本简介

笔者据所见北京大学藏乾隆稿本《大清一统志》的内容作一初步研究，这有助于进一步认识乾隆续修《大清一统志》的版本和成书。北京大学图书馆藏《大清一统志》1 册 1 函，乾隆年间底稿本。笔者推断该册志稿应为乾隆续修《大清一统志》的稿本，详见下文分析。卷前有 3 页空白纸，末尾有 4 页空白纸，不知是原有还是后来装订。整个书的书脊已用线重订。封面绢装，现已呈黄色（略带点绿色）。封面左上角有书牌（大清一统志　延安府　凤翔府　汉中府）。红框，单鱼尾，有较明显的红色圈点。半页 10 行，行 21 字，小字双行，字数同。（红色）版框宽 15.1（2）厘米，高 21.4（5）厘米；全书宽约 20 厘米，高 32.8 厘米。版心为：大清一统志，延安府表或延安府图或延安府。凤翔府与汉中府卷的版心格式与延安府相同。

延安府表的内容共四页，表中县的顺序同文渊阁《四库》本相同，朝代的时间序列亦相同，表中所记各地具体的沿革内容未详细核对。延安府图：图名占据一页，图内容共两页。

大清一统志

延安府：在陕西省治北七百四十里，东西距四部八十里，南北距三百九十里，东至山西汾州府……

按，“大清一统志”字样后或“延安府”字样前均无卷数标记。延安府正文内容具体分类如下：四至等、分野、建置沿革、形势、风俗、城池、学校、户口、田赋、山川、古迹、关隘、津梁、堤堰、陵墓、祠庙、寺观、名宦、人物、列女、仙释、土产等共22类，缺载“流寓”一类，检阅文渊阁、文津阁（卷182）亦均缺载“流寓”类。

按，笔者随机比对了建置沿革类下的“延川县”“延长县”，两县内容基本相同，但存在个别用字不同的现象：

肤施县：……唐为延州治（《景印文渊阁四库全书》卷182，第478册，第150页：唐为延安治）。宋金皆为延安府治（《景印文渊阁四库全书》卷182，第478册，第150页：宋金改为延安府治）。按，该条其他文字同。

安定县：……西北至榆林府怀远县界六十里（《景印文渊阁四库全书》卷182，第478册，第150页：七十里）……隋为延川县（《景印文渊阁四库全书》卷182，第478册，第150页写作：延州县）。

稿本第5页延安府城条下“明弘治”的“弘”因避讳乾隆帝而缺最后一点，该条记事至乾隆元年。安塞县城记事至乾隆三十一年。稿本第五页学校下延安府学条、第六页户口记载内容与文渊阁《四库全书》本相同。

稿本第14页排版格式：暖

泉井……石油井……（按，暖与泉分作两行写，石油井三字并排在一行。经查核《景印文渊阁四库全书》卷182，第478册，第158页：暖泉井三字一行，石油两字一行，井字则另起一行）。

稿本第21页古迹类：……翡翠楼……斗鸡台……迎熏亭……（《景印文渊阁四库全书》第478册，第162页所记古迹的顺序差异较大：……翡翠楼……迎熏亭……飞盖园……文渊阁《四库全书》本将“斗鸡台”写在古迹类末尾，它之前是“供兵碓”）。稿本的末尾是“供兵碓”。

稿本第22页：名宦黄瑶条下：“赠按察司佥事”（《景印文渊阁四库全书》第478册，第169页写作“赠按察使佥事”）。

稿本第27、28页列女类：高孝妻陈氏……柴芝兰妻张氏……（《景印文渊阁四库全书》第478册，第172、173页：柴芝兰妻在前，高孝妻在后，位置不同，内容相同）。

凤翔府有凤翔府表、凤翔府图和正文，顺序与延安府相同。笔者按，图完全可以画在一页上，但无论是稿本还是文渊阁《四库全书》本，均分画作两页，阅看十分不便，人为地割裂。从稿本凤翔府页码看，它同延安府不是同一卷，当属另起一卷。文渊阁《四库全书》本将古迹、土产两类另分为卷184，稿本则未另分出一卷。

稿本第46页：列女类下魏某妻张氏条下：稿本称乾隆十六年旌表（《景印文渊阁四库全书》第478册，第206页记：乾隆十四年旌表）。另，《景印文渊阁四库全书》第478册，第206页记载列女类比稿本多出以下条目："李怀瑜妻汶氏、贺恪妻何氏、庄际安高氏、生员王时泰妻赵氏、生员陈之润妻孙氏、王新都妻田氏、庄貌才妻杜氏、生员张钰妻蔡氏，俱以守节，先后旌表"。

汉中府卷内容有：汉中府表、汉中府图和正文。该卷页码重新计算，与前卷凤翔府页码并不连续。

稿本第2页：建置沿革类下南郑县条：……南至四川保宁府南江县界一百四十里（《景印文渊阁四库全书》第478册，第211页：南至四川保宁府南江县界一百九十里。《景印文渊阁四库全书》第478册，第210页：汉中府，南至四川保宁府南江县界一百四十里）。

稿本第3页：城固县条下：……元属兴元路（《景印文渊阁四库全书》第478册，第211页：元属兴元府），该条其他内容与《四库》本相同。稿本第三页：洋县条下：……乾元初复改郡曰洋州，属山南西道（《景印文渊阁四库全书》第478册，第211页：乾元初复改郡曰洋川，属山南西道），该条其他内容与《四库》本相同。稿本第三页：西乡县条下……天宝初曰洋川郡（《景印文渊阁四库全书》第478册，第211页：天宝初曰洋州郡），该条其他内容与《四库》本相同。

汉中府的古迹另起一卷，页码重新计算。按，文渊阁《四库》本也另起一卷，见卷186。

稿本第35页：土产下"药"条下：……府志略阳县出黄精（《景印文渊阁四库全书》第478册，第251页：府志略阳府出黄精），该条其他内容与《四库》本相同。

三 《大清一统志》的经费初探

三部《大清一统志》编修从康熙年间至道光年间，先后参与人数众多，编修人员的公费开支一定消耗了一笔巨额钱粮。况且，三部《一统志》卷数较多，纂修过程中有草本、稿本、正本、刻印本等多种，所费纸张、笔墨亦当较多。目前，我们难以见到专门记载三部《一统志》经费支出的档案，笔者仅据所见档案的残片断简，勾勒《大清一统志》编修过程中经费开支的概况。

（一）薪水开支

雍正三年二月二十二日，蒋廷锡奏报：一统志馆“一切应用纸张、器用等物，纂修、提调、收掌、誊录、供事人员等饭银，康熙二十五年题定照会典馆之例支取，臣等悉照例遵行。”[①] 可知，从康熙二十五年四月，一统志馆开馆以来，一直到雍正十年，一统志馆均遵循康熙二十五年会典馆经费管理办法。根据清代修书各馆往往遵循前例或参考他馆管理方式的惯例，至乾隆十五年二月，大清一统志馆关闭，该馆经费管理的办法一直未变。这其中还不包括康熙二十九年至三十三年徐乾学自己支付苏州志局编修人员的桌饭银两。那么，大清一统志馆的经费开支数额究竟是多少呢？目前，我们已经无法通过档案掌握该馆的经费总额。但通过十分幸运保存下来的四则内阁大库档案，再结合前文一统志馆编修人员的研究，我们可以推算出一统志馆经费开支的一个总体数额。

台北历史语言研究所藏内阁大库档案中保存了两份一统志馆的公费簿，分别记载了康熙五十四年正月十八日起至三十日、五月份两个时段的提调官、誊录、供事、纸匠等六类人员的薪水支出情况。

其中正月间支出情况如下：

> 提调官翰林院检讨觉罗逢泰，应支钱九百五十二文
>
> 纂修、收掌官刘保住、李钟峩……以上九员每员应支钱九百五十二文

---

① 内阁大库档案，登录号：186223。

（誊录）监生沈永誉、李毓业……以上十八员每员应支钱二百二十二文

供事陈之涵、郭植……以上二十二员，每员应支钱四百三十三文

看守会典馆供事高士凤应支钱四百三十三文

纸匠严德、高贵……以上六名每名应支二千一百文

通共应支钱五十三千六百七十九文。①

又，五月份支出情况如下：

提调官翰林院检讨觉罗逢泰应支钱二千二百文

纂修、收掌官刘保住、李钟峩……以上十员每员应支钱二千二百文

誊录监生沈永誉、李毓业……以上十八员每员应支钱二千二百文

供事官陈之涵、郭植……以上二十三员，每员应支钱二千文

看守会典馆供事官高士凤应支钱二千文

纸匠严德、高贵……以上六名每名应支钱二千一百文

通共应支钱八十二千四百文②

从上述两份档案可知，康熙五十四年正月下半月一统志馆各员应领钱粮与康熙五十四年五月所领钱粮差距较大，其中五月份：提调、纂修、收掌、誊录每员每月领钱二千二百文，供事、看守每员每月领钱二千文，纸匠每员每月领钱二千一百文。根据这两份档案推知，如果各员工作时间不满一月则相应扣除钱粮，而且每员所领钱粮应该是与该月各员完成的工作总量是密切相关的。如果根据第一条工资簿推算，康熙五十四年正月整月工资情况如下：提调、纂修、收掌每员每月领钱一千九百文，誊录每员每月领钱四百四十文，供事、看守每员每月领钱八百六十文，纸匠每员每月领钱二千一百文。纸匠的工资钱粮是固定的。如果按照这两种钱粮支出水平，再结合一统志馆的常设人员数量：额缺提调二员、收掌八员、纂修官二十四员、誊录三十名、供事二十四名。③ 一

① 内阁大库档案，登录号：294016。

② 内阁大库档案，登录号：294017。

③ 内阁大库档案，登录号：102360。

统志馆前后运行了60余年，估算出它支出钱粮总额最低是七百一十六万一千六百文，最高数额是一千三百零一万七千六百文，换算成银两，最少花费约为七千一百六十一两，最高花费约为一万三千零十七两。这些估算还不包括总裁官、副总裁官的薪水及日常馆内纸张使用支出、刊刻书籍费用、皇帝赏赐银两等，还忽略了康雍乾三朝每个时段的银钱兑换比率、物价变动等因素。另外，一统志馆日常在馆编修人员的数量均是不稳定的，很难统计出每年在馆的人员，因而也就无法根据前文的研究计算一统志馆实际的薪水开支情况。

乾隆元年十一月三礼馆移会档案记载：三礼馆额设誊录官十二员，其饭食银两拟于该馆各位总裁、副总裁公费内捐出，其中总裁公费内每月各捐银十两、副总裁公费内每月各捐银五两。方苞此时任三礼馆副总裁，但其桌饭银两向在一统志馆支领。三礼馆便行文一统志馆将方苞饭银相应存留，以便三礼馆领去。[①] 乾隆二年二月初四日，三礼馆又移会一统志馆：要求一统志馆照数扣存三礼馆副总裁方苞二月份应捐桌饭银五两。[②] 总裁薪水至少为银十两，副总裁则至少有银五两。如果按捐出薪水为薪水总额一半的数额推算，一统志馆副总裁每月的薪水银十两左右、总裁官的薪水在银二十两左右。

（二）物料开支

大清一统志馆的物料开支情况如何呢？雍正十年十二月二十六日，一统志馆总裁官吴士玉奏报雍正十年正月至十二月本馆内纂写正本抄录档案取用纸张总数：

> 金线榜纸五百（伯）张，缮写正本用过四百十五张，现存八十五张。
>
> 台连纸一千张，缮写草本并行移文书全用。
>
> 黄榜纸二百张，用过一百二十张，现存八十张。
>
> 二号高丽纸一百五十张，准作白棉榜纸用，抄录各部院送到档案用过一百十五张，现存三十五张。[③]

---

① 详见内阁大库档案，登录号：213752。

② 详见内阁大库档案，登录号：175418。

③ 内阁大库档案，登录号：011529。

这是笔者目前发现唯一一件详细记载一统志馆纸张开支情况的档案。因为根据档案记载推断，一统志馆本身并无详细、规范的物料开支记录制度。乾隆九年四月二十二日，一统志馆与新设立的律吕正义馆支领纸张等项，“其于何年月日奏明支领归入年例奏销之处，从前并未知照本部，无凭查核。”户部咨一统志馆要求该馆查明支领纸朱等，“于何年月日奏明，并将原奏作速抄录送部，以便核题”。[①] 可见，在乾隆九年之前，一统志馆并无严格的纸张物料使用核销制度，相关档案也就难见其报销情况。

乾隆十三年十二月十八日江南道具题稽查三库一案。乾隆十四年正月二十六日，军机处大臣会同都察院覆准御史九成条奏内称，要求各部院所领三库银缎颜料等项，务于下月初十日以内造具细数总册并原稿咨送都察院交江南道逐一查核，于年底汇题。据都察院奏：包括“内阁典籍厅、一统志馆、俄罗斯文馆等多处止有印册，并无原稿，俱经行查，据各该处覆称，伊处向不具稿，无凭移送。”在乾隆十三年以前，一统志馆从未编写领用三库银两物料总册及原稿，只按时咨送印册而已。乾隆十四年正月二十九日，都察院要求一统志馆等处自十三年起开始编写领用三库银两物料总册及原稿，以便稽查。[②] 清廷进一步加强了对一统志馆的管理，可是此时的一统志馆工作已经临近尾声，监督来得太晚。今人也就难以核算一统志馆物料开支的总体情况。

（三）刊刻成本

嘉庆五年十月十九日，武英殿修书处官员呈报《大清一统志》等书刻印成本，“查本处现在刊刻《大清一统志》等书，内图板需用枣木，存刊刻所分板片不敷应用，尚需采买。”此时武英殿修书处所刻的乾隆续修《一统志》，“查此项板片曾于乾隆五十五年呈准照依顺天府所报时价，每块银二两合减四成办买在案。现在时价每块银一两九钱，如核减四成，实不能办买。职等复经斟酌，请照五十一年呈准办买梨木板之例，按时价核减二成办买应用。”可知，内府刻书的成本在增加，刻书难度也相应增加。武英殿修书处官员按照从前办事成例希望能有所变通：

---

① 内阁大库档案，登录号：223851。
② 内阁大库档案，登录号：103255。

复查本处从前采买板片、纸张、颜料等项，俱照本处定例。因物价昂贵，彼时不能办买，于乾隆五十一年后节次呈明，咨行顺天府采访时价，复经斟核定价，呈明办买在案。迄今已越十余年之久，顺天府所呈时价或增或减，殊无定制。今派该作库掌等详悉采访，有必须照依时价者，有应仍照旧例者，有应按时价核减者等因呈报前来。职等复行斟酌，分别核定，应照旧例者十一项，仍照旧例，其应按时价者九项，俱按时价采买。至现在按时价核减者六项，嗣后时价遇有增减，请俱照依此核减成数核减办买。如此实与公事有益，而钱粮亦不至于浮冒。谨将各物料分别核定减价成数，缮写清单一并呈明，伏候堂台批准，以便载入《则例》，永远遵照办理可也。为此具呈。

该处官员并在折件最后附上旧时刻书所需物料的价格，这为我们了解嘉庆年间内府刻书的经济支出提供了很好的材料：

照旧价：
长二尺二寸宽九寸五分厚一寸梨木板，每块银一两二钱八分。
长一尺四寸五分宽一尺五分厚一寸梨木板，每块银五钱二分。
长一尺一寸五分宽八寸五分厚一寸梨木板，每块银一钱六分八厘。
长一尺宽八寸厚一寸梨木板，每块银一钱五分二例。
定粉，每斤银一钱。
朱砂，每斤银二两四钱。
古色连四纸，每张银一分五厘。
架榜纸，每刀银九钱五分。
黄软笺纸，每张银四分。
树棕，每斤银一钱四分。
银朱，每斤银九钱。
照时价：
芸香，每两银八分。
台连纸，每篓银一两八钱。
青，每斤银二两六钱。
古色毛边纸，每刀银九钱。
红花水，每斤银三钱八分。

白芨，每斤银一钱五分。

徽墨，每斤银九钱八分。

白面，每斤银一钱五分。

广胶，每斤银一钱五分。

照时价核减：

长一尺一寸五分宽八寸五分厚一寸枣木板，每块银一两九钱。核减二成，准销银一两五钱二分。

长一尺宽八寸厚一寸枣木板，每块银一两八钱五分，准核减二成，销银一两四钱八分。

太史连纸，每刀银一钱五分，核减二成，准销银一钱二分。

石碌，每斤银一两，核减二成，准销银八钱。

大赤金，每百张银一两二钱，核减一成，准销银一两零八分。

川连纸，每刀银一钱二分，核减二成，准销银九分六厘。[1]

根据中国国家图书馆藏档案，道光年间《大清一统志》的装潢情况：每套锦绢绫俱行一尺五寸，布行三尺，里缝绢绫二寸，六十层合背一块。每本绢绫俱行七寸，每八页用纸一张，每付页六篇用连四纸一张，每二篇用竹纸一张，每签十条绢绫俱行七寸，每六十条用纸一张。[2] 另据嘉道年间武英殿修书处的《武英殿造办处写刻刷印工价并颜料纸张定例》记录：《大清一统志》等一百二十六种书籍，“进呈连四纸书，六篇合大纸一张；颁发太史连纸书，二篇合大纸一张；五折榜纸随式样用。”[3] 另《大清一统志》等十种书籍：“每签十条或绢、绫俱行一寸五分，纸签每一百六十条用纸一张。每绢、绫一丈行托纸四张，每刻连四纸一张，裁签纸一张，面页纸一张，俱行托纸一张。如系进呈或陈设书，每二十页平书用白裱纸一张。如系原有页面今改做，每本用副页二篇。原无副页者，每本用副页四篇。每十二页合用连四纸一张，托裱进呈清字大式经每页行面六钱，进

① 以上所引详见陶湘编，窦水勇校点：《书目丛刊》第1册，第229～231页

② 佚名：《武英殿修书处报销档案不分卷》，1册，清道光二十年武英殿修书处抄本，中国国家图书馆藏。

③ 陶湘编，窦水勇校点：《书目丛刊》第1册，第214～215页。按：据刘蔷考证，《武英殿造办处写刻刷印工价并颜料纸张定例》是由武英殿修书处依据道光二十年武英殿修书处抄本《武英殿修书处报销档案不分卷》编写而成，详见《清华园读旧书》，第156页注释13，长沙：岳麓书社，2010年。

呈清字小式至每页行面二钱。”①

《武英殿颁发通行书籍目录》记载了刻成《大清一统志》一部的总费用：一部竹纸书《大清一统志》，共二十四套，一百八十本，共价值银十两二钱三厘八毫七忽。②

从三部《大清一统志》的纂修、刊刻等情况看，欲计算出三部《一统志》的全部经费开支，需要掌握一统志馆、方略馆、四库全书馆、国史馆和武英殿修书处等5个机构以及内务府、吏部和户部的相关档案，根据清代档案保存情况和目前相关收藏机构的整理计划，统计《大清一统志》经费开支的这一设想还需要等待时机。

第二节　《大清一统志》的版本流布与域外传播

目前为止，相关论著并无全面搜集整理《大清一统志》文献本身在世界范围内的分布情况。本节拟根据截至2015年9月各个收藏机构已经出版或公布的藏品目录等，按图索骥，整理各地收藏《大清一统志》的情况。虽力求全面，但诸如故宫博物院、中国第一历史档案馆以及欧美地区收藏机构的典藏文献仍处于整理过程中或尚待发掘，今后或许会有更多数量的《大清一统志》被人们知晓。另外，根据相关档案文献探究三部《大清一统志》殿本、稿抄本的域外流传问题。

一　近代《大清一统志》的收藏

此处主要梳理《大清一统志》在纂修过程中形成的各种全本、残本、稿抄本等在1949年之前收藏情况。

（一）殿本与写本的收藏

初修《一统志》修成之后刻有御览本、颁赏本，刊刻数量较少，因

① 陶湘编，窦水勇校点：《书目丛刊》第1册，第220页。

② 转引自翁连溪编：《清内府刻书档案史料汇编》下册，第747页，扬州：广陵书社，2007年。该目录不分卷，共1册，清刘氏味经书屋刘雯抄本，原件藏中国国家图书馆。

而仅有少数机构藏有此部《一统志》。乾隆续修《一统志》除了由方略馆抄写七部收入《四库全书》外，乾隆五十五年、嘉庆五年、嘉庆十六年分别三次刻印。目前，各处所藏续修志大多自称是乾隆五十五年武英殿本，而嘉庆重刻本尚未见藏。《大清一统志》成书、刻印之后，需要将殿本交予内阁大库存放。台北“故宫博物院”图书文献馆所藏《大库库书档》[①] 比较完整地记录了《大清一统志》在清代的保存情况。《大库库书档》分别记载南库、北库、中库、外库、大堂等处藏书情况，除《一统志》外，还收录儒林著书、历代史书、列朝史书、列朝满实录、圣训、各省方志等，这里主要分析《大清一统志》的收藏。

据《大库库书档一》[②] 记录：内阁大库南库柜架的第三十一架存放《大清一统志》刻本、恭阅本、副本，第三十二架存放《大清一统志》恭阅本、副本。中库柜架第四柜存放《大清一统志》正本。[③]《大库库书书档一》为藏书简目，仅记录了每库每架藏书的类别。《大库库书档四》则详细记录每架各层所存放《大清一统志》的详细情况：

南库第三十一架：

上层：

初修《大清一统志》，初纂刻本，五部；

甲部实存一百九十八卷，计五十八本，共八包；

乙部，存九十一卷，计十八本二包；

丙部，存二百二十八卷，计七十二本，共十二包；

丁部存一百二十八卷，计四十二本，共六包；

戊部，存三十三卷，计十七本，二包。

按，每包记有详细卷数，如戊部，上包九本：卷九至卷十一、卷十六至卷二十二、卷一百二十三至卷一百三十五；下包八本：卷一百三十八至卷一百五十六、卷三百二十八。

中层：乾隆续修《大清一统志》缮本一部：

存三百三十六卷，计六十二本，共十八包。按，详细记录每包数量、内容：

① 该档收录了清咸丰年间典籍，或许为光绪年间或民国时对内阁大库书籍的清点册。

② 台北“故宫博物院”图书文献馆藏清代档册，文献编号：811000001。

③ 分别见《大库库书档一》卷二、卷七。《大库库书档二》（文献编号：811000002）同样记录南库的三十一架、三十二架存放有《大清一统志》。

第一包六本：目录、直隶省：卷八至卷三十四

……

第十七包一本：外藩蒙古：卷四百十二至卷四百十六

第十八包一本：朝贡诸国：卷四百二十一至卷四百二十四。

下层：乾隆续修《大清一统志》刻本一部：

存二百二十八卷计一百七十三本，共十八包：

第一包八本：卷一至卷三、卷十七至卷二十五

……

第十七包八本：卷三百六十五至卷三百六十八、卷三百七十至卷三百八十九

第十八包三本：卷三百九十一至卷三百九十三、卷三百九十六至卷四百三。

《大库库书档四》还对内阁大库架上各层所藏三部《一统志》存缺的情况，分门别类，详细载录。

第三十二架：《大清一统志》

上层：恭阅本、中层副本。

道光续修恭阅本、副本各一部，本卷相符，并与中库第四柜内正本之本卷相符，各五百六十卷，二十二包，五百四十五本，恭阅本计存四百六十二本，副本计存五百四十一本，每省各一包，另有详细档。恭阅本欠八十三本，副本欠四本。共计一千零三本。

下层：《大清一统志》旧稿本，共存十三包，计三百零八本。由第十四包至十八包，计七十五本。外有草订正本二本，一统志刻本十五本。

《大库库书档五》[①] 记载中库各层收藏《大清一统志》情况，其中中库上层存“道光续修《大清一统志》，正本一部：此书系在中库。副本一部，在后。公阅本一部，在前。”接着详列首函、京师、直隶、盛京、江苏、安徽、山西、山东、河南、陕西、甘肃、浙江、江西、湖北、湖南、四川、福建、广东、广西、云南、贵州、新疆、外藩蒙古和朝贡各国等部分的具体卷数及每卷所记地区名称。如江苏统部：

江苏第一函，卷七十二至卷八十一，计十本：

① 台北“故宫博物院”图书文献馆藏清代档册，文献编号：811000005。

江苏统部一本、江宁府四本、苏州府五本。

江苏第二函，卷八十二至卷八十九，计八本：

松江府四本、常州府四本。

江苏第三函，卷九十至卷九十九，计十本：

镇江府三本、淮安府三本、扬州府四本。

江苏第四函，卷一百至卷一百七，计八本：

徐州府三本（公阅本欠）、太仓直隶州二本、海州直隶州一本、通州直隶州一本、海门直隶厅一本。

江苏省共四函，计三十六本。

又如朝贡各国：

朝贡各国第一函，卷五百五十至卷五百五十四，计五本：朝鲜一本、琉球荷兰一本、西洋暹罗一本、越南一本、俄罗斯一本（以上公阅本均欠）。

第二函，卷五百五十五至卷五百六十，计六本：南掌苏禄日本吕宋一本、缅甸英吉利整欠葫芦国马辰一本、港口广南柔佛彭亨丁机双瑞国连国嘛六甲宋腒朥一本、合猫里美洛居汶莱榜葛剌拂菻古里一本、柯枝锡兰山西洋锁里哑齐南渤利占城柬埔寨一本、噶喇巴淳泥麻叶甕旧港法兰西一本（以上公阅本均欠）。

朝贡各国共二函，计十一本。

中库下层还存有重修《大清一统志》正本：

正本五百六十卷，共九十九函，计五百四十五本（此书系在中库）。副本五百六十卷，共二十二包，计五百四十五本。内欠凡例目录二本、安徽统部一本、江西南昌府第三本，共欠四本。实存五百四十一本。

恭阅本五百六十卷，共二十二包，计五百四十五本，内欠凡例目录二本、京师四本、直隶正定府三本、盛京一本、兴京一本、奉天府第四五本、吉林第一二三本、江苏徐州府三本、河南河南府第五本、河南汝州府二本、浙江宁波府第三本、浙江绍兴府三本、浙江严州府二本、浙江玉环厅一本、江西南昌府第一本、湖北统部一本、湖北武昌府第二三本、湖北黄州府第二本、湖南晃州厅一本、四川成都府第三本、四川绥定府第二本、云南全省一包十四本、贵州松桃等厅一本、塔尔巴哈台一本、乌鲁木齐古城一本、巴里坤哈密一本、吐鲁番一本、新疆第十五本内欠那木干塔什罕两处、新疆第十八本内欠科布多一处、外藩蒙古一包十五本、朝贡各国一包十一本，共欠八十三本，实存四百六十二本。

按，笔者在台北“故宫博物院”图书文献馆还借阅了宣统元年编《大清一统志》清册一本①，笔者将全书内容抄录后，再将其与前文所引用的《大库库书档》比较，两种文献内容基本相同，并推知《大库库书档》或许是在宣统朝之前编成。另据《国史馆书籍目录》记载国史馆亦存有三部《大清一统志》的多种残本：《大清一统志》初纂刻本30包，共208本；《大清一统志》乾隆缮本17包，共62本；《大清一统志》道光朝恭阅本19包，共462本；《大清一统志》道光朝副本22包，共525本；《大清一统志》道光朝稿本，18包，共359本；《大清一统志》旧刻本，15本；《大清一统志》旧正本，2本；盛京一统志稿本，共15册。②

（二）稿抄本与残本的收藏与散失

对于清宫藏书而言，第二次鸦片战争及八国联军侵华战争对清宫典籍的劫掠、破坏的损失是难以用准确数字去估量的，再加上清宫的不测之火和藏书库房管理废弛等因素，清廷所藏《大清一统志》就如其他散失的典藏一样散佚或流出宫廷，分散各地。到了光绪年间，清宫所藏《大清一统志》的稿本已经残缺不全，缺乏妥善的保管。国家图书馆所藏的两份藏书档案可以为我们提供一些线索，它们分别是光绪十年五月和光绪二十九年两次检查宫廷藏书时所记《大清一统志》的收藏情况：

① 台北“故宫博物院”图书文献馆藏清代档册，文献编号：821000001，该件档册尺寸：27.3×22.4厘米，统一编号：故锁000138。

② 《国史馆书籍目录》，详见台北“故宫博物院”图书文献馆藏清代档册，文献编号：818000001、818000002。

表 4－2 光绪十年五月点查情况①

序号	形态	备注
1	三百九十本	未装订
2	一百六十五本	未装订，此条原簿六十本，现系一百六十五本
3	十二本，二套	—
4	二本	此条原簿无
5	一百二十九本	大库存书籍

表 4－3 光绪二十九年点查情况②

序号	形态	备注
1	二函	—
2	十二本	—
3	三百八十一本	—
4	一百六十四本	—
5	一百二十九本	—

通过表 4－2、表 4－3 可知，十九年间，同样的五种《大清一统志》又缺失了 10 本。另据一份光绪十六年三月的《收各项书籍图册档》记载，当时清宫还藏有一套《大清一统志》共计 542 本：盛京 15 本、江苏 30 本、安徽 20 本、江西 27 本、浙江 25 本、福建 20 本、湖北 19 本、湖南 30 本、河南 41 本、山东 25 本、山西 29 本、陕西 25 本、四川 41 本、广东 19 本、广西 15 本、云南 17 本、贵州 16 本、甘肃 29 本、新疆 13 本、外藩蒙古 10 本、朝鲜 8 本。③ 根据其册数、内容判断，此套当为重修《一统志》的写本或稿本。

1925 年至 1930 年期间，故宫又一次对其藏品进行了清点，其中《大清一统志》的收藏情况如下④。

---

① 《方略馆书籍簿不分卷》，清光绪十年抄本，1 册，中国国家图书馆藏。
② 《满汉书籍簿不分卷》，清光绪二十九年至宣统元年抄本，1 册，中国国家图书馆藏。
③ 方甦生等编：《清内阁库贮旧档辑刊》第 4 册，第 128 页。
④ 详见民国清室善后委员会编：《故宫物品点查报告》，北京：线装书局，2004 年。

表 4-4　　故宫各处所藏《一统志》

序号	形态	储藏地
1	二四函，每函十本	昭仁殿
2	七本，不全	上书房
3	二十函，一百二十册	位育斋
4	十匣，二十函，各函多有损伤	位育斋
5	四函，二十一本	位育斋
6	十二函，每函六本，上格放	御书房
7	八函，二格放	御书房
8	二四函，一百〇八册	御书房
9	一木匣，共六纸包	养心殿

故宫博物院图书馆于 1934 年编印的《故宫普通书目》记录：当时故宫藏有《大清一统志》，356 卷（清乾隆八年奉敕撰，重刊本，120 册），共三部。另有 500 卷本，清乾隆二十九年奉敕撰，竹简斋石印本，60 册。①

民国学者史锡永编《京师图书馆善本书目》收录了一些清代修书各馆的进呈本、缴阁正副本、稿本等，其中即有《大清一统志》的记载：

表 4-5　　民国京师图书馆藏《大清一统志》②

序号	形态	册数	版本特征	时期
1	一部，未分卷	存 262 册	宣纸，印格，工楷写本	乾隆时修
2	一部	存 44 册	宣纸，工楷本	康熙雍正纂本配合
3	一部	存 31 册	宣纸，工楷本	康熙雍正纂本配合
4	一部	存 142 册	毛边纸，红格，楷写本	似乾隆稿本
5	一部	存 137 册	毛边纸，红格，楷写本	誊真稿本
6	一部	存 201 册	毛边纸，红印，行楷写本	似康熙间修本
7	一部	存 128 册	无格写本	似乾隆初稿本
8	一部，500 卷	存 282 册	红行，毛边写本	毛装副本
9	一部	存 276 册	红行，毛边写本	照前部誊真者

① 煮雨山房辑：《故宫藏书目录汇编》中册，第 1196 页。
② 方甦生等编：《清内阁库贮旧档辑刊》第 1 册，第 27 页。

《校勘本书籍表章目录》根据《内阁大库书籍表章目录》(《清内阁库贮旧档辑刊》中简称库本)、罗振玉《玉简斋丛书》本《内阁大库档册》(简称玉本)和《光绪本东大库存贮各项书籍清档》(简称绪本)总结整理了20世纪30年代故宫《大清一统志》的收藏情况:书字库为字架的上层藏有《大清一统志》1601本,这些肯定是多套志书的总数,可惜《校勘本书籍表章目录》并未对每本志书加以细致区分、归类。

《大清一统志》(库本、玉本均脱,库本记载与此不同,详前):直隶共24本、湖北16本、湖南12本、浙江15本、江西18本、云南8本、广东15本、四川19本、江南30本、广西12本、贵州8本、福建12本、山东16本、山西朱批钞本共12本、河南共24本补刻本1本、陕西18本、甘肃12本、盛京西北路共20本不全、统共计291本。外白画刻本86本、黄面刻本45本、草本共807本,共计16捆。[①]

同时代的《内阁大库档旧目》[②] 也录有《大清一统志》稿抄本的收藏情况:

> 藏字号,东库楼上第二间:
>
> 广东一统志,一套;广西一统志,一套;江南一统志,一套;浙江一统志,二套;湖北一统志,二套;湖南一统志,二套;贵州一统志,一套;甘肃一统志,二套;福建一统志,二套;四川一统志,二套;江西一统志,二套;山东一统志,三套;山西一统志,三套;河南一统志,三套;陕西一统志,六套;直隶一统志,六套;一统志总图目录,一套;外藩蒙古一统志,二套;朝贡诸国一统志,一套。以上三十九套俱黄套。
>
> 各省一统志,五十五本;河南一统志,五套;福建一统志,四套;广西一统志,三套;浙江一统志,六套。以上十八套零五十五本俱锦套,藏字上层通共五十七套五十五本。
>
> 藏字号中层:
>
> 各省一统志,三十三本;贵州一统志,一套;湖北一统志,二套;江西一统志,六套;广东一统志,四套;陕西一统志,八套;四

---

① 引文详见方甦生等编:《清内阁库贮旧档辑刊》第3册,第21~23页。

② 该目录是民国时期历史语言研究所在整理明清内阁大库档案时发现整理而成,这些目录原为清代内阁典籍厅收贮或清查内阁大库的清单或档册,详见《内阁大库档旧目》叙录之方甦生序言,台北:“中央研究院”历史语言研究所员工福利委员会,1972年。

川一统志，四套；直隶一统志，十一套；湖南一统志，一套；山西一统志，八套；湖广一统志，五套；河南一统志，二套；山东一统志，八套；福建一统志，一套；浙江一统志，一套；江南一统志，四套；平定诸路一统志，一套；兴京一统志，一套，乾隆三十年正月二十八日查去一套，计四本，供事沈昂成领去；奉天一统志，一套，乾隆三十年正月二十八日查去一套，计四本，供事沈昂成领去；各关外一统志，二套。以上共七十套零四十三本，俱锦套。

藏字号下层：

直隶一统志，一套；福建一统志，一套；云南一统志，一套；广西一统志，一套；广东一统志，一套；湖广一统志，二套；陕西一统志，二套；江西一统志，一套；四川一统志，一套；江南一统志，一套；山西一统志，一套。以上共十四套三十二本，俱蓝布套。……大清一统志，六十七本。①

又据《内阁书档旧目补》记载：

大清一统志，二十四本；大清一统志，一部三十四套，内缺山西；又一部，抄本十五套，内缺直隶二本、山东、浙江、江南全缺；又三十八本抄本，又八十八本刻本。②

通过前文对清宫内《大清一统志》收藏情况的初步梳理可见：清宫《大清一统志》收藏与散失情况正是晚清清廷官修典籍事业兴衰的一个见证，《大清一统志》最终也随着清王朝的灭亡而流散多处、残缺不全。现今故宫博物院所藏《大清一统志》的册数和原来清廷编修三部《一统志》时留下刻本、稿本、抄本的数量相比少了很多。

二　国内《大清一统志》的现存情况

笔者整理目前国内各收藏机构所藏《大清一统志》，为今后进一步研究者提供线索。通过表4－6亦可知晓《一统志》殿本流传情况之梗概。

① 《内阁书档旧目》第67～68页。

② 《内阁书档旧目补》，第30～31页。

表 4 – 6　《大清一统志》殿本收藏情况

编号	卷数	册数	版本	馆藏地	备注
1	356	120	—	故宫博物院图书馆	书 00035726①
2	356	120	—	故宫博物院图书馆	书 00033085
3	356	120	—	故宫博物院图书馆	书 00000268
4	356	134	—	故宫博物院图书馆	书 00000269
5	356	—	—	故宫博物院图书馆	书 00021350
6	356	108	乾隆八年武英殿刻本	北京大学图书馆②	
7	356	—	乾隆九年内府刻本	中国国家图书馆③	
8	356	120	乾隆九年内府刻本	天津图书馆④	
9	356	108	乾隆九年武英殿刊本	台北“故宫博物院”图书文献馆⑤	
10	424	160	乾隆五十五年内府刻本	天津图书馆⑥	
11	424	120	乾隆五十五年内府刻本	故宫博物院图书馆⑦	

清宫藏书经历了晚清列强掳掠、清帝逊位、北洋政府的权力更迭以及日本侵华战争、南京国民政府时期故宫藏品南迁等多次动荡，火烧虫蚀，

① 详见《故宫博物院藏品总目·古籍文献》，http：//www. dpm. org. cn/zm/gjwx. html 搜索于 2013 年 8 月 22 日。按，该馆藏有一部乾隆九年武英殿刻本 120 册的初修《一统志》，但《藏品总目》中并无版本信息，暂缺。另外，表中刊刻时间依旧按照各藏书目录或网站所记，不作改动。

② 北京大学图书馆编：《北京大学图书馆藏古籍善本书目》，第 114 页。

③ 中国古籍总目编纂委员会编：《中国古籍总目·史部》第 7 册，第 3722 页：辽宁省图书馆、山东省图书馆亦藏该版。国家图书馆所藏该书共 108 册，24 函。另藏有残本三部：107 册，18 函，缺 3 卷；87 册，15 函，存 285 卷；60 册，存 213 卷，详见北京图书馆普通古籍组编：《北京图书馆普通古籍总目》第四卷·地志门，第 43 页，北京图书馆出版社，2003 年。黑龙江省图书馆也藏有该版《一统志》，见辽宁省图书馆、吉林省图书馆、黑龙江省图书馆编：《东北地区古籍线装书联合目录》，第 829 页，沈阳：辽海出版社，2003 年。北京市文物局、内蒙古大学图书馆、华南师范大学图书馆同样藏有该版志书，见中国古籍善本书目编辑委员会编：《中国古籍善本书目·史部》上，第 736 页，上海：上海古籍出版社，1993 年。

④ 天津图书馆编：《天津图书馆古籍善本书目》上册，第 131 页，北京：国家图书馆出版社，2008 年。

⑤ “国立故宫博物院”编：《“国立故宫博物院”善本旧籍总目》上册，第 402 页，“国立故宫博物院”编印，1983 年。台北历史语言研究所傅斯年图书馆藏有乾隆九年武英殿刻《大清一统志》356 卷，共 132 册，

⑥ 天津图书馆编：《天津图书馆古籍善本书目》上册，第 131 页。

⑦ 详见故宫博物院网站：http：//www. dpm. org. cn/shtml/117/@/8017. html，搜索于 2013 年 7 月 28 日。奇怪的是，《故宫博物院藏品总目·古籍文献》记录该书有 240 册，编号：书 00000270。

管理更趋废弛，原来内府所藏《大清一统志》的大多数稿抄本目前已经不知所踪。据《故宫博物院藏品总目》“古籍文献”类记载，故宫博物院收藏的《大清一统志》抄本收藏数量，和前文所列清代清宫藏书目录相比，散佚甚多，详见表4-7所示①。

表4-7　《大清一统志》抄本、残本现存情况

编号	卷数	册数	版本	馆藏地	备注
1	356	10	—	故宫博物院图书馆	残本，书00021351
2	356	22	—	故宫博物院图书馆	残本，书00020562
3	356	20	—	故宫博物院图书馆	残本，书00020563
4	356	11	—	故宫博物院图书馆	残本，书00020564
5	424	62	—	故宫博物院图书馆	残本，书00006130
6	560	545	—	故宫博物院图书馆	书00006219
7	—	539	—	故宫博物院图书馆	残本，书00006127
8	—	464	—	故宫博物院图书馆	残本，书00006128
9	—	21	—	故宫博物院图书馆	残本，书00006131
10	—	—	—	故宫博物院图书馆	残本，书00006132
11	—	2	—	故宫博物院图书馆	残本，书00006133
12	—	—	—	故宫博物院图书馆	残本，书00006134
13	—	10	—	故宫博物院图书馆	残本，书00006135
14	—	—	—	故宫博物院图书馆	残本，书00007081
15	—	—	—	故宫博物院图书馆	残本，书00007083
16	—	—	—	故宫博物院图书馆	残本，书00041746
17	—	5	清抄本	中国国家图书馆②	
18	—	—	清内府抄本	中国国家图书馆③	

① 《故宫博物院藏品总目·古籍文献》：http：//www. dpm. org. cn/zm/gjwx. html，搜索于2013年6月11日。

② 毛装，书名代拟，存直隶、山西、蒙古、陕西、四川，记事至清道光间，封面题一统志馆中稿本，有常熟翁同龢藏本印章，详见北京图书馆普通古籍组编：《北京图书馆普通古籍总目·地志门》，第44页。

③ 存京师、直隶统部、顺天府、常德府、衡州府、永州府、辰州府、朝鲜、佛郎机等卷，见中国古籍善本书目编辑委员会编：《中国古籍善本书目·史部》上，第735~736页。

续表 4－7

编号	卷数	册数	版本	馆藏地	备注
19	—	13	康熙内府抄本	天津图书馆①	现存年代最早的抄本
20	—	2	抄本	北京大学图书馆②	
21	12	4	清紫格抄本	台北“国家图书馆”③	

作为接管清廷藏书的主要机构之一，故宫博物院图书馆是目前藏有《大清一统志》稿抄本数量最多的机构。前文已述，康熙年间，《一统志》在纂修过程中形成了“徐本”“韩本”等多个稿本。中国国家图书馆藏有两种初修《大清一统志》稿抄本：一是康熙间内府抄本，不分卷，存盛京、海城县、盖平县、金州地区的内容。该抄本是否早于前述天津图书馆藏本有待研究。二是清乾隆间内府抄本，不分卷，存京师、直隶、江南、安徽、山东、河南、陕西、甘肃、宁夏、浙江、江西、湖北、湖南、四川、福建、广东、广西、云南、贵州等 19 个地区的内容。④ 国家图书馆藏康熙年间满文抄本《喀木地方一统志》不分卷，正文半页 5—7 行，小字 10—11 行，无版框。⑤ 那么，《大清一统志》是否刻有满文本呢？乌兰其木格认为：乾隆四十九年，《一统志》纂修完竣，424 卷，乾隆五十五年殿版刊行。本次重修本是满汉两种文本，收录于《四库全书》的《大清一统志》即本次而成的汉文本。作者指出：到目前为止，其满文本在国内还未发现，而其残卷藏在前苏联。⑥ “经康熙、雍正两朝的纂修而最终成书于乾隆朝并经两次重修的《大清一统志》，是中国历史上第一部以边疆民族文字编纂编译而成的地理总志”，作者认为前两部《一统志》有满文本，第三部可能存在满文本。⑦ 根据已经

① 存河南开封府属五册、彰德府属二册、湖北荆州府属三册、襄阳府属二册、郧阳府属一册，详见天津图书馆编：《天津图书馆古籍善本书目》上册，第 130 页。

② 存潮州府、惠州府，见北京大学图书馆编：《北京大学图书馆藏古籍善本书目》，第 114 页。

③ “国家图书馆”编：《“国家图书馆”善本书志初稿·史部二》，第 49～50 页，台北：“国家图书馆”印，1997 年。

④ 北京图书馆普通古籍组编：《北京图书馆普通古籍总目·地志门》，第 44 页。

⑤ 黄润华主编：《国家图书馆藏满文文献图录》，第 228 页，北京：国家图书馆出版社，2010 年。

⑥ 乌兰其木格：《清代官修民族文字文献编纂研究》，第 102～103 页，沈阳：辽宁民族出版社，2010 年。

⑦ 详见乌兰其木格：《清代官修民族文字文献编纂研究》，第 68～69、103、253 页。

公布、出版的相关满文图籍目录和海内外各藏书机构所藏《一统志》的全本、稿抄本情况来看，笔者认为三部《大清一统志》在纂修成书之后并未刊刻满文本。国家图书馆藏满文抄本《喀木地方一统志》应该是康熙年间纂修《一统志》的附属产品：可能属于西藏地区移送纂修《一统志》的档册资料或是进呈皇帝御览的稿本，毕竟在康熙年间满语的使用范围比较广泛。目前，天津地区所藏《大清一统志》大多来源于任凤苞的收藏。任凤苞曾因得到三种原抄残本《大清一统志》《皇舆全览》和《方舆路程考略》，将书斋名为“三残书屋”，天津图书馆藏乾隆内府抄四库全书本《大清一统志》残册上即有三残书屋朱文方印①。上海图书馆、南京图书馆、辽宁图书馆等机构亦藏有《大清一统志》的稿抄本。②

稿本收藏方面，前文已述前两部《大清一统志》的殿本和第三部的进呈写本现皆藏于故宫博物院。据向斯研究：故宫藏有《大清一统志》的原始底本、乾隆四十九年内府朱格稿本、道光二十二年内府朱格稿本，版心上方为朱墨书名，③ 详见表4－8。中国第一历史档案馆现藏有一批由故宫博物院移交而来的《一统志》稿本，数量可观，详见表4－9。目前这些稿本尚未对研究者开放阅览。

表4－8　《大清一统志》底稿本现存情况

序号	名称	册数	馆藏地	备注
1	陕西底本	20	故宫博物院图书馆	书00021126
2	湖南底本	14	故宫博物院图书馆	书00021127
3	河间府底本	3	故宫博物院图书馆	书00021128
4	广西底本	—	故宫博物院图书馆	书00021129
5	四川等底本	—	故宫博物院图书馆	书00021130
6	福建、云南等底本	12	故宫博物院图书馆	书00021131
7	底本	28	故宫博物院图书馆	书00021132

① 天津图书馆编：《天津图书馆古籍善本书目》上册，第130～131页。

② 详见中国古籍总目编纂委员会编：《中国古籍总目·史部》第7册，第3722～3724页。辽宁省图书馆、吉林省图书馆、黑龙江省图书馆编：《东北地区古籍线装书联合目录》，第829～830页。

③ 向斯：《书香故宫：中国宫廷善本》，第22、44、135、329页，台北：实学社，2004年。

续表 4-8

序号	名称	册数	馆藏地	备注
8	乾隆底稿本	1	北京大学图书馆	
9	李佐贤等纂稿本	240	北京大学图书馆①	
10	乾隆内府抄稿本	140	清华大学图书馆②	

表 4-9　　中国第一历史档案馆藏《大清一统志》稿本情况③

地区	卷码	册数	品状	地区	卷码	册数	品状
兴京	36	1		广信府	242	1	
奉天府	38，39，40，41，42	5	38，41 两卷后残	南康府	243	1	缺府表
锦州府	44	1		吉安府	249	1	尾残
吉林	47	1		叙州府	302	1	
江宁府	50，53	2	卷 50 后半部残	眉州府	309	1	府表残
苏州府	54，55	2		资州	312	1	
松江府	59	1		茂州	314	1	
淮安府	64，65		残破	酉阳州	317	1	
太平府	84	1		叙永厅	318	1	
庐州府	86	1		松潘厅	319	1	
凤阳府	87	1	下部发霉	石柱厅	320	1	
颍州府	89	1	府表有缺	杂谷厅	321	1	
泗州	94	1		泉州府	328	1	缺府表
平阳府	99	1	前后均残	广东统部	338	1	
泽州	107	1		广州府	339	1	上部微烂
大同	110	1	前残	肇庆府	345，346	2	府表有缺，卷 346 缺第 1 页

① 该馆藏乾隆间底稿本存延安府、凤翔府、汉中府，李佐贤等纂稿本存 230 卷、卷首 1 卷、目录 2 卷。见北京大学图书馆编：《北京大学图书馆藏古籍善本书目》，第 114 页。

② 该稿本共十一函，十行二十字，小字双行同，朱丝栏，白口，左右双边，内夹大量浮签。存京师、直隶、盛京、江南、安徽、山西、山东、河南、陕西、甘肃等地内容，见清华大学图书馆编：《清华大学图书馆藏善本书目》，第 103 页，清华大学出版社，2003 年。

③ 该表资料由华林甫老师惠助。

续表 4－9

地区	卷码	册数	品状	地区	卷码	册数	品状
宁武	108	1		高州府	347	1	
解州	117	1		琼州府	350	1	表缺，后半部微烂，被蛀
辽州	121	1		雷州府	349	1	无府表
保德州	122	1		广西统部	354	1	统部表有缺
山东统部	125	1		桂林府	356	1	前残、后残
开封府	149	1		柳州府	357	1	
南阳府	166	1		梧州府	362	1	
平凉府	202	1	后残	庆远府	358	1	
甘州府	205	1	府表有残	临安府	371	1	后残
凉州府	206	1		澂江府	372	1	
西宁府	207	1	后残	丽江府	383	1	府表有缺
阶州	211	1		开化府	374	1	
肃州	212	1		东川府	375	1	
浙江统部	215	1	后残	普洱府	377	1	
杭州府	216	1		平越府	393	1	
台州府	229	1	首残，缺府表、分野、建置沿革	都匀府	394	1	
严州府	234	1		镇远府	395	1	府表全缺
温州府	235	1	前后均残	遵义府	403	1	后残

说明：1. 方略馆卷号 14 第 1、2、3 包；2. 方略馆包号 18；3. 国史馆编纂类第 2 号：淮安府、松桃厅、普安厅。

三 《大清一统志》的域外传播

海外汉籍研究已经成为一个热门领域，因为海外地区也藏有丰富的汉籍资料，这其中便包括三部《大清一统志》。日本与朝鲜半岛地区在清代和中国有着密切的文化交往。韩国收藏《大清一统志》数量不少，奎章阁、首尔大学校图书馆、韩国国立中央图书馆、梨花女子大学校等机构藏有光绪元年上海宝善斋石印本、光绪二十八年石印本等多种版本的《大清一统志》。[①] 日本包括大学图书馆在内的多个藏书机构所藏《大清一统志》更是十分可观，详见表4－10。在客观上，它们都有助于日本、朝鲜半岛对于清朝的认识，并促进了中日、中朝的文化交流。

表4－10　　　　日本地区所藏《大清一统志》[②]

序号	卷数	版本	馆藏地
1	424	光绪二十三年杭州竹简斋石印本	东京大学东洋文化研究所[③]
2	500	光绪二十三年杭州竹简斋石印本	东京大学东洋文化研究所[④]
3	500	光绪二十八年上海宝善斋石印本	东京大学东洋文化研究所[⑤]
4	500	光绪二十七年上海宝善斋石印本	京都大学人文科学研究所[⑥]
5	500	光绪二十八年印本	京都大学人文科学研究所
6	560	景（印）清史馆藏进呈抄本	东京大学东洋文化研究所[⑦]

① 详见［韩］全寅初主编：《韩国所藏中国汉籍总目》二史部，首尔：学古房，2005年。另参考张伯伟编：《朝鲜时代书目丛刊》，北京：中华书局，2004年。

② 表4－10主要依据日本所藏中文古籍数据库编成：http：//kanji. zinbun. kyoto－u. ac. jp/kanseki? detail，搜索于2013年7月20日。同时参考了巴兆祥：《中国地方志流播日本研究》（第292、293页，上海：上海人民出版社，2008年）统计日本一些藏书机构收藏《大清一统志》的简况。另参考贾贵荣辑：《日本藏汉籍善本书志书目集成》，北京：北京图书馆出版社，2003年。严绍璗编著：《日藏汉籍善本书录》，北京：中华书局，2007年。该著作并未统计清代地理总志在日本的收藏情况。日本所藏中文古籍数据库由京都大学人文科学研究所“汉字情报研究中心”（现称“东亚人文情报学研究中心”）建立，东京大学东洋文化研究所的“东洋学情报研究中心”亦参与其中，涵括了全日本的大学图书馆，国立图书馆和地方公立图书馆亦收录，另有部分财团法人私立图书馆。超过74万条，目前，仍在建设中。详见《汉学研究通讯》总113期，2010年2月。注：该数据库是了解日本汉籍最新、最全面的收藏情况的最主要媒介之一。部分馆藏地名称无法确定，暂拟用数据库中简称代替。

③ 东京大学东洋文化研究所所藏汉籍目录：http：//www3. ioc. u－tokyo. ac. jp/kandb. html，搜索于2013年7月27日。

④ 据日本所藏中文古籍数据库记载：日本东北大学、东京大学综合图书馆、一桥大学、长崎大学、日本经济大学、二松学舍大学、九州大学等图书馆亦藏有该版。

⑤ 另有日本宫内厅书陵部、国会图书馆、东京、爱知大学、爱媛大学、九州大学、六本松、冈山大学资生研、立命馆大学、东京大学东洋文化研究所、京大京文研本馆等图书馆。静嘉堂文库亦藏有光绪年间刊本《大清一统志》500卷。

⑥ 日本神户大学、东洋文库、京都大学人文科学研究所东方部等藏书机构亦藏有该版。

⑦ 即收入《四部丛刊续编·史部》一种。另日本国会图书馆、东京、东京大学综合图书馆、京都大学人文科学研究所、九州大学、京产大、东洋文库、国立新潟大学、东北大学、京大文、一桥大学、高知大学、神田外国语大学、大阪府立、中之岛、神户市立中央、冈山县图、立命馆大学、神户大学、东大东文研、京都大学人文科学研究所东方部等机构亦藏有该版。

续表 4－10

序号	卷数	版本	馆藏地
7	356	道光二十九年薛子瑜活字印本	大阪府立、神户
8	356	乾隆九年御制序刊本	京大文

日本国立公文图书馆内阁文库藏有《大清一统志》356 卷乾隆九年刊本 108 册、109 册两种。[①] 东京大学综合图书馆藏有乾隆九年武英殿刊 356 卷本一种。[②] 京都大学人文科学研究所也藏有乾隆九年武英殿刊 356 卷本一种。[③] 日本国立公文图书馆内阁文库藏清刊本《大清一统志》10 册，京都大学人文科学研究所藏有《大清一统志》95 卷抄本的残册。

江户时代（1603—1868），日本幕府及各藩为了了解清朝情况，对于中国方志兴趣浓厚，长期在中国一些地区搜购、贩买省、府、州、县等各级方志运回日本。[④] 但其中《大清一统志》数量极少，仅在 1835—1853 年间总共购得 5 部：《大清一统志》乾隆五年（1740）初次修成之后，直至 1835 年，中川忠英才获得一部 1744 年版《一统志》。1849 年，田安家购得一部 1744 年版《大清一统志》，另有一部初修《一统志》也于该年传入日本。1851 年，1744 年版《一统志》一部传入日本。1853 年，阿部伊势守正弘购得 1744 年版《大清一统志》一部。[⑤]

---

① http：//www. digital. archives. go. jp/DAS/meta/MetaOutServlet？GRP _ ID = &DB _ ID = G9100001EXTERNAL&IS _ style = default&IS _ TYPE = meta&XSLT _ NAME = MetaSearchSimpleFrame. xsl&ID = &act = meta&DEF_ XSL = default#F2008112110370021712 - sdefault - 1581 - leftupd_ F2008112110370021712 - 3 - 20 - a - n1581 - i，日本国立公文图书馆内阁文库，搜索于 2013 年 7 月 28 日。

② 东京大学综合图书馆编：《东京大学综合图书馆汉籍目录》，第 159 页，东京：东京堂，1995 年。该版本的卷二十六至卷三十八有抄补。

③ 京都大学人文科学研究所编：《京都大学人文科学研究所汉籍目录》上册，京都：同朋舍，1981 年，第 136 ~ 137 页。据巴兆祥研究：1835 年（天保六年）《大清一统志》（1744）被日本临时船带回日本，由中川忠英收藏。1849 年，有两部《大清一统志》（1744）传入日本，其中一本被田安家收藏。1851 年，《大清一统志》（1744）一部传入日本。1853 年，两部《大清一统志》（1744）传入日本，其中一部被阿部伊势守正弘收藏，另一部去向不明。见《中国地方志流播日本研究》，第 659 ~ 660 页。

④ 详见巴兆祥：《中国地方志流播日本研究》上编第一章，第 1 ~ 41 页。

⑤ 详见巴兆祥：《中国地方志流播日本研究》，第 659 ~ 660 页附录 1《江户时代日本输入方志年表》。

然而在江户时期输入日本方志大概有1026—1245部[①]，中国前后流失到日本清代方志共有3106部[②]，《大清一统志》仅占其中很小比重，说明在中国没有大规模对外开放以前，清廷一直重视《大清一统志》境外输出的控制管理。

欧美地区也藏有一些《大清一统志》。大英博物馆藏有乾隆九年刻356卷本一种。[③] 德国巴伐利亚邦立图书馆藏和珅等编《大清一统志》。[④] 梵蒂冈图书馆藏有《大清一统志》，又名《清帝国志》，500卷，1901年上海宝善斋石印本，共60册。[⑤] 另外，普林斯顿大学东亚图书馆藏乾隆间外省覆刊九年武英殿本初修《大清一统志》。[⑥] 哈佛大学哈佛燕京图书馆藏道光二十九年薛子瑜木活字印初修《大清一统志》。美国国会图书馆藏有《大清一统志》残本，卷内记事至雍正十一年，有"山阳丁晏藏书"印。[⑦]

韩国、日本、美国、欧洲等地均藏有《大清一统志》。然而，在清代前中期，作为清廷严格管制出口的书籍之一，《大清一统志》并未流出中国。这一现象的源头还需从康熙三十年的朝鲜使节盗买《大明一统志》事件说起。

四 康熙三十年事件与《大清一统志》的海外流通

康熙三十年七月初五日，礼部议覆："朝鲜国进贡正使李沉及其同伴

① 详见巴兆祥：《中国地方志流播日本研究》，第31～35页、664页。

② 详见巴兆祥：《中国地方志流播日本研究》，第669页。

③ ［英］道格拉斯（Douglas，R. K）原编、域外汉籍珍本珍本文库编纂出版委员会编：《1877年版大英博物馆馆藏中文刻本、写本、绘本目录》，第29、83、210页，重庆：西南师范大学出版社，北京：人民出版社，2010年。

④ http：//nclcc. ncl. edu. tw/ttscgi/ttswebnew？@@925688742，台湾"国家图书馆"之中文古籍书目资料库，查询于2013年1月11日。

⑤ ［法］伯希和编，［日］高田时雄校订、补编，郭可译：《梵蒂冈图书馆所藏汉籍目略》，第163页，北京：中华书局，2006年。

⑥ http：//nclcc. ncl. edu. tw/ttscgi/ttswebnew？@@925688742，台湾"国家图书馆"之中文古籍书目资料库，查询于2013年1月11日。

⑦ 该残本不分卷，八册一函，抄本，十行二十字。不著撰人姓氏，仅存江南5册、四川3册。前后不相衔接。详见王重民辑录，袁同礼重校：《美国国会图书馆藏中国善本书目》，第337页，台北：文海出版社，1972年。

通官张燦违禁将《一统志》书盗买带去,相应革职发配伊国边界充军。”礼部提议将朝鲜正使瀛昌君李沉、副使议政府右参赞徐文重、书状官权偕革职,因为他们不能约束所带员役。礼部甚至还议及朝鲜国王李焞,“该王既遵奉科条,戒饬臣民,相应免议。”康熙帝批示:李沉、徐文重、权偕俱从宽免革职。余依议。[①] 中朝双方对于这一事件似乎显得都比较重视。朝鲜国使节还朝之后,亦向国君奏明此事。朝鲜肃宗十七年(即清康熙三十年)三月甲辰,冬至正使瀛昌君李沉、副使徐文重等上朝复命。肃宗李焞引见后问及清朝事情,李沉等曰:“《大明一统志》贸来之际,被捉于搜括。臣以为《史记》外约条无禁令,此是地家书之类,不必禁之。衙役终不肯听矣。”[②]

雍正朝《大清会典》对康熙三十年朝鲜使臣购买《大明一统志》被罚事件亦有记载:“(康熙)三十年,题准朝鲜国进贡正使及内通官私买《一统志》书,内通官著革职,发伊国边界充军。正副使、书状官等奉旨从宽免议。书贮库。”[③] 乾隆、嘉庆两朝《大清会典则例》对这一事件均有记录。[④] 嘉庆朝《大清会典》则将《一统志》与兵器、焰硝等列为朝贡使节、商人的禁买商品:“贡使及夷商等不得收买兵器、史书、《一统志》、地里图及焰硝、牛角、绸缎、锦绢、丝巾等物。”[⑤]

清廷为什么禁止包括朝鲜在内的朝贡诸国使节私自购买《一统志》《史记》等书籍呢?最重要的因素之一是,清朝出于维护边疆地区局势、利益的考虑,这和清朝初年俄国不断侵略东北地区有关。最终,康熙帝通过雅克萨之战迫使沙俄进行谈判。康熙二十八年,双方签订《中俄尼布楚条约》,稳定了东北地区的中俄边境形势。清朝不希望再有敌对力量侵入本朝的龙兴之地。朝鲜虽同清朝建立的朝贡关系,但是毕竟是作为两个政权而存在。康熙年间因初修《大清一统志》而需测绘东北边疆情况便

---

① 以上所引见“国立故宫博物院”藏:《清代起居注册·康熙朝》第2册。

② 吴晗辑:《朝鲜李朝实录中的中国史料》第10册,第4143页,北京:中华书局,1980年。

③ 《(雍正朝)大清会典》卷105,《礼部主客司·朝贡·外国贸易》,《近代中国史料丛刊三编》第774册,第7062~7063页。

④ 分别见《景印文渊阁四库全书》第622册,第935页;《近代中国史料丛刊三编》第668册,第8057页。

⑤ 详见《近代中国史料丛刊三编》第635册,第1383页。

是明证。清朝以纂修《大清一统志》为契机，希望进一步加强对东北边疆地区的管理。在朝鲜使节因购买《一统志》被罚事件后，同年十一月，清廷向朝鲜派遣使臣说明因修《大清一统志》需遣使测量东北地理情况，希望朝鲜允许借道过境。“十一月丙寅，引见大臣备局诸宰，出示陈奏使先来状启，询问彼人假道事许否便宜。”① 朝鲜方面的反应之一是：“或云将作《一统志》，欲遍审山川形势，而其意未可测也。”② 朝鲜对于清朝派遣的边境调查队警惕之心跃然纸上。肃宗十八年正月戊辰，赞善李玄逸请对：“彼国移咨，将以明春差遣大臣五六人，阅视长白山以南地方形势，朝议方欲除道于鸭绿东边，历长白之阳，直抵豆满江，以达其行李云。”此时，清朝已经通报朝鲜将来遣使考察的具体情况。对此，朝鲜方面依旧是疑心重重：“彼若欲知山河形势，纂修《一统志》而已，则不过分付我国，委官审视，作为图画，使之奏闻，甚易且便。何至烦使者五六人，周行外国封疆，经涉险阻乎？彼必西有深患，故为兔营三窟之计，而诡言以欺我也。”③

通过检阅《李朝实录》，我们可以知道清初的中朝关系并不是表面上那么亲密无间，国与国的交往仍是以自身利益为最高原则。

朝鲜肃宗实录十八年正月十八日记载：

> 今若为彼积威之所怯，不敢出一辞相违越，一惟其令之从，除道路以导之，丰饩廪以馈之，则非但彼之匈恣，无益忌惮，凿山刊木之劳，馈饷烦费之难，必将罔有纪极。且彼既开道路，托以每年周行，看阅其险阻要害处，调立城障防戍，以为渐生侵削之计，则何计以拒之？今之议者，或谓不可遽然违拂，姑从其请，以顺其意，俟其有难从之势，然后拒之未晚，此亦似是而实不然也。

朝鲜君臣对于清朝的边境调查警备心理很高，认为此次实地勘测可能是为侵略朝鲜作准备。因而，从小邦与大国关系角度，以弱者的姿态，希望能够说服清朝放弃直接测绘东北边境的行动，而由朝鲜方面代为执行。

---

① 吴晗辑：《朝鲜李朝实录中的中国史料》第10册，第4149页。

② 吴晗辑：《朝鲜李朝实录中的中国史料》第10册，第4149～4150页。

③ 吴晗辑：《朝鲜李朝实录中的中国史料》第10册，第4151～4152页。

> 夫不谋之于始，塞之于微，使彼之盘踞既固，我之困竭已极，然后乃始收拾补苴，以遏其临高搏石之势，则其不格明矣。夫以今日形势，固难轻为浅近之谋，遽尔闭关而绝约，为今之计，莫若逊词陈恳，以实情相告曰：小邦自经连岁大侵，八路民生阻饥之余，困弊极矣。实难千里裹粮，以供凿山治道之役。鸭绿以东，长白以南，草木荟蔚，崖谷险侧，若使堑山堙谷，开通道路，以为使者经行之地，则有非数年之役所能就。大国偏覆区宇，兼爱内外之民，小邦之困厄，亦大国之所隐也。惟愿大国量此形势，且停大臣官员远外鳞辱之勤，只令小邦该事大臣，携一二画工及熟谙北土形势之人，商度地形，绘画作图，封裹以进，以《周礼》职方氏，令遂人各以其所掌土地易险，人民多寡之数，诏于王者之为，则可免大国使者跋涉险阻之苦，小邦民夫赢粮累役之弊，而长白、土门山河形势，已了然于黄屋之下矣。且自丙子以后，有大小两国各守地界不相侵之约，故小邦恪守东藩，钦仰大国之信义相孚者，于今五十余年。今者若使小邦图画北地山川形势，以供纂修《一统志》之役，则岂敢一毫差外，以负我大国以信义字小之意哉云尔？则彼虽不快意，亦不至遽加怪责。徐观其所答如何，别作调度，以应其变，而及此闲暇，先为自强之策，以修阴雨之备，使我有以待之，则虽不得已至于用兵，亦岂遽出其下哉？上曰：顷陈道路之险而未有牢绝之言，今遽逆拒，不但无益，反为生梗，事势至此，不得允从。所引《周礼》之言最好，而彼人难以礼义责之矣。

上述这段记载可以看出，朝鲜君臣为了不让清朝勘测东北边境可谓费尽心思，同时又十分紧张。这和《大清一统志》的特殊价值也有关联。《大清一统志》作为清代官修地理总志，它囊括了清代前中期清朝疆域内丰富的地理政情内容，所以前述江户幕府及其大名、朝鲜国君才希望能够及时将《大清一统志》引进，这样可以相对较为全面的掌握清朝的情况。清朝统治者将《一统志》列为禁书，且禁止流向国外，在成书后亦没有刻印多部，其出发点也是为阻止本朝政情被他国知晓。即使是《明史》，朝鲜使臣亦通过私密渠道购买带回国内。[①]

---

① 陈祖武、朱彤窗：《乾嘉学派研究》，第44～45页，北京：人民出版社，2011年。

在晚清中国门户对外开放之前，凭借清政府对于《大清一统志》流出的严格管制，再加上光绪朝之前《大清一统志》的刻印数量较少，所以海外国家很难收藏《大清一统志》。

第三节 《大清一统志》的影响与价值评价

作为官修地理总志，《大清一统志》对于清代社会的影响可以说是多方面的，包括政治、社会、文化等，本节以相关实例为依据，探讨《大清一统志》对于清代前中期的社会政治具体运作和知识形成的两方面影响。另外，从《大清一统志》成书之后，清人对它们便有评价，随着中国社会的变迁，人们对于《大清一统志》的认识也发生了变化，见仁见智。笔者拟在前人评论的基础上从志书内容和文化现象两个视角对《大清一统志》做出再评价。

一 体国经野——《大清一统志》对政务的影响

《大清一统志》对于清代政治运行的具体影响更多的是通过地理知识的总结与考辨，具体表现在行政地名的更改、水利工程的维修、明朝名臣的旌表，甚至还有帝后陵寝的维护等重要政务。下面即基本按照各类材料所属时间断限依次作一说明。

（一）更改重复地名

翰林院侍读学士德龄曾担任一统志馆提调，在《大清一统志》纂修过程中发现了当时一些州县的名称重复，奏请改定：

> 窃见直省所有之府州县，或一名而四处相同，或一名而两三处相同。如直隶有新城县，而浙江、江西、山东亦俱有新城县，江南有太平县，而浙江、山西、四川亦俱有太平县，此一名而四处相同者也。其余一名而两三处相同者，如太平府、永宁州、新安、怀远等县，不可枚举。从前记载诸书往往以此省之事移置彼省，皆因地

名混淆，难于考据，是以多致舛误。今虽将事迹舛误之处俱加厘正。但以我朝规制之弘远，昭盛世一统之章程，似应将府州县重复之名逐一改定，以垂永久。仰请皇上敕部详查，各拟嘉名恭候钦定，颁示直省，则不惟记载确切可考，而内外办事臣工凡于往来行文，皆可一见了然矣。①

类似于德龄奏改重复地名的事情在《大清一统志》内容中是无法得到体现的，但这无疑是大清一统志馆在纂修《一统志》过程中对于清廷具体政务产生的重要影响之一。

（二）各地水利工程的勘察与修护

《大清一统志》所记山川、关隘、堤堰等地理内容往往成为中央和地方官员处理水利事务的重要参考依据。如乾隆四十一年二月乙卯，乾隆帝根据吏部侍郎刘秉恬奏报促浸、攒拉、章谷地方河流流经、走势等情况，下谕旨：“该二处水源大小不同，而所趋方位，均在西南，据称至章谷地方汇而为一之处，是否无误，并此水现系何名，下流究归何处，其境距川省内地不远，所有水名及水势源委，自无难确勘而知。查《一统志》载，宁远府属有若水，源出西番，至会理州西与金沙江合，亦名泸水。今刘秉恬折内所称促浸、攒拉二水会归之处，是否即系泸水与金沙江合流，抑系别为一水。著文绶、桂林确查具奏。”②

乾隆五十年十月，乾隆皇帝在处理河南布政使江兰奏报淮水水源问题时，除了查看舆图外，《大清一统志》也是十分重要的决策依据：

谕军机大臣曰：江兰奏查浚淮源一折，据称淮渎庙东里外，有砌石基址，试挖至三尺许，有三大泉涌出。查《一统志》，称淮水伏流数里，涌起三泉，浚为井。与现在查出之源相合等语。该处刨出三泉，既与《一统志》所载相合，则所称淮水伏流，源泉自必有本。前于图内，用朱笔圈出处所，当是源泉之处。江兰查勘时，自未必亲至其地，已降旨询问，并将原图发交阅看。③

① 《宫中档雍正朝奏折》第27辑，第643页。
② 《清实录》第21册，第427页。
③ 《清实录》第24册，第679～680页。

乾隆五十三年七月，荆江爆发夏洪，淹及府城及满城，情形较重。在讨论防洪措施时，《大清一统志》再次成为决策依据。

阅图桑阿等折内称，堤塍溃决时冲开西北两门，水遂入城等语。以所奏情形而论，堤应在江之南，而府城又应在堤之南，乃舆图并《一统志》图内荆州府城又绘在江之北，与所奏情形不符，并著该督等即将荆江在府城何方，相距远近若干，堤塍在何处溃决，详细绘图贴说呈览。将此由六百里谕令知之。①

（三）旌表明朝人物

《胜朝殉节诸臣录》和《钦定国史贰臣表传》（即《贰臣传》，后收录于《清史列传》中），是乾隆朝为褒扬明末殉节死难诸臣和批判不忠不义之士而编成的两部典籍。初修《大清一统志》初步编成于乾隆五年十一月，其中“名宦”与“人物”两类收录了一些明末名臣士人的品行气节。在褒贬明末诸臣时，清廷以《大清一统志》作为参考依据也就顺理成章。乾隆四十一年，乾隆帝命九卿等议明末诸臣旌奖之事。“臣等伏读钦定《明史》及《辑览》二书，诠次厘定，义法精严，盖自万历以降诸臣效节始末，具载二书者，臣等分析考稽，而以《大清一统志》与直省《通志》互核同异”。② 乾隆续修《大清一统志》时更是将对明朝忠义之士褒奖记录在案，详见本书第三章第三节。

（四）规范地方风俗

作为官修地理总志，《大清一统志》对于地方风俗的规劝、整治亦是其应有之义。如嘉庆十七年九月初六日，嘉庆帝处理陕西大荔县事时援引《大清一统志》作为政令的依据：

内阁奉上谕：董教增奏陕西大荔县九龙庙本年祷两灵应请加封号，列入该县春秋二祀等语。著交礼部详查《一统志》，陕西大荔县境内曾否载有九龙庙名目，前代有无灵迹，如显应素著应有年所者，

---

① 《清实录》第25册，第617～618页。

② 《清实录》第21册，第416～418页。

即议准列入祀典。若只系民间报赛祠宇，为志乘所不载，该部即行议驳。钦此。[1]

（五）维护帝后陵墓风水的依据

乾隆元年六月丁卯，山东巡抚岳濬上奏尧陵重修维护事宜：

奉旨修葺尧陵庙宇，因备稽史传，俱称尧陵在濮州境内，东平一陵，实属沿误。应移东平尧陵估计重建工料，改建濮州尧陵。礼部寻议：按《吕氏春秋》《两汉志》《水经注》《文献通考》，尧陵在曹濮之间无疑。考之《一统志》所载，亦俱相符，其所以记尧于东平州者，缘自金末河决，旧迹无存，至明洪武间，始于东平葺陵建庙。应令该地方官确勘濮州城东南六十里穀林旧址，详加料估，动项兴修，仍于陵前设尧母灵台祠，配以中山夫人，悉如旧制，逢祭告大典，遣官行礼。其东平一陵，令有司以时展祀。下部议行。[2]

道光元年，道光帝即位后即命内阁办理孝穆皇后安葬事务，大学士托津等也据《大清一统志》作为奏论之依据。道光元年四月十七日，内阁奉上谕，道光帝派戴均元、英和带领谙习堪舆之人前往王佐村考察孝穆皇后安葬地风水，“因孝穆皇后安厝王佐村已阅十年”，该年四月二十八日，大学士臣托津等奏：“臣等谨按《大清一统志》，天下山川形势，京东、京西之山为两大干，皆起于冈底斯山，其北支走漠北，自阿尔泰至肯特，环漠而南为索约尔济……”[3]《大清一统志》之所以能被清帝和内阁大臣如此重视，是由该书的特殊性质决定的。作为清廷中央官修地理典籍，《大清一统志》在地理风水方面的记载自然在当时人的观念中具有一种十分权威的地位。

二　知识“权威”——《大清一统志》的舆地学影响

上述所谈五个方面主要是《大清一统志》在清代中央或地方具体政

① 中国第一历史档案馆编：《嘉庆道光两朝上谕档》第17册，第343页。

② 《清实录》第9册，第491页。

③ 中国第一历史档案馆编：《嘉庆道光两朝上谕档》第26册，第178～79页。

务处理过程中发挥的作用。同样，《大清一统志》在清代舆地学方面的影响亦不容忽视。

著名学者吴燕绍早年在研究边疆史地学时认真研读《大清一统志》《藩部要略》等多种舆地典籍。吴燕绍在自述编纂《清代蒙藏回部典汇》经过情形及成书计划时，指出《大清一统志》是他早年治西北舆地学的重要参考书之一：光绪十四年（1888），吴燕绍应试秋闱，三场策问皆有西北地理，“瞠目不能句读，归而发愤始阅辽、金、元史，《一统志》、‘西域四种’、《藩部要略》、《蒙古源流》、《蒙古游牧记》、《朔方备乘》诸书。”①《大清一统志》还对《清史稿·地理志》的编修产生较大影响，胡恒认为《清史稿·地理志》取材来源第一类是《一统志》及方志。② 作者根据清史馆藏《借书收据》（档案编号：81600001），发现纂修官秦树声就曾借阅《道光改修大清一统志》河南十五本。③ 侯德仁认为《大清一统志》“西域新疆统部”是清代西北边疆史地学的重要学术成果，反映了当时西北边疆史地学研究的学术水平。④

《大清一统志》的知识权威性更多地体现在它成书之后，它取代了前代地理典籍或清代方志等，有关典籍在考察舆地问题时直接引用《大清一统志》，《大清一统志》甚至成为唯一的参考文献。此处试举几例以作说明：

乾隆《历城县志》卷9山水考：历水在历城县东，援引《大清一统志》。⑤

嘉庆《东流县志》卷7：马当山，《大清一统志》：马当山在东流县西南七十里，横枕大江，为古今至险要……⑥

道光《肇庆府志》卷13职官：总督部院驻肇庆府，援引《大清一统志》。⑦

同治《韶州府志》卷5职官表：顺治朝仁化县知县蔡嘉复，《韶州府志》作浙江衢州人，又引《大清一统志》记西安人。⑧

---

① 吴燕绍纂：《清代蒙藏回部典汇》第1册，北京：中华书局，2005年。

② 胡恒：《〈清史稿·地理志〉纂修考》，《文史》2011年第1辑，第225页。

③ 胡恒：《〈清史稿·地理志〉纂修考》，第216页。

④ 侯德仁：《清代西北边疆史地学》，第91～129页。

⑤ 详见《中国地方志集成·山东府县志辑》第4册，第168页，南京：凤凰出版社，2004年。

⑥ 详见《中国方志丛书·华中地方》第643号，第1册，第228页，台北：成文出版社，1985年。

⑦ 详见《中国地方志集成·广东府县志辑》第46册，第437页，上海：上海书店出版社，2003年。

⑧ 《中国地方志集成·广东府县志辑》第8册，第112页。

光绪《香山县志》卷6建置之公署:元代知县署:元末海贼李祖三、卢实善相继劫掠……宣差托啰克台守旧寨山(按,此句援引《大清一统志》),移县治(黄通志、祝志云。按诸志及各碑文则徙治于莲峰山……)[①]

《大清一统志》弘扬了清前中期中国疆域的辽阔与政权强盛,它的编纂旨趣后来被越南和日本借用。但是,越南和日本当时面临的国际形势已经不同于清朝编修《大清一统志》时的环境。越南和日本更多的是针对法国和美国的侵略,利用《一统志》的形式并从近代民族国家角度激励本国的国家意识,意图振兴国家。

据华林甫研究:1849年(阮朝嗣德二年)倡议编修《大南一统志》,真正开始编纂的时间是1864年(嗣德十七年)。[②] 这时越南已经开始沦为法国的殖民地。《大南一统志》共有嗣德本和维新本两种版本,最终成书于1910年1月(维新三年十二月)。《大南一统志》“体例全部模仿《大明一统志》和《大清一统志》”。[③] 据《越南汉喃文献目录提要》记载:该书现存多种抄本,是书“有进书表、凡例、职名、总目,有各省地图。记载京师顺化、广南、清化等地的疆界、沿革、地形、气候、名胜、城池、河堤、集市、户口、风俗、学校、人物、土产等内容”[④]。此外,法国亚洲学会图书馆有收藏《大南一统志补遗》抄本一种,编者不详,有校勘记,是对《大南一统志》的考订和补充。越南汉喃研究院图书馆收藏《大南一统志略编》抄本一种,记载《大南一统志》的京师部分,有城池、苑囿、台榭、府第、官署、坛庙宫祠、乡祭诞辰等内容。[⑤] 越南汉喃研究院图书馆等机构藏有《大南舆地志约编》抄本,该书是《大南一统志》的简编,国史馆总裁高春育编撰于1908年。[⑥] 仓修良指出:1879年(明治十二年)至1889年(明治二十二年)期间,明治政府的《大日

---

① 详见《中国地方志集成·广东府县志辑》第32册,第67页。

② 华林甫:《略论中国地名文化对越南的影响》,《南洋问题研究》2001年第2期。

③ 详见华林甫:《略论中国地名文化对越南的影响》,第54页。日本学者八尾隆生亦对《大南一统志》有所研究,详见《〈大南一统志〉编纂考论》,《广岛东洋史学报》第9号,第1~35页,2004年12月。

④ 刘春银等主编:《越南汉喃文献目录提要》上册,第274~275页,台北:“中央研究院”中国文哲研究所编印,2002年。据《提要》记载:越南和法国藏有《大南一统志》抄本15种、印本10种。

⑤ 刘春银等主编:《越南汉喃文献目录提要》上册,第275页。

⑥ 刘春银等主编:《越南汉喃文献目录提要》上册,第274页。

本国志》（《皇国地志》）编纂计划即是受到《大明一统志》和《大清一统志》的影响而编修的，结果只完成了一部《安房志》。[①] 经历了“明治维新”的日本希望借助编纂志书来强化逐渐兴起的民族国家意识。

三 《大清一统志》的评价与价值

自《大清一统志》成书之后，清人便发表对该部志书评价。需要注意的是，这些观点并不是完全一致或一成不变的。

乾隆帝在乾隆二十九年颁发的上谕中对乾隆五年初成的《大清一统志》作了如下评价：“第念《一统志》自纂修竣事以来，迄今又二十余载，不独郡邑增汰，沿革随时，理宜一一汇订。且其中记载体例，征引详略，亦多未协……若其他考稽失实，与凡挂漏冗复者，谅均在所不免。亟应重加纂辑，以成全书。”[②] 乾隆帝指出初修《大清一统志》的诸多不足，令人费解。因为初修《一统志》成书、刊刻于乾隆初期，且他在乾隆五年十一月御制《大清一统志》序中曾大肆称赞该书：“观民设教，体国经野。表皇威之有截，明王道之无外。”[③]

乾隆五十年六月初八日，和珅、曹文埴奏请议叙《大清一统志》总纂、满汉各官员时对自己领衔编纂的续修《大清一统志》评价道：“伏查是书自乾隆二十九年奉旨纂办以来，添纂至四百二十四卷，门类众多，卷帙浩博……且考是书囊括舆图，博综载籍，昭明文物，燦著淹贯，寰瀛之巨细，渊涵今古之图书。”[④] 从乾隆五年至乾隆二十九年、乾隆五十年，从乾隆帝再到和珅等，随着时间、环境和角色的变化，他们对于初修、续修《一统志》的评价也发生了变化。

嘉庆六年至九年间，王芑孙作《大清一统志表》序文，其中论道：“余尝行经东北，边历上谷、渔阳，其地名，或满洲语、蒙古语，即偶亦汉名，而咸非其旧。……南昌万芝堂先生既补《太平寰宇记》所阙，又精刊《大清一统志表》缀其后，俾学者寻览古牒，知今所隶，虽未目验，有若身履。志形胜者，辨其疆域，考故事者，审其沿革。即文人学士登山

① 仓修良：《仓修良探方志》，第 88 页，上海：华东师范大学出版社，2005 年。
② 《景印文渊阁四库全书》第 474 册，第 1 ~ 3 页。
③ 《清实录》第 10 册，第 915 页。
④ 录副奏折，档号：03—1155—038，缩微号：082—1733，国家清史编纂委员会数据库。

临水，极目抒怀，一篇一句，亦得确疏精据。……学者即是书而究观焉，有以得其都鄙、稍甸、郊里之大凡，有以辨其夫家人民、田莱之分数，因此周知其疾苦，而经悉其机宜，则所以权古今之变者在乎是。兵农大故，亦将不贸于施儒者，且有效于天下。是则先生著书之意也。”[①] 王芑孙将《大清一统志表》的功用概括为诗文做赋、周知乡里和国家兵农大事三个层次。

嘉庆年间，国史馆筹备重修《大清一统志》时曾经评价第一、第二部《一统志》，认为初修志优于续修志：“修史莫难于志，此志包罗宏广，条绪纷繁，欲其完美无疵，尤为不易……旧志成于乾隆九年，体例最为完善。续志成于乾隆四十九年，编辑草率，谬误极多。”[②] 曾经参与国史馆重修《大清一统志》的邵懿辰（1810—1861）这样评价：《大清一统志》五百卷，乾隆二十九年官撰，内府刊本。近年国史馆重修，告成后，仅写清本二分，未能刊刻，以卷帙繁重也。然所修亦不能精善如旧本耳。[③] 莫友芝（1811—1871）在《四库简明目录》基础上编成《郘亭知见传本书目》继承邵懿辰之说。[④] 他们的观点和乾隆帝、和珅等又大不相同。

龚自珍曾任国史馆校对官，他在《上国史馆总裁提调总纂书》中对乾隆续修《大清一统志》的西域边疆部分提出修改建议：“本馆现在续修《大清一统志》，自乾隆三十九年书成后，伏遇今日重修，欣贺无量，续者纂其所未载，修者订其所已成。自珍与校对之役职……自珍于西北两塞外部落世系、风俗、形势、源流、合分，曾少役心力，不敢自秘，愿以供纂修、协修之采纳，而仍不敢臆决其是否……”[⑤] 龚自珍据自己研究西北舆地学的经历对国史馆重修《大清一统志》提出了十八条工作建议，如：“《钦定西域图志》及《皇朝文献通考·四裔考》皆于西边新疆外胪属国一卷……旧《一统志》于新旧藩服外一字不及之，疑于无此属部者。然

① 王芑孙:《惕甫未定稿》卷3,《清代诗文集汇编》第442册，第299~300页。

② 《国史馆档案·编纂类》第1号，转引自华林甫主持编纂:《清代地理资料长编》，未刊稿。

③ 邵懿辰撰，邵章续录:《增订四库简明目录标注》，第283页，上海:上海古籍出版社，1979年。

④ 莫友芝:《郘亭知见传本书目》，李万健、邓咏秋编:《清代私家藏书目录题跋丛刊》第4册，第666页。

⑤ 龚自珍:《定庵文集》卷中,《清代诗文集汇编》第573册，第429页。

今开馆续修志，似宜行文理藩院征档册，将三处乌梁海头目宰桑各部落畛送馆，以便增补。”[①]

龚自珍最后对所提十八条修改意见作了总结：“以上都一十八条皆举其炳炳显著者，小事头绪尚多，未易罄宣，惧循袭而不改，阙略而不补，显舛而不问，苟简而不具，弃置而不道，回护而不变。有重修之费，有重修之名，将使后之专门者靡所镜也。中华文献多有通人，无甲第名位，弗敢妄议。惟此类语言文字，求之亲到其地者，尚或懵昧，答不中问。可知从事铅椠之难。”[②] 龚自珍对于乾隆续修《大清一统志》的上述评论也成为后人经常援引用来指出续修《一统志》质量不高主要论据。但是，我们从龚自珍文字中并未看到他对续修《一统志》的全面否定，而且最后他也指出了纂修地理志书的难处。

民国年间，《大清一统志》得到多方士人关注。著名方志学家童振藻曾言：“清则和珅等撰《大清一统志》四百三十卷，后广为五百卷。……清志至嘉庆亦有修改。而大体恢宏，视《郡县志》《寰宇记》《九域志》较为完备。”[③] 著名藏书家任凤苞（字振采）因得到三种原抄残本《大清一统志》《皇舆全览》和《方舆路程考略》，又名为“三残书屋”书斋。[④] 可见任振采认可该版《大清一统志》的价值。清史馆中人员在给张元济信札中对于《大清一统志》的评价仅提及：“清代第三修《一统志》，断至嘉庆二十五年，视乾隆重修本加详”[⑤]，并未做出更多的评判。

以上是清代和民国时期，包括皇帝、《一统志》纂修官员和藏书家等对于《大清一统志》质量或价值的评价。新中国成立之后，随着方志学和史学的发展，学者们对于《大清一统志》的认识有了不同于前人的评价。

薛虹从方志学角度指出：自晋《畿服经》到清《嘉庆一统志》，始终保持全国区域志的形式，将元、明、清时期《一统志》均归类为全国区域志。“《嘉庆一统志》是最后一部大型的全国区域志。……《一统志》这类

① 龚自珍：《定庵文集》卷中，《清代诗文集汇编》第573册，第429页。
② 龚自珍：《定庵文集》卷中，《清代诗文集汇编》第573册，第431页。
③ 《大公报》（天津版）1936年4月10日，第11版，《大公报·史地周刊》第80期。
④ 详见天津档案网：http://www.tjdag.gov.cn/tjdag/wwwroot/root/template/main/jgsl/lsbl_article.shtml?id=3620 搜索于2014年1月8日。
⑤ 见《续修四库全书》第624册，第797页。

全国区域志，皆修于当代，原始材料多，内容庞博繁杂。后世编修正史《地理志》，多取材于此。”作者还从方志学的角度间接批评《一统志》人事内容过多、地理知识缺乏的不足，因为从晋《畿服经》力求门类繁多，但仍限于地理范围内。到宋《太平寰宇记》，扩大人事方面的内容，人物、艺文、官职、杂事，莫不收入。此后，人事内容进一步扩充，末大于本。①

王云五则认为：“有清疆域最广，其《一统志》始修于康熙间，仅三百五十六卷。继修于乾隆八年及四十九年，增为四百二十四卷。今均罕见，偶有坊肆覆本，颇多割裂。嗣又纂至嘉庆二十五年，凡五百六十卷，为清代《一统志》之最后出者，亦即最完备者。”② 1966年，台北商务印书馆将重修《大清一统志》印成单行本，王云五希望“使本书成为一部中国地名人名之最大辞书，亦即成为人人可以利用之工具书也”③。王云五曾对重修《大清一统志》评价道：一是书在专攻地志者固视为瑰宝，一般学者未必同感兴趣。二是书属参考书性质。④

薛宗正指出：乾隆续修《大清一统志》详尽地叙述了我国各地的形胜、沿革、人文、物产，完整地记录了我们伟大多民族统一祖国的版图，考证精要，文字简洁，对于我们了解清初的历史地理，具有很高的学术价值，其中关于新疆建置记载，尤为值得珍视的史料。而且“《大清一统志》的重大意义在于完整而明确地记载了清代我国的版图、疆界，和我国境内各边疆少数民族同伟大祖国不可分割的血肉联系，尤其是增添了西域新疆、黑龙江、吉林、台湾以及蒙古、西藏诸篇章，其中大部分是前代舆图记叙所不备的”。⑤

沈津指出：《大清一统志》为清朝开国后首部官修地理总志，其纂修历康熙、雍正、乾隆三朝。《大清一统志》自乾隆间颁布之后，即成为行政疆域、序次之依据，《大明一统志》遂废。后乾隆又有续修，嘉庆朝有重修，皆沿袭康熙是志规模。⑥

---

① 以上详见薛虹:《中国方志学概论》，第14~17页，哈尔滨：黑龙江人民出版社，1984年。

② 王云五:《索引本嘉庆重修一统志重版序》，《嘉庆重修一统志》第1册，台北：台湾商务印书馆，1966年。另见《出版月刊》第20期，1967年。

③ 王云五:《索引本嘉庆重修一统志重版序》。

④ 王云五:《索引本嘉庆重修一统志重版序》。

⑤ 新疆维吾尔自治区图书馆《图书评介》编辑部:《图书评介》，1980年第2期，第30~34页。

⑥ 沈津主编:《美国哈佛大学哈佛燕京图书馆藏中文善本书志》史部，第2册，第603页，桂林：广西师范大学出版社，2011年。

杜瑜则认为：《大清一统志》是集历代总志之大成，不但内容丰富翔实，而且是中国历来版图最为辽阔，反映疆域最全面、最稳定的全国总志。清代编修的《一统志》共有3次：第一次从康熙二十五年开始，至乾隆八年完成，共342卷，编修时间长达57年，但志的内容不全，体例也不完善。第二次修于乾隆二十九年，成于乾隆四十九年，共500卷，习惯称“续志”，修的匆忙粗疏。第三次修于嘉庆十六年，历时31年，于道光二十二年完成，共560卷，因其所辑资料以嘉庆二十五年为断，故称之为《嘉庆重修一统志》，这是修的最好、最完整的一部《一统志》。①

日本学者神田信夫等认为：《大清一统志》记载中国全部的地理，曾三次敕撰，以第三次版本最佳，内容、体裁比前二者完整、充实。② 这和杜瑜观点接近。

综合以上各位学者对于《大清一统志》的评价，笔者认为学者们观点差异的原因主要在于评价或研究视角的不同。神田信夫和杜瑜等是从地理志的角度评价。薛虹是从方志学史的角度看《大清一统志》。沈津则更多是从文献学角度。王云五长期在商务印书馆工作，他则从工具书视角将《一统志》比喻成地名大辞典。薛宗正则从边疆民族史研究的视角肯定了《大清一统志》的价值。因而各位学者的观点并没有对错之分，但将《大清一统志》看作地方志是混淆了总志与方志的区别。

那么，三部《大清一统志》之间相比谁的价值更高？若从《大清一统志》内容本身和作为一个文化现象两个角度来做出分析，笔者认为对于今人而言，三部《一统志》各有特色，并不存在哪一部价值更高的问题。首先，从编修时间来看，三部《一统志》分别反映了康熙至乾隆五年前后、乾隆二十九年至乾隆五十年、嘉庆十六年至道光二十二年三个不同阶段清朝人对于当时清朝政治社会、疆域民族、文化风俗等国情的认知。其次，从志书内容看，三部《大清一统志》的内容各有侧重，尽管第三部《一统志》内容最多，这是和清朝本身疆域扩大以及历史内容更加丰富有关。但是若是仅从《大清一统志》本身看，若考察康熙年间清代地理情况，初修《一统志》的价值显然要相对高于重修《一统

① 杜瑜：《地理学史话》，第159页。

② 高明士主编：《中国史研究指南Ⅳ明史·清史》，第340页。

志》。我们在评价三部《一统志》价值或地位时应该结合三部志书成书时段和它所反映的清代时空内容，而不应片面看待。再次，从志书在清代的影响看，初修《大清一统志》有殿本、颁行本和道光重印本，续修《大清一统志》有殿本和四库写本，而重修《大清一统志》书成之后一直深藏宫中，直到纂修《清史稿》时才被人注意。所以前两部《大清一统志》对于清人国家认知、地理知识的形成更有价值。另外，从编修群体文化素养和志书版本看，第三部《大清一统志》也很难称是最好的一部。

最后，笔者认为，在利用三部《大清一统志》时，我们应该根据研究课题的时代特点充分抓住三部《一统志》不同时空下的内容特点[①]，甚至可以认为它们是记载清代三个不同时期的地名大辞典和历史著作的结合体。因而，三部《大清一统志》之间并不存在价值的高低之差。

以上是从文化现象的角度分析《大清一统志》的整体价值。作为一部地理总志，它在具体内容上的价值主要体现在以下方面：①它分别记载了顺治至嘉庆年间清朝统治的边疆地区的政治社会、文化风俗等内容，虽显简略，但弥补了这些地区方志系统记载的时间缺陷，是了解清代前中期边疆地区的重要的直接材料。②三部《大清一统志》记载了在清代前中期和清朝有往来的亚欧等地政权的一些情况，这可以看作是当时清朝官方的一种世界观或天下观。③三部《一统志》通过引用多种文献，最终形成对内地十八省的地理认知。同时，考证前代典籍中的一些讹误。这些内容也是研究清代前中期区域史的重要参考材料，可以结合各地方志等文献材料一同使用。如果用个比喻的话，三部《大清一统志》可以看作是清代前中期不同时段不同人群编成的历史地理大辞典。

---

① 按：清代对妇女旌表制度的建立使得贞节观念进一步强化，并呈现出宗教化的特征。详见陈东原：《中国妇女生活史》，第241～245页，上海：上海书店出版社，1984年。《大清一统志》中对于历代烈女，特别是大量清代烈女的记载即是实施妇女旌表制度的措施之一。《大清一统志》中清代烈女多为中下层妇女。然而，根据何炳棣、郭松义、王跃生等诸多学者的研究，事实上清代妇女的寡妇再嫁现象十分普遍，妇女的犯罪问题亦是一个重要的社会问题。可参考王跃生：《清代中期婚姻冲突透析》（北京：社会科学文献出版社，2003年）和杨晓辉：《清代中期妇女犯罪问题研究》（北京：中国政法大学出版社，2009年）等著作。冯尔康、赖惠敏和海外学者诸如曼素恩等对清代妇女的再嫁或犯罪等问题亦有研究。

第五章　清前中期政治与《大清一统志》的思想世界

第一节　《大清一统志》的纂修与清代前中期政治文化

康熙、雍正、乾隆、嘉庆和道光五朝三次纂修《大清一统志》，三部《大清一统志》的书名是相同的，但是三次纂修行为的政治内涵却发生了一些不同程度的重要变化。这些变化是清朝统治形势变化的反映，同时也可以看作是影响清廷统治局势变化的因素之一。本节从君臣关系、中央与地方关系两个方面[①]探析《大清一统志》纂修过程所体现的清初大一统政治意蕴。实际上，《大清一统志》纂修过程中蕴含的君臣关系、中央与地方关系的变化是相互影响的，一种关系的变化是另一种关系变化的表征或媒介。

一　君臣关系的视角

《大清一统志》纂修过程中的君臣关系是了解清代前中期政治史的一个视角，这里所说的君臣关系还包含了满汉关系的成分[②]。一统志馆、方略馆和国史馆三个阶段的君臣关系体现着清代前中期政治不同的阶段特征，这其中又以一统志馆中的君臣关系较为复杂，方略馆和国史馆则相对简单。

---

① 按，作为一个政治实体，笔者所列两个分析主题在清朝具体统治过程中实际上是密切联系、相互影响的。此处只为写作方便，而分成两个主题。

② 按，笔者此处所用满汉关系既包括满族与汉族精英群体的关系，也包括八旗精英群体与汉族精英群体的关系。有时清帝与汉臣之间关系也可从满汉关系角度去思考。

“如何从政治制度与统治思想的角度，划定君臣之间的权力界限，建立一个稳定而有权威的政治体制，一直困扰着清初统治集团。”[①] 康熙朝一统志馆中的君臣关系即是诸多难题中的一道。最初由徐乾学和陈廷敬负责领导一统志馆，徐乾学的个人政治经历对初修《一统志》的纂修进程产生了重大影响。在初修《大清一统志》过程中，君臣关系成为影响一统志馆运行的十分重要因素之一。因为皇帝对一统志馆有着绝对的控制权，而《一统志》的纂修官们也不只是史官。关于徐乾学结党、打击异己等政治史，学界已多有研究[②]，有的归纳为满汉矛盾，有的归纳为南党与北党之争，有的认为是上述两种矛盾的综合，亦有学者认为是中原正统文化和少数民族文化之争。这些观点是从各自不同视角解释徐乾学等在康熙朝政治舞台上的表现。笔者此处拟从康熙帝角度来论述康熙帝对于以徐乾学为代表的（江南）汉族知识分子的控制与管理，《大清一统志》的纂修进程实际上是由康熙帝决定的。

康熙帝处于政治权力的最顶端，他需要驾驭好各种力量之间的矛盾、斗争。为了维护统治，康熙帝有时不得不借用一方或多方力量去打压或消灭某一方势力，进而取得力量均衡的局面。皇族、满洲重臣及其后裔、八旗权贵、尚未完全臣服的汉族精英、边疆少数民族部落力量等均是康熙帝需要时刻关心的政治力量。沙俄还一度长期侵扰东北边疆，朝鲜、越南等国的动向亦需时刻关注。清除鳌拜集团、平定三藩之乱、平定台湾、设立南书房等均是康熙帝成功清除对皇权造成威胁的例子。康熙十七年，开博学鸿儒，诏取天下名士，参修《明史》，彰显康熙帝（清朝）的隆恩。但是，仅此一项举动并未能完全笼络汉族士人。故而，康熙帝任用徐乾学作为《大清一统志》副总裁官，选任万言等担任纂修官，他考虑最多的是徐乾学在清初汉族士人群体中的影响力[③]。主持一统志书局的“昆山三徐”等顺康年间参加科举考试入仕的江南士子成为新朝与明遗民之间联

---

① 高翔：《康熙帝及其时代》，《光明日报》2002 年 1 月 8 日。

② 如刘凤云、林乾、尚小明、王家俭、泷野邦雄等诸位学者对徐乾学与清初政治皆有较为深入的研究。

③ 作为清初大儒顾炎武的外甥，“昆山三徐”在康熙朝的影响力是不能忽视的，特别是他们对康熙朝汉族士人的提携和号召力，使得康熙帝不能随便以刑论罪。当然，徐乾学的才华也是他仕途发展的基础。详见尚小明关于徐乾学幕府的研究。另据陈惠美统计：徐乾学友朋约有 223 人，详见陈惠美：《徐乾学及其藏书刻书》附表 2—1《徐乾学友朋人名表》，见《古典文献研究辑刊》5 编第 4 册，第 53～60 页，台北：花木兰文化出版社，2007 年。

系的媒介。[①] 康熙二十四年二月初六日，“上以翰林官试卷示大学士谕曰：从来文章作者手笔固自不同，阅者好尚亦不一辙。朕观翰林文颇多佳卷，而笔力高古无出徐乾学之右。朕向闻徐乾学文字最工，诸翰林官莫不向彼请正令细阅。其所试文果堪领袖。”[②] 在康熙帝的“保护”下，徐乾学并未因许三礼弹劾而获罪。当然，徐乾学也是深明清宫政治之人，在被弹劾之后，三次上疏奏请辞官回乡，以修书为任。康熙帝要考虑许三礼们的感受，又要为净化清廷政治风气做出榜样。于是最终同意徐乾学携《大清一统志》等书还乡，继续未竟的修书事业。但是，清廷仍然保留一统志馆作为监督管理机构。徐乾学回到苏州之后，仍未能摆脱政治斗争的影响。

康熙三十年四月初二日，因朱敦厚案，徐乾学被革职。[③] 苏州东山书局亦撤，王鸿绪被弹劾，万言在五河县被罗织入狱。[④] 徐乾学回乡已经一年有余，但仍然受到政敌的打击，这也说明了徐乾学在康熙朝政坛的客观影响力。但是，康熙帝并未严惩徐乾学，而且允许他继续纂修《一统志》。康熙三十一年三月二十三日，因江宁巡抚郑端事，康熙帝曰：“王鸿绪、徐乾学俱极乖乱，不肯安静。当将伊等发往奉天。徐乾学更不当留佥，伊妻子发往奉天安插，则地方众人始得安生。可将朕此旨问之九卿。”[⑤] 康熙帝或许是觉得惩办徐乾学的时机已经成熟。但是，徐乾学最后还是未被严惩，只是将原在苏州洞庭东山的书局迁到嘉善，再迁到昆山而已。徐乾学两迁书局某种程度上也是摆出一种臣子该有的政治姿态，免得招来杀身之祸。韩菼曾经写《上健庵师诗八章以既明且哲以保其身为韵》提醒徐乾学。[⑥]

康熙三十三年，徐乾学等几位江南士人又被清廷想起，希望他们能回朝纂修《大清一统志》《明史》等书。康熙三十三年七月二十一日，伊桑阿等奏：“臣等愚见：徐乾学、王鸿绪、高士奇、韩菼皆系文学素优，伊等且又空闲，若一人各将一书交与纂修，则书可速成，而伊等亦不得在地

---

① 鱼宏亮：《知识与救世：明清之际经世之学研究》，第 231 页，北京：北京大学出版社，2008 年。
② 罗福颐编：《史料丛编二集》第 1 册，台北：艺文印书馆，1973 年。
③ “国立故宫博物院”藏：《清代起居注册·康熙朝》第 2 册，第 669 页。
④ 详见陈训慈、方祖猷编：《万斯同年谱》，第 179 页，香港：香港中文大学出版社，1991 年。
⑤ “国立故宫博物院”藏：《清代起居注册·康熙朝》第 3 册，1315 页。
⑥ 邓之诚撰：《清诗纪事初编》上册，第 325 ~ 326 页，上海：上海古籍出版社，2012 年。

方妄生事端矣。”对此，康熙帝的态度是：“上曰：诚然。与其将诸人置之闲散，何如取来修书为善。”同时，阿兰泰又奏曰：“闻徐秉义不但文学好，为人亦优，不似伊兄生事。王熙、张玉书奏曰：徐秉义实好。韩菼病目闻今已愈。伊等文学优，俱乞召来。上曰：韩菼所作时文实属无敌，不但今人所作时文无能及之，即明朝来有名文章家亦未有胜于韩菼者。朕于韩菼之文曾经遍阅，立意奇巧，措辞甚为出色。”[①] 这段君臣对话透露了两个重要信息：一是清廷不希望徐乾学、王鸿绪等扰乱朝廷或地方的秩序。二是清朝取得天下之后，以文治国，必须依赖徐乾学等著名文士，特别是江浙地区的文人精英群体。[②] 所以，康熙第三次巡幸江南时纪念了徐乾学等人，以显示清廷对于江南文人精英群体的重视。[③] 作为君臣，康熙帝的举动对于徐乾学来说可能有不同的政治信息。有学者认为：康熙三十三年，“有诏取乾学、鸿绪、士奇回京修书。乾学知有使者来。而不测祸福。遂卒。盖悸死也。”[④] 嘉道年间，清朝皇族昭梿对徐乾学亦有评价：“予向言健庵兄弟暗扶明裔，有失君亲大义。近见其《咏酴醿》诗……盖其时郑氏尚据海东也。其诗不觉流露而出，言为心声，信非诬也。”[⑤] 君臣之间（抑或是满汉大臣之间）的矛盾可见一斑，徐乾学“悸死”并非毫无依据。徐乾学去世之后，苏州志局“诸君子亦云散而不复合”“景范已前卒，子鸿、百诗闲一来，亦先后沦没”，阎若璩“被恩复起仍奉卒《一统志》之役，亦皤然老矣”。[⑥] 徐乾学的去世和苏州志局的解散可以看作是清初江浙士人力量的一次消散，康熙朝政治力量格局的逐渐转变，满汉士人（特别是满洲贵族与明末以来被赋予代表正统性的汉族知识分子）之间的正统性紧张感变得相对弱化。这或许也是康熙朝后期放松了对一统志馆修志工作管理的原因之一。满汉之间正统性紧张感的相对弱化使得康熙朝政治文化的重点也开始发生了变化：更强调从满族角度去维护统治。满洲以武建国。至少在乾隆朝以前，八旗军事力量（特别是满洲八旗）对于维护清朝统治的作用一直都受到十分的重视。实际上，从顺治帝入主

---

① 本段所引俱见“国立故宫博物院”藏：《清代起居注册·康熙朝》第5册，第2755~2758页。

② 可参考鱼宏亮：《知识与救世：明清之际经世之学研究》，第231页。

③ “国立故宫博物院”藏：《清代起居注册·康熙朝》第13册，第7121页。

④ 邓之诚撰：《清诗纪事初编》上册，第364~365页。

⑤ 昭梿撰，何英芳点校：《啸亭杂录》，第541页。

⑥ 张穆：《阎潜邱先生年谱》卷3。

中原之后，清帝就时刻面临着在儒家文化治国和八旗武力护国两种不同文化之间的内在紧张与不断平衡。

康熙帝曾对汉人、汉军有过对比性评价，言语之中明显透露着满、汉之别，这种差别显然是以满洲为主体的，但是作为清朝之主的康熙帝深明不能偏袒一方的道理[①]：

> 无事之时，督抚之任仍宜汉人。若汉军费用太多，于民无益。唯有紧急事务办理敏捷，则汉军所优也。然如张鹏翮、李光地之居官更有何益？张鹏翮自到河上在署之时甚少，每日乘马巡视堤岸，不惮劳苦。彭鹏人材亦甚矫健，朕深知之。……伊桑阿奏曰：（彭鹏）其马上办事与满洲无异。[②]

作为清朝的最高统治者，康熙帝的地位是不受任何约束或限制的，即使面对的是和满族关系较为亲近的上三旗或蒙古：

> 大阿哥曾付与内务府总管噶鲁，三阿哥曾付与内大臣绰尔济抚养……盖主上之子孙付与属下人员抚养者，特欲令其成人长大耳，并非欲令占其产业也。……及其成人长大之后又占其产业，将其人口入在包衣佐领下为奴仆，不但于大体不合，即彼所抚养主上之子孙亦于心不安。五旗多有此事此风，不除则渐长矣。……（针对阿鲁科尔沁献三佐领事）朕乃天下共主，在彼处乃朕之臣庶，取至京师亦乃朕之臣庶。[③]

这样一种君臣关系、主仆关系是康熙帝对于清朝统治下汉人文化精英、蒙古贵族，甚至是满洲权贵的一种普遍性看法。康熙帝在考虑各方利益时问题时必须以维护整个清朝统治利益和保持他独尊的权力地位为根本原则。

---

① 可参考常建华：《新纪元：康熙帝首次南巡起因泰山巡狩说》，《文史哲》2010年第2期；《长安之旅：康熙帝西巡探讨》，《社会科学》2011年第5期。［美］张勉治著，刘文鹏、王珏译：《康熙皇帝首次南巡与文武价值观念之间的对立》，《清史研究》2011年第1期。以上三篇关于康熙帝巡幸的研究突出了他在康熙朝统治决策的多方均衡策略。

② “国立故宫博物院”藏：《清代起居注册·康熙朝》第15册，第8533~8534页。

③ “国立故宫博物院”藏：《清代起居注册·康熙朝》第21册，第11514~11517页。

雍正九年七月十八日，湖广总督迈柱向雍正帝奏报原任翰林江南籍士子汪应铨留于湖南修志事情，言语中充满提防与监督之意。

> 窃查有原任翰林汪应铨者，系江南鼎甲，前曾经过武昌。臣未知其人，亦未识其面。今闻彼在湖南停滞，据衡永郴道许登瀛云，系是伊表兄，现留湖南修志。臣细访汪应铨，乃圣祖仁皇帝斥革回籍之人，理宜闭户省愆，不应遨游外省。臣虽未悉应铨从前有何过犯，但令今留楚省，理合奏闻。

雍正帝朱批：“汪应铨系元年斥革者，无大过也，在湖南修志使得。”①

这只是雍正朝的个别现象还是清廷统治文人的一种管理方式，两类现象的政治内涵是明显不同的，有待相关类型资料的再发掘。从邵廷寀和胡天游两人的相关文献记载中我们看到的不同视角或取向所产生的不同见解。

邵廷寀的治学、生活经历有疑点可循：浙江余姚人。字念鲁，诸生。从韩当、黄宗羲受业。曾可孙。廷寀虽讲学，好求经世大略，于历算、占候、阵图、击刺无不学，尝于将军施琅纵谈沿海要害。既游西北，走潼关，讲学于黄冈之姚江书院。复入京师，商丘宋荦、鄞万经欲招入一统志馆，以老辞。有《东南纪事》十二卷，《西南纪事》十二卷。康熙五十年，卒，年六十四。弟子刻其文为《思复堂文集》二十卷，又有《姚江书院志略》四卷。② 笔者按，一方面有经世大略，入施琅幕府，又至京师；另一方面，招入一统志馆时又以老相辞。

《清史列传》收录胡天游的传记，同胡天游的年谱及其文集记载相比，胡天游的思想世界亦是令人难以理解的，因为他被附载了一些想象的信息。胡天游：浙江山阴人。字稚威，号云持。生于康熙三十五年。乾隆元年，礼部尚书任兰枝荐举博学鸿词，天游以持服未与试。二年，服阕，补试，因鼻病中途离开。《一统志》成，大学士鄂尔泰、张廷玉属表于检讨齐召南，召南推天游，鄂尔泰招之不至。二十三年，客游山西，卒于蒲州，年六十三。著《石笥山房文集》六卷。③ 据其年谱记载：乾隆二年至十一年，馆于任兰枝府邸。与沈廷芳、史贻直、王会汾等多有交往，且参

---

① 《雍正朝汉文朱批奏折汇编》第20册，第928页。

② 《清史列传》卷67。

③ 《清史列传》卷71。

修《宁武府志》《榆次县志》《河间县志》《蒲州府志》等。[①] 其传记中记载鄂尔泰请其写《一统志表》未成，但据其文集《石笥山房集》记载，胡天游实际上拟有《一统志表》一文，对清朝歌颂之情流露不已：

> 臣闻惟天为大，圣人所以契其神；惟地配天，圣人所以絜其度。履至尊而制六合者，必有权舆宇宙之奇；席鸿宝而抚八方者，必有囊括乾坤之业。其居宅中，而天下为大凑；其号至溥，而域内使同利。于是度地经野，封山肇州。表以圭臬，则千里而远，千里而近。风阴朝夕之景案然，而自平画以沇榆，则营州之东，邠州之西，华裔崇卑之位，叙焉而毕正。五服九服，名章有稽。夏官秋官，掌建有物……昭制王略，规示民极，国家整一……皇帝陛下继天测灵，厚德载物，含运元化……且夫王者陶天下为一家，必先物土宜而制疆理，圣人同风教于殊俗，是以齐文轨而辑车书。……若夫本朝作志，以大一统尤该前史所列而超百家，给札写绨，选员领局……随表上进。不任惶汗者焉。[②]

在《石笥山房集》他处还有歌颂"皇清之盛"的词汇，在鄂尔泰去世之后还作《祭鄂相公文》以示悼念："徒取乎拭涕之沾襟"。[③]

《大清一统志》纂修者群体所构成的社交网络，基本上可以看作是一种文化精英集团。康熙帝将徐乾学、高士奇等文人精英群体看成是一种可能威胁清廷稳定统治的政治力量。因为在康熙二十三年前后的那些年，清廷各种力量尚未完全被清帝掌控。特别是江南知识精英群体代表了一种文化正统，康熙帝不希望也不允许他们再次与反清复明建立起任何联系。有学者认为：清代初期的政治权力就相当巧妙地垄断了本来由士人阐释的真理，并使帝王的"治统"兼并了"道统"，使士人普遍处于"失语"的状态。[④] 这种"失语"状态也体现于三部《大清一统志》编纂过程中编修群体的变化：在徐乾学之后，包括大清一统志馆、方略馆和国史馆纂修《大清一统志》时再未出现类似徐乾学主持修志时发生的各种情况。这实际上是清廷内部各种政治力量之间实现均衡的反映。方略馆《大清一统

① 《先考稚威府君年谱纪略》，见《续修四库全书》第1425册，第321～323页。

② 《一统志表》，见《续修四库全书》第1425册，第346～348页。

③ 分别见《续修四库全书》第1425册，第351～354页、第418页。

④ 葛兆光：《中国思想史》第2卷，第390页，上海：复旦大学出版社，2001年。

志》的纂修后来由和珅负责，和珅作为乾隆帝晚年最宠信的大臣，方略馆中参与《一统志》的有申甫、吴省钦、吴省兰等，他们都是和珅的亲信。但是乾隆帝并未做出何种干预馆中人事之决定。道光朝纂修《大清一统志》时的穆彰阿亦是道光帝最宠信的大臣之一。即使是蒋廷锡或任兰枝等，他们均没有像徐乾学那样与清帝之间出现关系紧张局面，这也是清廷政治力量内部变化的反映。一统志馆后来没有出现徐乾学式问题是因为汉族知识精英对于清朝统治（无论主观地还是被动地）接受。有学者认为：在清初笼络汉族知识精英的文化政策推动下，清廷通过科举考试、博学鸿儒、留用旧官等一些措施，使得大多数遗民经历了从复明到重建的转折过程：与清廷合作（客观承认或主观拥护清朝统治），重建中国社会秩序，这也是标志着清初由乱到治的政治文化现象。黄宗羲、顾炎武、陈确三位前朝名士之态度转变或可作为例证。[①] 笔者从上述邵廷寀，特别是胡天游的个人实际经历与他们的传记文字来看，这实际上是一种历史本体与历史书写的关系。笔者认为，清朝统治者确实一直面临着各种统治的矛盾，但满汉矛盾究竟在何时是十分重要的主题，何时又变成为次要问题。汉族知识分子本身对于清朝君臣关系的认识是否均和清初三大家或万斯同那样一致，还需要具体问题具体分析。

二　中央与地方关系的视角

中央与地方关系是政治史研究的重要主题之一。清代前中期纂修《大清一统志》时，中央与地方关系经历的变化过程在三部《一统志》中也有不同程度的反映。康熙二十五年五月庚寅，一统志馆开馆不久后，康熙帝下谕一统志总裁勒德洪等：要求一统志馆纂成“一代之巨典”，为清朝统治服务：“披牒而慎维屏之寄，式版而念小人之依，以永我国家无疆之历服，有攸赖焉。”[②] 曾任康熙朝一统志馆副总裁郭棻作《纂修大清一统志表》歌颂康熙朝“大一统规模之盛”，万国来宗之强。辞藻华丽。希望《大清一统志》成为“藜阁千年之史”。[③] 这是清廷中央对于纂修《大

① 详见高翔：《在历史的深处》，第196～207页，北京：中国社会科学出版社，2012年。

② 《清实录》第5册，第342～343页。

③ 郭棻：《学源堂文集》卷17，见《清代诗文集汇编》第79册，第344～345页。

清一统志》的态度和期许。那么地方是如何回应的呢?

山西巡抚穆尔赛在康熙《山西通志》序中提到:“我国家治运攸隆,车书咸会。圣天子允阁臣请纂辑《一统志》,命直省郡邑各修纪乘,以昭盛轨,以备采览,典綦重哉。”[①] 在一统志馆纂修《大清一统志》的推动下,清朝各地先后开始了方志纂修的事业。中央通过对编修体例等制度方面的规定,控制了地方修志的主导性。有学者认为清初地方志纂修在中央权力话语的支配下已经丧失了自主性。[②] 然而,这种自主性的丧失是需要加引号的。地方志的编纂过程中依旧是充斥着权利(权力)的争夺。地方政府、文化精英、豪门望族、甚至包括家道殷实之户等均不同程度地介入、影响着方志的内容。随着地方各种群体参与修志,这也是在重建受战争或王朝更替影响的地方社会秩序,也是地方归入中央统治的重要标志。详见本书第五章第二节的研究。

有学者认为《大清一统志》更多体现了清朝的地理身份的构建:“三部《大清一统志》,其实并不重在制图,而重在搜集全国综合信息。朝廷曾三次组织人力,三次修纂(康熙二十五年、乾隆四十九年、道光二十二年)……通过舆地政策和地理学,清朝整合了全国各种地理资源,最终完善了作为帝国统治者的身份的证明。”[③] 然而,在康熙、雍正、乾隆、嘉庆和道光这一百多年的时间里,清廷三次纂修《大清一统志》的意义和地方纂修方志的意义均处在变动之中,“统治者身份的证明”并不一直是清廷纂修《大清一统志》行为的主旨。

与康熙十一年卫周祚提议编修《大清一统志》时的清朝政局相比,康熙二十五年一统志馆正式开馆纂修《一统志》时的局势已经发生了重大变化。如果说卫周祚的提议是为了证明清朝入主中原的正统性,那么,在平定三藩、收复台湾之后,《大清一统志》的纂修则是向清朝臣民宣布大一统实现的一种形式。从证明到宣布,这是清朝正统性地位转变的一个重要动向。随着康熙帝与沙俄在东北边界签订条约,《大清一统志》还承

---

① 穆尔赛等修,刘梅、温敞纂:康熙《山西通志》卷首穆尔赛序,《中国地方志集成·省志辑》,南京:凤凰出版社,2011 年。

② 详见冯玉荣对明清《松江府志》个案的研究,吴琦主编:《明清地方力量与地方社会》,第 198 ~ 220 页,北京:中国社会科学出版社,2009 年。

③ 李扬帆:《涌动的天下:中国世界观变迁史论(1500 ~ 1911)》,第 142 页,北京:知识产权出版社,2012 年。

担着宣布清朝在东亚新秩序格局中地位的功能[1]。到了嘉庆朝重修《大清一统志》时，国史馆总裁大学士庆桂等奏：“为纂校《大清一统志》以彰我国家隆规巨典，车书一统之盛……我朝典章明备，疆宇式恢，为千古未有之盛。今所纂《一统志》皆中外臣民所翘首跂足，愿得先睹为快，以昭大同之治……庶全书得以早成，而大典益征详备。”[2] 但是，道光二十二年，重修《大清一统志》进呈时，道光帝统治下的清朝和嘉庆朝面临的局势已经发生了“千古未有之大变局”。

道光二十二年十二月二十二日，道光帝在为进呈本《大清一统志》作序时指出：“我大清之受天命有天下，增式廓而大一统者，于今二百年。……朕惟乾惕震，恐翼迪前光，深知守成之难，不殊于创始，愿与内外百执事勉。”[3] 道光帝对守成之难深有体会，此时清朝军队被英国殖民者打得几无招架之力，国势动荡。因而《一统志》在进呈之后，国史馆继续校对该书讹误，事成之后，嘉道重修《大清一统志》便深藏宫中。道光三十年正月，道光帝在总结一生治国道路时讲到《大清一统志》之事：“于序《一统志》，见继述之克廑。”[4] 清朝此时统治中国已有200余年，面对英国殖民者的侵略和国内政局的日益衰败，道光皇帝在谈到《大清一统志》时已经没有康熙帝或乾隆帝的帝王豪情：不再说《一统志》是弘扬清朝“中外一统”之盛，仅仅是努力地继承先帝遗产而已。

盛京地区作为清朝的龙兴之地，后设为陪都，它在清朝政治史上的地位仅次于京师。《大清一统志》盛京志书部记载了爱新觉罗家族与后金兴盛史，此种特殊性使得盛京统部卷的审稿时间颇长。乾隆十二年六月，武英殿修书处催问盛京志稿：查得从前一统志馆交来刊刻《大清一统志》书内有盛京省志书，自乾隆十二年五月间曾经撤回，至今并未交来。今本处业将十七省、外藩五路志书俱刷印完竣，专候盛京省志书办理进呈。相应行文贵处作速查明，催交该馆送殿。[5] 这是初修《大清一统志》时盛京志稿的情况。但是，从三部《大清一统志》本身内容来看，“盛京”的地

① 本书第四章第二节所论清朝与朝鲜在初修《大清一统志》时关于中朝边境勘察问题的探讨亦是证明。

② 《清国史馆奏稿》第2册，第1011页。

③ 《续修四库全书》第613册，第1～2页。

④ 《清实录》第39册，第999页。

⑤ 内阁大库档案，登录号：240462。

位也是变化的：初修《一统志》将京师（卷1）、盛京（卷28）、兴京（卷29）三地单独成卷，京师排在直隶统部之前，盛京和兴京排在盛京统部之前，并另将奉天、吉林和黑龙江三地组织在盛京统部卷下，意在强调盛京和兴京的独特尊贵地位。而且京师、盛京、兴京三处首字书写均比“直隶统部”“江南统部”等高出一字[①]。续修《一统志》将京师（卷1、卷2）、盛京（卷35）、兴京（卷36）三地依旧单独成卷，仅兴京的首字书写高度变成与“直隶统部”等持平，其他与初修志情况相同。重修《一统志》将京师（卷1至卷4）和兴京（卷58）单独成卷。前两部《一统志》均独立成卷的“盛京”卷取消，统归“盛京统部”卷下。“兴京”卷在前两部《一统志》中均排在“盛京统部”卷前，独立成卷，在重修志中“兴京”卷划归“盛京统部”卷下。当然，京师、盛京统部和兴京三处首字还是比其他统部高出一字。三部《大清一统志》所反映的疆域观念实际上和清代边疆民族史的研究颇有关联。

《大清一统志》与《明史》皆有明末遗民参与，但是两个现象的性质却不相同。汉族士人希望通过《明史》为明朝修史并保存汉族文化[②]。笔者认为，江南地区的精英群体参与纂修《明史》更多的是从道统层面考虑。现实利益和儒家道统的使命感（修齐治平）才是江南精英群体考虑的最重要因素，也是康熙帝能成功举办博学鸿儒科的最根本原因。如果纂修《明史》是寄托故国之思，那么江南士人在编修《明史》的同时又参与纂修《大清一统志》则无法解释。笔者认为，对明朝的忠诚并不是江南精英群体做出选择时考虑的最主要因素。将少部分江南精英对清初政权的反抗仅仅归结为汉族知识分子对满族的抗争实际上可以看作是一种狭隘的民族主义观点。[③] 徐乾学家族成为顺康两朝昆山地区的望族，黄宗羲等人对待清朝态度的转变即是证明。当然同时还发生了王夫之隐居和徐乾学

---

① 意义类似于将“朕”“皇帝”等顶格书写，虽然其内涵并不完全等同。

② 罗晓良：《试析康熙朝中叶对汉族文化政策与大一统政治之关系——以安定江南为例》，《华中师范大学学报（人文社会科学版）》2013年第2期，第141页。

③ 陈永明认为：以往将清军入关后大部分汉人都采取激烈抗拒的历史表述是充满了浓厚的感情色彩，其中更带有夸张渲染成分。作者还对拒降清朝的士人做出区别，并剖析拒降士人的变化心理。作者认为仅有张煌言、陈子龙等少数属于中国传统儒家所提倡的“知其不可而为之”、坚持原则与理想而进行抗清运动的那类人物。详见陈永明：《清代前期的政治认同与历史书写》，第3～22页，上海：上海古籍出版社，2011年。据陈著研究，持与其观点相似者早已有之，但却没有传播开来，这本身就是一个有趣的现象。

舅舅顾炎武远走他乡的历史[①]。

因为，从明朝对于江南征收重赋和明初朱元璋因苏州地区与张士诚的关联而采取近似惩罚的治理历史来看，江南士大夫对于朱家的明朝政权本身并没有太多的好感，况且明朝后来的皇帝大多实行不治而治的中央集权统治，有别于清朝皇帝们勤政式的中央集权统治。史可法抗清更多的是身为明朝将臣对于自己效忠朝廷的挽救，“扬州十日”和“嘉定三屠”固然是清军在平定江南过程中造成的人间惨象，但它也可以看作是清初多尔衮为代表的统治集团对江南地区的军事恐吓，否则清廷统一全国的步伐将十分缓慢。实际上，万历以后的明朝统治已经逐渐失去基础，天灾人祸，横征暴敛。李自成等人起义并未发生在富庶的江南地区，江南地主阶级和文化精英（有时他们是一个群体，有时他们也是分层的）没有理由做出激烈的政治行为。同时，很难想象在野的汉族知识分子会对这样的晚明朝廷报效忠心。江南地区发生的反抗更多的是对清军进入时未知力量的恐慌，因为他们不知道未来新政权是否会破坏原有的社会秩序，破坏地主、士绅们已经获得的利益格局。于是，部分地区发生了激烈的战斗，部分地区则没有。地主阶级和文化精英群体更关心的应该是哪一个政权不侵犯他们已经获得的利益。

有学者认为：“清政府对于修史的兴趣源于其对国家政权的考量，是为了解决其入关之后所面临的一系列问题。……《明史》无法解决清代统治者正统性的问题，在当时史官撰写的其他史籍中也存在这个问题。……1786年，《皇清开国方略》问世，标志着对于清朝产生和确立的整个历史过程的修订的最终完成。”它是对“百年来清朝统治正统性问题的总结”[②]。笔者通过对《大清一统志》和清前中期政治文化的考察认为：正统性问题固然是清廷面临的十分重要的难题，但是随着清廷全面统治的建立和统治政策变化与落实，正统性问题的重要性已经发生了改变。

康熙帝亲政之初支持修史工作，重视培养文化人才：“从前圣祖加意育才，循循训导，又纂修各种书籍，需员甚多，故翰林院编检几至二百

① 有学者认为顾炎武晚年对待清朝的态度也发生了很大变化，不再是早年的绝不妥协。详见鱼宏亮：《知识与救世：明清之际经世之学研究》，第221～228页。

② 多罗宁著，叶百川译：《清朝政权与官修历史》，《明清论丛》第12辑，第434页，北京：故宫出版社，2012年。

人，庶吉士亦五六十人。”[1] 但在康熙晚年，特别是康熙五十四年前后，《大清一统志》和《明史》等纂修均接近停顿状态。还有一个值得人们注意的细节，康熙朝徐乾学和韩菼两任总裁官时纂修的《大清一统志》稿本后来被雍正、乾隆朝一统志馆重新改定编修，体例亦变。而且，乾隆八年职名录中没有收录一位康熙朝一统志馆编修人员（包括总裁和纂修官等）。最终刊刻的初修《大清一统志》在表面上看不到徐乾学等纂修人员的努力。事实上，通过徐乾学拟定《大清一统志凡例》和志书的实际编纂过程看，徐本《大清一统志》均是以《大明一统志》为基本依据，有所损益。徐乾学领导纂修《大清一统志》实际上表达了他们对于明清易代的态度：希望通过《一统志》的编纂来体现由明到清统治“合理性”的接续，清朝继承了明朝正统性的遗产。但是这其中又涉及清廷比较敏感的夷夏之防的问题，因而徐乾学在草拟凡例时亦较为含蓄，在表面上仍强调修《大清一统志》为清朝统治服务：“伏念皇朝幅员之广，振古未闻。我皇上文德武功，穷越前古……特敕诸臣肇修《一统志》……展卷之下，条析缕分，庶几体国经野，不窥牖而可知观民省方。”[2] 然而，雍正、乾隆两朝一统志馆对康熙朝《大清一统志》编修经历的处理说明在雍正、乾隆时期《大清一统志》的编纂实现了从建国向治国的转变，这种转变是徐乾学等人编纂工作被历史湮没的最根本原因。

明末知识分子，特别是江南文化精英，参加清初科举、博学鸿儒、参编新方志等行为已经表明了他们对待新建立的清朝的一种态度。随着明末这批知识精英在清初的逐渐去世和顺治、康熙两朝统治政策效用慢慢发生，笔者认为：除了康熙朝纂修《大清一统志》时对于明清易代的正统性问题比较关注外，雍正、乾隆朝纂修《大清一统志》和后两部《大清一统志》的纂修已经将如何宣扬清朝大一统之盛和巩固统治的具体问题作为关注的主题。即使清代正统性问题在一些场合仍是清帝、部分满洲贵族和汉族文化精英关心的对象，但至少在康熙朝之后《大清一统志》中已经几乎见不到正统性的影响。

如雍正十三年十一月庚戌，乾隆帝继位之初即开始整顿史馆馆务：“乃各馆中，竟有修至十余年而未成书者，即云移查档案，动经时日，然

① 《清实录》第7册，第223页。
② 详见《清代诗文集汇编》第124册，第716页。

亦何至如许之久。朕闻在馆人员，以馆中月给廪费，倘书早告成，即不得支领，缘此致稽年月。朕思士人读书，必先明乎义利之介，先儒所云，正其谊，不谋其利者，于义何居。似不宜见小至于如此。况前书修成，又可别开馆局，何至所见不明，以致废弛公事。将此晓谕各馆官员等，毋得仍前怠忽。”① 乾隆八年六月和八月，乾隆帝又命吏部等衙门整治、监督修书各馆人事，特别是各馆誊录人员。② 清帝一如既往地将官修史书看成是涉及朝廷典礼的事情，但纂修人员在史馆工作似乎仅仅是谋生的手段。乾隆帝的看法虽不全面但却揭示了顺康时期清朝所面临的那种正统性的内在紧张不再是史馆工作的重心所在。

又如因为钱谦益、屈大均等人诗文书籍出现在方志中，乾隆朝加强了对地方志中违碍内容的检查、删改。这样来看，方志不再仅仅是为《大清一统志》提供材料来源。乾隆四十四年十二月，陕西省接到乾隆帝上谕要求清查陕西省方志：“臣卷查陕省于上年十二月内奉到上谕，令将省志及府州县志书悉心查核，如有登载钱谦益、屈大均、金堡等应禁诗文及其人事实书目者，概行删节，不得草率从事。”③ 署理陕西巡抚刘秉恬到任后即部署审查事务：“嗣于臣到任后，据司道等商筹派委试用知县一员，试用佐杂四员、教职五员，每日在于局内分手翻查。惟是所派教职、佐杂等官皆非臣素知之人，其是否能认真办理，臣实未敢深信。查有现任陕西汉中府属留坝同知臧荣青者，系进士出身，学问颇优，向在四川办理军需并报销经费各案，甚属细致，且人亦解事。臣现在派委该员责成专司覆核，仍令将查明之书于违碍处逐细粘签，随时先送奏准总司查办志书之督粮道翁燿覆查汇齐，由藩司转呈。臣再逐一核明，庶同力合办，逐层考校，或不致有草率疏漏之虞。”④ 由巡抚刘秉恬亲自负责志书的审查，可谓十分重视，且用心选派执行检查工作的官吏。刘秉恬不顾选派人员手续的繁杂，甚至请旨调派。乾隆四十五年正月二十四日，署理陕西巡抚刘秉恬奏请将候选县丞王玙留于陕西照旧查办违碍书籍志书：

再查前抚臣毕沅于乾隆四十一年因陕省纂修郡邑志乘，奏明将江

① 《清实录》第9册，第272页。
② 详见《清实录》第11册，第509、542页。
③ 朱批奏折，档号：04—01—38—0013—012，缩微号：04—01—38—001—1353，一史馆藏。
④ 朱批奏折，档号：04—01—38—0013—012，缩微号：04—01—38—001—1353，一史馆藏。

苏省人就职州判庄炘发陕办理志书。嗣是又有浙江秀水县人、由三通馆议叙县丞之王玙来陕，毕沅见其学问颇优，令与庄炘一同办理各处志书。臣于到任后访问，该员等自派办以来，甚属尽心尽力，不辞勤劳。嗣以庄炘丁忧回籍，惟王玙一人在陕，因系查书熟手，现亦派令在局与臧荣青等一体查核。臣并看得王玙年力精壮，人亦明白细致，堪资委用。但现准浙江抚臣王亶望以该员铨选在即，咨令回籍主候，给凭赴任。合无仰恳圣恩俯准将候选县丞王玙留于陕省，照旧查办违碍各书籍志书，俟临选掣签之时由部臣扣缺行知，即在陕省以相当县丞之缺咨部补用。该员系佐贰微员，陕省他省同一供职，于铨法既无违碍，而于办公则有裨益。谨恭折奏请。

朱批：知道了。①

乾隆朝之所以如此严格地审查地方志书，目的之一就是重建地方关于明末清初历史的认识。雍正帝曾言："自我朝入主中土，君临天下，并蒙古极边诸部落俱归版图，是中国之疆土开拓广远乃至本朝而始大，实中国臣民之大幸，何得尚有华夷中外之分哉。"② 清廷统治的正统性问题不再如立国之初那么紧张。乾隆帝希望方略馆编修的《满洲源流考》"垂示天下万世"，"用昭传信而辟群惑"。③《辽金元三史国语解》则用昭一统同文之盛，使信史益为完善。④ 国家统治既要武力又需文治。乾隆朝续修《大清一统志》与《明史》《钦定辽金元三史》《满洲源流考》等书，共同构成了乾隆朝官修典籍一个高潮。

有学者认为：《禹贡》所强调的重点除了"地域向来一统"的概念外，更有着"平天下"的文化意识。它的大一统的空间、时间的价值系统亦被《一统志》所继承。⑤"全国性的总志由隋唐的《图经》到了元代演变为《一统志》，当然是为了夸示其疆域幅员广大，但是既然称之为

---

① 朱批奏折，档号：04—01—38—0013—012，缩微号：04—01—38—001—1353，一史馆藏。

② 《雍正朝汉文谕旨汇编》第 3 册，第 300 页。

③ 中国第一历史档案馆、文化部恭王府管理中心编：《清宫恭王府档案总汇：和珅秘档》第 1 册，第 27 页。

④ 中国第一历史档案馆、文化部恭王府管理中心编：《清宫恭王府档案总汇：和珅秘档》第 1 册，第 343 ~ 344 页。

⑤ 宋天瀚：《论章学诚的方志理论与"方志学"》，《古典文献研究辑刊》初编第 28 册，第 20 页，台北：花木兰文化工作坊，2005 年。

‘一统’，那么就与传统文化中的正统思想有了关联。从这段序言（笔者注，作者此处指许有壬《大一统志序》），可以看出《一统志》的编纂起源于正统思想。……朝代间的五德终始说或者受命继统的说法终究只是一套理论，实际上的疆域面积更能说明其承继的来源与政治力量的宣示。《一统志》的产生具有从事实上来说明政权的合法性的象征意义。”① 元朝以少数民族入主中原，清朝情况与其极其相似。清替明而兴，《大清一统志》在宣示新政权合法性（合理性）的同时，它和其他官修典籍共同参与了符合清朝统治集团的历史记忆的重建过程。

表 5－1　　清代康熙至道光年间中央官修典籍举要②

时期	书名	版本
清圣祖	平定三逆方略	康熙年间内府刻本
	平定朔漠方略	康熙四十七年内府刻本
清世宗	御纂孝经集注	雍正五年内府刻本
清高宗	皇舆西域图志	乾隆四十七年武英殿刻本
	辽金元三史国语解	乾隆四十六年武英殿刻本
	皇清开国方略	乾隆五十一年武英殿刻本
	平定准噶尔方略	乾隆三十五年武英殿刻本
	钦定蒙古源流	乾隆四十二年武英殿刻本
	宗室王公功绩表传	乾隆三十年武英殿刻本
	八旗满洲氏族通谱	乾隆九年武英殿刻本
	胜朝殉节诸臣录	乾隆间武英殿刻本
	明史	乾隆四年武英殿刻本
	热河志	乾隆四十六年武英殿刻本
	满洲源流考	乾隆四十二年武英殿刻本
	盛京通志	乾隆武英殿刻本
	皇清职贡图	乾隆间武英殿刻本
	大清会典	乾隆二十九年武英殿刻本

① 宋天瀚：《论章学诚的方志理论与“方志学”》，《古典文献研究辑刊》初编第28册，第21页。

② 此表据以下文献制成：《四库全书总目》，北京：中华书局，1965年。《景印文渊阁四库全书总目》。《续修四库全书总目录》，上海：上海古籍出版社，2003年。《清代内府刻书目录解题》。翁连溪：《清代内府刻书图录》，北京：北京出版社，2004年。

续表 5－1

时期	书名	版本
清仁宗	剿平三省邪匪方略	嘉庆十五年武英殿刻本
	明鉴	嘉庆二十三年扬州诗局刻本
	大清会典	嘉庆二十三年武英殿刻本
	平定教匪纪略	嘉庆间武英殿刻本
清宣宗	续纂外藩蒙古回部王公表传	道光元年武英殿刻本
	新疆识略	道光元年武英殿刻本
	续纂外藩蒙古回部王公表传	道光十九年宗人府刻本
	平定回疆剿捦逆裔方略	道光十年武英殿刻本

和珅等在向乾隆帝奏报《大清一统志》纂修事务时曾明确指出《大清一统志》与其他清廷官修典籍共同构建清朝官方史学的重要性。乾隆五十年六月初八日，和珅、曹文埴谨奏："为请旨事。窃臣等奉旨续修《大清一统志》，现在全部告成……（是书）实与国史、三通相为表里。"①

正如《乾隆朝官修史书考论》一文中总结乾隆朝官修史书的特征：《御批历代通鉴辑览》等典籍侧重倡导纲常伦理，重视人心风俗；《平定金川方略》等典籍则宣扬赫赫武功，彰显疆域一统等等。它们共同反映了清盛世时期博大恢宏的文治气象，体现了清统治者的思想主张和文化政策的一些特征。② 表 5－1 中所列 27 种清廷官修典籍，仅是清廷官修典籍中的一小部分。③ 三部《大清一统志》扮演着自己的角色，它们和清廷其他官修典籍共同完成了重建或改写原有历史记忆的任务，在建立本朝史（也包括本族史）和弘扬清朝文化统治政策方面也起到了重要作用。④ 清廷官修典籍的最终指向都是清朝的统治能够永久延续，《大清一统志》只是拼图中的一个不可或缺的因素。

---

① 录副奏折，档号：03—1155—038，缩微号：082—1733，国家清史编纂委员会数据库。

② 详见黄爱平：《清乾隆朝官修史书考论》，《安徽史学》2016 年第 3 期。

③ 按，笔者初步统计清朝中央官修典籍有 360 余种，这其中不包括那些翻刻的前代典籍。

④ 乾隆帝一方面"稽古右文"，一方面却又"寓禁于征"，并通过文字狱等手段，来达到重塑历史记忆的目的。详见陈祖武、朱彤窗：《乾嘉学派研究》，第 41 页。

第二节 《大清一统志》与地方社会：清代方志纂修问题新探

如前文学术史回顾，目前研究《一统志》对于清代方志发展的影响多从宏观角度论述清代方志在纂修理论、编纂数量、名志名作等方面的成就。另一方面，从清代方志角度出发的研究成果往往仅从《大清一统志》编纂对于清代方志发展的政策、制度上推动，大多是抛开《一统志》后，再具体研究某个区域方志或某部方志的得失。上述的两种研究视角，前一种有利于我们了解清代方志发展的总体成就、特征，以及中央政策的催生性影响。后一种则使得我们对于某些地区方志认识更为深入，进而推动对地方史（或区域史）的认识。可谓各有千秋。但是，这两种视角有一个共同的不足，即忽略了清代方志成书过程中中央与地方两个角色互动影响的过程。虽然有学者注意到清代官修方志的权力意志、在地方史建构中的作用等，但也多是从区域史的视角出发，并未具体论及中央政治力量如何在地方修志过程中发挥影响。本书在利用此前未被方志学（史）论著注意的清代档案基础上①，探究在《大清一统志》编纂工程的背景下清代方志的纂修方针、人员管理、经费来源等问题，进而分析中央与地方两种力量对于方志纂修的影响以及地方修志过程中的利益纠葛。

清代是中国方志编纂事业的全盛时期，官修方志占了绝对主导的地位，包括省、府、道、州、厅、县等各级官修方志。清廷之所以重视方志的编纂，总的目标是为维护、巩固清朝统治地位服务。方志在清代前中期的功能可以分为两个主要方面：第一，为中央了解、统治地方社会提供信息参考。第二，表彰忠孝，移风易俗。

在不同时期，清廷对于方志纂修的具体要求又有所差异。顺治帝初入中原，清军对于内地各省省情了解极其有限，清廷对于地方志的纂修主要是为了掌握各地人口钱粮、山川险要、兵防关隘、风俗人情等情报，这样

---

① 管见所及，此前研究清代方志论者利用方志本身、相关文集笔记较多，偶有利用《清实录》《大清会典》等史书、政书。清代档案中也存有各地纂修方志丰富资料，很少被相关研究者注意到。

才能迅速了解、治理新的疆土，这里更多的是从军事角度的考虑。顺治十四年，贾汉复接任河南巡抚后即要求地方官进献志书，共得46种，其中多为明朝旧志，贾汉复便开始纂修《河南通志》。[①] 这样“凡山川之修阻，人物之烜赫，艺文之菁英，及舆图、星纬、城池……试一展卷，了如指掌。”[②] 康熙十一年，卫周祚提议编修《大清一统志》后，康熙帝便下令各地设局修志，责成学政检查。雍正元年，清廷严谕各地修志。此后，形成了清代60年轮修方志的传统。[③] 康熙、雍正年间，清廷逐渐完成了对中国大部分地区的实际治理，如何进一步巩固统治地位成为康熙帝等治国的核心问题。随着清朝疆域版图的扩大、人口的繁衍，如何有效地管理各地政务也是清廷必须考虑的问题。方志的角色发生了一些转变——资政功能即显得愈发重要。[④]

一　为中央了解、治理地方社会提供依据

康熙二十三年三月二十六日，内阁大臣奏议令直隶各省每省委道官二员、同知二员绘画地里图进呈。康熙帝曰：绘画图经原为得实，若委生事匪类，乐此图利事反未善。应选差贤能通晓典故者，详加阅看绘画。[⑤]

雍正十二年正月十九日，贵州提督舒元生奏苗疆奠定恭进舆图：切惟新开之疆，最宜形势联络，使官民日亲日近，自然革面革心。臣于雍正十一年五月内平定九股，班师之日，遍历苗疆，其向化情形业经具折奏闻矣。今以臣巡历所至山川道里，并将臣巡历所未至之处细访土人，而知水陆所通、源流脉络详绘成图，按其远近夷险，安设塘汛，俱于图内注明，并撰图说附于图首，恭呈御览。[⑥]

雍正十二年九月，户部咨一统志馆：户部广东清吏司案呈雍正十二年八月二十一日，准广东巡抚杨永斌咨称：

---

① 张佐良：《清初河南修志述论》，《中国地方志》2009年第1期，第45～46页。

② 顺治《河南通志》贾汉复序，《中国地方志集成·省志辑》，南京：凤凰出版社，2011年。

③ 国家清史编委会典志组：《清代以来地方志编纂问题述论》，《史苑》第12期。

④ 如董枫即从地理认知与社会控制的关系研究清代浙江泰顺县的地方社会，强调地理认知对于地方治理的重要性。详见董枫：《清代地方的地理认知与社会控制——以泰顺县研究为中心》，复旦大学历史地理研究所2010届博士学位论文。

⑤ 中国第一历史档案馆藏：《清代起居注册·康熙朝》第16册，第7853～7854页。

⑥ 中国第一历史档案馆编：《雍正朝汉文朱批奏折汇编》第25册，第924页。

准部咨:将各府州县文武职官、公廨、户口、田赋、仓廒、营卫、兵数、盐场等项条晰造册,送部转送一统志馆增辑等因。行据分晰造缴所有户口、田赋、关税、口岸、盐场、仓廒各册咨送。再照鹤山县割附户口、田赋未定,业于册内注明等因前来。查粤东省各府州县文武职官、公廨、驿站、仓廒、城池、学校、城堡、祠庙及武职各官驻扎管辖兵丁,并各属四至、程途里数,业经该抚分晰汇册造送。至户口、田赋、关税等册,另文咨送等因,应将原册二本移送一统志馆,其户口、田赋、关税等册,应令作速送部等因。现在具稿呈堂在案。今据该抚将户口、田赋、关税及盐场各册咨送到部,应行将原册四本一并移送一统志馆增辑。[1]

雍正十二年九月九日,户部又就河东总督王士俊汇奏地方情况行文一统志馆和内阁。王士俊所奏内容的主题与广东巡抚杨永斌类似。[2] 从杨永斌的奏折可知,各地地方官需要将其治下的各种事务(大至职官变动、户口数等,小至祠庙)向中央汇报,这样即使皇帝不出巡不派出钦差大臣,也可以尽量掌握全国的政情。

无论是各地进呈舆图还是编纂方志,这些都是在清朝大一统政权之下各省、府、州、县为配合中央统治而做出的行为。顺治朝新修方志或康熙、雍正年间新平定地区进献新修方志,这些既可以看作是地方原有政治势力对新的中央政权的臣服,也是中央政权在该地统治地位确立的标志之一。

大清一统志馆成立之后,各地应中央要求继续纂修方志,特别是各省通志。这些新修方志的行为既是统治者掌握地方省、府、州、县政情的一种方式,也是中央监督地方的一种手段。三部《大清一统志》的纂修在客观上推动了清代方志事业的发展,也为清廷治理地方提供了很好的信息平台,而一统志馆、方略馆(隶属军机处)和国史馆则是这一平台的媒介。地方省、府、州、县在纂修方志事务上要及时向中央汇报情况。

如雍正十三年十一月二十六日,陕西巡抚硕色详细汇报了《陕西通志》纂修的前后经过,其中人员安排、费用情况如下:

经前司详委粮盐道杜滨总理纂修,间奉旨解任,前赴噶斯办理军

① 内阁大库档案,登录号:174191。
② 详见内阁大库档案,登录号:237302。

> 需粮道。沈青崖到任随经详委总理，于雍正八年五月初一日开馆，未及修完，于雍正十一年五月内奉旨调赴肃州办理军需，复经详委按察使何师俭总理纂修，于雍正十三年三月完竣，随详明印刷装潢，并需用装载纸张、缎绫物料等项工价银两批允动支在案。今据西安府知府乌灵阿申据咸、长二县申称，前奉檄饬赶办呈送各项志书，今已齐全，相应呈请委员赍送，至包裹物料并驮骡等项价值银两，俟统入志馆奏销册内造报，合并声明等情。到府转请到司，据此该布政使程仁圻据按察使何师俭查得纂修陕省通志一案，今据该府县修辑成书，装裁整齐，详请委员赍送前来，所有进呈御览陕省《通志》二部分送各部院二十二部。查有署西安水利通判刘源深办事小心，堪以委令赍送。①

同时，从地方层面看，纂修方志还具有为地方官施政提供参考的功效。雍正年间，翰林院侍读学士陈邦彦奏陈修志事务。“为恭请敕修志书以清疆界以垂久远事。窃惟经界者，仁政所必先记载者。”疆界管理对于庞大的清王朝是十分重要的。各地纂修方志成为能够有效管理辽阔疆域的重要手段之一。“故畿辅、省会则有通志，下逮各府有志，州县有志，以载其道里、田赋、风俗、物产、山川、人物，所以昭疆界，理之宜慎，封守之寄，所关甚重也。”随着领土、人口的增加，地方治理呈现一些问题：“我国家重熙累洽，土田日辟，户口日增，为自古所未有。而皇上复殚宵旰之勤劳，谋养恬之至计，恐地广人稠，邑宰难于控制也。”

为了实现“体国经野之弘猷”，各级地方官需要将本地行政区划变迁、人口增减等情况详征确查，编成新志：“今新设、新分之各府州县既已画疆分理，则志书所载，亦宜考核辨析，归于详确。合无仰请皇上敕令各直省督抚檄行新设新分之各府州县官，将各该管地方旧志所载道里、田赋等项详细查核，延请绅士之品学兼优者重加修辑。如新设之府属及直隶州则合所辖州县汇为府州志，其卫改州县及州县之改隶他省、他府者亦应更定志书，改附所隶府属之下。至新分之县治则将旧志所载秉公确核，分晰详细，修为两县新志，克期告竣，申报上司咨送到部。”这样既是为编

---

① 张伟仁主编：《明清档案》第66册，B37535—B37538。

纂《皇舆一统全志》作准备，也成为督抚大员治理地方的施政参考：“井疆税赋既一览可凭，而承流宣化者亦有所依据矣。”[①] 据学者研究，在平定三藩之乱后，两湖地区开始了土地清丈工作，清政府在两湖地区的统治稳定之后，地方长官利用乡里组织，动员族长、户长、湾长等对各州县土地进行清查，以恢复原额，均平赋役。在清丈之后，编纂地籍：鱼鳞册、归户册和丈量册等。在清丈土地和编纂地籍过程中，两湖地区州县的不同群体和利益团体都在为各自利益而争。这些过程有不少保留在清代各地方志中。[②] 因而，一统志馆等征集方志或地方档册时，清廷借此机会及时地了解各省及所辖府、州、县的政务。

新地方官上任时，皇帝颁发的器物中便包括方志和舆图。这也是基于方志对于新任地方官治理地方具有辅助的功用。史贻直奉命暂署江南总督印务，于雍正八年四月十二日接印任。雍正八年五月十一日，署江南总督尹继善题报史贻直抵任移交印务事宜中就详列雍正帝颁给史贻直的物品：钦颁银关防一颗、王命旗牌十杆面、上谕文职官方十八道、上谕武职官方七道、御制劝农谕一道、御制敦崇实学匾额一件、御制朋党论一件、最后是“景定《建康志》一函六套、各省舆图十卷、火牌文卷等项”[③]。

二　表彰忠孝，移风易俗

良好风俗对于维护一朝统治亦具有十分重要的意义。雍正帝曾言：“致治之要，首在风化，移风易俗，莫先于鼓励良善，使人人知彝伦天则之为重，忠孝廉节之宜敦。古帝王劳来匡直，所以纳民于轨物者，舍是无由也。朝廷每遇覃恩诏敛，内必有旌表孝义贞节之条，实系巨典。”[④] 这也是清朝对于维护各地风俗的一贯要求。

康熙年间，徐乾学在主持一统志馆时便强调《一统志》对于维风励俗的功用：“康熙间，昆山徐尚书主修《一统志》，吏上节妇名多至十余

① 以上所引陈邦彦言论详见《雍正朝汉文朱批奏折汇编》第32册，第724～725页。

② 关于这一问题的研究详见杨国安：《清代康熙年间两湖地区土地清丈与地籍编纂》，《中国史研究》2011年第4期。

③ 中国第一历史档案馆编：《雍正朝内阁六科史书·吏科》第59册，第143～145页。

④ 《雍正朝汉文谕旨汇编》第3册，第90页。

卷，门下士请核。公正色曰：国朝风教迈前古，宜备载其盛，矜后世也。”① 各地在编修地方志时也遵守奖励风俗的原则。广东布政使王士俊在奏折对新修《广东通志》提出要求：“伏思名宦、人物、山川、风土均于志书备载，所关甚重，非考核精详、采录公当不足以光简册，而传久远。”② 王士俊还指出：“其中名宦、人物，风励攸关，务加详慎。今新增各传多照雍正三年咨部名宦、乡贤祠册，本朝名宦有非入祠而立传者，惟前督臣郭世隆、杨琳、孔毓珣三人以实绩可纪也。本朝人物有非入祠而立传者，惟原福建巡抚雷州陈瑸一人，以众论佥同也。余非卓卓可传，宁严勿滥。至于忠臣节妇仰体皇上表扬至意，凡有实据，满汉俱备细搜入。”③

河东总督田文镜在编修《河南通志》时持有同样观点：“仰见我皇上慎重纪载，表彰人物，详征一代之文献，永垂万世之章程。”④ 各地修志中都必须谨慎处理志书人物，稍有不慎，便容易造成纠纷。故而，王士俊等纂修《广东通志》时坚持：“余分类条目不敢越例，或删旧志之繁，或补旧志之缺，或正旧志之讹，或厘旧志之杂。”⑤

陕西巡抚硕色在进呈本省方志时即举例：“李绂修《广西通志》，率竟徇情瞻顾桑梓，将江西仕粤之人不论优劣概行滥入，远近之人皆传为笑谈。如此志书岂堪垂世。”⑥ 李绂主持纂修的《广西通志》被雍正帝点名批评，前引王士俊和田文镜奏折中均见李绂《广西通志》被作为“劣志”的典型。雍正帝批评李绂及其主修的《广西通志》等现象说明清廷对于方志纂修比较重视，地方官修方志过程中的利益纠葛和权力介入也是清廷管理范围。

三　地方修志过程中的利益纠葛

清代地方政府将修志看作为一种业绩，⑦ 这是清代方志事业全盛发展

---

① 龚自珍：《与徽州府志局纂修诸子书》，见《定庵文集》卷上，《清代诗文集汇编》第 573 册，第 411 页。

② 《雍正朝汉文朱批奏折汇编》第 17 册，第 951 页。

③ 《雍正朝汉文朱批奏折汇编》第 20 册，第 333 ~ 334 页。

④ 《雍正朝汉文朱批奏折汇编》第 18 册，第 5 页。

⑤ 《雍正朝汉文朱批奏折汇编》第 20 册，第 333 ~ 334 页。

⑥ 张伟仁主编：《明清档案》第 66 册，B37535—B37538。

⑦ 林天蔚：《地方文献研究与分论》，第 41 页。

的推动因素之一。表5－2反映了清代各个时期修志的概况。实际上,清代纂修地方志不只是地方官的业绩,更是地方政府的一种统治方法,是地方官治理百姓的手段。方志的纂修也体现了地方权力对于利益的争夺。清代前中期纂修如此多的方志,这一现象的本身就是一部政治史。地方纂修方志如何体现权力的运行呢?我们先来看《清实录》的一条记载:

> 雍正七年闰七月癸未,前因纂修《一统志》书,内载本朝名宦、乡贤、孝子、节妇一应事实,行令详悉查报,以备纂修。该地方有司,自应确查纪载,采访乡评,据实秉公咨送书馆,以彰直道。今闻外省郡县中,竟有胥吏作奸,借端生事,向本家查取事实,高下其手,希图财贿者,似此则有力者滥窃褒扬,而无力者不能表见,何以副国家彰善旌贤之典。著各省督抚等通行严禁,倘有仍蹈前辙者,将该地方官即行查参。①

这是方志纂修过程中普通地方百姓的遭遇。再看乾隆年间曾经官至刑部尚书的张照在其家乡志书《松江府志》的境遇。

乾隆四十七年二月十七日,军机大臣和珅、曹文埴奏:“窃臣等纂办《一统志》,钦奉谕旨:将原任刑部尚书张照事迹补入《松江府志》,其各省志书内有似此者,并令纂修诸臣查明奏闻补入。钦此。仰见我皇上奖励儒林、善善从长之至意。”② 原来,乾隆四十七年正月丁卯,乾隆帝颁发谕旨:“昨阅进呈《一统志》内,国朝松江府人物只载王顼龄、王鸿绪诸人,而不载张照,其意或因张照从前办理贵州苗疆,曾经获罪,又其狱中所题白云亭诗,语意感愤,经朕明降谕旨,宣示中外,因而此次纂办《一统志》,竟将伊姓氏里居,概从删削,殊属非是。”乾隆帝回述张照仕途上犯错之事,特别讲述张照与鄂尔泰交恶之事。最后,乾隆帝定调:“总之,张照虽不得谓醇儒,而其资学明敏,书法精工,实为海内所共推重,瑕瑜不掩,公论自在。所有此次进呈之《一统志》,即将张照官秩出处事迹,一并载入。其各省志书,或有似此者,纂修诸臣,皆宜查明奏闻补入。”③

---

① 《清实录》第8册,第121～122页。

② 中国第一历史档案馆编:《纂修四库全书档案》下册,第1465－1467页。

③ 《清实录》第23册,第405～406页。

表 5－2　　清代方志分类统计表①

	通志	道志	府志	直隶厅志	厅志	直隶州志
顺治	1 部		18 部			
康熙	19 部		132 部		2 部	3 部
雍正	12 部		11 部		1 部	3 部
乾隆	14 部	1 部	104 部	2 部	10 部	19 部
嘉庆	8 部		23 部	2 部	3 部	6 部
道光	7 部		29 部	2 部	12 部	8 部
咸丰			9 部		2 部	4 部
同治			22 部	2 部	3 部	10 部
光绪	11 部		50 部	4 部	19 部	26 部
宣统	4 部		4 部		2 部	
不详	2 部		9 部			1 部
	州志	卫志	县志	关志	镇志	乡土志
顺治	17 部		134 部			
康熙	148 部	8 部	969 部	1 部	4 部	
雍正	23 部		98 部		1 部	
乾隆	105 部		760 部		7 部	
嘉庆	30 部		213 部		9 部	
道光	42 部		304 部	1 部	7 部	1 部
咸丰	8 部		51 部		3 部	
同治	18 部		279 部		1 部	
光绪	72 部		72 部		15 部	77 部
宣统	4 部		4 部		1 部	15 部
未详	5 部	1 部	5 部		3 部	43 部

据表 5－2 的不完全统计，从康熙至道光年，从各省到各州县，大多纂成新方志，甚至是乡镇、关、卫亦纂有志书，从地方政治史的角度看，方志的纂修是一种政治文化现象，而不只是一种因袭旧志的行为，纂修过程中充满了中央与地方、地方士人之间的权力、利益争夺或协调等，具有

① 林天蔚：《地方文献研究与分论》，第 40～41 页。巴兆祥统计初修《一统志》期间各地纂成方志 1518 部，续修《一统志》期间纂成方志 291 部，详见巴兆祥：《方志学新论》，第 121 页。

广阔的研究空间。从前文可知，清廷时常监督各级地方官修方志活动。但是，地方修志过程中仍有不合于“法”的现象发生。

（一）纂修人员的管理

地方志的纂修人员选拔一般由地方最高长官负责，省志多由督抚负责选拔，府志或州志则多由知府或知州负责选拔，县志由知县等选拔纂修人员。选拔人员时需考虑周详。在纂修省志时，往往任用外省人总司其事，以免本省士绅徇私之弊，同时兼选各府县熟悉乡情的士绅充纂修。

雍正六年十二月，广东布政使王士俊奉旨重修粤省志书。雍正八年二月十六日，王士俊奏：“臣奉文之后随即转行各府，确查旧志未载事迹，并于所属绅衿之内，每府选择一二人，送至省会设局纂修。但恐本省绅衿不无徇私情弊，必于外省聘一素有学行者总理大纲，庶事无关滥而责有专司。”最后选择浙江人、翰林院庶吉士鲁曾煜任总纂。①

雍正七年二月，河东总督田文镜奉旨纂修豫省志书。田文镜“转行河南布政司速为聘访学问淹贯人员，择日开局”，因本省无合适人员能够担任总纂，后“又札致河臣嵇曾筠代为延访”。雍正七年冬，嵇曾筠推荐江南无锡人辛丑科进士顾栋高。雍正八年正月内顾栋高到河南省。参与纂修《河南通志》的还有：“又选有濬县教谕朱超、鹿邑县教谕傅梦赉、南阳县教谕罗倬、裕州学正张星煜、正直学正李洛，均系文理优通，堪膺分校之任。”②

（二）纂修费用的来源：官费与“自筹”

清代方志以官修为主，修志的经费大多为官府支出，偶有地方官或方志纂修者“自筹”解决。无论通过何种渠道获得纂修经费，均需向中央及时汇报。如广东布政使王士俊等组织纂修《广东通志》，自雍正八年六月至九年三月，“一切资脯刻费，臣悉动支藩库公项银两，约费三千余金，未及一载，通志告竣。”③ 河东总督臣田文镜等设局纂修《河南通志》，“其一切安置并须用器具及供应笔墨纸张食物等项，应请在于存公银内陆续给发，统俟事竣之日查追清册，逐一确核报销。”④ 雍正八年二

① 《雍正朝汉文朱批奏折汇编》第17册，第951页。
② 《雍正朝汉文朱批奏折汇编》第18册，第5页。
③ 《雍正朝汉文朱批奏折汇编》第20册，第333～334页。
④ 《雍正朝汉文朱批奏折汇编》第18册，第5页。

月十二日开馆纂修，于雍正九年四月二十一日修辑完成，修志共动用司库存公银一千五百五十三两零，“已造册咨部在案”。[①]

广东、河南省志的修纂均动用官府库存银两，使用银两数目最后须题报户部查核。嘉庆五年，广西巡抚谢启昆则为纂修《广西通志》自出经费：

> 《广西通志》，自雍正十一年前抚臣金鉷纂修之后，至今并未续修。粤西公事本简，臣每日办公余暇，搜罗散佚，逐条编纂，所带幕友俱江浙能文之士，即在内署分司校录，所费不过纸笔之需。不徒七十年来，文献有征，而营制、边防、猺獞、俗尚、山川、形势、土司、沿革并得详细稽查，似与吏治边情均有裨益。现在尚未竣事，俟冬间成书后，当恭录稿本，敬呈钦定。臣捐办此二事本属职分所当为，并未动用公项，亦不派及官民。

嘉庆帝朱批：公余同朋友校勘志书，修明山川、风俗，能令一目了然，有裨政治多矣。胜于饮酒赋诗、品竹弹丝奚啻百倍。嘉慰览之。[②]

（三）地方修志过程中的弊政

即使清廷对方志纂修有较多管理制度。除了总督、巡抚、知府等官外，学政、教谕等均有监督地方修志之责任[③]。但是各地修志过程中“请托钻营等弊”仍难避免。

人物旌表是容易滋生弊政的方面之一。雍正年间，即曾多次发生类似案例。雍正五年六月十九日，兼管奉天府尹王朝恩题参代理广宁县通判毛瀚原报旌表节妇不实并参失察前府尹等员：

> 臣看得前任奉天府府尹蔡珽题请旌表节妇张氏等十七口一案，奉旨交臣另行察明具奏。钦此。臣查本案节妇十七口，原结报官三员俱已离任。臣钦奉谕旨，随行现任正署各官查察去后。兹据署铁岭县事开原令万如济……三员各另疏具结册，详覆前来。臣复查节妇张氏等十三口与例相符，所当请旨旌表。至铁岭县原报节妇韩氏年五十岁，

---

① 《雍正朝汉文朱批奏折汇编》第20册，第585～586页。

② 朱批奏折，档号：04—01—01—0476—066，缩微号：04—01—01—061—0389，一史馆藏。

③ 可参考素尔讷等纂修，霍有明、郭海文校注：《钦定学政全书校注》，第13、22、285、299等页，武汉：武汉大学出版社，2009年。

> 今署县查报韩氏今年实止四十八岁，与例不符，应停旌表。……（按，毛瀚所报旌表节妇年龄亦有不合之处。）雍正五年五月二十六日题，六月十九日奉旨，该部严察议奏。①

雍正六年十一月甲戌，一统志总裁大学士蒋廷锡等奏：“请谕各该督抚将本省名宦、乡贤、孝子、节妇一应事实，详加查核，无缺无滥，于一年内保送到馆，以便细加核实，详慎增载。”② 到了雍正七年，便发生了舞弊案件。《清实录》雍正七年闰七月癸未记载：“前因纂修《一统志》书，内载本朝名宦、乡贤、孝子、节妇一应事实，行令详悉查报，以备纂修……今闻外省郡县中，竟有胥吏作奸，借端生事，向本家查取事实，高下其手，希图财贿者，似此则有力者滥窃褒扬，而无力者不能表见，何以副国家彰善旌贤之典。”③

雍正帝多次颁发谕旨希望阻止人物旌表中舞弊之事：

> 朝廷每遇覃恩，诏款内必有旌表孝义贞节之条，实系巨典。迩来直省大吏，往往视为具文，并未广咨远访，只将有力之家嘱托赂遗者，漫凭郡县监司之申详，即为题请建坊。而山村僻壤穷氓耕织之人，或菽水养亲，天性笃孝，或柏舟矢志之愿，靡他乡邻嗟叹为可钦。而姓氏不得传于城邑，幽光湮没，潜德消沉者，何可胜数。尔部即传谕督抚、学政诸臣，嗣后务期各属搜罗虚公核询，确据本人乡评实迹，题奏旌奖，勿以匹夫匹妇而轻为沮抑，勿以富家巨族而滥为表扬。以副朕成俗化民，实心彰善至意。④

清代著名舆地学者张穆在其文集《𪩘斋文集》卷四《跋富川令秦公循忠遗笔后》记录了一则嘉道《大清一统志》中孝义人物的假孝义：

> 新修《一统志》于吾州人物下载有孝行刘锐者，其人与吾家望

① 中国第一历史档案馆编:《雍正朝内阁六科史书·吏科》第36册，第125~126页。

② 《清实录》第7册，第1122页。

③ 《清实录》第8册，第121~122页。另见中国第一历史档案馆编:《雍正朝起居注册》雍正六年十二月十二日、雍正七年闰七月十一日。

④ 《雍正朝汉文谕旨汇编》第3册，第90页。另见《雍正朝汉文谕旨汇编》第3册，第350页，谕礼部嗣后旌表忠孝节义务须虚公不得冒滥。

衡而居，不孝不友，行同无赖，兄弟争讼，十年不解。以素与学书某昵，嘉庆初元诏举天下卓行之士，锐以二十缗付学书某，遂饰举孝行，部议予旌。今《一统志》居然载入，此则国史馆据州县解到文案之确证也。下略。〔嘉庆〕《一统志》今已印行，其中人物如石州所纪者固当不乏，国史官书之不足据，往往如此。[①]

可见，《大清一统志》中有关孝义、人物甚至名宦方面记载的瑕疵或不在少数。

乾隆年间，云南总督张允随呈报云南修志所用银两过多，乾隆帝令户部查办。乾隆九年十二月十九日，云南总督张允随题报复查滇省纂修志书用过银两数目事：

……自雍正十年二月开馆纂修起，至乾隆元年七月告成止……于乾隆元年八月内进呈御览……所有纂修滇志每日供给修金盘费以及刊刻刷装纸墨工价等项，动支零星积余盐羡银两。兹据云南府知府郭振仪将雍正十年正月十九日起至乾隆元年八月初九日止……共支领司库盐羡银一万九十四两六钱四分五厘七毫，内据该府缴解存剩银三十一两八厘九毫外，实共用银一万六十三两六钱三分六厘八毫，理合咨部准销等因。并准礼部、工部咨部前来。查各省纂修通志需用工价银两，业据四川、贵州、山东、河南等省册报到部，实需银自四百两至二千四五百两不等。

朱批：该部察核具奏。[②]

乾隆十年三月二十六日，户部尚书海望核议云南总督张允随等滇省纂修志书用过盐羡银两事：

……所纂全志卷帙不甚繁多。今纂修人员每年束修自六十两、一百二十两至五百两不等，盘费银自二十四两、二十八两、七十二两、一百二十两至一百八十八两不等。其抄录人役食费又每名每月给银自一两五钱、二两四钱至三两六钱五分零不等。及需用纸张、笔墨等项

① 余嘉锡：《余嘉锡古籍论丛》，第167页，北京：国家图书馆出版社，2010年。

② 内阁户科题本，档号：02—01—04—13736—017，缩微号：02—01—04—07—136—1213，一史馆藏。

共用银至八千六百六两零。实属浮多。应令该抚再行确查，据实核减，报部核销。至所需梨板、刊刷及装订人工匠役等费银一千四百五十七两六钱零，应令该抚张允随将工料细数另造确册，题报工部报销。

朱批：依议。[①]

以上皆是反映清代地方修志过程中的弊政。乾隆《庐陵县志》[②] 的纂修过程的背后发生了一件惊动乾隆帝的案件，此案件较为典型地反映了清代地方修志过程中的纂修人员、纂修经费、纂修过程等与地方士绅的利益纠葛。它就是乾隆五十年、五十一年间江西生员郭榜等到京师呈控江西庐陵县修志案，此案还牵涉文字狱、漕运和清代基层社会的司法问题。最终，乾隆帝下令刑部严加审查。下面即据两江总督萨载奏折分析事件的来龙去脉。[③]

该案的起因是乾隆四十五年至四十七年间庐陵县绅士黄有恒重修该县县志。

乾隆四十五年八月内，庐陵县绅士黄有恒等以该县志书年久失修，情愿自行劝捐修辑，合词呈请。该县知县平观澜据呈通详，经前抚臣郝硕批准，一切修费，听其自捐自办，毋须假手胥役。各绅士随设立公局，以黄有恒家道殷实，曾任知州，推为总理，凡银钱出入，皆其掌管，并以生监彭寘、刘正豫等十二人为内首事，在局分校。又派彭尚文、郭德辉等四十一人为外首事，专司劝捐收银，设立劝捐簿二十八本，请县盖印给令，分投书捐，以杜假冒。复因修志一切档案俱在县中，必须随时检查，禀县派拨礼房书办刘玉堂在局经管。自四十五年九月开局起，至四十七年二月修竣，平令核有未协，发交修

① 内阁户科题本，档号：02—01—04—13884—003，缩微号：02—01—04—07—157—0510，一史馆藏。

② 据中国科学院北京天文台主编：《中国地方志联合目录》（北京：中华书局，1985 年）第 505 页记载：该志四十五卷首一卷，题“（清）平观澜修，钱时雍、黄有恒纂”，中国国家图书馆、故宫博物院等 9 处藏有乾隆四十六年刻本。按，平观澜即《庐陵县志》纂修时庐陵县知县。钱时雍并未在此案中出现。根据两江总督萨载奏折可知乾隆《庐陵县志》记为乾隆四十六年刻本当误，应为乾隆四十七年刻本。

③ 按，以下所引该案件内容皆见朱批奏折，档号：04—01—01—0421—014，缩微号：04—01—01—054—2554，一史馆藏。

改，至七月内竣事。总计捐输银七千五百一十七两，先经议定，经手收银之外首事扣留十分之一，计银七百五十一两七钱，为饭食盘费，以九折归局，内除短缺平水及以钱作银亏短串头，实净收银六千三百三十六两三钱。黄有恒经手发用共去银六千零二十余两，应余银三百两有零。当时开具收支清册呈县，内有已收银二百八十两有零，黄有恒开作未收，仅以余银二十一两有零缴县存库充公。此庐陵县绅士捐修志书之原委也。

庐陵县绅士黄有恒因在本县有一定影响力，进而向庐陵知县平观澜申请重修本县县志，经江西巡抚郝硕批准后，黄有恒等设立志局，向民间募款修志。志局内人员、钱粮事务均经县衙核准，并请县衙礼房书办刘玉堂在局经管。在两年时间内完成县志的重修工作，修志工作募集银两、使用钱粮均记录在案。据萨载所言，该志修成之后，郭榜和黄景文因私利得不到满足而故意举报假案，并采用捏造事件等手段，最终将此案诉讼至钦差福康安处，案件升级。

郭榜本以不得在局为首事，心存不服，迨志书刊竣后，查有舛错遗滥之处，入局理论，彭寅等俱不为，礼书办刘玉堂亦从旁讥诮，愈生忿恨。维时黄景文、刘雄亦以不得与修志书，怀忿莫泄，郭榜遂与黄景文等商谋，私将举人刘荄、武生陈鸿名字列入词内，控称黄有恒等与书办刘玉堂串同勒派分肥，并摘出志书内舛错各条，先后在吉安府具控行查，旋又在藩司衙门具控，批府查究郭榜等避不到案。至四十九年三月内，钦差尚书福康安路过江西，黄景文又与郭榜商谋以修志勒派情词，邀同吴辅联名具控，并于粘单内牵砌银铺沈公顺勾通库吏刘秉瑛、刘光耀等合伙开张代完钱粮，每完银一两浮收加三火耗等情，经尚书福康安札交前任抚臣郝硕提犯至省，饬委前任南昌、袁州二府会同吉安府审讯。

南昌府和袁州府会同审讯的结果是：

黄有恒所收捐修志书银两，除将已收银二百八十余两开作未收外，并无侵蚀，亦无勒派情弊。其银铺沈公顺亦无勾通库吏浮收加三火耗之事。郭榜等因未将彭寅、刘玉堂等治罪，不能泄愤，叠次翻告。前任藩司冯应榴恐有不实不尽，驳饬覆审。黄景文等匿不到案，致未讯结。

案件发展至此地步，笔者初步推断：郭榜、黄景文等或为地方家庭殷富无赖士绅，否则也没有条件或影响力来制造各种伪证。

嗣该县平令解饷卸事，署知县黄永纶开仓收漕，郭榜与黄景文并生员刘瞻元、曾煌在仓诱发粮户李正义等四人每石给钱一百文代为先交，逼令漕书田贵新等先行斛收，得钱十三千文分用，并将李世卿、罗廷瓒、李子宽、叶洪度、何华国、李暎蓝等自行完纳之米冒接实收，勒索钱文，被李正义等纷纷上控，批府查拿。

在诬赖无法得逞的情况下，郭榜等人竟然进京京控：

郭榜等闻拿情急，适觅得《慎余堂集》一部，告知黄景文、刘雄，黄景文即怂恿携书赴京呈首，并于郭榜赴京后，又主使刘雄赴抚臣衙门呈控，此郭榜等先后控告之原委也。

在案件诉讼至京师后，清廷做出处理：命两江总督萨载和署江西巡抚舒常直接审理此案：

乾隆五十年六月二十六日奉上谕，据步军统领衙门奏，江西庐陵县生员郭榜呈控该县修理志书生员彭寘等经理藉端派累民间银两，及将不应入传之刘遇奇滥入志书，将刘遇奇所作诗赋呈首等因一折，阅所告情节，似系挟嫌呈控。但该县重修志书，何至科派民间银至七千余两之多，著交萨载会同舒常提集犯证秉公审讯。

萨载和舒常审理的结果证实郭榜等显系诽谤，其中曾任《大清一统志》纂修官、现任江西按察使姚梁亦审讯此案：

臣舒常先据该县武生刘雄以新修志书所载刘遇奇《慎余堂集》内诗赋有违碍语句等情，呈首当即委员查起板片，拘获刘遇奇之元孙刘员位审办，一面将该府县参奏，接奉谕旨，细阅查出《慎余堂》及《清风亭集》其中并无实在违碍之处，著传谕书常即将刘员位速行释放……至该府县等于修理志书一事，若果有明知彭寅等苛派敛钱、染指分肥情弊，即另行参奏，按律定拟。若并无知情分肥情事，亦不必因刘遇奇所著书籍该府县从前未经查办，遽尔革职解任也。……臣舒常遵即将书案内牵连人证省释，覆奏在案。一面将应讯人证逐一提齐到省，原告郭榜旋亦解到，随即饬司委员秉公确审去后。嗣据南昌府知府初之朴、南康府知府王文湧会同审拟，解经布政使李承邺、按察使姚梁覆审转解，臣舒常亲加覆讯，与司府所审相同，将案内紧要犯证彭寅等十名饬司委员解呈清江。

萨载等从人证、物证亲自审查该案，并结合当时庐陵县经济发展情况，判断志局经费和漕运中并无舞弊行为：

臣等查该县捐修志书虽经详明，听绅士自行经理，但以一县志书，卷帙无多，何致派费七千余两，且设局两年，费用至六千余两，恐有勒派分肥情弊未便。因黄有恒已故，任其诿卸，郭榜等叠词指告，自必有所见闻。当今郭榜、黄景文等指出确据，并提志局首事彭寅、刘正豫等严加究问。佥供伊等派在外首事者，专司劝捐收银，凡捐输银数俱听其人自愿，原未预定应用数目，因民间踊跃乐输，故积有七千余两。该县并未经手，实无从勒派。其派在内首事者，各分门类，帮同校阅，仅得膏火，至于收支捐项，实系黄有恒一人综理。今黄有恒虽故，其支销册乃其生前开造呈县，有原词在卷，断难假捏。如果知县有通同勒派染指之处，何必代为隐瞒，自取罪戾等语。究诘不移。询之郭榜等，亦只称实因不能在局分润膏火，复被彭寅等与书办刘玉堂讥诮，是以挟嫌控告。所有屡次在本省各衙门与在京呈词内原不敢妄指知县分肥等语。臣等查黄有恒系于乾隆四十七年十月内病故，其志局内支销细册系是年七月初八日具呈送县，呈内叙明支用及余存银两数目，核与册内总数相符，按款支销，实有着落。则该县并无染指分肥，似属可信。至所控银铺沈公顺等勾通库吏刘秉瑛等征收钱粮，每两加三火耗一节，讯缘沈公顺与罗明德、刘即元、罗希孟等俱系开张钱店，凡粮户完纳钱粮，向买纹银交纳，乾隆四十九年间，该县钱价较贱，库平纹银一两易钱一千一百文，每正银一两，例收耗银一钱，按照时价，共应钱一千二百一十文。市中行用，并无足纹，该铺户以市银倾镕加足，不无折耗，加以炭火人工饭食，是以粮户每完正耗银一两一钱，共需钱一千二百六十六文，实无与库吏刘秉瑛等浮收加三火耗之事。不特沈公顺等剖辨甚力，即诘之郭榜、黄景文，亦称沈公顺本无库吏刘秉瑛等勾通浮收之事。因黄景文在钦差尚书处具呈之时，自知所告修志勒派分肥并无确据，难望准理，适因彼时钱价平减，粮户用钱易银较前稍多，遂藉此添入吏书浮收情节，以图耸听，无可指正等语。臣等复检查乾隆四十九年春季分该县旬报米粮钱价单内，据开每库平纹银一两易钱一千一百文，与沈公顺等所供相符。其实无浮收情弊，似无疑义。

乾隆五十一年正月十四日，两江总督萨载将案件前后过程奏报乾隆帝，并根据清代律例提出此案的处理办法：

查例载，举首诗，若只是字句失检，涉于疑似，并无确实形迹者，将举首之人即以所诬之罪依律反坐。又，律载诬告人死罪未决者，杖一百流三千里加徒役三年。教诱人犯法与犯法之人同罪。又揽纳税粮者，杖六十。又，例载蓦越赴京告重不实发边远充军各等语。此案郭榜如挟不得同修志书之嫌，商同诬告彭寅等勒派分肥，后因包揽漕米勒作事发，又听从黄景文主使，妄指《慎余堂集》诗赋悖逆，赴京呈首，殊属狡诈。郭榜除诬指刘遇奇诗文悖逆罪止满流加徒，并揽纳粮得赃无多，及诬告沈公顺等浮收火耗并无确数，各轻罪开议外，应照蓦越赴京告重事不实例，发边远充军。黄景文先与郭榜串通妄告，后复主令郭榜赴京呈首，应照教诱人犯与犯人同罪律，亦发边远充军。该犯等均系生员，叠次商同诬告，拖累多人，情罪较重，应俱从重改发伊利等处充当苦差。刘雄于郭榜赴京后在抚臣衙门以慎余堂诗文悖逆，挟同首告，应于郭榜军罪上减一等，杖一百徒三年。生员吴辅讯系黄景文写就呈词，强令列名，尚无商同妄告情事，应照不应重律杖八十，折责发落。首事彭寅、刘正豫等讯无勒派分肥情事，其所得膏火盘费饭食，系黄有恒送给，应毋庸议。伙同郭榜包揽漕粮之刘瞻元、曾煌缉获另结。礼房书办刘玉堂系绅士禀请派拨在局，管理检查档案，并不经手劝捐，先经该县斥革外出，并免提质。吉安府知府张鸣谦到任在志书已经修竣之后，业经臣舒常先行饬令回任。庐陵县知县平观澜系详明听绅士自捐自办，讯无染指分肥情事，已钦奉谕旨不必因刘遇奇所著书籍从前未经查办遽尔革职，应饬回任供职。至捐修志书银两，虽系出自乐输，但黄有恒既总理其事，自应撙节办理。今核其报销册内所开束修膏火及日用杂费均属过奢，即就其自己所得束修及跟随人工食已有七百余两之多，明因捐数充余，任意靡费，其办理不善，咎已难辞，且将已收之银二百八十余两捏作未收，尤显有侵蚀朦混情弊未便，因其现已身故，竟置不议。应照所开账内用去银六千二十八两零，准其七折开销，其核减银一千八百八两零，同捏开未收银二百八十六两五钱，于黄有恒家属名下勒令缴出，俟地方遇有公事，详明动用，以为冒滥公费之戒。至志书内遗滥舛错之处，业经分别改挖刊正，所有失察生员健讼滋事及揽纳税粮之该管教官职名，查明另行咨部议处。除另录供单送部查核外，臣等谨合词具奏，伏乞皇上睿鉴敕部议覆施行。

同一天乾隆帝朱批：该部议奏。

一部普通的县志的纂修过程已经如此波澜曲折，而且这还是发生在清廷对地方志纂修事务有比较严格管理的背景下。清代各省纂修方志事务一般需要向中央汇报。若再进一步挖掘相关档案文献，或可以发现地方修志过程中更多的政治因素。

乾隆二年四月二十日，闽浙总督衔专管福建事郝玉麟揭报闽省修辑通志完成，并专差台湾府诸罗县佳兴里倖满巡检马良焕进呈中央：

……本司布政使王士任查得奉准部咨各省通志重加修辑具奏等因。查经议译在于省城设局，以督抚学政为总裁，以布按二司为提调兼协裁，遴选翰林院编修在籍谢道承、行人司行人在籍刘敬兴为总辑，委闽县儒学教谕黄呈元等为分辑，委府志府学生员刘德裕等为校对，并委闽县儒学教谕黄呈元为监刻。兹据呈报，纂修完竣，敬谨刊刻，呈送前来……恭呈御览，并另装通志分送内阁暨户、礼二部、八旗志书馆、一统志馆察核。①

嘉庆十七年九月初九日，山东巡抚同兴奏请重修山东通志："兹检查

① 内阁大库档案，登录号：099022。

《山东通志》自康熙十三年抚臣张凤仪纂辑成书，至乾隆元年前抚臣岳濬又为重修，迄今七十余载，其间典章制度损益因时，如……近值国史馆纂辑《一统志》，经部行行查地方事迹，东省府州县志新旧不一，挂漏难稽，必须纂成通志一书，以供采择。”① 同兴在奏折中明确说明《山东通志》是应《一统志》纂修而编修。提请纂修方志需向中央报备，方志修成之后还需进呈中央，以便审核。

嘉庆二十三年十一月十五日，两广总督阮元、广东巡抚李鸿宾为续修《广东通志》情形上折具奏：

> 臣等现经设局编纂，会同斟酌体例，粗有端绪，委粮道卢元伟为提调，延辛卯翰林原任浙江温处道陈昌齐、辛酉翰林刘彬华、江苏监生江藩等分任纂校，所有经费等项俱系筹捐，撙节办理，约计一年有余可以成书，俟完竣恭缮正本，敬呈御览，并咨送国史馆。②

道光二年闰三月初二日，两广总督阮元、广东巡抚嵩孚奏报纂修《广东通志》告成进呈事：“窃照前准部咨转准国史馆移取各省应行补入《大清一统志》事宜。臣阮元以事宜恐省遗漏，不如省志之详核。而《广东通志》年久未终，经会同前抚臣李鸿宾奏明续行纂辑，以便国史馆采入《一统志》内。钦奉朱批：知道了。钦此。现已编纂完竣，共书二十六篇，三百三十四卷，除赶紧刊刷咨送国史馆外，谨先缮写正本，合词恭呈御览。”③

道光十年正月二十日，闽浙总督孙尔准、福建巡抚韩克均奏请续修福建省通志事：

> ……跪奏为续修福建省通志，恭折奏请圣鉴事。……我朝德威远届，澎湖、台湾尽入版图，形胜盖昭巩固。……乾隆二年修福建通志，三十三年又修续志，至今远若几及百载，近亦逾六十年。今昔情形不同，盐场官员驻扎均有更易……随即设局会议……委盐法道胡□□为提调，延在籍翰林院编修陈寿祺总司纂辑，在籍内阁中书高

---

① 录副奏折，档号：03—2159—019，缩微号：158—2267，国家清史编纂委员会数据库。

② 朱批奏折，档号：04—01—38—0026—010，缩微号：04—01—38—002—0287，一史馆藏。

③ 录副奏折，档号：03—3648—007，缩微号：252—0930，国家清史编纂委员会数据库。

□□、江苏举人沈学渊等分任编校，全书卷帙繁多，赶紧纂辑，约计两年可成。……道光十年二月二十五日，奉朱批：知道了。钦此。[1]

《大清一统志》的编纂就政治上的功用来说，不仅具有宣示统治合理性的象征意义，同时也代表着统治者治理国家的意图。各地为响应《大清一统志》纂修两千余部方志，但实际被《大清一统志》引用的则极少。清代前中期的方志纂修工作往往需要地方知识分子的积极参与，知识分子的经世思想往往落实在实地参与方志的修纂工作上。[2] 但是，从本节所探讨的清代方志纂修问题看，方志纂修过程中政治力量的过度干预、纂修官们在其中谋取私利使得方志在当时社会所产生正面功效大打折扣：一是方志内容的虚假导致中央无法准确了解地方政情。二是地方各类群体将方志作为争夺利益的舞台而掺杂虚假内容等。从地方志纂修过程中各方利益的角逐看，综合中央对于方志纂修的干预以及难以避免的修志弊端，地方志的文献学价值往往需要研究者在使用时多加斟酌，特别是人文地理方面。

① 录副奏折，档号：03—3649—019，缩微号：252—1143，国家清史编纂委员会数据库。

② 宋天瀚：《论章学诚的方志理论与“方志学”》，《古典文献研究辑刊》初编第28册，第21～22页。

第六章　从“大一统”到“统一”：近代国家观念形成中的《一统志》

第一节　“大一统”的丧失与重构

——晚清民国《一统志》[①] 的命运

18 世纪的世界已经开始了全球史的进程，此时清朝仍然在遵循着自己的道路向前行进。马戛尔尼和阿美士德两个使团希望通过谈判的方式将清朝拉入新的世界经济格局，英使的两次来访皆失望而归，甚至可能“碰了一鼻子灰”。乾隆帝和嘉庆帝必须保持清朝皇族对于中国这片土地的统治者地位，而且必须是唯一的，他们不希望有新的力量介入而打破满汉（为主体）之间力量的相对均衡局面。自入主中原后，清朝军事力量一直同帝国内外的反对力量进行着战争。南明与郑成功一直坚持抗争。康熙二十二年，施琅方才平定台湾。“三藩之乱”又耗费了清廷八年时间才予以平定，准噶尔部则是威胁清朝西北边疆稳定的忧患。中原民众有时也以传统的方式进行着反抗，如林清等经营的天理教。另外，沙俄多次侵略东北边疆，直至康熙二十八年止。无论乾隆帝还是嘉庆帝或许都知悉海外贸易带来的经济利润，但是作为“天朝上国”，这些利润对于清廷的诱惑远比它们带来的隐患要小得多。“清朝并不重视通商的利益，而只把它当作怀柔远人的手段和赐予外夷的恩惠。”[②] 乾隆末年的“盛世”是在花费了巨额的财力、物力和人力后得来的，这还不包括祖父辈为实现清王朝“大一统”局面的苦心经营。乾隆帝知道这份“家业”传承的不易，嘉庆

---

① 按，本节《一统志》不单指《大清一统志》，还包括民国兴修《一统志》的实践。

② 戴逸：《18 世纪的中国与世界 · 导言卷》，第 102 页，沈阳：辽海出版社，1999 年。

帝也不敢忘记父辈的教诲。对于马戛尔尼们希望同清廷建立正式的外交（贸易）关系，“中国方面从维护统治出发，希望与外部世界保持安静而隔离的局面，并力图取得外国表面上的臣服，以满足自己的虚荣心理。”① 两位帝王认为本朝“大一统之盛”在没有外部力量冲击的情况自然会继续下去。但是，全球史视野下的世界已经不再是“分裂”的，英国的远东力量为了继续自己的殖民扩张事业，悍然发动了第一次鸦片战争。从此，清朝“大一统”的版图开始渐渐凋落，《大清一统志》也经历了不同于康雍乾时期的遭遇，它的命运映射着近代中国的兴衰荣辱。管见所及，此前相关论著对于《大清一统志》的研究均未论及道光年间以后《一统志》的重印或续修诸问题。在“新”材料的基础上，本节将《大清一统志》的重印、续修放在晚清以来中国国运的大背景下进行考察。

一 道光年间：初修《大清一统志》的首次重印

第一次鸦片战争结束后，清廷丧权失地，大一统的局面受到一次重大冲击。面对前所未有的大变局，一些知识分子希望“师夷长技以制夷”来恢复清朝的强盛，挽回已经失去的利权。《海国图志》便是在这样的时代背景下诞生。魏源将 50 卷本《海国图志》编成后，于道光二十二年（恰巧这一年，嘉道重修《大清一统志》也全部成书）交给江苏常州阳湖人薛子瑜、杨承业用木活字印刷。② 这位在晚清史并不知名的薛子瑜因印刷了两部书而留名于中国印刷史，另外一部书便是康雍乾初修《大清一统志》。此处主要论述薛子瑜刷印《一统志》之原委。道光二十九年三月，薛子瑜为重印的《大清一统志》作跋文一篇。

“谨按《大清一统志》开馆编纂始于康熙二十三年，盖其时武功既蒇，粤事考文经画之效，有自来也。伏见地理之学，自古有之，至于国初，乃为极盛，岩穴之中，名家森立，编摹考订，各有成书。”这位自称草莽的薛子瑜先交代了《一统志》纂修的政治背景与学术背景。接着肯定了《一统志》在地理学方面的价值：“幸逢明诏，并献所长，属有名卿，特为编辑（笔者按，小字双行简述徐乾学领衔修《一统志》之事，

① 戴逸：《乾隆帝及其时代》，第 22 ~ 23 页。

② 韩光辉：《历史地理学丛稿》，第 59 页，北京：商务印书馆，2006 年。

此处略)。用能繁称博引，缕析条分，巨制所垂，远超百氏。”并十分简要地回顾了康雍乾三朝编修《一统志》之过程：“恭读康熙五十九年上谕：朕于地理，自幼留心，故遣使至昆仑、西番诸处，凡大江、黄河、黑水、金沙、澜沧诸水发源之地，皆目击详求，载入舆图。可以仰见睿虑勤劳，实事求是，凡兹载笔，屏绝无稽，上善有征，百世无惑矣。雍正年重命增修，阅十余年，至乾隆八年竣稿，登之剞劂，布于寰区，俾诸将来有所考见，谓非率土臣民之至幸与。嗣于乾隆二十九年，复奉敕修，只因式廓版章，为图益地，人物山水，略有增添，而全书规模无逾畴曩，盖经始所存，实为圭臬，后有作者，莫能尚焉。”最后交代了此次重印的原因：“兹以传本甚稀，世所罕觏，谨以活字排印百部，聊资来学津梁之益云尔。”①

值得注意的是，薛子瑜在跋文中竟未对康雍乾三朝的强盛局面有夸赞、溢美之词。和魏源有交往的薛子瑜或许对鸦片战争有所感受，就如印刷《海国图志》一样，这次重印《大清一统志》不是为了彰显清王朝“中外一统之盛”，经历鸦片战争冲击后的清朝更需要的是警醒和励精图治，实实在在的舆地学知识对清朝的再次富强更有益处。薛子瑜用木活字刷印《大清一统志》百部，所花费钱两数量可观，他或许不是刻书工匠而是一位书坊商人。沈津认为：薛子瑜私家捐资印行百部《大清一统志》，“实为大不易之事，这或可视为清代以来活字印本中册数最多的一部了”。② 该版本现藏于中国国家图书馆、故宫博物院图书馆、内蒙古自治区图书馆、辽宁省图书馆、上海图书馆、南京图书馆、日本京都大学人文科学研究所、大阪府立图书馆、美国哈佛燕京图书馆等机构。③

哈佛大学哈佛燕京图书馆藏有蒋廷锡等纂《大清一统志》。④ 哈佛燕京图书馆网站显示其藏该版书为乾隆九年武英殿刊本，依据是《内阁文库汉籍分类目录》《京都大学人文科学研究所汉籍分类目录》和《清代殿

---

① 《大清一统志》薛子瑜跋文，道光二十九年阳湖薛子瑜活字印本。

② 沈津：《老蠹鱼读书随笔》，第129~130页，桂林：广西师范大学出版社，2009年。

③ 分别见于中国古籍总目编纂委员会编：《中国古籍总目·史部》第7册，第3722页；巴兆祥：《中国地方志流播日本研究》，第292页；沈津主编：《美国哈佛大学哈佛燕京图书馆藏中文善本书志》第2册·史部，第603页。

④ http://lms01.harvard.edu/F/U47CJKITHAAH55JB2UMJLMC8JPYFMAPH3T1YEUKX3Y6V4JJV7C-35874?func=full-set-set&set_number=132071&set_entry=000240&format=999，哈佛大学图书馆馆藏链接，搜索于2013年6月14日。

版书目》三种目录书籍。然而，据沈津所主编《美国哈佛大学哈佛燕京图书馆藏中文善本书志》（新版）记载：

> 清道光活字印本大清一统志，大清一统志三百五十六卷，清蒋廷锡等奉敕撰。清道光二十九年（1849）薛子瑜木活字印本。一百二十册。半页九行二十一字，四周单边，白口，单鱼尾。框高 21.7 厘米，宽 14.3 厘米。前有乾隆九年御制序，陈德华等进呈表，乾隆八年开列纂修职名，总目，目录。末有道光二十九年薛子瑜按语。[①]

笔者查阅该馆网站所提供的电子版《大清一统志》链接，网站提供的第 12314、12315 两张图片是道光二十九年三月江苏阳湖县薛子瑜的跋文。由此可知，该馆藏本实际是道光年间的木活字重印本，而非武英殿刻本，仅仅依据书籍序文判定版本年代有时是不可靠的。

薛子瑜重印《大清一统志》是清代典籍史上第一次重印初修《大清一统志》。这次重印在客观上表现出了解时局的普通士人对于鸦片战争之后清朝大一统局面的“现实感觉”。笔者目前尚未发现更多关于薛子瑜的文字，也就无法了解更多的他的活动、思想。在清朝面临各种危机的背景下，由一位不知名的民间士人重印《大清一统志》，这和康雍乾时期清宫刻书的盛况形成了鲜明对比与巨大落差。这也可以看作是清朝丧失“大一统”盛世局面的文化注脚。在 21 世纪的今天，各大藏书机构均将武英殿刻 356 卷《大清一统志》视为至贵之善本，在殿本罕见的情况下，后人对于初修《大清一统志》的研究利用也要归功于薛子瑜刊印的木活字本。

二　光绪年间：晚清重印《大清一统志》的高峰

鸦片战争之后的清王朝犹如衰老的巨人。列强以各种手段侵占的利权愈来愈多，大一统疆土被不断地蚕食。道光二十九年薛子瑜以个人之力重印《一统志》的行为或许影响有限。光绪年间，杭州竹简斋和上海宝善斋等书局则利用了清朝时局的动荡，看准时机，将乾隆续修《大清一统

---

① 沈津主编：《美国哈佛大学哈佛燕京图书馆藏中文善本书志》第 2 册·史部，第 603 页。另，上海辞书出版社 1999 年版的该书志未录《大清一统志》的版本。

志》多次重印，并利用《申报》刊登发行广告[①]，大肆宣传。除了竹简斋与宝善斋外，光绪年间，上海等地其他书商也多次发起重印《大清一统志》活动。

光绪十年，位于上海的还读楼书坊代售《大清一统志》：“《大清一统志》三百五十六卷，订一百零八本，三百念（按，同廿）元，原板。”[②]后来，该书商又多次在《申报》刊登此广告，一直延续至光绪十一年四月。按，笔者在各藏书目录中并未发现标有该书坊标志的《一统志》。还读楼书坊宣称所售《一统志》为殿版，或为乾隆时赏赐本，或为清宫流出本，或为该书商重印本。

光绪十三年，某位匿名《一统志》收藏者委托蜚英馆重印殿本《大清一统志》。该年三月至七月间，蜚英馆多次在《申报》刊登招股启事，为印书筹集资金。招股启事先是夸赞此版《一统志》优点：“亘古区员之广，无逾本朝。乾隆年间诏修《一统志》，计五百卷，搜罗既博，体例尤精。”再介绍本书主要内容：“每省先立统部，冠以图表，其诸府及直隶州又各立一表，属县系焉。首分野，次建置沿革……部分二十一门，囊括数万里，以及外藩、朝贡诸邦，无不备录。”说明《大清一统志》的重要性：“一展卷而九州之砥属、八极之会同，皆可得诸指掌间。匪惟掌故中之鸿篇，实亦经济家之要典也。”最后交代蜚英馆重印计划的部分内容：“每部分订八十本，装潢精美，储以文木之箱。惟卷帙浩繁，资本较巨，仍仿《韵府》招股之法，以一千部为额，每股洋二十八元，先收八元，出书时再收洋二十元，付书一部，约年内可以成书。书成后，每部售价实洋五十六元。至于字画宏朗，校对精详，印有样纸，随股取阅。想为经世之学者必当先睹为快也。各省寄售股单处容再申明。上海大马路鸿仁里晋记启。”[③] 蜚英馆在招股广告中两次将续修《大清一统志》标榜为经世要典，可谓是抓住了这一时期以研究地理之学的时代需求与阅读心理。

光绪十三年四月二十日，蜚英馆又将各省寄售股单处刊登在《申

① 作为晚清民营出版机构的聚集地，上海在近代中国思想文化传播方面贡献巨大。《申报》则是晚清的名报之一，自然被众多商家选择作为广告阵地。笔者并未大量发现其他晚清报刊登载《大清一统志》的信息，有待今后的进一步探究。

② 《申报》1884 年 11 月 30 日，第 5 版。按，《申报》刊登《一统志》方面的广告多是重复登载，本文引用时仅注明其中一次。

③ 以上所引详见《申报》1887 年 4 月 15 日，第 4 版。

报》，分别为：扬州左卫街、元亨利庄胜街、立生庄、汉口复源盛号、湖南省城怡长街、湘泰厚盐号、福州招商局等处。[①] 可见，蜚英馆此次石印乾隆续修《大清一统志》计划规模较大。但是，蜚英馆书局的重印计划进展并不顺利。光绪十四年十二月，“斐英馆石印书籍告示：……至本馆售出股票各书多已陆续印成，现惟《一统志》《太平御览》二书日内开印，一俟印竣，即行登报，以慰诸君悬盼不至久延。特此声明。”[②] 原计划一年内完成的重印工作已经拖延一年半有余，仍未开始印刷。到了光绪十六年蜚英馆重印计划又有变更，该年三月十一日：

《大清一统志》股票启：本局股印《大清一统志》都五百卷，仿照殿本，必期字画宏朗、校对精详。惟卷帙繁多，两阅寒暑，仅成十之六七，尚必展期年余，方可成事。第恐与股诸君观望，用先布告，如有因书成缓不及待者，请持股票至本局调取别种书籍亦可，价照仿单码洋对折。此布。上海斐英馆晋记启。[③]

实际上，这次招股刊印的计划最终不了了之。目前国内外藏书机构所编的馆藏书目录均无光绪十三年重印本《大清一统志》的记载。光绪十六年五月二十九日至七月十六日，图书集成局在《申报》刊登二十一次[④] 广告希望购买《大清一统志》一书，最终未能遂愿。

购求《大清一统志》，图书集成局启

启者：本局现欲购《大清一统志》一书，不论竹纸白纸，但须既经增补者，如有愿脱售，请函致申报馆账房论价。倘不忍割爱，则用后不妨将原书奉赵，仍当从丰酌酬。想海内收藏家当必乐于从事也。肃此布闻。伏维雅鉴。[⑤]

光绪二十年正月至四月，图书集成局又在《申报》刊登了四则广告，

---

① 《申报》1887 年 5 月 12 日，第 4 版。

② 《申报》1889 年 1 月 20 日，第 6 版。

③ 《申报》1890 年 4 月 29 日，第 5 版。

④ 分别见《申报》1890 年 7 月 16、17、18、21、23、25、27、29 日，8 月 1、3、8、10、13、18、22、23、25、26、28、30 日等，第 1 版。

⑤ 《申报》1890 年 7 月 15 日，第 1 版。

搜求《大清一统志》，仍然未能购得此书。

> 搜求《大清一统志》，图书集成局启
>
> 《大清一统志》一书囊括古今，搜罗宏富。本馆拟搜求原本重付手民。诸君子藏有四百廿卷或五百卷者，如蒙割爱，当不惜善价以沽。或俟印成后璧返原书，酌量酬答，或与本局合股同印，以广流传。本局一听尊裁，不胶成见，世有巨业，架曹仓之富者，幸毋金玉尔音也。手此布陈。惟祈雅鉴。①

直至光绪二十三年，杭州竹简斋书店才成功将续修《大清一统志》石印出版。据《申报》刊登售书广告，我们可以知晓竹简斋书店此次石印《一统志》的一些情况。

> 石印《大清一统志》开办启
>
> 《大清一统志》一书谨按《钦定四库提要》所载，刊行两次，初次刊行者三百四十二卷，至乾隆二十九年二次奉敕纂辑者五百卷。案其凡例，自二十九年二次奉敕纂修，至乾隆四十九年竣事，是以凡例首载各项册档均以乾隆四十九年送核者为断。较之初次刊行者，增入平定伊犁等处，拓地二万余里，以及西域诸回部，靡不备载。至乾隆四十一年讨定两金川等处，一律增入统志。实为古今舆地之宗海，寰宇胜览之宝笈也。惜此书流传绝少，迄今竟难购见，今本斋幸得乾隆二十九年刊本全书一部，自私秘亟付石印，公诸大同，裨海内诸君得购见焉。今因开办之初，理合通启，准在丁酉二月出书，以便远埠函至上海慎记、点石斋、杭州竹简斋购睹为快。每部分装六十本，盛一匣，售实洋价十六元正，始终如一，划一无让。慎记书庄谨启。②

此则启示还刊登于光绪二十三年二月十七日《申报》第11版。该则广告仅提及两个版本的《大清一统志》，这说明重修志的进呈写本深藏宫中，即使本朝人亦罕知其存在。此次石印《一统志》由杭州竹简斋书局施行，计划在该年二月发行，书籍的售卖另请上海慎记书庄等共同代理。目前可

---

① 《申报》1894年2月19、20、22日，5月10日，第1版。

② 《申报》1897年1月26日，第6版。

见该版本《大清一统志》最早的销售广告刊登于光绪二十三年八月十三日《申报》第5版。

> 《大清一统志》出售
>
> ……今全书告成，发在上海时务报馆、慎记等各书庄，天津文美斋、汉口鸿宝斋、广东天官里福庆坊孙振叔先生处出售，想诸公必以先睹为快也。每部分装六十本，盛一匣，实价洋十六元正，不折不扣，如一启。杭州竹简斋告白。①

光绪二十八年二月初八日，上海宝善斋书局刊登《大清一统志》售书广告：

> 开印仿殿版式大本《大清一统志》五百卷全书
>
> 近奉大宪谕，是书为舆地切要之本，各省学堂购储研究，非大本不便朝夕观摩。坊间所有之书，皆乾隆八年者，书只三百四十二卷，鲁鱼亥豕，字迹模糊。本庄上年重价觅得乾隆二十九年续编足本五百卷，业已石印成书发售。今复遵照宪谕，放大照殿本尺寸，足八寸长，礼聘名宿重新校对，俾九州八极，指掌了然，有目共赏，购阅自如。上海棋盘街青莲坊口宝善斋书庄谨启。②

宝善斋此次重印《一统志》是抓住了光绪二十七年五月张之洞等向慈禧太后、光绪帝奏陈《大清一统志》事件的商机（即广告词中“近奉大宪谕”，张之洞奏折详见下文分析），该版书“洁白纸张，鲜新墨色，放大石印，每部连箱售价十六元”③。“宪谕”“各省学堂购储研究”这些也证明了权力对于一部典籍命运的直接、重大、显而易见的影响：《大清一统志》和晚清政治局势有密切关联。宝善斋及竹简斋书籍广告中《大清一统志》的表述存在多处讹误，此不一一辨析。奇怪的是，竹简斋、宝善斋两个书局三次重印《大清一统志》竟然均将原书的卷数弄错：424

---

① 《申报》光绪二十三年十月二十一日第5版刊登了同样广告一则。

② 《申报》1902年3月17日，第5版。

③ 详见《申报》1901年11月16日、1902年2月22日等。《上海棋盘街宝善斋书庄发兑各种时务算学策论新书》书单亦记录：《大清一统志》，十六元。见周振鹤编：《晚清营业书目》，第513页，上海：上海书店出版社，2005年。

卷误印成500卷，可见《四库全书总目》误导之深。这次重印本卷数讹误的影响较大：一是发行量较大《申报》的多个版面的广告，二是实实在在的500卷本《大清一统志》确实印出了。至今在一些论著中仍可见《大清一统志》500卷之说。然而，早在民国年间即有学者注意此说之讹。①

光绪年间，除了竹简斋、宝善斋书局重印《一统志》，还有多个书局翻印《大清一统志》，甚至还引起了版权纠纷。光绪十三年五月，《申报》广告：“代售石印《大清一统志》：长顺晋石印殿本《大清一统志》，预定每股洋二十八元，先收八元。”② 光绪十三六月，又见“石印殿本《大清一统志》招股启，上海大马路鸿仁里晋记启……”③ 光绪二十四年（1898年）二月十七日《申报》第4版刊登广告：上海棋盘街平和里富强斋书局销售新辑《西学富强丛书》《大清一统志》（凡五百卷）等书。上海图书集成局亦在《申报》刊登有关征集《大清一统志》的广告。④ 至此，可知至少有六家书局（蜚英馆、竹简斋、宝善斋、长顺晋、富强斋、图书集成局）先后从事《大清一统志》的重印工作。⑤ 多家书局一拥而上重印《一统志》，导致部分书商开始减价促销《大清一统志》。光绪二十四年八月，《申报》刊登出了《一统志》减价销售的广告：“《大清一统志》减价：毛书每部八元四角，订好者加四角，买十部以上者酌减。要者可至杭城上舆忠巷俞公祠间壁汪宅面议。”⑥

光绪二十八年，宝善斋书局就当时书籍市场上《大清一统志》销售的“价格战”，请示苏松太兵备道，希望该府能维护宝善斋书局的有关利益，最终苏松太道颁发告示，禁止相关侵权行为。

钦命二品顶戴江南分巡苏松太兵备道袁为给示谕禁事：

---

① 详见本文第一章第二节相关论述。

② 《申报》1887年6月29日，第4版。

③ 《申报》1887年8月13日，第4版。

④ 详见1894年2—5月间《申报》。

⑤ 据《上海纬文阁发兑石印时务算学新书目录》记载：晚清上海纬文阁也发售《大清一统志》，洋十六元。该书局位于上海三洋泾桥，分设各省望三益斋书局。详见周振鹤编：《晚清营业书目》，第436页、428页。上海扫叶山房销售石印《大清一统志》，洋五十六元，详见周振鹤编：《晚清营业书目》，第388页。

⑥ 《申报》1898年9月18日，第6版。

据宝善斋书庄执事吴振禀称，窃生向在治下宝善斋执事历有年，今春用重价购得殿本五百卷《一统志》全书，并《御批通鉴纲目》《通鉴辑览》各一部，敬用泰西影石印法将原书缩成六开直行精本，业已出书。伏念购觅善本，扫描缩照，工昂价巨，所费不赀。

沪上奸商牟利，每将他人石印善本仿照翻印，贱价出售，致原印之家每多亏折，实堪痛恨。近来朝廷崇尚西法，凡有自出新裁，不论何项制造，皆准呈明存案专利。今生所印三书，虽非自行编辑，然创立格式，扫描精印，并未袭人窠臼，实于商业大有裨益。兹将生现印《一统志》《通鉴纲目》《通鉴辑览》三书送呈案下，伏乞照准呈案，给谕以保存本而儆奸商，并具切结声明。

所有本斋价购《一统志》全书、《通鉴纲目》、《通鉴辑览》各一部，自用石印缩成六开，创立新式，并未袭人窠臼，业已据实禀明立案。如有□袭情弊，查出愿甘究罚。或有同业者买，私自翻印本斋立案书籍，朦混渔利，亦准本斋查实禀案提究等情到道。据此除分行县廨一体立案外，合行给示谕禁。为此示仰买书人等知悉，毋得将该斋所印立案各书翻印渔利。致干查究切切。特示遵。光绪二十八年六月二十六日示。①

《申报》刊登的这则官方告示清楚地记载了宝善斋书局关于《大清一统志》高昂的收藏成本、新式刊印技术、销售情况以及书籍市场上该书引起的纠纷。检阅《申报》，在苏松太兵备道颁发谕示之后，《申报》上只见宝善斋书局售卖《大清一统志》的广告。在光绪二十七年光绪帝、张之洞等重新重视《大清一统志》后，《一统志》被列为时务新书：“石印各省学堂应用各种大本时务新书发售：……正续《资治通鉴》、大板《纲鉴易知录》……《皇朝经世文统编》……殿板大本《大清一统志》《五大洲政治全书》……《西学通考》……《铁路图考》《海国图志》……如蒙赐顾请向上海棋盘街北首宝善斋书庄购阅。谨布。”②此时的《大清一统志》对于清朝人而言，不只是官修地理志书，而是和《西学通考》《海国图志》等书籍一样具有经世救国之功效，成为各地学

① 《申报》1902年8月8日，第4版。笔者按，据沈津、李明山等学者对中国版权史的研究，该机构曾多次就多部书籍颁发谕示制止有关侵权行为。

② 《申报》1902年11月13日，第4版。

堂的教学材料。

《大清一统志》之所以在光绪末年能成时务新书，这和晚清名臣张之洞亦有密切关系。张之洞是晚清史研究的重要人物之一，近年来学界对其评价不一。除了在《书目答问》中对《一统志》简短地记录外：“《大清一统志》五百卷，乾隆二十九年敕续编，殿本。乾隆八年本止三百四十二卷”[①]，张之洞在光绪二十七年还和《大清一统志》产生了更多的历史关联。[②] 在清廷宣布对英、美等国宣战后，光绪二十六年五月三十日，在张之洞、刘坤一的授意下，上海道余联沅与各国驻上海领事制定《东南保护约款》《保护上海城厢内外章程》。东南地区督抚宣布中立，史称“东南互保”。在同一天，张之洞等电奏慈禧，沥陈忠心。光绪二十六年七月二十日，八国联军攻打北京；二十一日，清朝的京师被联军占领。慈禧、光绪携一批王公大臣仓皇西逃，九月初四日两宫抵达西安。光绪二十七年七月二十五日，清廷代表与德、奥等十一国代表签订《辛丑条约》，作为清朝250余年统治中心的北京仍然被联军控制着，京城又一次受到了屈辱的大劫掠。

然而，在光绪二十七年五月十九日，时任湖广总督的张之洞向在西安避难的行在进呈《一统志》并天文舆地图各球图折：

> 窃惟《周礼》开卷大义曰：辨方正位，体国经野。是知古圣人经世大端，必自观天文、察地理始。臣前于光绪二十七年二月十三日，准前获陕西抚臣端方来电，以内廷需用《大清一统志》，秦垣遍觅不得，属臣访购呈进等因。仰见我皇上眷怀寰宇，孜孜求治之至意。
>
> 臣谨考是书于乾隆八年辑成者，计三百五十六卷。乾隆二十九年以后续行编辑者，增为五百卷。本拟访求殿本原书，因鄂省遍访未得，并向苏、杭、湖南等省于书肆及藏书家广为搜求，均无其书。仅在扬州购到排印大字本三百五十六卷者一部，纸版尚属完整。其五百卷者，各处藏书家，无论殿本、重刻本，皆无其书。只有上海石印缩本，字迹较小，检阅颇费目力，未敢率行进呈。兹特将三百五十六卷

---

① 张之洞撰，范希增补编：《书目答问补正》，北京：中华书局，1963年，第94页。

② 本书关于张之洞和《大清一统志》的相关研究或可为张之洞的历史评价提供另一个角度的参考。

之大字本一部，装潢成帙，上呈御览。……派委员弁赍赴行在。敬谨呈进。倘蒙万机之余时加垂览，则寰球大势、中华全局均可历历在目，以之上佐绥定抚驭之方略，或亦可稍有裨益。谨缮清单，恭折具奏。伏乞皇太后、皇上圣鉴。谨奏。八月初七日奉朱批：所进书图等件均留览。钦此。①

作为清代著名学者和朝廷重臣，张之洞只知道前两部《大清一统志》，且将第二部卷数弄错。另外，张之洞多方搜求竟然都未能发现较为满意的《大清一统志》版本，张之洞此段所奏是否尽是实情则有待详考。但是，《大清一统志》殿本的数量极少确是事实。张之洞与时任护理陕西巡抚的端方在这时进呈《大清一统志》真可谓是用心良苦，亦恰到好处：①可以安慰受惊逃至西安的慈禧太后、光绪皇帝的“悲痛”之心，也为两宫尽早返京提供一点心理慰藉：大清王朝只是丧失部分财物而已，“大一统”的中国仍然是由慈禧太后为首的满洲权贵统治着。②前不久公然违背清廷命令而行“东南互保”的张之洞和默认东南督抚中立行为的端方此时需要不断表示他们的忠心，以示对两宫并无二意，他们之前的所作所为皆是为两宫着想、为清朝的江山社稷着想。③或许也希望借康雍乾所编的初修《大清一统志》记载的宏业激励受惊的帝后励精图治，“辨方正位，体国经野”，制定出对付国外侵略者的“抚驭之方略”，早日将联军驱出北京，以稳固清朝统治。

光绪二十七年九月二十七日，张之洞的该件奏折节选后刊登在《申报》第14版。张的奏折直接推动了上海宝善斋书局多次重印《大清一统志》，各省学堂也多购买《一统志》作为学堂教学用书。不知道这条信息是张之洞授意登载还是报馆编辑采访得来，但这条新闻某种程度上也是在向清朝臣民宣示：慈禧太后为首的满洲权贵集团仍然是清朝的统治者，依旧是“天下”的主人，尽管“大一统”的现实早已不复存在。

三　宣统年间：清廷的美愿——续修《一统新志》

光绪三十四年十一月初九日，爱新觉罗·溥仪登基，新帝继位，万象

① 赵德馨编，周秀鸾点校：《张之洞全集》第4册，武汉：武汉出版社，2008年。另见台北“故宫博物院”图书馆文献馆之清代宫中档奏折及军机处档折件全文影像资料库，文献编号：143490。

“更新”，立宪运动、改组中央官制等即是清皇室冀图延续统治的药方。清末新政中多方要求建立新式图书馆“以开民智，利教育”。民政部在政治风潮引领下也建议开设图书馆，搜罗图籍，以备续修《一统新志》。《一统志》在衰败不堪的清朝又一次登上历史舞台，尽管它依旧只是个美愿。

> 奏为臣部设立图志馆搜罗图籍，以备续修《一统新志》，恭折仰祈圣鉴事。窃惟国家富强之要图，不外军备、农商、财赋诸大端，而方舆一职，实为庶政之枢纽。盖全国之险要扼塞，有所弗悉，则兵事无由策划，物产、土宜有所弗辨，则实业无由振兴。至若道路之夷险、民生之贫富，其于交通财赋尤有密切之关系。推之海权、国界，为言外交者之所注重，更无论矣。……历唐宋元明，代有志书之作，亦仅能掇拾旧闻而已。逮及我朝，爰有《皇舆表》《一统志》诸作以志全国地舆，其余行省州县、满蒙回藏莫不各勒专书，官家著述之富，远迈前代，事实之征信，体例之详明，亦非前代所可比拟。……
>
> 臣部职掌内政，首重方舆，举凡经界、户籍之审查，自治警保之分划，尤非究心地形，明习地势，不足以资治理而固邦本。伏查《大清一统志》成书已越二百余年，各省《通志》自乾隆以后半未续修，而嘉庆道光《一统志》均未见颁行，近来私家著述更鲜善本。方舆所阅至为重。久亟应准今酌古，继轨重编，上以昭列圣疆理天下之隆规，下以资中外士庶之研究。臣部职事攸分，隶事最为繁积，自非先行筹划，则临时之采择无从。前经奏明调取各衙门行省图志，并颁发地理表式，饬令详细报告各在案。兹谨设立图志馆，荟萃图书，并督率司员悉心纂述，严定体例，分门编辑，并随时调取各衙门案卷，藉供参考，以为续修《一统新志》之预备，所需图籍大半由各省调取。馆员悉臣部司员兼充，既所费之无多，亦事半而功倍，一俟成效可观再行请旨办理。所有预备续修《一统新志》，先行设立图志馆缘由，理合恭折具折，伏乞皇上圣鉴训示。遵行谨奏。①

① 1910 年 3 月 13 日，《民政部奏设立图志馆搜罗图籍以备续修一统新志折》，见《浙江教育官报》1910 年第 21 期，第 102～103 页。

清末民政部的职责之一是：掌经界图志，审验官民土地。故由民政部提出上述建议。宣统二年二月初六日，《申报》即报道了该条消息：电讯：民政部奏设图书馆修《一统志》。① 清末新政是为了重建富强的清王朝，舆地之学对于国富亦十分重要。再加上，清朝拥有纂修《一统志》的传统，而嘉道《一统志》距当时近百年，已不具备实用性。民政部奏请设立图书馆，以续修《一统志》，既是清末农商业、交通业发展的需要，也是为了能够继承康雍乾盛世的政治统绪，并强化此时清朝统治中国的合法性。民政部这些设想的初衷都是美好的。但是，在清朝内外局势急剧多变的动荡环境下，新修《一统志》已经难以成为挽救末路清朝的强心剂。况且朽木难立，随着清末新政的破产和武昌起义的爆发，续修《一统志》的和平条件也就失去了。宣统二年民政部续修《一统志》提议也是清朝最后一次提出纂修《一统志》。

鸦片战争之后，在西方列强侵略中国大背景下，晚清地理学的研究除了学术层面的意义外，注重更多的是挽救民族危机、传播民主科学思想等经世内涵。近代地理学知识在国家振兴过程中的角色与功能也得到了肯定。清末乡土地理教科书的编纂在重铸民族自尊自信心理与爱国热情的过程中也起到了重要作用。② 前文所考察《大清一统志》在晚清的重印与续修提议即是在上述的时代背景下发生的，但是它与晚清的多次挽救危亡的运动一样都没有挽救清朝的败局。

四　民国以来：《大清一统志》的重印与角色转换

辛亥革命，以孙中山为代表的资产阶级革命者推翻了清王朝，建立中华民国。政治革命使得《大清一统志》在民国也经历了自身形象的变化，从下面几则不同时代不同书局的售书广告即可看出一二。

---

① 《申报》1910 年 3 月 16 日，第 4 版。然而，有学者研究：1907 年，民政部已经在京城设立了京师图书馆，详见刘波、黄梦洁：《清末民政部所建京师图书馆史事钩沉》，《大学图书馆学报》2010 年第 5 期，第 31 ~ 35 页。

② 可参考郭双林：《西潮激荡下的晚清地理学》，北京：北京大学出版社，2000 年。邹振环：《晚清西方地理学在中国——以 1815 至 1911 年西方地理学译著的传播与影响为中心》，上海：上海古籍出版社，2000 年。

1918 年，上海新中华图书馆售书广告：

有用书籍大减价目：

……《舆地通考》《前清一统志》删繁去复，附以铁路商埠电线杭路四十本，原五元，今二元四角。①

1919 年，上海西马路□育文书局总发行所售书广告：

有用各种书籍特别廉价：

……《大清一统志》，原价二十六元，六折。②

1921 年，上海四马路泰东图书局售书广告：

一月暑期廉价：

……《中国一统志》原价二十四元，廉价十二元。③

1921 年，上海四马路启新书局售书广告：

好书大竞赛十周纪念，与众不同，大大减价一月：

历史丛史，《中国一统志》，奉赠锦箱，全书精装六十册，平时售洋二十元，大竞赛只收洋十二元。④

1922 年，上海四马路启新书局售书广告：

特别大廉价一月：历史地理专书，《中国一统志》，订六十册，价二十元，廉价只收洋十二元。⑤

《大清一统志》的第一个变化在书名上：《大清一统志》→《前清一统志》→《中国一统志》。第二个变化在书籍标识或分类上：官修殿版书籍→有用书籍→历史丛史→历史地理专书。《大清一统志》变化的只是书

① 《申报》1918 年 5 月 5 日，第 14 版。
② 《申报》1919 年 4 月 11 日，第 14 版。
③ 《申报》1921 年 6 月 25 日，第 17 版。
④ 《申报》1921 年 7 月 6 日，第 19 版。
⑤ 《申报》1922 年 3 月 25 日，第 19 版；1922 年 8 月 25 日，第 22 版。

名与印刷形式。然而，《一统志》的这些变化背后所映射的正是经历了清末“排满革命”的思想冲击之后，人们开始重新认识清朝的历史地位，清朝逐渐变为“中国”历史的过程，同时也体现了民国时科学知识的转变：《大清一统志》由清末时务新书变为官修殿版书籍，最后定格为历史地理专书。

1934 年之前，上海、杭州等地书局售卖《大清一统志》皆属清末旧版或其翻印本。以出版教科书和汉译西方名著驰名的商务印书馆在 20 世纪 20 年代后开始出版一系列古籍文献。《大清一统志》在民国时期的唯一一次重印即是由张元济主持商务印书馆时完成的，这也是嘉道重修《一统志》第一次印刷出版。在国家饱受战争摧残的年代里，重修《一统志》的重印也历经艰辛。在“一·二八事变”中，日军对商务印书馆进行了针对性的定点轰炸，商务印书损失十分惨重，“未毁者仅机器修理部、浇铅版部、疗病房三处而已，各种机器皆弯折破坏，不可复用。”[①]藏有大批善本古籍的东方图书馆也被烧毁殆尽，这是中国近代史上的又一次“文化浩劫”。《大清一统志》在如此艰难的情况下仍能重印出版，源自商务印书馆对于中国传统文化典籍的重视。后来张元济、郑振铎等众多著名人士成立“文献保存同志会”，抢救可能被日军战火破坏的古籍，进行“抗日救亡的文化运动”。[②]

张元济指出：“十年前，友人在史馆者以书来告，谓有清代第三修《一统志》，断至嘉庆二十五年，视乾隆重修本加详，道光二十二年进呈后，迄未刊布。史馆存写本全部五百六十二卷，不亟印行，惧就散佚。子盍图之?”[③] 商务印书馆不忘保存古籍之重任，于是立即组织重印工作，“余感其言，因嘱北京分馆取全书摄影，历数月始毕。影片既毕，乃有一万三千余页，事繁工巨，荏苒数年，甫印成”[④]，中日战争的战火烧及上海，影响了出版工作的顺利进行，幸而商务印书馆部分书籍此前已转存他

① 王云五：《本馆被难记》，见《商务印书馆与新教育年谱》上册，第 379 页，南昌：江西教育出版社，2008 年。另可参考张人凤、柳和城编著：《张元济年谱长编》下卷，第 889 ~ 905 页，上海：上海交通大学出版社，2011 年。

② 可参考温桢文：《抗战时期商务印书馆之研究（1932—1945）》，第 49 ~ 66 页，《古典文献研究辑刊》七编第 2 册，台北：花木兰文化出版社，2008 年。

③ 张元济：《大清一统志跋》，《续修四库全书》第 624 册，第 797 页。

④ 张元济：《大清一统志跋》，《续修四库全书》第 624 册，第 797 页。

处。经历了战火之劫难后，商务印书馆迅速组织恢复营建工作。1933 年 2 月 25 日，张元济致书丁英桂[①]：“《一统志》续查出十余叶，闻之甚喜（亦乞速查）。查毕后共存若干页，或尚有他书，统祈开示。”[②] 此时，张元济已六十六岁，早已不再主管商务印书馆日常工作，但是为了复兴商务印书馆，振兴中华文化，毅然投入到商务印书馆的复建工作，并负责校阅多部古籍。1933 年 2 月，张元济继续校阅《三国志》《嘉庆重修一统志》等书毛样。[③] 1933 年 3 月 1 日，张元济致书丁英桂再次谈及《大清一统志》的影印工作：“《一统志》补出缺页单阅悉。其烧过之版如不能打样，请速派人抄出。行款务照原式，切勿改动。抄成后请详细校对，交下一阅。原版仍暂留。印存清样已否查对完毕？有无错简？甚念甚念。”[④] 1933 年 3 月，张元济继续校阅《三国志》《嘉庆重修一统志》等书毛样。[⑤] 1933 年 12 月 23 日，张元济致书陶湘：“又《嘉庆重修一统志》，敝馆业已印成，上海‘一・二八’之变，幸未被毁，惟失去三十一叶。原书尚存，曾向故宫借补，颇费手续。闻任振彩兄曾晒存蓝纸晒印一部，谨开呈所缺卷叶，拟乞转商借与补钞，并与前交蓝印《本草》所欠若干页数同时代取。如承振兄慨允，并求掷寄，无任感荷。”[⑥] 1934 年 1 月 9 日，张元济复陶湘书：“《嘉庆重修一统志》敝馆被毁三十一叶，蒙允向任振彩兄代借影本，倘经取到，亦乞交施君（按，指商务印书馆天津分馆经理施敬康），同时寄下。”[⑦] 1934 年 2 月，他继续校阅《周书》《云溪友议》《大清一统志》等毛样。[⑧] 张元济晚年在古籍出版方面倾注了较多心血。《一统志》的书版能免遭日军烧毁可以说是不幸中的幸运。张元济在多次联系陶湘和商务印书馆天津分馆的同仁后，终于得到天津藏书家任凤苞的帮助，完成了《大清一统志》全书的出版，“友人任君振采以所藏蓝

---

① 丁英桂：1901—1986，浙江平湖人。1915 年进入商务印书馆。“一・二八事变”后，丁任商务印书馆善本书保管委员会助管员，为民国时古籍保护工作做出重要贡献。曾多年担任张元济辑印古籍的助手。

② 张人凤、柳和城编著：《张元济年谱长编》下卷，第 916 页。

③ 张人凤、柳和城编著：《张元济年谱长编》下卷，第 916 ~ 917 页。

④ 张人凤、柳和城编著：《张元济年谱长编》下卷，第 917 页。

⑤ 张人凤、柳和城编著：《张元济年谱长编》下卷，第 919 页。

⑥ 张人凤、柳和城编著：《张元济年谱长编》下卷，第 935 ~ 936 页。

⑦ 张人凤、柳和城编著：《张元济年谱长编》下卷，第 939 页。

⑧ 张人凤、柳和城编著：《张元济年谱长编》下卷，第 946 页。

印本假余抄补，得溃于成，盖至是而散佚之惧可幸免矣。”[①] 1934年3月3日，张元济致书任凤苞表达感谢之情：“……以前曾向清史馆借得《嘉庆重修一统志》，由商务印书馆发行。正拟出版，突遭‘一·二八’之变。毁去数十页，竟成残本。闻陶兰翁言邺架藏有蓝印本一部，曾托兰翁代乞借钞，并恳令亲杨叔翁介、商务分馆施君晋谒。仰蒙延接，并荷发箧，许将藏本携至馆中移录。施君来信并称垂询下走，意甚拳拳，曷胜感荷。”[②] 嘉道重修《大清一统志》后被收入《四部丛刊续编·史部》。张元济之所以倾注较多心血重印嘉道《大清一统志》，他指出：“居今日而治舆地之学，欲求一官本且后出而可信者，宜莫如此书。”[③] 这实际上又可以看作是民国边疆研究热潮的影响和需要。

1934年1月14日，商务印书馆刊出了预售《四部丛刊续编》的广告，其中：“《嘉庆重修一统志》，五百六十卷，只有进呈写本，从未刊行，今尽为该馆所求致，收入续编，真东亚出版界空前伟业也。”[④] 1934年3月24日，商务印书馆再登长篇广告专门推介《一统志》：

> 向未刊印之全国志乘嘉庆重修《一统志》
>
> ……条分缕析，视乾隆重修本为详，原有遗漏讹误，咸加补正，为官修志乘中最详最备之作。全书凡一万三千七百余页，当日仅以写本呈进，向未刊印。商务印书馆向清史馆借得原书，摄影付印，列入《四部丛刊续编》第一期书，定于四月一日出版，并以卷帙浩繁，用王云五氏四角号码检字法，编制索引，以便检阅，为研究本国地理者必需之要籍。闻此书全部二百册，附加索引十册，单售每部定价一百十元，九折实收……兹悉该馆为便利单购《一统志》者，加定丛刊续编第一期全书起见，已将预约期限展长十天，改于四月十日截止，

---

① 张元济：《嘉庆重修大清一统志跋》，《续修四库全书》第624册，第797页。

② 张人凤、柳和城编著：《张元济年谱长编》下卷，第947页。

③ 张元济：《嘉庆重修大清一统志跋》，《续修四库全书》第624册，第797页。按，作为晚清进士，张元济参与戊戌维新运动，并受到光绪帝接见。民国时期，张元济等重视用新式技术保护传统文化，可以看作是由士向国民转变的一种方式，也可以看作是“民族国家”思潮影响下对待西学（如地理学新知识）和中学（以古籍为载体）关系的一种态度。《大清一统志》的出版即是在这样的背景下发生的。至于这一出版行为是否包含对清朝的再认识以及应对20世纪30年代的文化殖民与思想文化危机的思想内涵，则有待进一步考察。

④ 《申报》1934年1月14日，第2版。

并特印《一统志》样本，以备索阅。[①]

《四部丛刊续编》印成之后，经过商务印书馆的营销活动和行政院支持推广，《一统志》的销售情况自然可观。1934 年 4 月 4 日，商务印书馆通过《申报》继续报道、推介《大清一统志》等书，欢迎各界阅览、订购：

> 该馆自本月一日起，将《一统志》及其他《四部丛刊续编》已出各书全部陈列于该馆发行所店堂南首，欢迎各界任意披览。……该丛刊及该馆同时影印之《四库全书珍本》两种，前经行政院通函饬购在案，除实业部蒙藏委员会、安徽、河南、察哈尔各省政府等多处早已函复照办外，兹悉山东、山西、浙江各省政府亦均转饬所属一体订购。[②]

商务印书馆重印的《大清一统志》颇受欢迎，“《嘉庆重修一统志》，二百册（附赠索引十册），定价一百十元，在本月底前九折实售，初版亦已售罄，再版于本年十月底出书，印数无多，预定务请从速。”[③] 1934 年，张元济在《方志月刊》撰文介绍重印的《大清一统志》。[④] 1935 年，因《一统志》本身销售量较多，《嘉庆一统志表》也开始单独销售。

> 《嘉庆一统志表》系根据前清内府所藏秘本影印，凡吾国州邑历代部辖、古今沿革、废置建立、先后名称，条贯井然，了如指掌，可以供舆图家、历史家研究参考之用。全书十册，定价五元，特价三元五角，同行九折无回佣。特价期限自九月十日起，至十月底止，远道分馆顺展两月，至十二月底为止。[⑤]

---

① 《申报》1934 年 3 月 24 日，第 14 版。

② 《申报》1934 年 4 月 4 日，第 11 版。

③ 商务印书馆所登载广告，《申报》1934 年 6 月 26 日，第 4 版。

④ 《新刊介绍：嘉庆重修一统志》，见《地理杂志》（又名《方志月刊》），1934 年第 7 卷第 5 期第 44 页，《中国期刊汇编》第 36 种，第 11 册，第 2934 页，台北：成文出版社，1985 年。原名《地理杂志》，自 1933 年 1 月第六卷第一期起改称《方志月刊》，南京中国方志学会编印，1928 年 7 月创刊。

⑤ 本馆新消息：《嘉庆一统志表》发售特价，见《同行月刊》1935 年第 3 卷第 10 期，第 28 页。

1984年，上海书店重新影印出版《四部丛刊续编》，嘉道重修《大清一统志》共30册，另附索引2册。1994年起，《续修四库全书》开始编印，重修《大清一统志》被收入史部地理类，共印成12册，所据底本即为《四部丛刊续编》本。2002年，上海古籍出版社完成了《续修四库全书》的出版。2008年，上海古籍出版社出版《嘉庆重修一统志》单行本12册。另外，1966年，王云五主持台湾商务印书馆重新编印《索引本嘉庆重修一统志》11册。1986年，中华书局将重修《一统志》收入《中国古代地理总志丛刊》出版。现今，我们很难得见嘉道重修《大清一统志》的原本，由张元济开启的多次重印重修《一统志》为今人的相关研究提供了巨大便利。

三部《大清一统志》中，重修志被翻印的次数最多，或许是受第三部质量最好观念的影响，前引《申报》的《大清一统志》广告夸赞它是“官修志乘中最详最备之作”[①]。日本学者神田信夫等亦认为：“《大清一统志》记载中国全部的地理，曾3次敕撰，以第三次版本最佳。”[②] 这也是目前国内学者们研究、利用《大清一统志》的共识。

表6-1　　道光以来《大清一统志》重印情况列表

序号	卷数	册数	版本
1	356	120[③]	道光二十九年常州薛子瑜木活字本
2	500	60	光绪二十三年杭州竹简斋石印本
3	500	60	光绪二十七年上海宝善斋石印本
4	500	60	光绪二十八年上海宝善斋石印本
5	560	210	上海：商务印书馆，1934年
6	560	11	台北：台湾商务印书馆，1966年
7	424	10	台北：台湾商务印书馆，1983—1986年
8	560	32	上海：上海书店，1984年
9	560	35	北京：中华书局，1986年

① 《申报》1934年3月24日，第14版。

② ［日］神田信夫、细谷良夫著，陈慈玉节译：《清史三》，见高明士主编：《中国史研究指南Ⅳ明史·清史》，第340页。

③ 另有160册之说，详见北京图书馆普通古籍组编：《北京图书馆普通古籍总目》第四卷·地志门，第43页。册数之差待考。

续表 6-1

序号	卷数	册数	版本
10	424	10	上海：上海古籍出版社，1987 年
11	560	12	上海：上海古籍出版社，2002 年
12	424	3	北京：商务印书馆，2005 年
13	424	10	上海：上海古籍出版社，2003 年
14	424	10	台北：台湾商务印书馆，2008 年
15	560	12	上海：上海古籍出版社，2008 年

五　由清到民:《一统志》的余绪与续修实践

辛亥革命，民国肇建。但是，民国政府面临的是分裂割据的中国，即使在“东北易帜”之后，中国实际上仍处于军阀割据局面。在和平年代里，《一统志》蕴含了统治者对“大一统”王朝伟业的标榜。在动荡时局下，《一统志》更多地包含统治者建立统一王朝（或国家）的期许，寄托知识分子、民众对于国家实现统一、富强的愿望①，尽管其中也有歌颂最高统治者功绩之意。民国时多次出现纂修《一统志》的提议即属于后一种情况。

1929 年 8 月 23 日，《申报》刊登《民国一统志》的推介广告：“本书详述蒋总司令北伐战绩，自韶关出师起至东三省易帜，历时仅一年多，克复十七省，百战百胜，势如破竹，其功之大，自有民国以来，诚可谓独一无二。”② 实际上，《民国一统志》是由上海江东书局聘请人员历经一年时间编写成书。从广告内容来看，这既是利用了民国时局发展的特征：北伐巩固了蒋介石政府的统治地位，借用政治题材发行书籍，达到歌颂政府当局的效果。又充分考虑了民国时人对于战乱的厌恶和国家统一的期盼。

① 如下文提及的 1936 年 7 月 2 日《申报》第 11 版刊登《记禹贡学会》一文，文中提及“在救国的目标下”，禹贡学会的八大纲领之一是编辑《中华民国一统志》。然而根据笔者查核：1937 年 4 月 1 日《禹贡半月刊》第 7 卷第 113 合期刊发的《本会此后三年中工作计划》一文，该文公布的多项计划中并无编辑《中华民国一统志》一项。详见《禹贡学会工作计划》，《顾颉刚全集·宝树园文存卷四》，第 226～239 页，北京：中华书局，2010 年。《申报》该文未登载作者署名，可以推断：所谓禹贡学会编辑《中华民国一统志》一事显系他人作伪。故下文再次引用时添加引号。这种作伪即可以看作是人们对于期望国家统一的某种表现。

② 《申报》1929 年 8 月 23 日，第 21 版。

1931 年，随着日本侵华触角的深入，中国又一次面临生死存亡的关头。有识之士为中华民族的命运进行抗争。顾颉刚等人成立的禹贡学会以地理学的研究来为中华民族的独立、富强提供学理上的支持，学会的纲领包括了编辑《中国民族史》《中国地理沿革史》《中华民国一统志》等多个方面①。《一统志》的编纂传统没有被世人遗忘，可见“统一”对于民国的知识分子来说具有十分积极的意义。清末民国方志专家童振藻（1871—1939，江苏淮安人）于 1936 年呼吁国民政府编修《一统志》。童振藻主要从以下方面论证编修民国《一统志》的意义、具体方案等②：

第一，回顾了先秦至明清中国历史上编修方志的传统：“粤稽《周礼・春官》小史掌邦国之志……宋元以还，国志地方志更难偻数。清代则省及府厅州县志，燦然大备，旷古未有。而唐之《元和郡县志》，天下州域，萃列详叙，孙星衍推为巨制。……若元则兰肹等撰《大元一统志》千卷，明则李贤等撰《大明一统志》九十卷，清则和珅等撰《大清一统志》四百三十卷，后广为五百卷。”作者认为民国“制虽新改，而统承旧邦，既一区宇，自应因元明清三志之名称，而继续编纂”。而且在新修全国总志的名称上也没有必要再命新名，“况各省所修通志，皆仍旧贯，全国总志，不当再立新名，以示一贯而免分歧。”

第二，《一统志》的编修对于国民政府较为重要，“内奠土宇，外防敌国，文经武纬，胥基于此。”《一统志》编成之后可以“藉以昭示奠定国基保全领土之决心，内可潜消割据之阴谋，外可免召瓜分之惨祸……于国家前途，至有关系，不仅备政军学界浏览，于筹备钻研方面之有裨补焉。”

第三，民国《一统志》的编修需成立专门机构。可称民国一统志馆，“或采用委员制，组设民国一统志编辑委员会，内分编纂、制图、调查、征集、收藏各处。”由委员会的委员担任总纂，邀请史地专家充任分纂。另设调查、测绘、摄影、翻译、画图、制表及征志人员，这批人员则选拔一些史地专业的毕业学生充当。翻译“专译外人记载吾国地理方面之图书，以备参考”，调查、测绘、摄影等人员应该奔赴各处实地调查。

① 《申报》1936 年 7 月 2 日，第 11 版。

② 以下四个方面内容皆出自《大公报》（天津版）1936 年 4 月 10 日，第 11 版，《大公报・史地周刊》第 80 期。

第四，前代《一统志》纂修取材方法可以借鉴，但编修方法并不科学，民国新修《一统志》应该利用当前的科学技术。编纂《一统志》时要求各省同步编写方志为《一统志》纂修提供材料，编纂时“先订民国一统志之体例”，体例完成之后，再利用已有资料：“各省近修之通志、市志、县志，暨各种测绘之地图，关于地理之专著专刊，各种年鉴、统计报告”在全国及各省市县等之位置，疆界，经纬度等方面须“实地测查，其重要者并摄影绘图”，甚至需要派遣人员到地方进行实地会同各省市县府人员查勘测绘摄影，以补充文献材料的不足、舛误。

国共内战和日本侵华战争的全面爆发，童振藻所提出的民国《一统志》编修方案也就失去了付诸实施的环境。1948 年，时任国史馆筹备委员会总干事、国史馆副馆长、曾任国民政府秘书的但焘（1881—1970，湖北赤壁人），再次就民国《一统志》编纂事务向“中央执行委员会秘书处”提出意见。① 国史馆提交民国《一统志》编纂意见函是因江西通志馆馆长吴宗慈的建议：“顷准一月四日，贵处渝文字二七九六一号大函，抄送江西省通志馆馆长吴宗慈建议编纂民国《一统志》原呈一件，征询本会意见，嘱即函复。”编修《一统志》对于颂扬蒋介石之功绩大有益处，“此举为纪念总裁抗建之大业、统一之弘规，将以昭示宇内，垂范方来”。但焘在意见函中就体裁、机构、经费、人选提出四点建议，供中央政府参考。第一，在体裁方面，首先追溯《禹贡》，进而总结历代方志纂修得失，又从萧何、司马迁等归纳历代官修地理志书之旨趣，特别是“源自宋代乐史《太平寰宇记》”的《一统志》纂修传统。民国《一统志》应“有异乎统计年鉴、国势调查年鉴、测量局明细分图”，义例“则当本《禹贡》及班固《地理志》，参以杜佑所标大义，将来通儒硕学，自当发凡起例，定为准绳。”第二，在机构方面，拟于国史馆中另设立编修馆或纂修处以负责《一统志》之编纂。第三，在经费方面，民国《一统志》的纂修经费与人员编制应该独立核算，不受国史馆管辖。第四，在人员设置方面，“馆长或以国史院长兼任，或特简大员专任……而总纂、分纂、纂修、协修宜妙选通才硕学，聘任简任各半。其协修或由考试，或由保荐，经甄选委员会甄选合格，试用期满，再予实授。”《一统志》纂修所

① 以下所引详见但焘：《国史馆筹备委员会覆中央党部秘书处陈述编纂民国一统志意见函》，《国史馆馆刊》，1948 年第 1 卷第 2 期，第 157 页，1948 年 3 月出版。

需材料主要来自内政部和各地民政厅提供，编修馆亦需自行搜访。

从道光二十九年（1849 年）薛子瑜重印康雍乾初修《大清一统志》到 1948 年的国史馆重提编纂民国《一统志》，中国历史巧合地经历了一百年。然而，这一个世纪对于中国来说是充满苦难与屈辱的一百年，虽然其中也有诸如中华民国新建的伟业。曾经的统一的中国领土被列强多次蚕食。《大清一统志》的多次重印、民国《一统志》的两次编纂提议，以《大清一统志》为代表的一批书籍能够在晚清、民国时期大量印行并受到欢迎。这是拥有经世救国情怀的一部分知识分子为了重建已经失去的“大一统”中国，他们希望通过《一统志》的重印、编纂来激励中国重新走向统一、独立、富强。特别是 20 世纪三四十年代民国知识分子为挽救民族危亡、振兴国家而做出的种种努力。他们通过创办大批的报纸、杂志，出版各类时务书籍，向全社会，特别是普通民众普及知识，激发民众的爱国热情和民族意识，塑造新式的国民性。从前文梳理来看，《大清一统志》有时也扮演了振兴民族国家的角色。可以说，在这一百年里，《一统志》承载了太多的情感与努力，使得它的角色不只是“历史地理专书”。

第二节　评“国家认同”研究取向与“新清史”研究

——基于《大清一统志》的研究

一　评“国家认同”研究取向兼论其适用性

本节是笔者在研究三部《大清一统志》时对学界“国家认同”相关问题的一种认识。在最初接触到“国家认同”的研究论著时，笔者便对它所探讨的主题颇感兴趣，因为它和近代中国（此处主要指 19 世纪 40 年代之后）的历史密切相关。但是，在集中地拜读了一批以“国家认同”为研究主题的论著后，笔者发现这些论著在给予启发的同时多少也存在一些需要再讨论的地方。本节首先回顾一些论著的研究，再结合笔者研究《大清一统志》的经历，谈谈个人的浅见。

《近代中国的国家形象与国家认同》一书对于西方学界的相关研究作了及时的梳理与评论。该书《编者的话》写道：从“国家认同”角度切入对近代中国，尤其是对中国近代民族主义的研究，应该是晚近才在西方学术圈引起普遍关注的话题，特别是在20世纪的最后10年，整个研究呈方兴未艾的趋势。[①] 该书收录了姚大力《变化中的国家认同——读〈中国寻求民族国家的认同〉札记》一文[②]，作者讨论了《中国寻求民族国家的认同》这本论文集，并由书中的中国问题引申讨论了封建时期与帝制中国的国家认同的变化[③]，当然也讨论了晚清时期的国家认同变化。作者在文章中也谈及列文森和梁启超对于传统中国的国家观念和国家认同否认，两位学者认为传统中国根本不存在国家[④]。作者又论述了杜赞奇对于这种观点的质疑[⑤]。根据此篇札记内容可以判断：作者是倾向于赞同杜赞奇的观点。因为作者还曾发表了《中国历史上的民族关系与国家认同》一文[⑥]。作者在《中国历史上的民族关系与国家认同》中研究了遗民与改朝换代、在民族国家之前的“王朝国家”、前近代的国家观等问题，作者认为：中国历史上的国家认同有三个层次：第一层集中体现于对在位专制君主的忠诚，第二层体现在属于某一姓的君主统系的王朝，第三层则体现在一种历时性的政治共同体的集体记忆与追求的意识：“中国”与正统。[⑦]

研究中国古代国家认同的专著有如彭丰文著《两晋时期国家认同研究》（以下简称彭著），彭著在书中首先回顾了古今两种国家概念的比较、学术界对两种国家概念的研究以及学界对于中国古代有无国家认同的争鸣。接着作者讨论先秦两汉以来的国家理论和国家认同状况。[⑧] 这说明作者持赞同中国古代有国家认同的观点。彭著重点考察了两晋时期国家认同

---

① 复旦大学历史系、复旦大学中外现代化进程研究中心编:《近代中国的国家形象与国家认同》，第3~4页，上海：上海古籍出版社，2003年。

② 复旦大学历史系、复旦大学中外现代化进程研究中心编:《近代中国的国家形象与国家认同》，第118~172页。

③ 复旦大学历史系、复旦大学中外现代化进程研究中心编:《近代中国的国家形象与国家认同》，第135~149页。

④ 复旦大学历史系、复旦大学中外现代化进程研究中心编:《近代中国的国家形象与国家认同》，第134~135页。

⑤ 复旦大学历史系、复旦大学中外现代化进程研究中心编:《近代中国的国家形象与国家认同》，第148页。

⑥ 详见《中国学术》总第12辑，第187~206页，北京：商务印书馆，2002年。

⑦ 见《中国学术》总第12辑，第200~201页。

⑧ 彭丰文:《两晋时期国家认同研究》第一章，北京：民族出版社，2009年。

的具体内涵、特征、理论基础、历史意义等丰富内容。[①] 彭著研究国家认同的最后落脚点是：德治的天命论、夷夏之辩的民族观和大一统的国家观。

较新的成果有许纪霖、刘擎主编《多维视野中的个人、国家与天下认同》一书，值得注意的是，编者在书名并未使用“国家认同”一词，而是天下认同。该书收录的文章仅有裴自余《论中国传统的天下国家观》一文和国家认同问题的关系较为密切，作者在文章中指出：他讨论的前提是从非常宽泛的意义上理解的“国家”。作者也明确传统的“国家”不同于现代国家。作者也注意到有时国家一词需要加引号。[②] 以上是笔者所举的三种中国古代国家认同研究的直接或间接的成果。[③] 这里笔者无意具体评论上述成果，但是“国家认同”问题的重要性使得笔者想提出个人的一些浅见。[④]

研究国家认同时，首先我们得明确什么是国家？什么是认同？什么是共同体？国家认同的具体内涵指什么？第一，关于国家的概念，笔者在绪论中已有所交代。另外，研究国家认同问题的论著也多有分析[⑤]。“国家”一词，中国自古即有。清代文献中亦多有出现，如《啸亭杂录》记载：吉制府之死，觉罗吉庆，“某虽不才，曾备位政府，不可甘受其辱，有伤国体”“国家起自辽、沈，有设竿祭天之礼”“国家挞伐四夷，开辟新疆二万余里，南驱缅夷，西剪金川”“国家绥定新疆，戢宁西域，设立职官”等。[⑥] 这里笔者想强调：国家、政府、国体等词汇既有古词古义、也有新词新义，在使用时若没有特别说明则引起歧义。我们在阅读不同时代

---

① 详见彭丰文：《两晋时期国家认同研究》第二章至第八章。

② 许纪霖、刘擎主编：《多维视野中的个人、国家与天下认同》，第135页，上海：华东师范大学出版社，2013年。

③ 相关成果如：［韩］林孝宣：《孔子国家观的基本特征》，《管子学刊》2000年3期；谢志岿：《孔孟开创的国家观传统及对中国政治文化的影响》，《学术探索》2004年4期；王廷洽：《论荀子的国家观》，《中国史研究》1999年2期；杨士彬：《我国古代社会的国家观念》，《河北学刊》1996年6期；王俊拴：《古代中国的整体国家观及其价值分析》，《政治学研究》1998年2期；等等。

④ 李丹慧在《中苏同盟的瓦解与冷战的二次转型》中评价20世纪五六十年代毛泽东的外交思想时指出：“在毛泽东的头脑中，没有形成现代民族国家的整体意识，他仍然固守着传统的天朝概念，还有外来的世界革命观念。”http：//www.21ccom.net/articles/qqsw/zlwj/article_2014011098667_3.html，来源于共识网，2014年1月13日搜索。

⑤ 如前引姚大力：《中国历史上的民族关系和国家认同》。

⑥ 昭梿撰，何英芳点校：《啸亭杂录》，第110页、231页、281~282页，北京：中华书局，1980年。

的文献时，需要注意国家等词汇内涵的时空性，不能出现固化或张冠李戴的现象。实际上，早有研究者注意到国家等词语内涵的变化。王健文在《奉天承运——古代中国的“国家”概念及其正当性基础》一书中以战国与前汉为研究时段，又溯及封建时代，作者认为国家最宽松的定义：聚居在一定地域中的一群人，其中若干成员持有一定的限制成员活动的控制权力，这项权力的基础与运作，诉诸价值的宣称或强制的力量。国家是政府以及提供政府权力和成员基础的复合体。这个比较狭义的国家界说，近年来普遍为学界所接受及援用。古代中国也有“国家”的名称，其意义也不异于广义的国家界说。但是向来对于中国国家的研究，多半站在西方理论的基础上，学者往往削足适履，以西方理论中既有的国家界说，作为检验古代中国“国家”性质的标准，对古代中国“国家”概念的理解，反而形成一层迷障。[①] 梁治平指出：“今天人们通用的‘国家’（state）一词乃是 14 世纪以后的产物，当这个词逐渐被用来指称政治实体时，是与主权概念的发展结合在一起的。依照这种观念，没有主权的国家至少不被认为是完整意义的国家。然而，基于同样的理由，把具有这种含义的国家概念运用于非西方文明，也很容易导致对历史的歪曲和混淆。”[②] 李华兴等讨论了中国古代“国”与“国家”的概念，根本没有近代意义。[③] 近代（或称现代）意义上的国家观念是从西方社会移植而来。他们的这些认识并未引起其他研究者和读者的足够重视与理解。

第二，国家认同的讨论还必须涉及“认同”“共同体”两个名词。如何诠释它们的内涵与外延，对于国家认同问题的认识或许会更加清晰。美国学者菲利普·格里森曾经界定“共同体”这一名词，结果也是没有一个固定的答案。[④] 作者在文章中写道：要想负责任地使用“identity”术语，我们就需要对它处理的话题的内在复杂性保持敏感，同时在使用它时十分注意其准确性和一致性。作者还指出：当 identity 日益变为陈词滥调

---

① 王健文：《奉天承运——古代中国的“国家”概念及其正当性基础》，第 1 ~ 2 页，台北：东大图书公司，1995 年。

② 梁治平：《清代习惯法：社会与国家》导言，第 8 页，北京：中国政法大学出版社，1996 年。

③ 李华兴等：《索我理想之中华：中国近代国家观念的形成与发展》，第 5 ~ 10 页，合肥：安徽教育出版社，2005 年。

④ 详见《界定 identity：语义史的考察》，见李义天主编：《共同体与政治》，第 103 ~ 135 页，北京：社会科学文献出版社，2011 年。

时，其含义就会逐渐含糊，用法也日渐松散和随意。“我所强调的最后一点是显而易见的：历史学家在谈论‘identity’时需要十分谨慎，并且，在评论他人的相关讨论时也需要十分审慎。”① 实际上，正如该书的编者所言，“共同体”是一个内涵丰富但颇具歧义的概念，被广泛用于哲学、政治学、社会学、人类学等学科。本书的编纂就是学界希望厘清“共同体”内涵的一种努力。②

以上是学界对“共同体”概念或理论做出的检讨，共同体若不存在，那么“认同”也就无从谈起。③ 针对西方学者的“国家认同”研究取向，早有中国学者指出：（西方）阐释中国的“焦虑”，长时期呈现为对“中国”的政治化解读，却是有据可寻的。……海外汉学界围绕着“近代中国的国家形象与国家认同”的大量文字，都与对中国的政治化解读相关。我们也没有必要去刻意地回避。④“国家认同”本身就是一个现代的概念，人们在使用时应该注意其时空适用性。

在讨论近代以前的中国史时，我们需要注意区别中国认同、国家认同、民族国家认同三个表述之间的本质。国家与朝廷、国民与臣民、公民与奴才、领土与疆土，这些是现代中国与传统中国的明显不同。主权是近代国家观念的核心，它和领土、人民构成了现代国家的“三要素”。学界研究表明：传统中国是不存在民族国家这一思想的。国家的实际产生与国家认同二者不是同一个过程，也不是同一概念，其内涵也有本质的区别。国家的产生是一个客观的过程，国家认同则是一个主观的认识。主观与客观要达成统一往往需要一个过程，有时这个过程还很漫长。即使是使用了“国家认同”概念讨论传统中国的学者在最终讨论时还是归结于中国历史

① 见李义天主编：《共同体与政治》，第 134 ~ 135 页。

② 关于共同体的研究，还可参考：［德］斐迪南·滕尼斯著，林荣远译：《共同体与社会：纯粹社会学的基本概念》，北京：北京大学出版社，2010 年（中文版第一版，商务印书馆，1999 年）。［英］齐格蒙特·鲍曼著，欧阳景根译：《共同体》，南京：江苏人民出版社，2003 年。

③ 关于认同的研究，可以参考［美］曼纽尔·卡斯特著，曹荣湘译：《认同的力量》（第二版），北京：社会科学文献出版社，2006 年。笔者按，西方学界关于认同的研究多是因为自身社会政治文化发展阶段所导致，特别是一些国家或地区的种族文化、亚文化的不断出现，形成了各种不同类型的共同体。这基本上属于现代工业社会（甚至是后现代社会）的现象。前引《多维视野中的个人、国家与天下认同》一书第 394 页编辑手记即讲：认同是现代性的核心问题之一，古代中国的认同乃是“家国天下”。

④ 复旦大学历史系、复旦大学中外现代化进程研究中心编：《近代中国的国家形象与国家认同》编者的话，第 5 ~ 6 页。

本身:“支撑着元初的宋遗民和清初明遗民的精神世界的,主要是王朝认同,而不是种族认同。”“国家认同的核心,还是王朝认同。”[1] 实际上姚大力也指出了近代意义的国家认同“是指人民(更确切地说是国民)认同国家,并且对国家保持政治上忠诚的合法性基础。”[2] 但是,却忽视了“国家认同”只有在近代才成立的前提。

中国近代著名的政治家、思想家梁启超在《爱国论》(1899)中指出:“吾国数千年来,常处于独立之势。吾民之称禹域也,谓之为天下,而不谓之为国。既无国矣,何爱之可云?”[3] 梁启超在《论国家思想》(1902)又感叹中国人“只知有天下而不知有国家,知有一己而不知有国家”[4],说明中国人国家观念的缺乏,进而在与西方列强竞争时常常失败。

前引王健文著作即探讨了相关问题,作者认为:古代中国国家概念的一个面向即是国君一体。[5] 中国古代百姓、臣子对于皇帝之间的关系大多是私的关系,天下为天子之天下,现代国家层面的公的概念被压抑得根本不存在。王亚南在《中国官僚政治研究》一书中重点讨论了官僚政治与儒家思想等相关问题,作者认为:“最便于专制”的儒术,即作为一种专制官僚政治的统治手段的儒家学说,主要有三个方面:天道观念、大一统观念和纲常教义。这三者对于维护专制官僚政治是缺一不可的。这些已经根植于中国传统士大夫的政治血液和思想骨髓中。作者在书中多次强调官僚政治的社会就是官僚与农民的社会,是官民对立的社会。[6] 这样形态的中国社会是不存在国家认同的。作者在最后又分析了民国年间新官僚政治对于中国未来发展的危害。[7]

---

① 姚大力:《中国历史上的民族关系与国家认同》,见《中国学术》总第12辑,第201页。

② 姚大力:《中国历史上的民族关系与国家认同》,见《中国学术》总第十二辑,第205页。

③ 梁启超:《饮冰室合集:文集》,北京:中华书局,1989年。

④ 梁启超:《饮冰室合集:专集》,北京:中华书局,1989年。

⑤ 王健文:《奉天承运——古代中国的“国家”概念及其正当性基础》第四章。另外亦可参考甘怀真:《皇权、礼仪与经典诠释:中国古代政治史研究》,台北:台湾大学出版中心,2004年。

⑥ 王亚南:《中国官僚政治研究》,第65页、68页、73页、123页等,北京:商务印书馆,2010年。邓正来在1992年时提出:中国现代化两难症结真正的和根本的要害在于:国家与社会二者之间没有形成适宜于现代化发展的良性结构。详见邓正来主编:《国家与市民社会:中国视角》序言,第13页,上海:格致出版社,2011年。

⑦ 王亚南:《中国官僚政治研究》,第172~195页。

清前期统治的建立与稳固是道统、治统（政统）的认同而非国家的认同。从整个近代世界政治史的角度而言，与西方近代国家发展过程相比，晚清至民国年间中国的屈辱或衰落，即源于国家认同的缺乏。而地方主义、群体主义盛行，湘军、淮军、民国军阀割据、“攘外必先安内”等情况则不断出现。小群体意识、党派意识、地方意识与国家意识（认同）之间在本质上是冲突的。国家认同研究取向的滥用是海外学者在研究清史（主要指“新清史”的研究）问题时出现一些错误认识的原因之一。

二　清代前中期的中国认同

通过前文对于“国家认同”这一研究取向的分析，笔者明晰了它只适用于鸦片战争之后西方近代政治（学）思想传入之后的近代中国的研究。《清朝皇帝的中国观》和《清代满人的“中国认同”》两篇文章①，对于清代的皇帝、满人对于“中国”的认知有比较深入、精辟的剖析。笔者认为：对于清代前中期历史而言，“中国认同”是历史的概念。“国家认同”则是后设的概念，并不适用。此处，笔者根据所见材料对于清代前中期的“中国认同”现象再作补充②。前文已述，乾隆五年十一月，乾隆帝应大清一统志馆总裁任兰枝请求而作《大清一统志》御制序文③，这也是清朝第一部《一统志》的序文，是对清初大一统现实的理论总结。

乾隆帝在序文中指出：“惟上天眷顾我大清，全付所覆，海隅出日，罔不率俾……蕃息殷阜，瀛堧炎岛，大漠蛮陬，咸隶版图。置郡筑邑，声教风驰，藩服星拱。禀朔内附，六合一家。”如果说，清康熙十一年即开始着手编纂《一统志》更多地是为了收集全国的情报。因为一个新的政

① 分别见《清史研究》2005年第4期、2011年第1期。

② 赵永春、李玉君：《辽人自称“中国”考论》（《社会科学辑刊》2010年第5期）。该文指出自辽朝建国后，辽人已经建立起对于“中国”正统性的认同。[日] 岸本美绪《“中国”的抬头》一文则认为明末文献中“中国”一词抬头式书写格式（包括单抬、双抬）体现了国家意识的增强，详见《日本中国史研究年刊（2009年度）》，上海：上海古籍出版社，2011年。按，由上述两篇文章可以得出：清朝对于中国的认同不是个别现象，而是对于中国认同的继承，是继承正统性的一种体现。

③ 初修《大清一统志》书前是乾隆九年正月既望乾隆帝御笔序文，笔者此处引用的是《清实录》（第10册，第914～915页）所收录的御制序文，两者内容相同。可见，乾隆帝对于清朝大一统统治的认识是稳定的。

权、帝王急需对其治下的疆域有比较清晰的了解，方能制定出适宜的统治策略。那么在平定三藩之后，康熙帝再次下诏修《大清一统志》则是“以昭大一统之盛”。乾隆帝作序文时清朝统治的实际情况和康熙二十五年开馆修志时已经大不相同。徐乾学等修《一统志》时遇到的外藩统部和朝贡诸国纂修难题，在阿克敦、王峻、齐召南、德龄等编修人员的努力下完整地编成。《大清一统志》之所以在乾隆年间编成两部，实际上也是乾隆年间清朝版图最终确定的理论总结形式之一。这也是康雍乾三帝对于“中国”的长期追寻，是中国认同的表现之一。通过及时续修《大清一统志》，大一统的中国西北疆域版图得到了权威的确认。[①] 续修《一统志》在初修《一统志》的基础上增加《西域新疆统部》，将原来的《江南统部》分为《江苏统部》《安徽统部》，将《外藩蒙古统部》改为《新旧藩蒙古统部》。重修《一统志》在续修《一统志》基础上再增加《乌里雅苏台统部》，《西域新疆统部》改为《新疆统部》，《新旧藩蒙古统部》改为《蒙古统部》。这些是清朝皇帝和《一统志》纂修者们对“中国”的追求，也是清朝大一统治理不断完善的结果。

通过下面几则康熙年间清朝与周围国家的边界事务纠纷的事情即可认识到当时的清朝已经具有了明显的中国认同，但是这种认同还不属于现代政治意义上的国家认同。清代前中期的统治者对于所辖地区的版图意识还是非近代的，即尚未形成主权意识。

第一个事例是黑龙江将军衙门与俄罗斯在边界地区的打猎权与司法管辖权的问题。康熙三十三年五月十三日，理藩院题黑龙江将军萨布素请缉拿鄂罗斯打貂皮人。康熙帝曰：“我国边界甚远。向日欲往观其地，曾差都统大臣、侍卫等官皆不能遍到。……我国边地，我国之人尚不能至。况边界相接鄂罗斯国一二窃来打貂皮者，亦不能无因，遽为缉拿，彼则惧死，必致相斗，若相斗，我国之人岂有轻释。可差司官一员到将军萨布素处令其明白写书，与鄂罗斯国言：彼国之人窃来我边地打貂皮，我国差人缉拿，若缉拿之时，惧而与我相敌。我国断不肯安静。”[②]

第二个事例是康熙三十六年间，清廷与安南处理云南三处边地归属问

① 郭成康：《清朝皇帝的中国观》，陈桦主编：《多元视野下的清代社会》，第 19 页，合肥：黄山书社，2008 年。

② “国立故宫博物院”藏：《清代起居注册·康熙朝》第 5 册，第 2547 ~2549 页。

题。康熙三十六年十一月十八日：云南巡抚石文晟入，以开化府所属舆图及启奏折子呈览。康熙帝细问安南国奏请给还牛羊、蝴蝶、浦园等地事。康熙帝欲派钦差大臣往其勘察。该三处地方久入版图，顺治十七年即征粮，康熙五年改归开化府。康熙三十年、三十三年时安南国始请归还。[①] 康熙帝通过云南巡抚石文晟了解云南三处边地的实际情况和安南国的领土要求。康熙三十六年十一月十八日，康熙帝曰："……以安南小国，既系伊之土地，原欲遣满汉大臣勘明给还。今据石文晟所奏此又似非安南国之地。朕已命石文晟将其所呈览舆图传视尔等一同会议。"[②] 经过军机大臣等多次奏议之后，康熙帝"掌握"了更多的信息，他对云南三处边地的处理态度发生较大变化：由最初的计划派遣钦差大臣实地考察并归还三处边地转为仅仅发一封告谕给安南国王。康熙三十六年十一月二十二日，康熙帝曰："朕抚驭天下，内外视同一体，并无区别。……"伊桑阿奏曰："安南国王黎维禛题请牛羊、蝴蝶、浦园等处地方，臣等会议得此三处俱在本朝土司地内，与彼国并不相涉，亦从未奉给与彼国之旨。该王不查彼属员妄报，遽遣兵于边疆驻扎生事。妄行殊属不合，宜移文知会。"康熙帝曰："然。此不必差大臣前往。尔等可拟一移知彼国文稿。"[③]

第三个事例是康熙五十年，因东北地区人参挖采而引起清朝与朝鲜的刑事案件。康熙五十年正月二十三日，温达以"朝鲜国王李焞申报彼国人杀死中国人劫夺财物原疏及议覆李焞请禁捕鱼洋船原疏覆请"。康熙帝曰："……据朝鲜国王李焞称彼国人杀我中国人等语，如果采官参之人被彼处人杀死，该将军早已奏闻矣。观其竟不呈报，必是往彼处偷采人参之人。……鸭绿江、土门江一带地方俱系中国地，但路途遥远，其边界未曾差人清查。今令朝鲜国出数人会同盛京官员详看查清边界，可立柳条边与否，问明使臣具奏。"[④] 康熙五十年二月初九日，就之前朝鲜人杀死中国人之事。康熙帝下令："这案着部院贤能司官一员、盛京司官一员、朝鲜国官一员在凤凰城会审。或系在我界内杀死，或系在朝鲜国界内杀死之处，察明议奏。"[⑤] 康熙五十年五月初五日，前述朝鲜人杀死中国人案件

① "国立故宫博物院"藏：《清代起居注册·康熙朝》第11册，第6047~6052页。
② "国立故宫博物院"藏：《清代起居注册·康熙朝》第11册，第6056~6057页。
③ "国立故宫博物院"藏：《清代起居注册·康熙朝》第11册，第6070~6072页。
④ "国立故宫博物院"藏：《清代起居注册·康熙朝》第19册，第10488~10490页。
⑤ "国立故宫博物院"藏：《清代起居注册·康熙朝》第19册，第10519~10521页。

仍未审理出结果，康熙帝又派出布塔哈乌拉总管穆克登前往处理查边事务，并有密旨。① 这次因人参挖采而引起的边界纠纷，最终引发了清代中朝关系史上十分著名的穆克登查边事件，该事件已有较多研究成果，此不赘言。

康熙年间，清朝已经逐渐形成的中国认同。随着政治社会局势的变化，特别是海外殖民势力的扩张所带来的影响，到了晚清、民国时期，现代意义的国家认同才逐渐产生②，《大清一统志》的附属内涵也就发生了改变。

三　“新清史”研究的认知与启示

中外学界关于“新清史”研究论著的宏观或微观的评论已有很多③。笔者此处主要目的不是转述中外学者评论性的文字，而是以《大清一统志》的编纂为中心讨论“新清史”研究中的理论出发点和价值取向存在的问题，一般情况下这两者在本质上是紧密相连，不可分割的。

关于“新清史”存在的问题，结合学界已有评论，笔者认为实际上

① “国立故宫博物院”藏：《清代起居注册·康熙朝》第19册，第10669~10674页。

② 一般认为近代中国的国家意识的觉醒在甲午战争之后才在全国范围内产生比较大的影响。甲午战争对于近代中国的国家观念和民族主义的兴起可以说有转折性的深远影响，具体可参考葛兆光：《中国思想史》等。又如日本学者川岛真研究近代中国问题亦是从1894年开始，详见川岛真：《走向近代国家的摸索（1894~1925）》，岩波书店，2010年。

③ 最近的两篇评论分别是：李爱勇：《新清史与“中华帝国”问题——又一次冲击与反应?》，《史学月刊》2012年第4期。李文对新清史的理论瑕疵多有分析，指出了新清史研究存在的一些不足。章健：《满族汉化：对新清史族群视角的质疑》则从对“汉化”含义的不同理解、清代满汉民族政治地位等角度批评新清史研究的过度政治化。详见《深圳大学学报》（人文社会科学版）2013年第3期。补充说明：在2014年3月10日将论文提交校外匿名评审之后，笔者又读了党为：《美国新清史三十年：拒绝汉中心的中国史观的兴起与发展》（上海：上海人民出版社，2012年），该书将“新清史”的研究概括为“两个悖论”“三特征”与“四趋向”。作者选择了相对“实在”的八个领域（作者语）回顾了“新清史”研究。作者指出了“新清史”研究与美国（或海外）中国学研究范式转换的关系，它们都有着“深刻的宏观问题意识或强烈的现实关怀”，并在结语部分从写作策略和过分诠释两个方面批评“新清史”研究存在的问题。该著作与拙文关于“新清史”的论述有着相近的认识，故引用于此。另外，史学研究中的宏大问题与重要主题常常被较多前辈学者关注，囿于阅历有限，笔者在引用文献时未能将有关主题的所有前辈论著皆引用于本书中，深表歉意。

“新清史”的问题和前文讨论的“国家认同”研究视角的问题是同一类的。“新清史”学者误将国外现代人文社会科学的理论框架及其概念（主要是民族主义及其衍生的民族平等、国家理论、帝国主义与殖民主义三种）运用于仍处于传统中国阶段的清代前中期。他们的这种误用是无意还是有意则不得而知。当然，“新清史”学者使用的“满族中心观”、“族群理论”（“族群主权”）、“少数民族王朝例外论”、“帝国主义理论”、“殖民主义理论”、“内陆亚洲”的概念（或视角）、“满洲特性”等理论（概念）实际上都是基于西方近代历史的发展过程概括而来，然后移植于清史研究。他们的移植不是简单的移植，首先，“新清史”研究将传统中国和近代中国捆绑式讨论，这样更容易造成很多迷惑。仔细辨别“新清史”的研究论著可知，他们研究的对象也多集中在晚清（甚至是民国初年）的中国，对于顺康雍乾时期的讨论较少。因为他们运用的那些理论框架基本不适用于清代前中期的中国历史。

其次，“新清史”的主要论点都是建立在对中国历史，特别是清代历史的片面式误解的基础上。当然造成这种误解的最根本原因或许还是“新清史”研究理论的误植。如果说过分强调汉族中心是一种错误取向的话，那么强调“满族中心观”也是一种错误的研究取向，区别只在于从错误圆圈的一边滑向另一边。从学术发展路径看，美国“新清史”的研究范式或概念也是基于西方（或其国内）人文社会科学领域的研究的影响，然后再传递到中国史（或汉学）研究领域，并波及海外的清史研究。

如同前文举例的“国家认同”这一理论概念误植一样，20 世纪 30 年代，日本人将中国地理划分为“本部”和“边陲”，尽管二者的实际出发点有时代的差异。

针对日本的这种提法，1934 年，顾颉刚指出：“试看我们的东邻蓄意侵略我们，造了‘本部’一名来称呼我们的十八省，暗示我们边陲之地不是原有的；我们这群傻子居然承受了他们的麻醉，任何地理教科书上都这样地叫了起来。”[①] 但是，顾氏的这个提醒并未被人们记

---

① 见《顾颉刚全集·宝树园文存卷四》，第 88 ~ 93 页，北京：中华书局，2010 年。谭其骧撰写，顾颉刚修改：《禹贡半月刊》发刊词，1934 年 3 月 1 日第 1 期。另见《“中国本部”一名亟应废弃》，原载 1939 年 1 月 1 日《益世报·星期评论》。

住，如近年发表的《从古地图看中国的疆域及其观念》一文中仍在使用“本部中国”这类概念。[①] 或许作者不知道顾氏的提醒，也可能作者根本不赞同20世纪日本学者的那种中国地理划分方法和理论。但是，我们在研究中使用了某个词汇或概念即在客观上造成了赞同其理论框架的表象。这种理论警惕在晚清学者严复等翻译西方文化时即已注意。但是，21世纪的中国史学的发展不能再走刘师培等提出“国粹主义”路子。学界应该有学术自信、理论自信，从本国的历史实际、学术研究的实际出发，和外国同行做好交流。在坚持正确方向的同时，更重要的是如何落实在细节上。这里以新清史的研究为例，“新清史”学者使用了一批概念：“内亚”（或内陆亚洲）、“满洲特性”、“族群认同”（或民族认同）、“清帝国”等等。中国学界在评论时已经指出这些概念的不确切之处。但是，笔者注意到一个现象，暂且概括为“帝国的恐慌”。在“新清史”使用的“清帝国”一词被一些中国学者批评后[②]，他们即开始认为我们在研究清史时不能再用“帝国”一词来描述清朝历史。这实际上是一种研究理论的狭隘，或者可以称之为思维定式：即只注意了新清史的“帝国主义”理论模式下的“帝国”一词，却忽视了康熙皇帝、乾隆皇帝统治下的清朝也可以称作“帝国”（即从家天下的角度看，天下就是皇帝一人的国家，即皇帝之国）。“帝国主义”的帝国是近代主权国家逐渐形成之后西方殖民主义国家及垄断资本主义国家实行的一种侵略其他国家的方式。作为皇帝的国家的帝国在秦朝即已经产生。学者们在研究时不应该无意识地固化某一词汇的内涵，而忽视研究对象本身的历史实际。中国学者在和“新清史”等海外中国学（有时也称为汉学）研究者交流时，应该从中国历史本身的研究实际出发，这样才能够做到真正意义上的学术交流，发现各自的优势和不足。实事求是地研究本国史，不为所谓的创新而盲目地引进国外的史学理论或概念。

无论是一些日本学者的“本部”概念，还是一些新清史学者“内陆

① 林岗：《从古地图看中国的疆域及其观念》，《北京大学学报》（哲学社会科学版）2010年第3期，第47页。

② 据笔者阅历所见，尽管已有学者指出“新清史”所用“帝国”一词的理论背景，但是中国学界仍有一些未能理解新清史“帝国主义”理论的研究者仍在循着新清史的思维模式在使用“清帝国”或“帝国”一词。

亚洲”[①] 等概念，均不符合清朝历史的实际。不管是《清会典》[②] 还是《大清一统志》，它们都坚持认为清朝的疆域是包括东北、中原地区和藩部三个区域的完整的统一整体。笔者之所以花费很多时间去探究三部《大清一统志》编修过程的诸多细节以及整个志书的总体思想，也包括各种人物关于修《一统志》的反应和思想，就是想发现《大清一统志》中是否也存在所谓的“国家认同”或“满族特性”等。笔者最终发现的是三部《大清一统志》所反映的仍然是传统的中国，在它们之中很难发现现代性的内涵。笔者陋见：目前中国学者除了对“新清史”的理论观点进行检讨外，更重要的还是加强对清史（甚至也包括明史、民国史）具体问题的更为深入的研究。用中国历史的实际来反驳“新清史”的错误理论。[③] 但在研究过程中，需要注意建立自身的理论框架体系，不能被“新清史”的理论框架牵着鼻子走。因为历史是多维面向的复杂体，“新清史”的任何一个观点或许都能在历史中找到论据，但是对于清朝整体的评价还需要整体史的论据，不可以偏概全。

政治学、社会学等在讨论现当代问题时，往往随意引史作据，没有历史感、阶段论。一些历史学者也较为随意地将上述学科理论引用到清史甚至整个中国古代史研究中去。[④] 如果我们再从方法论的哲学层面去理解这些研究方式的问题，或许更加透彻。石之瑜在《关于中国研究文献中的知识论问题：拼凑、累读与开展》指出：以中国作为研究对象的文献，可以从有本体论与无本体论、客观性知识与主观性知识、普遍性知识与相对性或特殊性知识、历史终极目的与线性历史目的、归纳的历史方法与演绎的理性抉择方法等多个角度阐发中国研究的知识论问题。[⑤] 如果我们以

① “内陆亚洲”一词在唐史、元史等领域也有应用。

② 嘉庆、光绪《清会典》打破了以往康雍乾三朝《会典》户部只记载府厅州县的惯例，将直省与藩部放在一起，使得《会典》中的清朝“疆理”是一个包括东三省（以满洲为主）、十八省、藩部等三大区域在内的、完整的清朝疆域。详见傅林祥等：《中国行政区划通史·清代卷》，第28页。

③ 如郭成康：《清朝皇帝的中国观》；黄兴涛：《清代满人的“中国认同”》；黄爱平：《清代的帝王庙祭与国家政治文化认同》，《清史研究》2011年第1期。等等。这些研究都是从清朝历史的实际出发在客观上有力地反驳了“新清史”的某些观点。

④ 具体可以参考姜义华：《现代性：中国重撰》（北京：北京师范大学出版社，2008年），特别是该书第二编《国权与民权：近代国家意识的诞生》的论述对笔者颇有启发。

⑤ 详见《开放时代》2005年第1期，第95~111页。

这样一种哲学视角来看一些论著关于近代中国以前国家认同研究和“新清史”的观点，或许会更加明朗。

第三节　余论:《大清一统志》研究的一个阶段与一种路径

本书用近六章的篇幅探讨三部《大清一统志》的编纂过程、编修人员、志书内容、志书的版本与流通等问题，并分析了《大清一统志》对清前中期的政治文化、地方社会的影响，诠释《大清一统志》在清代前中期变动的历史进程所体现的思想世界，进而结合清代、民国间中国形势的变迁来如何认识、评价国家认同的问题等。

本书虽然已经用了30余万字的篇幅论述《大清一统志》的有关问题，但是并未将三部志书的内涵完全挖掘。如关于康熙年间《大清一统志》的编修人员研究，笔者在完成初稿之后，又发现一些新材料，可以丰富初修《一统志》编修人员的研究。

张希良：字石虹，湖北黄安人。“康熙己酉举于乡，为江夏教谕，乙丑成进士，官翰林。历任左右春坊赞善，累典浙江、顺天乡试。纂修三朝国史、《大清一统志》、《明史》、《春秋讲义》、《类函》。称旨赐御制白羽扇赋，累官侍讲，督学浙江，致仕归，卒年八十二。希良湛深古学，所著有《春秋大义》《宋史删》《文章翰海》《格物内外编》诸书，其诗文为士林推重云。”[①] 以上是四库本《大清一统志》卷264记载湖北黄州府人物张希良的简要事迹，其中便有《大清一统志》的编修经历。通过进一步统计，笔者发现乾隆续修《大清一统志》收录了初修《一统志》的多位编修人员情况，这些内容本想在书中有所分析，可惜未能展开。

另外，康熙年间，一统志馆内供事人员的调用情况亦有几件内阁大库档案可资证明，分别是供事钱廷勳、陈之祚、朱机、陈铁。随着今后清代档案的进一步整理，笔者相信会发现更多的人曾经参与了《一统志》的

---

① 《景印文渊阁四库全书》第480册，第138页。另见《范忠贞集》卷1，《景印文渊阁四库全书》第1314册，第17页。

工作。

钱廷勳于康熙五十二年九月十五日移送至一统志馆，兵部武库清吏司移会内阁一统志馆：“本馆先经移取贵部书办戴经，铨选在迩。本馆书籍繁多，乏人经管，相应移取年久殷实老诚、书写端楷者，选送一人进馆考补供事等因前来，相应将本部书办钱廷勳移送可也等因，呈堂奉批照议，为此合移前来，遵照施行。”① 但是，迟至康熙五十三年四月，钱廷勳才到一统志馆供职。兵部武库清吏司移会内阁一统志馆：

“今准贵部所送书办钱廷勳迄今并未到馆。本馆原因书籍繁多，乏人办事，其缺不便久悬，应将原文一并送回贵部，希即速另选老成练达、书写端楷者一人到馆考补等因前来。今据书办钱廷勳呈称，窃勳忽染伤寒，稽迟数月不能赴馆办事。今勳病已痊愈，伏乞咨明内院，以便赴馆办事等情，具呈前来。查书办钱廷勳前经患病果真，今已痊愈，应将书办钱廷勳仍送补用可也等因。呈堂奉批照议。为此合移前去查照施行。”②

康熙六十一年一月二十七日，一统志馆供事钱廷勳铨选在即，该馆行文兵部武库清吏司将书写端楷谙练书办移送一名到馆。兵部武库清吏司将书办陈之祚移送到馆。③ 钱廷勳共计在馆工作八年左右。雍正六年六月十三日，兵部移会内阁一统志馆：“本部从前移送供事陈之祚今已铨选。”④ 陈之祚在馆供职七年左右的时间。

康熙六十年七月五日，兵部武库清吏司移会内阁一统志馆：“将本部书吏朱机移送该馆充任供事，顶补供事陈轶之缺。”⑤ 雍正三年七月三十日，内阁一统志馆于兵部从前移送供事朱机在馆年久，铨选在即。⑥ 朱机在馆任职时间约四年。

即如笔者在前文多次强调的：目前，我们还无法利用一史馆藏清代军机处、国史馆档案，而它们和《大清一统志》的研究又有密切关联。另外，《大清一统志》稿本的对比研究仍有待挖掘，若能发现和稿本相关的档案则能进一步丰富《大清一统志》的内涵，特别是稿本如何编成定本

① 内阁大库档案，登录号：142751。
② 内阁大库档案，登录号：142752。
③ 内阁大库档案，登录号：142749。
④ 内阁大库档案，登录号：142747。
⑤ 内阁大库档案，登录号：142750。
⑥ 内阁大库档案，登录号：142748。

的过程。

《儒林外史》的作者吴敬梓与乾隆续修《大清一统志》的编修者程晋芳常有交往。[①] 那么，《大清一统志》所反映的清朝盛世，在普通士人眼中又如何评价？所以，仅从《大清一统志》来评价清代前中期的清朝只能得出一个方面的观点，并未反映出清代前中期中国社会的全貌。

商伟认为：礼在十八世纪的儒家世界中危机重重，《儒林外史》通过二元礼、泰伯礼、苦行礼来讨论并试图构建社会新的礼仪秩序。这是一种“在正史之外寻求规范秩序，在权威叙述之外寻求道德想象”。尽管它也充满了自我质疑、自我反思。[②]

作者还指出《儒林外史》的生命力不仅在于它以敏锐的观察和细腻的反讽笔法展现了士林的众生百相，世态炎凉，而且在于它触及了儒家精英社会的一些核心问题及其深刻困境。十八世纪的思想文化领域中发生了一系列根本性的转变，这些转变直接或间接地导致了儒家世界秩序的最终解体。《儒林外史》既是这些历史性转变的产物，也构成了对它们的回应。这正是《儒林外史》的意义所在，可以用它来解释它在中国思想史、文化史和文学史上难以取代的重要地位。……考据学和儒家礼仪制度的研究与实践构成了十八世纪思想学术史的中心事件，也标志着十八世纪精英文化的重要转型。[③]《儒林外史》和乾隆续修《大清一统志》是两部看起来毫不相干的典籍，但是它们产生的时代背景，它们的作者之间的联系，使今天的研究者不得不给予一定的思考。《儒林外史》致力于对文人生活的反讽性描摹，在广泛展示精英政治的破产、文人的生存危机、道德沦丧和价值阙失等方面，达到了前所未有的高度。[④]《大清一统志》给今人的印象：它显示了清朝大一统的盛况。但是结合《儒林外史》和清代前中期的历史来看，《大清一统志》的这种显示是客观的？还是一种知识（历史）书写的方式？不只是乾隆续修《一统志》，初修和重修《大清一统志》的最终定位都是很难给出一个结论的事情。

---

① 吴敬梓和程廷祚亦有往来，程未参与续修《一统志》，但他曾作《修一统志议》。据程晋芳所撰墓志铭：程廷祚，雍正十三年举博学鸿词科，安徽巡抚王公鋐以先生应诏，竟试不用。归江宁时，年 45 岁。自此不应乡举，杜门却帚，以书史自娱。详见《国朝耆献类征初编》卷 420。

② 商伟著，严蓓雯译：《礼与十八世纪的文化转折》，北京：生活·读书·新知三联书店，2012 年。

③ 商伟著，严蓓雯译：《礼与十八世纪的文化转折》中文版序言，第 2 页。

④ 商伟著，严蓓雯译：《礼与十八世纪的文化转折》，第 1 页。

又如已有论著在谈及《大清一统志》对清代方志事业和方志学发展的影响时基本是赞扬式的评价。但在《大清一统志》纂修背景下出现的清代西北史地学研究，不同的学者对西北史地学的评价并不一致。有学者认为：嘉庆后期至清末西北史地学兴起、发展和晚清社会的衰败局势的影响是分不开的，并指出清代西北史地学的学术的经世性与学术性的关联。积极评价了清代西北史地学的经世致用。[①] 但有学者对于清代中叶西北史地学的评价并不是一味赞颂，对于西北史地学中过分突出的经世致用特征持保留态度。[②]

历史演进的过程是复杂且多维面向的。而一部典籍不可能面面俱到地反映它所处那个时代的所有内容。所以，笔者并未按照学术论著撰写的一般格式在最后对全书的研究作一个总结，而是作了一个解释。因为摘要部分已经归纳了全书的主旨。笔者无意在此时即对《大清一统志》作一充满情感的总结性的评论，因为本书只是研究《大清一统志》的一个阶段、一种路径，今后笔者还将从其他论题探究《大清一统志》的深层次内涵。

---

① 贾建飞：《清代西北史地学研究》，乌鲁木齐：新疆人民出版社，2010 年。

② 详见郭丽萍：《绝域与绝学——清代中叶西北史地学研究》，北京：生活·读书·新知三联书店，2007 年。

主要参考文献

一　文献档案

（一）未整理出版类

中国第一历史档案馆藏朱批奏折、录副奏折、内阁户科、吏科题本。

台北“中研院”历史语言研究所藏内阁大库档案。

台北“故宫博物院”图书文献馆藏《大库库书档》（一至五），宣统元年编《大清一统志》清册，国史馆书籍迁移三所尊藏数目册，国史馆书籍目录。

《武英殿修书处报销档案不分卷》，清道光二十年武英殿修书处抄本，中国国家图书馆藏。

《满汉书籍簿不分卷》，清光绪二十九年—宣统元年抄本，中国国家图书馆藏。

《方略馆书籍簿不分卷》，清光绪十年抄本，中国国家图书馆藏。

华林甫主持编纂：《清代地理资料长编》，未刊稿。

《申报》

《民政部奏设立图志馆搜罗图籍以备续修一统新志折》，见《浙江教育官报》1910 年第 21 期，1910 年 3 月 13 日。

《大公报》（天津版）1936 年 4 月 10 日，第 11 版，《大公报 · 史地周刊》第 80 期。

但焘：《国史馆筹备委员会覆中央党部秘书处陈述编纂民国一统志意见函》，《国史馆馆刊》，1948 年第 1 卷第 2 期，1948 年 3 月。

（二）已整理出版类（按编著者姓氏拼音顺序排列）

北平故宫博物院编：《文献丛编》第 13 册，香港：蝠池书院出版有限公司，2005 年。

鄂尔泰等编修：《国朝宫史》，《景印文渊阁四库全书》657 册，台北：台湾商务印书馆，1984 年。

方甦生等编：《清内阁库贮旧档辑刊》，北平故宫博物院文献馆，1935 年。

方祖猷主编：《万斯同全集》，宁波：宁波出版社，2013 年。

顾炎武撰，徐乾学纂：《一统志案说》，道光七年清芬阁活字印本，中国国家图书馆藏。

顾祖禹撰，贺次君、施和金点校：《读史方舆纪要》，北京：中华书局，2005 年。

国史馆校注：《清史稿校注》，台北：台湾商务印书馆，1999 年。

和珅等纂修：《大清一统志》，光绪二十三年杭州竹简斋石印本，中国人民大学图书馆藏。

和珅等纂修：《大清一统志》，光绪二十八年上海宝善斋石印本，中国人民大学图书馆藏。

和珅等纂修：《大清一统志》，《景印文渊阁四库全书》474—483 册，台北：台湾商务印书馆，1984 年。

和珅等纂修：《大清一统志》，《文津阁四库全书》162—164 册，北京：商务印书馆，2005 年。

洪亮吉撰：《乾隆府厅州县图志》，《续修四库全书》625—627 册，上海：上海古籍出版社，2002 年。

蒋良骐编纂：《东华录》，《续修四库全书》368 册，上海：上海古籍出版社，2002 年。

蒋廷锡、王安国等纂修：《大清一统志》，道光二十九年薛子瑜活字印本，中国国家图书馆藏。

蒋廷锡、王安国等纂修：《大清一统志》，道光二十九年薛子瑜活字印本，哈佛大学哈佛燕京图书馆藏。

姜亚沙等编：《内阁大库奏档》，北京：全国图书馆文献缩微复制中心，2010 年。

金毓黻等辑：《大元一统志》，《辽海丛书》第 5 册，沈阳：辽沈书社，1985 年。

李万健、邓咏秋编：《清代私家藏书目录题跋丛刊》，北京：国家图书馆出版社，2010 年。

李贤等编修：《大明一统志》，明天顺五年御制序刊本，日本东京大学东洋文化研究所汉籍善本全文影像资料库。

李贤等编修：《大明一统志》，《景印文渊阁四库全书》472—473册，台北：台湾商务印书馆，1984年。

刘锦藻编纂：《清朝续文献通考》，杭州：浙江古籍出版社，2000年。

林夕主编：《中国著名藏书家书目汇刊·明清卷》，北京：商务印书馆，2005年。

梁章钜、朱智撰，何英芳点校：《枢垣记略》，北京：中华书局，1984年。

罗福颐编：《大库史料目录己编》，旅顺库籍整理处编印，1935年。

罗福颐编：《大库史料目录》，台北：台联国风出版社，1971年。

罗福颐编《史料丛编二集》，台北：艺文印书馆，1973年。

穆彰阿、潘锡恩等纂修：《大清一统志》，《续修四库全书》613—624册，上海：上海古籍出版社，2002年。

穆彰阿等编：《嘉庆一统志表》，《晚清四部丛刊》第四编，第43—46册，台中：文听阁图书有限公司，2010年。

秦国经主编：《清代官员履历档案全编》，上海：华东师范大学出版社，1997年。

庆桂等编修：《国朝宫史续编》，《续修四库全书》824—825册，上海：上海古籍出版社，2002年。

清官修：《大清会典事例》，《景印文渊阁四库全书》620—625册，台北：台湾商务印书馆，1984年。

清官修：《清文献通考》，《景印文渊阁四库全书》632—638册，台北：台湾商务印书馆，1984年。

清国史馆编：《清国史》，北京：中华书局，1993年。

《清代诗文集汇编》编纂委员会编：《清代诗文集汇编》，上海：上海古籍出版社，2010年。

全国图书馆文献缩微复制中心编：《清会典馆奏议》，北京：全国图书馆文献缩微复制中心，2004年。

全国图书馆文献缩微复制中心编《清国史馆奏稿》，北京：全国图书馆文献缩微复制中心，2004年。

全祖望撰，朱铸禹汇校集注：《全祖望集汇校集注》，上海：上海古籍出版社，2000年。

台北“故宫博物院”编：《宫中档雍正朝奏折》，台北：“故宫博物院”印行，1979年。

台北“故宫博物院”编:《宫中档乾隆朝奏折》，台北：“故宫博物院”印行，1984—1986 年。

台北“故宫博物院”编:《清代起居注册 · 康熙朝》，台北：联经出版事业公司，2009 年。

天津图书馆历史文献部编：《三十三种清代人物传记资料汇编》，济南：齐鲁书社，2009 年。

托津等修纂:《钦定大清会典（嘉庆朝)》，《近代中国史料丛刊三编》，台北：文海出版社，1991 年。

托津等修纂:《钦定大清会典事例（嘉庆朝)》，《近代中国史料丛刊三编》，台北：文海出版社，1991—1992 年。

汪前进、刘若芳整理：《清廷三大实测全图集》，北京：外文出版社，2007 年。

王先谦编纂:《东华录》,《续修四库全书》369—371 册，上海：上海古籍出版社，2002 年。

王先谦编纂:《东华续录》,《续修四库全书》371—375 册，上海：上海古籍出版社，2002 年。

翁连溪编:《清内府刻书档案史料汇编》，扬州：广陵书社，2007 年。

吴晗辑:《朝鲜李朝实录中的中国史料》，北京：中华书局，1980 年。

吴振棫撰，童正伦点校:《养吉斋丛录》，北京：中华书局，2005 年。

徐午编:《大清一统志表》，台北：新文丰出版公司，2008 年。

许有壬:《至正集》,《元人文集珍本丛刊》第 7 册，台北：新文丰出版公司，1985 年。

阎若璩著，黄怀信、吕翊欣校点:《尚书古文疏证》，上海：上海古籍出版社，2010 年。

杨丰陌等主编:《盛京皇宫和关外三陵档案》，沈阳：辽宁民族出版社，2003 年。

佚名编，李澍田、宋抵校点：《吉林志书》，《长白丛书》二集，长春：吉林文史出版社，1988 年。

于敏中等编修:《日下旧闻考》，《景印文渊阁四库全书》497—499 册，台北：台湾商务印书馆，1984 年。

允禄等修纂:《大清会典（雍正朝)》，《近代中国史料丛刊三编》，台北：文海出版社，1994—1995 年。

允祹等修纂:《大清会典（乾隆朝)》，《景印文渊阁四库全书》619 册，台北：台湾商务印书馆，1984 年。

章梫辑：《康熙政要》，台北：华文书局，1969 年。

张穆编：《阎潜邱先生年谱》，台北：广文书局，1971 年。

张伟仁主编：《明清档案》，台北：“中研院”历史语言研究所，1987—1988 年。

赵万里辑：《大元一统志》，北京：中华书局，1966 年。

中国第一历史档案馆编：《康熙朝汉文朱批奏折汇编》，北京：档案出版社，1984—1985 年。

中国第一历史档案馆编：《雍正朝汉文朱批奏折汇编》，南京：江苏古籍出版社，1990—1991 年。

中国第一历史档案馆编：《雍正朝起居注册》，北京：中华书局，1993 年。

中国第一历史档案馆编译：《康熙朝满文朱批奏折全译》，北京：中国社会科学出版社，1996 年。

中国第一历史档案馆编：《纂修四库全书档案》，上海：上海古籍出版社，1997 年。

中国第一历史档案馆编：《乾隆朝上谕档》，北京：档案出版社，1998 年。

中国第一历史档案馆编：《雍正朝汉文谕旨汇编》，桂林：广西师范大学出版社，1999 年。

中国第一历史档案馆编：《乾隆朝军机处随手登记档》，桂林：广西师范大学出版社，2000 年。

中国第一历史档案馆编：《嘉庆道光两朝上谕档》，桂林：广西师范大学出版社，2000 年。

中国第一历史档案馆编：《乾隆帝起居注》，桂林：广西师范大学出版社，2002 年。

中国第一历史档案馆编：《雍正朝内阁六科史书·吏科》，桂林：广西师范大学出版社，2002 年。

中国第一历史档案馆、承德市文物局合编：《清宫热河档案》，北京：中国档案出版社，2003 年。

中国第一历史档案馆、文化部恭王府管理中心编：《清宫恭王府档案总汇：和珅秘档》，北京：国家图书馆出版社，2009 年。

中国第一历史档案馆编：《乾隆朝满文寄信档译编》，长沙：岳麓书社，2011 年。

周骏富辑：《清代传记丛刊》，台北：明文书局，1985 年。

煮雨山房辑：《故宫藏书目录汇编》，北京：线装书局，2004 年。
邹爱莲主编：《清代起居注册·康熙朝》，北京：中华书局，2009 年。
《清实录》，北京：中华书局，1986—1987 年。
《大清一统舆图》，北京：全国图书馆文献缩微复制中心，2003 年。

二　今人著作

（一）中文著作（按编著者姓名音序排列）

艾永明：《清代文官制度》，北京：商务印书馆，2003 年
巴兆祥：《方志学新论》，上海：学林出版社，2004 年。
巴兆祥：《中国地方志流播日本研究》，上海：上海人民出版社，2008 年。
宝音朝克图：《清代北部边疆卡伦研究》，北京：中国人民大学出版社，2005 年。
白新良：《清代中枢决策研究》，沈阳：辽宁人民出版社，2002 年。
白一瑾：《清初贰臣士人心态与文学研究》，天津：天津人民出版社，2010 年。
柏桦：《明清州县官群体》，天津：天津人民出版社，2003 年
蔡家艺：《清代新疆社会经济史纲》，北京：人民出版社，2006 年。
仓修良：《方志学通论》，上海：华东师范大学出版社，2013 年。
仓修良：《仓修良探方志》，上海：华东师范大学出版社，2005 年。
曹婉如等编：《中国古代地图集·清代》，北京：文物出版社，1997 年。
曹之：《中国古籍编撰史》，武汉：武汉大学出版社，2006 年。
常建华：《清朝的国家与社会》，北京：人民出版社，2006 年。
成崇德：《18 世纪的中国与世界·边疆民族卷》，沈阳：辽海出版社，1999 年。
成崇德主编：《清代西部开发》，太原：山西古籍出版社，2002 年。
陈赟：《天下或天地之间：政治思想的古典视域》，上海：上海书店，2007 年。
陈桦主编：《多元视野下的清代社会》，合肥：黄山书社，2008 年。
陈祖武：《清初学术思辨录》，北京：中国社会科学出版社，1992 年。
陈祖武、朱彤窗著：《乾嘉学派研究》，北京：人民出版社，2011 年。
陈光贻：《中国方志学史》，福州：福建人民出版社，1998 年。

陈捷先：《清代台湾方志研究》，台北：学生书店，1996 年。

陈惠美：《徐乾学及其藏书刻书》，《古典文献研究辑刊》5 编第 4 册，台北：花木兰文化出版社，2007 年。

陈训慈、方祖猷编：《万斯同年谱》，香港：香港中文大学出版社，1991 年。

陈永明：《清代前期的政治认同与历史书写》，上海：上海古籍出版社，2011 年。

戴逸：《18 世纪的中国与世界・导言卷》，沈阳：辽海出版社，1999 年。

戴逸、李文海主编：《清通鉴》，太原：山西人民出版社，2000 年。

戴逸：《简明清史》，北京：中国人民大学出版社，2006 年。

戴逸：《乾隆帝及其时代》，北京：中国人民大学出版社，2008 年。

党为：《美国新清史三十年：拒绝汉中心的中国史观的兴起与发展》，上海：上海人民出版社，2012 年。

杜维运：《清代史学与史家》，台北：东大图书有限公司，1984 年。

邓正来主编：《国家与市民社会：中国视角》，上海：格致出版社，2011 年。

邓正来：《国家与社会：中国市民社会研究》，北京：北京大学出版社，2008 年。

邓正来、［美］杰弗里・亚历山大主编：《国家与市民社会：一种社会理论的研究路径》，上海：上海人民出版社，2006 年。

段润秀：《官修〈明史〉的幕后功臣》，北京：人民出版社，2011 年。

冯尔康：《顾真斋文丛》，北京：中华书局，2003 年。

冯尔康：《清史史料学》，沈阳：沈阳出版社，2004 年。

冯尔康：《雍正传》，北京：人民出版社，2004 年。

傅林祥等：《中国行政区划通史・清代卷》，上海：复旦大学出版社，2013 年。

傅宗懋：《清代军机处组织及职掌之研究》，台北：嘉新水泥公司文化基金会，1967 年。

甘怀真：《皇权、礼仪与经典诠释：中国古代政治史研究》，台北：台湾大学出版中心，2004 年。

甘怀真编：《东亚历史上的天下与中国概念》，台北：台湾大学出版中心，2007 年。

高翔：《康雍乾三帝统治思想研究》，北京：中国人民大学出版社，1995 年。

高翔：《在历史的深处》，北京：中国社会科学出版社，2012 年。

葛兆光：《中国思想史》第 2 卷，上海：复旦大学出版社，2001 年。

葛兆光：《宅兹中国：重建有关“中国”的历史叙述》，北京：中华书局，2011 年。

古鸿廷：《清代官制研究》，台北：五南图书出版公司，1999 年。

故宫博物院编：《天禄珍藏：清宫内府本三百年》，北京：紫禁城出版社，2007 年。

郭成康等：《康雍乾盛世历史报告》，北京：中国言实出版社，2002 年。

郭丽萍：《绝域与绝学：清代中叶西北史地学研究》，北京：生活·读书·新知三联书店，2007 年。

郭双林：《西潮激荡下的晚清地理学》，北京：北京大学出版社，2000 年。

黄爱平：《四库全书纂修研究》，北京：中国人民大学出版社，1989 年。

黄爱平：《18 世纪的中国与世界·思想文化卷》，沈阳：辽海出版社，1999 年。

黄爱平：《朴学与清代社会》，石家庄：河北人民出版社，2003 年。

黄进兴：《后现代主义与史学研究》，北京：生活·读书·新知三联书店，2008 年。

黄道立编著：《中国方志学》，成都：巴蜀书社，2005 年。

黄苇等：《方志学》，上海：复旦大学出版社，1993 年。

黄兴涛：《文化史的视野：黄兴涛学术自选集》，福州：福建教育出版社，2000 年。

黄兴涛主编：《新史学》第 3 卷《文化史研究的再出发》，北京：中华书局，2009 年。

黄宗智主编：《中国研究的范式问题讨论》，北京：社会科学文献出版社，2003 年。

侯德仁：《清代西北边疆史地学》，北京：群言出版社，2006 年。

贾建飞：《清代西北史地学研究》，乌鲁木齐：新疆人民出版社，2010 年。

阚红柳：《清初私家修史研究——以史家群体为研究对象》，北京：人民出版社，2008 年。

来新夏：《中国地方志》，北京：商务印书馆，1995 年。

李云泉：《朝贡制度史论——中国古代对外关系体制研究》，北京：新华出版社，2004 年。

李治亭：《微言集——明清史考辨》，沈阳：辽宁民族出版社，2012 年。

李扬帆：《涌动的天下：中国世界观变迁史论（1500～1911）》，北京：知识产权出版社，2012 年。

梁启超:《中国历史研究法》，上海：上海古籍出版社，2011 年。

梁启超:《清代学术概论》，上海：上海古籍出版社，2011 年。

梁启超:《中国近三百年学术史》，北京：中国人民大学出版社，2012 年。

梁治平:《清代的习惯法：社会与国家》，北京：中国政法大学出版社，1996 年。

林存阳:《三礼馆：清代学术与政治互动的链环》，北京：社会科学文献出版社，2008 年。

林乾:《康熙惩抑朋党与清代极权政治》，台北：正展出版社，2003 年。

林天蔚:《地方文献研究与分论》，北京：北京图书馆出版社，2006 年。

凌林煌:《清代内阁制度》，台北：台湾商务印书馆，1977 年。

刘凤云、刘文鹏编:《清朝的国家认同：“新清史”研究与争鸣》，北京：中国人民大学出版社，2010 年。

刘凤云等编:《清代政治与国家认同》，北京：社会科学文献出版社，2012 年。

刘小萌:《满族从部落到国家的发展》，北京：中国社会科学出版社，2007 年。

刘文鹏:《清代驿传及其与疆域形成关系之研究》，北京：中国人民大学出版社，2004 年。

刘纬毅等:《中国方志史》，太原：三晋出版社，2010 年。

柳岳武:《传统与变迁：康雍乾之清廷与藩部属国关系研究》，成都：巴蜀书社，2009 年。

楼劲、刘光华:《中国古代文官制度》，北京：中华书局，2009 年。

卢万发:《方志学原理》，成都：巴蜀书社，2007 年。

马大正:《马大正文集》，上海：上海辞书出版社，2005 年。

马汝珩、马大正主编:《清代边疆开发研究》，北京：中国社会科学出版社，1990 年。

马汝珩、马大正主编:《清代的边疆政策》，北京：中国社会科学出版社，1994 年。

孟昭信:《康熙与大清帝国》，北京：中国言实出版社，2001 年。

牟发松:《汉唐历史变迁中的社会与国家》，上海：上海人民出版社，2011 年。

齐秀梅、杨玉良:《清宫藏书》，北京：紫禁城出版社，2005 年。

乔治忠:《清朝官方史学研究》，台北：文津出版社，1994 年。

乔治忠：《中国官方史学与私家史学》，北京：北京图书馆出版社，2008 年。

秦国经：《中华明清珍档指南》，北京：人民出版社，1994 年。

秦国经：《明清档案学》，北京：学苑出版社，2005 年。

钱存训：《书于竹帛——中国古代的文字记录》，上海：上海书店，2006 年。

钱穆：《中国近三百年学术史》，北京：九州出版社，2011 年。

清史编委会编：《清代人物传稿》，中华书局、辽宁人民出版社，1984—2001 年。

单士魁：《清代档案丛谈》，北京：紫禁城出版社，1987 年。

单士元：《我在故宫七十年》，北京：北京师范大学出版社，1997 年。

尚小明：《学人游幕与清代学术》，北京：社会科学文献出版社，1999 年

尚小明：《清代士人游幕表》，北京：中华书局，2005 年。

宋德宣：《康熙思想研究》，北京：中国社会科学出版社，1990 年。

孙江主编：《新史学》第 2 卷《概念・文本・方法》，北京：中华书局，2008 年。

孙喆：《康雍乾时期舆图绘制与疆域形成研究》，北京：中国人民大学出版社，2003 年。

谭其骧：《长水集》，北京：人民出版社，2011 年。

谭其骧：《长水集・续编》，北京：人民出版社，2011 年。

唐瑞裕：《清代乾隆朝吏治研究》，台北：文史哲出版社，2001 年。

王德恒：《中国方志学》，郑州：大象出版社，2009 年。

王会均：《海南方志研究》，台北：文史哲出版社，2012 年。

王尔敏：《中国近代思想史论》，北京：社会科学文献出版社，2003 年。

王家俭：《清史研究论薮》，台北：文史哲出版社，1994 年。

王记录：《清代史馆与清代政治》，北京：人民出版社，2009 年。

王俊义、黄爱平：《清代学术文化史论》，台北：文津出版社，1999 年。

王健文：《奉天承运：古代中国的“国家”概念及其正当性基础》，台北：东大图书出版公司，1995 年。

王志明：《雍正朝官僚制度研究》，上海：上海古籍出版社，2007 年。

魏光奇：《有法与无法——清代的州县制度及其运作》，北京：商务印书馆，2010 年。

王锺翰：《王锺翰清史论集》，北京：中华书局，2004 年。

王中江：《进化主义在中国的兴起：一个新的全能式的世界观》，北京：中国人民大学出版社，2010 年。

温春来：《从“异域”到“旧疆”：宋至清贵州西北部地区的制度、开发与认同》，北京：生活·读书·新知三联书店，2008 年。

温桢文：《抗战时期商务印书馆之研究（1932—1945）》，《古典文献研究辑刊》七编第 2 册，台北：花木兰文化出版社，2008 年。

翁连溪编著：《清代内府刻书图录》，北京：北京出版社，2004 年。

吴琦主编：《明清地方力量与地方社会》，北京：中国社会科学出版社，2009 年。

夏明方主编：《新史学》第 6 卷《历史的生态学解释：世界与中国》，北京：中华书局，2012 年。

萧一山：《清代通史》，上海：华东师范大学出版社，2006 年。

向斯：《书香故宫：中国宫廷善本》，台北：实学社，2004 年。

邢永福：《明清档案通览》，北京：中国档案出版社，2000 年。

徐雁平编著：《清代文学世家姻亲谱系》，南京：凤凰出版社，2010 年。

姚继荣：《清代方略研究》，北京：西苑出版社，2006 年。

杨念群：《何处是“江南”——清朝正统观的确立与士林精神世界的变异》，北京：生活·读书·新知三联书店，2010 年。

杨念群主编：《新史学》第 5 卷《清史研究的新境》，北京：中华书局，2011 年。

杨念群：《“感觉主义”的谱系：新史学十年的反思之旅》，北京：北京大学出版社，2012 年。

叶高树：《清朝前期的文化政策》，台北：稻乡出版社，2002 年。

尹国树：《盛衰之界：康雍乾时期国家行政效率研究》，合肥：黄山书社，2008 年。

鱼宏亮：《知识与救世：明清之际经世之学研究》，北京：北京大学出版社，2008 年。

余嘉锡：《目录学发微》，北京：商务印书馆，2011 年。

余同元：《崇祯十七年：社会震荡与文化变奏》，北京：东方出版社，2006 年。

张分田：《亦主亦奴——中国古代官僚的社会人格》，杭州：浙江人民出版社，2000 年。

张德泽：《清代国家机关考略》，北京：学苑出版社，2001 年。

张德胜：《儒家伦理与社会秩序》，上海：上海人民出版社，2008 年。

张人凤、柳和城编著：《张元济年谱长编》，上海：上海交通大学出版社，2011 年。

张升：《明清宫廷藏书研究》，北京：商务印书馆，2006 年。

张升：《四库全书馆研究》，北京：北京师范大学出版社，2012 年。

张世明：《法律、资源与时空建构：1644—1945 年的中国》第 1 卷，广州：广东人民出版社，2012 年。

张永江：《清代藩部研究：以政治变迁为中心》，哈尔滨：黑龙江教育出版社，2001 年。

张玉兴：《明清史探索》，沈阳：辽海出版社，2004 年。

张玉兴：《明清之际的探索 · 张玉兴文集》，北京：社会科学文献出版社，2012 年。

张英聘：《明代南直隶方志研究》，北京：社会科学文献出版社，2005 年。

张中复：《清代西北回民事变：社会文化的适应与民族认同的省思》，台北：联经出版事业股份有限公司，2001 年。

章乃炜、王霭人：《清宫述闻》，北京：紫禁城出版社，1990 年。

赵志强：《清代中央决策机制研究》，北京：科学出版社，2007 年。

郑天挺：《清史简述》，北京：中华书局，2005 年。

中国第一历史档案馆编著：《清代文书档案图鉴》，长沙：岳麓书社，2004 年。

中国国家博物馆编：《中国国家博物馆馆藏文物研究丛书明清档案卷 · 清代》，上海：上海古籍出版社，2007 年。

中国人民大学清史研究所编：《清史编年》（康熙至道光朝），北京：中国人民大学出版社，2000 年。

中国社会科学院近代史研究所政治史研究室、苏州大学社会学院编：《晚清国家与社会》，北京：社会科学文献出版社，2007 年。

中国社会科学院近代史研究所政治史研究室编：《清代满汉关系研究》，北京：社会科学文献出版社，2011 年。

周远廉：《清高宗弘历》，台北，万卷楼图书公司，2000 年。

周振鹤：《中国地方行政制度史》，上海：上海人民出版社，2005 年。

朱诚如主编：《清代通史》，北京：紫禁城出版社，2003 年。

朱师辙：《清史述闻》，北京：三联书店，1957 年。

朱端强：《布衣史官——万斯同传》，杭州：浙江人民出版社，2006 年。

朱赛虹等：《中国出版通史 · 清代卷》（上），北京：中国书籍出版社，2008 年。

庄吉发：《清代史料论述》，台北：文史哲出版社，1979年。

庄吉发：《故宫档案述要》，台北：“故宫博物院”，1983年。

邹振环：《晚清西方地理学在中国——以1815至1911年西方地理学译著的传播与影响为中心》，上海：上海古籍出版社，2000年。

（二）译著

［美］杜赞奇著，王福明译：《文化、权力与国家：1900—1942年的华北农村》，南京：江苏人民出版社，2008年。

［美］路康乐著，王琴等译：《满与汉：清末民初的族群关系与政治权力（1861—1928）》，北京：中国人民大学出版社，2010年。

［美］罗友枝著，周卫平译：《清代宫廷社会史》，北京：中国人民大学出版社，2009年。

［美］司徒琳主编，赵世瑜等译：《世界时间与东亚时间的明清变迁》，北京：生活·读书·新知三联书店，2009年。

［美］余定国著，姜道章译：《中国地图学史》，北京：北京大学出版社，2006年。

［日］尾形勇著，张鹤泉译：《中国古代的“家”与国家》，北京：中华书局，2010年。

［日］沟口雄三著，孙军悦译：《作为方法的中国》，北京：生活·读书·新知三联书店，2011年。

［日］沟口雄三著，郑静译：《中国的公与私·公私》，北京：生活·读书·新知三联书店，2011年。

［日］山本进著，李继锋等译：《清代社会经济史》，济南：山东画报出版社，2012年。

（三）外文著作

［日］船越昭生：《日本锁国时期康熙图的地理学史研究》，东京：日本法政大学出版局，1986年。

［日］森正夫等编：《明清史的基本问题》，东京：汲古书院，1997年。

［日］岸本美绪：《明清交替与江南社会：17世纪中国的秩序问题》，东京：东京大学出版会，1999年。

［日］泷野邦雄：《李光地与徐乾学：康熙朝前期的党争》，东京：白桃书房，2004年。

三　今人论文

（一）已刊论文

巴兆祥：《论〈大清一统志〉的编修对清代地方志的影响》，《宁夏社会科学》2004 年第 3 期。

常建华：《国家认同：清史研究的新视角》，《清史研究》2010 年第 4 期。

陈蔚松：《元明清一统志馆及其修志成就》，《华中师范大学学报》（人文社会科学版）2002 年第 3 期。

承志：《满文〈乌喇等处地方图〉考》，台北：《故宫学术季刊》第 26 卷第 4 期，2009 年。

邓京力：《"国家与社会"分析框架在中国史领域的应用》，《史学月刊》2004 年第 12 期。

杜锡建：《元、明、清〈一统志〉比较研究》，《中国地方志》2009 年第 7 期。

冯尔康：《清代的历史特点》，《历史教学》2010 年第 18 期。

高翔：《十八世纪伦理观念的变迁与生活方式》，台北：《现代化研究》26 期，2001 年。

高翔：《康熙帝及其时代》，《光明日报》2002 年 1 月 8 日。

郭成康：《清朝皇帝的中国观》，《清史研究》2005 年第 4 期。

侯德仁：《〈大清一统志〉之西域新疆统部的纂修及其学术价值》，《中国地方志》2006 年第 12 期。

华林甫：《〈嘉庆重修一统志〉陕西统部的编纂过程》，收入复旦大学历史地理研究中心编《面向新世纪的中国历史地理学——2000 年国际中国历史地理学术讨论会论文集》，济南：齐鲁书社，2001 年。

华林甫：《档案所见〈嘉庆重修一统志〉贵州统部的编纂过程》，见方铁主编《西南边疆民族研究》（一），昆明：云南大学出版社，2001 年。

华林甫：《〈嘉庆重修一统志〉各统部的成书时间》，《历史地理》第 20 辑，上海：上海人民出版社，2004 年。

胡恒：《〈清史稿·地理志〉纂修考》，《文史》2011 年第 1 辑。

胡逢祥：《民族主义与中国现代民族国家意识的形成》，《华东师范大学学报》（哲学社会科学版）2010 年第 2 期。

黄爱平:《论清代乾嘉时期的经世思潮》,《中国哲学史》1997 年第 4 期。

黄兴涛:《清代满人的“中国认同”》,《清史研究》2011 第 1 期。

鞠德源:《清代的编年体档册与官修史书》,《故宫博物院院刊》1979 年第 2 期。

李宪堂:《大一统专制权力之象征体系的完成:从秦皇到汉武》,《文史哲》2010 年第 6 期。

李云泉:《再论清代朝贡体制》,《山东师范大学学报》(人文社会科学版)2011 年第 5 期。

刘铮云:《旧档案、新材料——中研院史语所藏内阁大库档案现况》,台北:《新史学》第 9 卷第 3 期,1998 年。

卢雪燕:《院藏康熙满文本〈黑龙江流域图〉考介》,台北:《故宫文物月刊》第 225 期,2001 年 12 月。

罗盛吉、吴雪娟:《康熙〈大清一统志·黑龙江图〉考释》,《满语研究》2009 年第 1 期。

马戎:《现代国家观念的出现和国家形态的演进》,《西南民族大学学报》(人文社会科学版)2012 年第 2 期。

牛润珍、张慧:《〈大清一统志〉纂修考述》,《清史研究》2008 年第 1 期。

庞金友:《近代西方国家观念的逻辑与谱系》,《政治学研究》2011 年第 5 期。

祁美琴:《对清代朝贡体制地位的再认识》,《中国边疆史地研究》2006 年第 1 期。

乔治忠:《〈大清一统志〉的初修与方志学的兴起》,《齐鲁学刊》1997 年第 1 期。

秦丽娜、季秋华:《弥足珍贵的康熙本〈大清一统志〉》,《图书馆建设》2001 年第 6 期。

王汎森:《清代的政治与文化:清代文献中所见之自我压抑、删窜、回避的现象》,台北:“行政院”国科会科资中心,1995 年。

王会均:《大清〈一统志·琼州府〉研究》(上、下),《台湾“中央”图书馆台湾分馆馆刊》第 3 卷第 2、3 期,1996 年 12 月、1997 年 3 月。

伍跃:《日本的雍正研究》,《中国史研究动态》2000 年第 7 期。

吴雪娟:《康熙年间三份〈大清一统志〉黑龙江分省资料》,《东北史地》2005 年第 5 期。

吴雪娟:《康熙〈大清一统志·黑龙江图〉考释》,《中国地方志》2009

年第 11 期。

夏宏图：《清代方略馆设立时间举证》，《历史档案》1997 年第 2 期。

夏黎明：《国家统治与知识生产：清代台湾地图的绘制与区域发展》，台中：《兴大历史学报》15 期，2004 年。

向燕南：《从国家职能看明清官修史书》，《求是学刊》2005 年第 4 期。

叶高树：《乾隆时代官修史书的教化功能：兼论乾隆皇帝统御汉人的策略》，台北：《台湾师范大学历史学报》，1994 年第 22 期。

姚念慈：《评“自古得天下之正莫如我朝”——〈面谕〉与皇太子的立废及玄烨的内心世界》，《燕京学报》新 26 期，2009 年。

姚念慈：《再评“自古得天下之正莫如我朝”——〈面谕〉、历代帝王庙与玄烨的道学心诀》，《清史论丛》2009 年号。

杨念群：《重估“大一统”历史观与清代政治史研究的突破》，《清史研究》2010 年第 2 期。

袁娥：《民族认同与国家认同研究述评》，《民族研究》2011 年第 5 期。

詹康：《王健文〈奉天承运：古代中国的“国家”概念及其正当性基础〉》，台北：《新史学》10 卷 1 期。

张小也：《历史人类学：如何走得更远》，《清华大学学报》（哲学社会科学版）2010 年第 1 期。

张鑫敏、侯杨方：《〈大清一统志〉中“原额人丁”的来源——以江南为例》，《清史研究》2010 年第 1 期。

张鑫敏：《〈大清一统志〉中“滋生男妇大小”考——以江苏为例》，《中国经济史研究》2012 年第 3 期。

朱英：《近代中国的“社会与国家”：研究回顾与思考》，《江苏社会科学》2006 年第 4 期。

邹爱莲：《清代的国史馆及其修史制度》，《史学集刊》2002 年第 4 期。

邹逸麟：《论清一代关于疆土版图观念的嬗变》，《历史地理》第 24 辑，上海：上海人民出版社，2010 年。

邹逸麟：《对〈方志百科全书〉“方志”条释义的几点意见》，《浙江学刊》2013 年第 1 期。

［日］岸本美绪述，朱庆薇整理：《“秩序问题”与明清江南社会》，台北：《近代中国史研究通讯》32 期，2001 年。

［日］岸本美绪，《“后十六世纪问题”与清朝》，《清史研究》，2005 年第 2 期。

［日］岸本美绪著，徐谷芃译：《“中国”的抬头——明末文章书式所见国家意识的一个侧面》，《日本中国史研究年刊（2009 年度）》，上海：上海古籍出版社，2011 年。

［日］杉山清彦著，张宇译：《大清帝国的满洲区域和帝国的统治构造》，《日本中国史研究年刊（2008）》，上海：上海古籍出版社，2011 年。

［韩］裴祐晟：《清代满洲相关文献与朝鲜后期对满洲地理的认识》，《东北亚历史杂志》2008 年冬季号第 5 卷第 2 期。

（二）未刊论文

蔡伟杰：《论清朝前期的满洲文化复兴运动》，台北：“国立政治大学”硕士论文，2005 年。

夏宏图：《清代档案史料编纂研究》，中国人民大学博士学位论文，1997 年。

张慧：《清〈一统志〉纂修研究》，中国人民大学硕士学位论文，2007 年。

张艳玲：《三部〈大清一统志〉的比较研究》，中国社会科学院硕士学位论文，2003 年。

四　工具书及网络数据库

故宫博物院图书馆、辽宁省图书馆编著：《清代内府刻书目录解题》，北京：紫禁城出版社，1995 年。

台北“故宫博物院”图书文献处文献科编：《“国立故宫博物院”藏清代文献（传包、传稿）人名索引》，台北：“故宫博物院”编印，1986 年。

台北“故宫博物院”编：《“国立故宫博物院”清代文献档案总目》，台北：“故宫博物院”编印，1982 年。

台北“故宫博物院”编印：《“国立故宫博物院”善本旧籍总目》，台北：“故宫博物院”编印，1983 年。

杜瑜、朱玲玲编：《中国历史地理学论著索引（1900—1980）》，北京：书目文献出版社，1986 年。

高明士主编：《中国史研究指南》第 4 册，台北：联经出版事业公司，1980 年。

胡宝华编著：《20 世纪以来日本中国史学著作编年》，北京：中华书局，2012 年。

江庆柏编著：《清朝进士题名录》，北京：中华书局，2007 年。

刘春银等主编：《越南汉喃文献目录提要》，台北：“中研院”中国文哲研究所编印，2002 年。

马钊主编：《1971—2006 年美国清史论著目录》，北京：人民出版社，2007 年。

［韩］全寅初主编：《韩国所藏中国汉籍总目》二史部，首尔：学古房，2005 年。

谭其骧主编：《中国历史地图集》第 7、8 册，北京：中国地图出版社，1984 年。

谭其骧主编：《中国历史大辞典·历史地理卷》，上海：上海辞书出版社，1996 年。

中国古籍总目编纂委员会编：《中国古籍总目·史部》第 7 册，上海：上海古籍出版社，2009 年。

周惠民主编：《1945—2005 年台湾地区清史论著目录》，北京：人民出版社，2007 年。

故宫博物院藏品总目·古籍文献：http：//www. dpm. org. cn/zm/gjwx. html

台北“中研院”历史语言研究所明清档案人名权威资料库：http：//archive. ihp. sinica. edu. tw/ttsweb/html_ name/search. php

台北“故宫博物院”图书文献馆大清国史人物列传及史馆档传包传稿全文影像资料库：http：//npmhost. npm. gov. tw/tts/npmmeta/DQ/indexcg. html

李朝实录全文数据库：http：//sillok. history. go. kr/inspection/inspection. jsp? mTree =0

日本所藏中文古籍数据库：http：//www. kanji. zinbun. kyoto – u. ac. jp/kanseki？detail

东京大学东洋文化研究所所藏汉籍目录：http：//www3. ioc. u – tokyo. ac. jp/kandb. html

索　引

H

J

K

N

P

Q

后　记

《大清一统志》的内容、思想十分宏富，有很多可以探讨的话题。历史既是已知的，也是未知的。文献是我们回望过去的最重要媒介之一，它和历史一样都是客观存在。然而，我们对历史的诠释则着眼于现在和未来。就如我在书中谈论的那样，包括《大清一统志》在内清史研究成果十分丰硕，国内外相关领域的学者们都很关注清朝。和当前国内外风云变幻的形势一样，清史研究的理论变化也有着深刻的时代背景。2014 年至 2016 年期间，学界又掀起了关于“国家认同”和“新清史”的讨论热潮，这次在书中未能做更多的分析，将来有机会我会专门对这两个主题做更深入的探究。

这本小书是我在博士论文基础上修改完成的，也是我的第一部学术专著。它能够出版，我的心中自是充满喜悦，但也有万千思绪。2011 年 9 月，我来到了中国人民大学，有幸师从著名学者黄师爱平教授。跟黄老师治学的经历是我学术人生中的一段十分宝贵的收获。有人说读博是一件很苦的事情。我在三年中感受到的则是充实的幸福。黄老师在点点滴滴中教育我治学之道、为人处事。在课程学习、撰写论文、参与课题研究等过程中，黄老师总是用学生能够接受、理解的方法进行指导，让人如沐春风。

在我的博士学位论文写作过程中，黄老师在论文总体架构和具体问题研究方面及时给予指导，使我少走了弯路。黄老师的科研工作非常繁忙，常看到她以饼干代替正餐。在论文初稿完成之后，黄老师非常细心地修改文中的字句和格式，受教良多！黄老师在生活上也给予我细心的关怀，有时放弃宝贵的休息时间给我以启发或指引。黄老师是我人生道路上的恩师，师恩铭记于心！

苏州大学历史学系的余师同元教授是我的启蒙恩师。在我来到人大学习后，余老师仍时常关心我的学业、生活，希望我能取得更大的进步。我毕业后，每次拜访余老师，他依然会指导我一些学术人生的道理。没有余老师的培养，我是不可能在学术道路上前行的。崔恒秀老师是我读大学期间的第一位班主任……苏大历史学系的老师们是我人生道路上的重要指导者，怀念大学课堂的自由又欢快的学习氛围。

在清史研究所学习期间，我从老师们那学到很多治学方法、生活道理。华师林甫教授是我的另一位恩师，他常关心我的学业。在确定《大清一统志》作为我的学位论文研究主题后，华老师十分高兴，常给予我指导，还将自己十多年前收集的国史馆档案赠与我利用……张永江老师、阚红柳老师也给予我很多指导和帮助，两位老师在论文开题、答辩环节都提出了很好的指导建议。成崇德老师、杨念群老师、张世明老师、曹刚华老师、廖菊楝老师、李晓菊老师和皮庆生老师在论文开题或预答辩中均有精心的指导，如果没有几位老师的指导，我的论文写作应该也不会这么顺利。感谢孙钦善先生、王俊义先生、汝企和先生、华林甫先生、张永江先生参加我的博士学位论文答辩会，五位先生以提携后学的精神对拙文提出了宝贵的指导建议，这次出版前的修改已尽量吸收了先生们的建议。读博期间，我曾选修了黄兴涛老师的课程，他的课总是能给我以启迪，思想的火花会在不经意间出现。胡恒老师在我学习期间也给予我很多帮助，他对我的论文框架和写作思路提出了很好的优化建议，并提供了一些珍贵的档案资料。感谢清史所提供了优越的学习环境！由于时间有限，很遗憾未能去旁听所里老师们更多的课程。将来若有机会，我会再去学习。

感谢台北历史语言研究所的陈鸿森先生及其夫人！2013 年 9 月，为了查询博士论文的资料，我克服困难自费到台北进行学术考察。陈老师为我提供了尽可能的帮助：作为我的推荐人、提供研究室等便利条件。陈老师在十分繁忙的科研工作中多次抽空带我去品赏台北等地的人文自然风光和美食，与我分享治史经验。在那年中秋节期间，陈老师及师母更是在台风天气下带我去基隆参观。陈师母给我在台期间的生活帮助很多，使我能够安心收集资料、写文章。我会铭记陈老师及师母的关怀、帮助。史语所黄文宏先生为我这次访学劳心费力。台北大学的学友毛祥年在我离开史语所前带我参观台北的书店。我在台北“故宫”查询资料期间还十分有幸得到庄吉发先生的指导，使我进一步了解清宫档案关于《大清一统志》

记载的情况。还要特别感谢台北“故宫”图书文献馆善本处允许我亲眼阅读初修《大清一统志》的乾隆年间殿本，并未因为我是一名普通学生而拒绝我的提书要求。台北的傅斯年图书馆、明清档案工作室、郭廷以图书馆、台北“故宫”图书文献馆等处的工作人员为我查阅档案文献等提供了十分便利的阅览环境，在此表示最衷心的感谢！读博期间，除了人大校园，我比较熟悉的地方只有清史工程资料室、中国第一历史档案馆、国家图书馆和北京大学图书馆等处，以上藏书机构的老师尽可能地为我查阅资料提供便利的环境，在此表示最诚挚的谢意！

在十年的大学校园生活中，我也收获了同窗之谊、同门之情！何伟、沈伟等余门、黄门的同学们给了我很多关怀，怀念和大家一起听课、挑灯夜战的时光。苏大的好友是我人生中的好伙伴。另外，还有幸结识了清史所 2011 级博士班的同学。慕容浩、陈鹏、杨辉建、施剑四位博士才华横溢，我会记住与你们高谈阔论的日子。我还要感谢中国地名研究所的纪元、南开大学张楚南博士、香港好友马嫄嫄、高茂兵师兄、李诚师弟和校友臧博等为我的论文和生活提供的帮助……

2014 年 7 月，我有幸跟随著名学者李国强先生从事海疆问题的博士后研究工作。作为国内海疆问题的领军人物，李老师事务十分繁忙，但他仍以各种方式在海疆研究等多个方面指导我，大大扩展了我的研究视野和领域，感谢李老师的栽培之恩！孙宏年老师和侯毅老师十分关心我的生活，教给我很多工作经验。我很荣幸地结识了李老师领导的中国海疆问题研究团队，和大家一起奋斗在维护祖国海洋权益的幕后战线上。在站两年期间，我有机会到海南省三沙市挂职锻炼一年，三沙的市领导和同事也教了我很多工作技能，有幸到祖国南海的西沙群岛驻守、生活。希望祖国可以早一点收复南海诸岛中被侵占的岛礁。

感谢我的父母！他们的双鬓已经斑白，给了我最无私的爱！感谢我的家人，他们给了我天伦之乐！然而，长时间的科研工作使我很少有时间去陪伴他们！感谢中国社会科学院主办《中国社会科学博士后文库》的资助！感谢《文库》评审专家和孙大伟老师对拙著的肯定！感谢方志出版社领导对拙著的厚爱！责任编辑何明忠主任和齐笑编辑为拙著也付出很多，如果没有他们的耐心、认真，拙著不会这么快出版面世。2015 年 8 月，国务院办公厅发布了《全国地方志事业发展规划纲要（2015—2020）》。希望拙著的研究能为我国方志事业贡献绵薄之力。这本小书是我学术人生中的阶段性小结，也是老师、友人、家人关怀的结果。书中的不足之处都由我负责。

回忆与感谢是难以言尽的。最后以 2011 年 7 月的几句文字结束这篇后记：一日为师终身父，自当铭记恩师心……同窗共话天下事，远隔天涯相忆深。

2016 年 8 月改写于京西陋室

2016 年 11 月再改于京西陋室

第五批《中国社会科学博士后文库》专家推荐表 1

推荐专家姓名	黄爱平	行政职务	中国人民大学清史研究所教授
研究专长	清史、思想文化史、历史文献学		
工作单位	中国人民大学清史研究所	邮编	100872
推荐成果名称	文献编纂与“大一统”观念——《大清一统志》研究		
成果作者姓名	王大文		

（对书稿的学术创新、理论价值、现实意义、政治理论倾向及是否达到出版水平等方面做出全面评价，并指出其缺点或不足）

《大清一统志》是清代官修大型地理总志。作为继承元、明《一统志》编纂传统的《大清一统志》，其纂修、刊刻和传播是清代学术文化史和政治史上的一件大事，不仅反映了清代官修史志的一般状况，而且涉及到疆域和领土主权认知及官方意识形态等一系列重要问题，体现出清代前中期统治者建立大一统王朝过程中的价值观念和思想内涵。本书在学界已有相关研究成果基础上，充分利用中国第一历史档案馆藏档案，台北历史语言研究所藏内阁大库档案，台北“故宫博物院”藏档案及已经出版的相关清代档案、文集、方志等文献，系统考辨了三部《大清一统志》的纂修过程、纂修机构和纂修人员，深入分析了三部志书的类目、内容以及材料来源和版本差异，详晰探讨了《大清一统志》在国内外的流传及其影响。

在传统的文献研究方法基础上，作者综合运用历史地理学、思想史、书籍史等多重研究框架，进而诠释《大清一统志》所蕴含的思想内容，透视《大清一统志》与清前中期政治社会、思想文化的关系，揭示其中所反映的“大一统”观念及其流风余韵，并在此基础上，对当前清史研究的一些热点问题做了有益的回应。

全书史料丰富，考辨翔实，论述有据。作者坚持唯物史观，努力尝试文献考证与政治社会、思想文化研究的有机结合，其研究别开生面，新见迭出，具有较高的学术价值和现实意义，已经达到了出版水平，因郑重推荐入选《中国社会科学博士后文库》。

签字：黄爱平

2016 年 1 月 18 日

说明：该推荐表由具有正高职称的同行专家填写。一旦推荐书稿入选《博士后文库》，推荐专家姓名及推荐意见将印入著作。

第五批《中国社会科学博士后文库》专家推荐表2

推荐专家姓名	李国强	行政职务	党委书记、副所长、研究员
研究专长	海疆史地、中越关系史等	电话	
工作单位	中国社会科学院中国边疆研究所	邮编	100005
推荐成果名称	文献编纂与“大一统”观念:《大清一统志》研究		
成果作者姓名	王大文		

（对书稿的学术创新、理论价值、现实意义、政治理论倾向及是否达到出版水平等方面做出全面评价，并指出其缺点或不足）

《大清一统志》是清代官修地理总志，该书的编纂过程、刊刻和传播都有很高的理论研究价值。该书在前人研究基础上，进一步发掘、利用大量稀见的档案资料等文献，系统深入地梳理了三部《一统志》的编纂过程、机构、人员、刊刻和传布情况，分析了三部志书的类目、内容特点、版本差异等，大大地深化了《大清一统志》的学术研究。尤其在两个方面值得注意，其一是该书尝试着文献学与政治史、书籍史的研究理念、方法有机结合，相互贯通，力求多视角地展开理论思考，从而通过不同面向，拓展了《大清一统志》的研究视域。其二是该书不囿于文献本身的探索，而是努力上升到理论的高度，尝试透过《大清一统志》回应清史研究学界有关“国家认同”“新清史”等问题的讨论，并提出了具有创新意义的观点，从而赋予传统文献研究以新的活力，可以说这是一次较为成功的探索。全书以马克思主义唯物史观为指导，结构合理、逻辑严谨、引证规范、论说清晰。

该研究成果是对我国《一统志》文献的专题研究，有助于推动我国旧志的整理研究工作，符合《全国地方志事业发展规划纲要（2015—2020年）》文件精神，可为当代方志事业发展提供参考，对于推动清史的研究有其独特的价值。该书在原有优秀博士学位论文基础上进一步加以修改完善，达到了出版水平。故郑重推荐其参评《博士后文库》。

签字：李国强

2016年1月8日

说明：该推荐表由具有正高职称的同行专家填写。一旦推荐书稿入选《博士后文库》，推荐专家姓名及推荐意见将印入著作。